MUNCHEN
PERLACHER HAID
Lochhausen
Menzing
Aubing
Pasing
Perlach
Grünwald
Holzkirchen
Miespach
Wallenburg
Valley
Helfendorf
Aschbach
Dietramszell
Tegernsee
Hechenberg
Humbach
Sauerlach
Dingharting
Schefflarn
Wolfratshausen
Gelting
Eurasburg
Saxenkam
Tannhaus
Otterfing
Deisenhofen
Baierbrunn
Pullach
Solln
Forstenried
Neuried
Planegg
Gauting
Starnberg
Percha
Ammerland
Münsing
Holzhausen
Königsdorf
Beuerberg
Reichertshausen
Hartpenning
Warngau
Thann
Föching
Grub

Rolf Wünnenberg · Fünfseenland

Rolf Wünnenberg

Fünfseenland

Peter Kirchheim Verlag

Gesamtgestaltung: B. von Platen · P. Kirchheim
Fotos: Senta Wünnenberg, außer S. 216 (Zannantonio)

Erweiterte und aktualisierte Neuausgabe des 1970 im Hornung-Verlag Viktor Lang erschienenen Werkes

Umschlagentwurf: Design Team, München
Gesamtherstellung: Manz, Dillingen/Donau
ISBN 3-87410-001-4

Inhalt

75 Jahre Landkreis Starnberg

GELEITWORT DES LANDRATS

75 Jahre sind für das Bestehen eines Gemeinwesens kein Alter, wenn man diese Zeitspanne mißt am 1200jährigen Bestehen von Herrsching oder Erling-Andechs. Dennoch kennzeichnen diese 75 Jahre eine Entwicklung, die geprägt war von den Umwälzungen, die dieses Jahrhundert mit sich brachte, ausgehend vom Königreich Bayern als Glied des Deutschen Reiches, erschüttert von zwei Weltkriegen und ihren Folgen, in den letzten Jahrzehnten der Entwicklung gekennzeichnet durch kontinuierlichen Aufbau in einer Ära gesicherten wirtschaftlichen Wachstums und befriedeter politischer Verhältnisse in einem freiheitlichen Rechtsstaat.

Der Landkreis Starnberg, damals Bezirksamt genannt, entstand am 1. Oktober des Jahres 1902 infolge »Allerhöchster Verordnung« des Prinzregenten Luitpold von Bayern aus dem damaligen Bezirksamt München II. Dieses neue Bezirksamt Starnberg war hinsichtlich seiner Grenzen im wesentlichen identisch mit dem Gebiet des Landkreises Starnberg bis zum Jahr 1972, in dem als Folge der Landkreisreform die damaligen Gemeinden Bachhausen und Höhenrain aus dem aufgelösten Landkreis Wolfratshausen hinzukamen, die inzwischen Bestandteil der Gemeinde Berg geworden sind.

Überspringen wir in dieser kurzen Darstellung die Jahrzehnte der Entwicklung, in denen die Einwohnerzahl des Landkreises von 18000 im Gründungsjahr auf über 65000 im Jahr 1952 – dem Jahr des 50jährigen Bestehens – und auf nun fast 100000 angestiegen ist. Wenden wir uns also der heutigen Bedeutung des Landkreises Starnberg zu, die bestimmt ist von seinen fünf Seen und den landschaftlichen Schönheiten, geprägt auch von dem Erholungsbedürfnis der Bewohner der Millionenstadt München, das sich natürlicherweise auf den landschaft-

lich so ausgezeichneten Landkreis südlich der bayerischen Metropole konzentriert. Naherholung und Fremdenverkehr sind deshalb auch die beherrschenden Themen, wenn von Gegenwart und Zukunft unseres Landkreises gesprochen wird. Die Festlegungen im Landesentwicklungsprogramm lassen für die wirtschaftliche Entwicklung des Landkreises nur einen sehr engen Spielraum; im Bereich des Fremdenverkehrs, der nach eben diesem Landesentwicklungsprogramm im Bereich des Fünfseenlandes gesichert und weiter entwickelt werden soll, eröffnen sich jedoch vielfältige Möglichkeiten. Den immer noch anwachsenden Touristenstrom etwas stärker als bisher auch in den Landkreis Starnberg zu lenken, ist daher eine nicht unwesentliche entwicklungspolitische Aufgabe, die sich dem Landkreis in den nächsten Jahren stellen wird.

Eine Zäsur in der Geschichte des Landkreises wird das Jahr 1978 mit sich bringen, das die Zahl der kreisangehörigen Gemeinden von ursprünglich 40 (mit Bachhausen und Höhenrain 42) und nun 29 auf voraussichtlich 14 zurückgehen lassen wird. Bevor dies geschieht, wird aber das Jubiläumsjahr 1977 noch einmal auch den kreisangehörigen Gemeinden Gelegenheit geben, sich selbst im Reigen der festlichen Veranstaltungen darzustellen. Dazu wird eine 10tägige Ausstellung in der zweiten Juli-Hälfte in Starnberg, die das Wirtschaftsgefüge des Landkreises ebenso wie dessen Wirksamkeit auf allen öffentlichen Bereichen wiedergeben soll, genauso beitragen wie ein großer Festzug unter Beteiligung aller Gemeinden am 17. Juli.

Zur Festesfreude soll aber auch diese Neuauflage des Buches »Fünfseenland« von Dr. Rolf Wünnenberg beitragen, der ich den gleichen Erfolg wünsche wie der ersten, längst vergriffenen Auflage. Das Buch soll das Leben in unserem verhältnismäßig jungen Landkreis widerspiegeln und Zeugnis ablegen für Kultur und Geschichte im geschichtsträchtigen und landschaftlich einmaligen Fünfseenland.

Dr. Widmann
Landrat

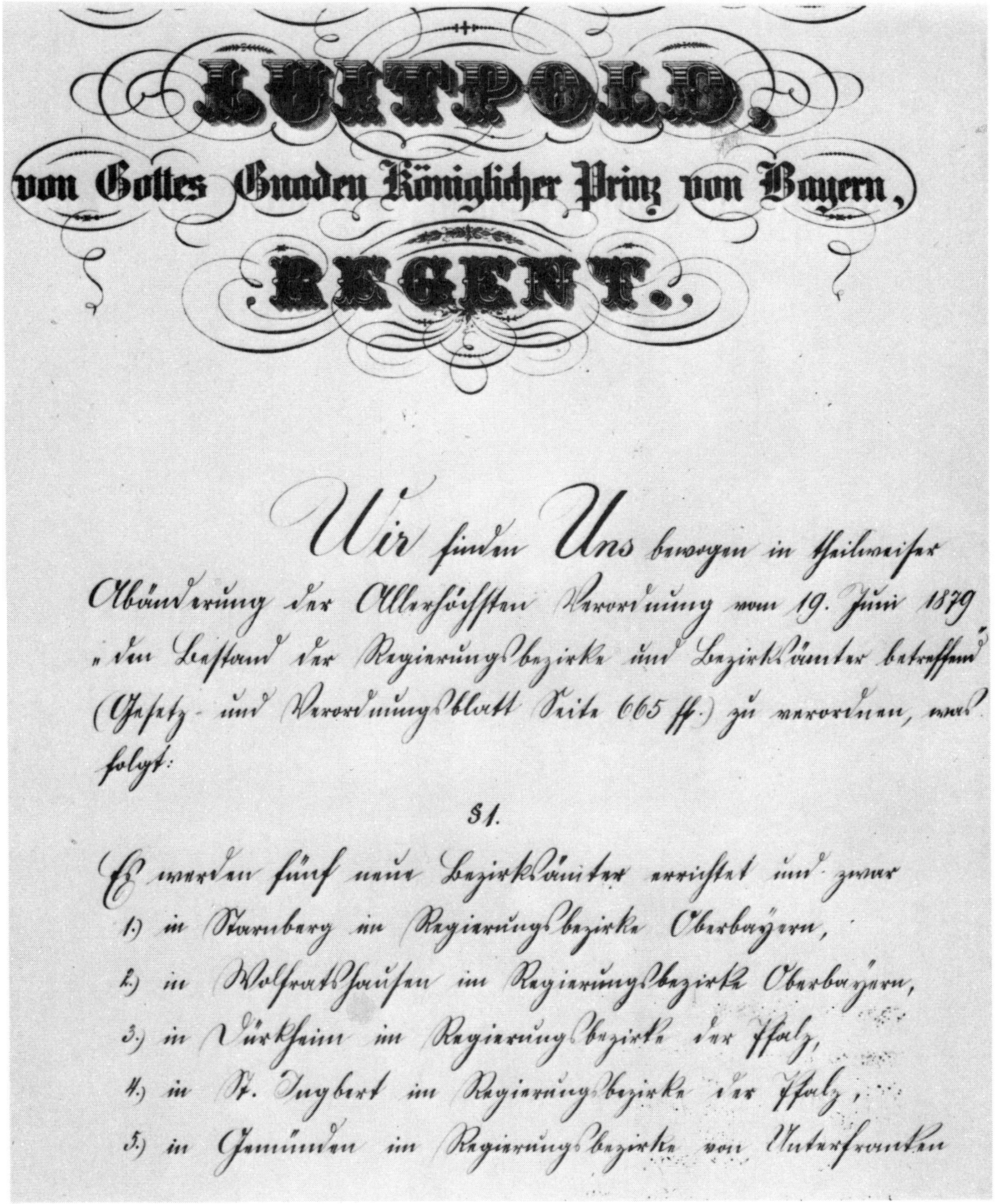

LUITPOLD,

von Gottes Gnaden Königlicher Prinz von Bayern,

REGENT.

Wir finden Uns bewogen in theilweiser Abänderung der Allerhöchsten Verordnung vom 19. Juni 1879 „den Bestand der Regierungsbezirke und Bezirksämter betreffend" (Gesetz- und Verordnungsblatt Seite 665 ff.) zu verordnen, was folgt:

§1.

Es werden fünf neue Bezirksämter errichtet und zwar

1.) in Starnberg im Regierungsbezirke Oberbayern,

2.) in Wolfratshausen im Regierungsbezirke Oberbayern,

3.) in Dürkheim im Regierungsbezirke der Pfalz,

4.) in St. Ingbert im Regierungsbezirke der Pfalz,

5.) in Gemünden im Regierungsbezirke von Unterfranken

Urkunde der Landkreiserhebung (Bayerisches Hauptstaatsarchiv)

Die Natur

BLICK VON DER ILKAHÖHE BEI TUTZING

Wer sich einen Überblick über die Geschichte der Landschaft südlich von München verschaffen will, steigt etwa 15 Kilometer von der Kreisstadt Starnberg zum Gebirge hin, am besten auf die Ilkahöhe bei Tutzing. Gleich hinter dem Ortsausgang auf der Straße nach Weilheim führt rechts ein Fahrweg nach Oberzeismering. Ein Gasthaus mit Aussichtsterrasse im ersten Stock, eine Rokokokirche, ein Gutshof mit Ponyzucht und ein paar Bauernanwesen machen den kleinen Weiler aus. Hier läßt man den Wagen stehen und geht die letzte Viertelstunde zu Fuß über Wiesen zwischen einzelnen Baumgruppen zu dem 728 Meter hohen Hügel. Ilkahöhe heißt er zur Erinnerung an die Erbin des letzten Grafen Vieregg, der als Schloßherr von Tutzing 1866 starb. Der heute bis auf die Fundamente abgetragene Rundtempel wurde zum Gedächtnis an den 1880 verstorbenen Nachbesitzer des Tutzinger Schlosses, den Stuttgarter Verleger Eduard Hallberger, errichtet.

Ein Blick öffnet sich nach Süden ins Alpenvorland und aufs Gebirge, der, vor allem an Föhntagen, einzigartig schön ist. Über den Starnberger See mit dem Karpfenwinkel zwischen Tutzing und Bernried hinweg, über sanfte Mulden und kleine Täler, bewaldete Höhenzüge, Wiesenhänge und aus dem Grün aufragende Kirchtürme kann das Auge 200 Kilometer von Ost nach West an der nördlichen Alpenkette entlangstreifen — vom Wilden Kaiser bis zu den Allgäuern. Der Reiz dieser Landschaft liegt in ihrer gewellten Vielfalt, in ihren unerschöpflichen Grünschattierungen, in ihrem Wechsel von Wiesen und Mischwäldern, in ihrem sanften Schwung: ein herrlicher, weiter Park.

Dieser landschaftliche Reichtum ist das Werk vieler Millionen Jahre. Die Alpenkette, die den Blick nach Süden abgrenzt, bestand nicht immer. Ursprünglich war an ihrer Stelle ein Binnenmeer mit Schichten dolomitischer und kalkiger Ablagerungen auf dem Grund, mit angeschwemmtem Geröll und Schlamm. Diese Grundschicht wurde vor etwa 100 Millionen Jahren aus Ursachen, die nicht ganz geklärt sind, hochgewölbt, gefaltet und gespalten. Vor rund 60 Millionen Jahren nahmen die großen Gebirge der Erde, auch die Alpen, allmählich ihre heutige Form an. Die nördlichen Kalkalpen entstanden nach den Berechnungen der Geologen erst vor etwa 30 Millionen Jahren, als die mächtigen Erdbewegungen in den Zentralalpen schon längst beendet waren.

Die Vielfalt des Alpenvorlandes ist die Arbeit jüngerer erdgeschichtlicher Perioden, nämlich der Eiszeiten. Über die Ursachen der sich wiederholenden Klimaverschlechterungen sind sich die Geologen noch nicht ganz einig. Jedenfalls sanken die Temperaturen mehrfach in großen Zeitabständen. Auf schneereiche Winter folgten kühle Sommer. Die Schneemassen konnten nicht abschmelzen, vergletscherten, setzten sich in Bewegung und überdeckten vom Gebirge her die Niederun-

gen. Auf die Donaueiszeit vor etwa 700 000 Jahren folgten vier weitere Großeiszeiten, die nach den Flüssen benannt sind, in deren Tälern sich die Gletschermassen aus dem Gebiet der Alpen vorschoben: die Günzeiszeit vor rund 650 000 Jahren, die Mindeleiszeit vor rund 450 000 Jahren, die Rißeiszeit vor rund 200 000 Jahren und als jüngste die Würmeiszeit, die vor etwa 10 000 Jahren abgeschlossen war. Alle diese Zahlen sind nur ungefähre Anhaltspunkte. Entscheidend für unser Gebiet waren die beiden letzten Eiszeiten, wobei die Würmeiszeit am stärksten auf die Überformung unserer Landschaft eingewirkt hat.
Als die Gletscher sich in die Ebene schoben, schleppten sie vom Gebirge gewaltige Geröllmassen mit und lagerten sie beim langsamen Vordringen an ihrer Unterseite, der Gletschersohle, und am Rand ihres Weges ab oder türmten sie beim Stillstand rund um ihr Ende, die Gletscherzunge, auf. Solche aufgeschütteten Wälle nennt man Moränen, unterschieden je nach ihrer Lage als Grund-, Seiten- und Endmoränen. Schon die Gletscher der Rißeiszeit waren weit in unser Gebiet vorgedrungen und hatten ihre Ablagerungen nördlich von Leutstetten, bei Gilching und Unering bis zur Amper hinterlassen. Diese sogenannten Altmoränen haben eine sanftere Hügelform. Sie haben den für unser Gebiet lebenswichtigen Untergrund mitgebracht, das wasserundurchlässige Tertiär. Ihnen ist es zu verdanken, daß genügend Quellen für die Wasserversorgung erschlossen werden können.
In der Würmeiszeit haben sich dann nochmals die Eismassen in Bewegung gesetzt, sich fingerförmig in den Niederungen ausgebreitet, die Bodenprofile ausgeschliffen und überformt und die »Jungmoränen« abgelagert.
Auf der Ilkahöhe stehen wir auf einer solchen Jungmoräne. Wenn man von hier aus auf die Alpenkette schaut, erkennt man genau die drei Pforten, durch welche die Gletscher vom Inntal in unser Gebiet gedrungen sind: im Süden die Garmischer Pforte, aus der ein Teil der Eismassen über Murnau, Weilheim und durchs Ammer- und Ampertal bis nach Wildenroth kam und später den Ammersee zurückließ; dann die Kocheler Pforte, aus der sich ein Gletscherstrom den Weg zum Würmtal bahnte und nördlich von Leutstetten haltmachte, das Becken des Starnberger Sees — er hieß früher nach seinem Abfluß Würmsee — austiefend; und dann die Tölzer Pforte, aus der das Eis den Weg durchs Isartal bis vor München nahm.
Im Verlauf der Jahrtausende, über die sich die einzelnen Eiszeiten erstreckten, gab es wärmere Perioden, die Zwischeneiszeiten, in denen der Gletscher durch Abschmelzen zurückging, wobei er nochmals Schutt und Geröll als Moränen ablagerte. An vielen Stellen hatten sich zudem die Würmeiszeitgletscher über die Altmoränen der Rißeiszeit geschoben. Unablässige Bewegung der Gletscher und ihr starker Druck haben die Hügel unserer Landschaft abgerundet.
Dann trat die letzte, endgültige Schmelzperiode ein. Am Außenrand des fächerförmig ausgebreiteten Eises nahmen nun die strömenden Schmelzwasser das Geröll mit, schoben es zu flachen Kegeln zusammen oder lagerten es als breite Schotterebene ab. Die »schiefe Ebene von München« ist eine solche Schotterplatte, die bis in die nördlichen Teile unseres Landkreises reicht. In den von den Gletscherströmen erweiterten Talbecken sammelte sich das Wasser und staute sich an den Endmoränen, durch die es sich, wie etwa die Würm bei Leutstetten als Abfluß des Starnberger Sees, dann einen Durchbruch sägte. Dadurch sank der Wasserstand.
Wenn man von der Ilkahöhe aus auf das Gebiet der Osterseen im Süden schaut, kann man sich vorstellen, daß der Starnberger See früher die Niederung bei Seeshaupt mit umschloß. Ebenso hat er am Nordende das Leutstettener Moos bis zum Hügelwall der Endmoräne ausgefüllt. Jetzt ist der See 21 Kilometer lang, hat beim Karpfenwinkel eine Breite von fünf Kilometern und umfaßt ein Areal von 57 Quadratkilometern. Er liegt 584 Meter über dem Meer und hat eine größte Tiefe von 123 Metern. Daß der Würmeiszeitgletscher den gleichen Weg genommen hat wie die Gletscher früherer Eiszeiten, beweist der auf dem See-

grund abgelagerte tertiäre Flinz, ein Konglomerat aus Mergel, Ton und Sand.
Der Blick von der Ilkahöhe zeigt auch, daß der Starnberger See keinen nennenswerten Zufluß besitzt. Früher ist einmal die Loisach durch dieses Becken geflossen. Die Geröllmassen der zwischeneiszeitlichen Schmelzperioden aber haben ihr dann den Weg versperrt, und sie ist vor Murnau zur Isar abgebogen. Trotzdem hält der See unverändert seinen durchschnittlichen Wasserstand. Dafür sorgen neben kleinen Bächen unterirdische Quellen. Da der See keinen geröllführenden Zufluß vom Gebirge her hat, verlandet er kaum.
Steigen wir nun auf den Andechser Kirchturm, hoch über dem Ammersee, um den Westen des Landkreises zu betrachten.

AUF DEM ANDECHSER KIRCHTURM

Die Andechser Kloster- und Wallfahrtskirche liegt 711 Meter hoch. Die oberste Turmstube reicht nah an die 800-Meter-Grenze heran. Der Turm mit der Sonnenuhr an der Südseite und der beherrschenden Zwiebelhaube ist bei schönem Wetter zu jeder Tageszeit zugänglich. Gleich neben der großen Südpforte zur Kirche liegt der Eingang, der auch zur Orgelempore führt. Anfangs geht es gemächlich über bequeme Stufen hinan. Der Rest ist etwas beschwerlicher. Die Treppen werden steiler und schmaler. Aber oben wird man belohnt mit einer umfassenden Aussicht durch vier Sichtluken, die nach Nordosten bis zu den Hochbauten Münchens reicht. Nach Norden schaut man über den Ammersee auf die Endmoräne von Wildenroth, durch die sich die Amper ihren Lauf geschnitten hat. Im Südwesten beherrscht der dem Gebirge vorgelagerte, fast 1000 Meter hohe Peißenberg die Sicht. Den Süden markiert die Alpenkette. An Föhntagen scheinen die Gipfel des Wettersteinmassivs ganz nahe gerückt.
Wenn man in Richtung München schaut, erreichen im Nordwesten bei Gilching, fast verdeckt, zwei sanfte äußere Altmoränenzüge etwa parallel unser Landkreisgebiet. Sie umklammern Geisenbrunn und wenden sich Unterbrunn und Mamhofen zu. Sie sind noch Zeugen der Rißeiszeit. Westlich von Gilching ist die Endmoräne des Ammerseegletschers aus der Würmeiszeit stehengeblieben. Andere Jungmoränen sind nur noch teilweise erhalten, weil sie beim wiederholten Vordringen und Rückgang des Eises ebenso wie von den Schmelzwassern überformt oder zerstört wurden. Aber im näher gelegenen Seefelder Wald kann man den Verlauf einer Jungmoräne verfolgen: anfangs drei Kilometer breit, verschmälert sie sich nach Süden zu und erreicht bei Landstetten wieder eine Breite von zwei Kilometern. Zwischen solchen Höhenzügen — am schönsten nach Südosten zu — liegen als breite Wiesenmulden die Grundmoränen.
Noch eine charakteristische Landschaftsform läßt sich beim Blick vom Kirchturm erkennen: Rechts und links der Straße von Erling nach Machtlfing stehen merkwürdig ähnlich geformte, meist begrünte oder nur von einzelnen Baumgruppen bestandene Hügel. Sie unterscheiden sich deutlich von den übrigen Höhen und erinnern an vergessene Wächter. In der Machtlfinger Gegend häufen sie sich. Das sind die Drumlins (irisch = Schweinerücken), Reste aus der Rißeiszeit, als sich vor rund 135 000 Jahren die Erde anschickte, eine »Neuzeit« zu beginnen. Die Drumlins bestehen aus Grundmoränenmaterial und sind nur oberflächlich mit Würmeiszeit-Ablagerungen überdeckt. Unter diesen findet man bald tertiäre Schichten — Nagelfluh, ein sehr festes Konglomerat aus Geröll, Kalkstein oder Quarz, Gneis, Granit, Glimmerschiefer und Porphyr, das durch Sandstein verkittet ist. Die Drumlins haben einen elliptischen Grundriß und liegen parallel in der Strömungsrichtung des

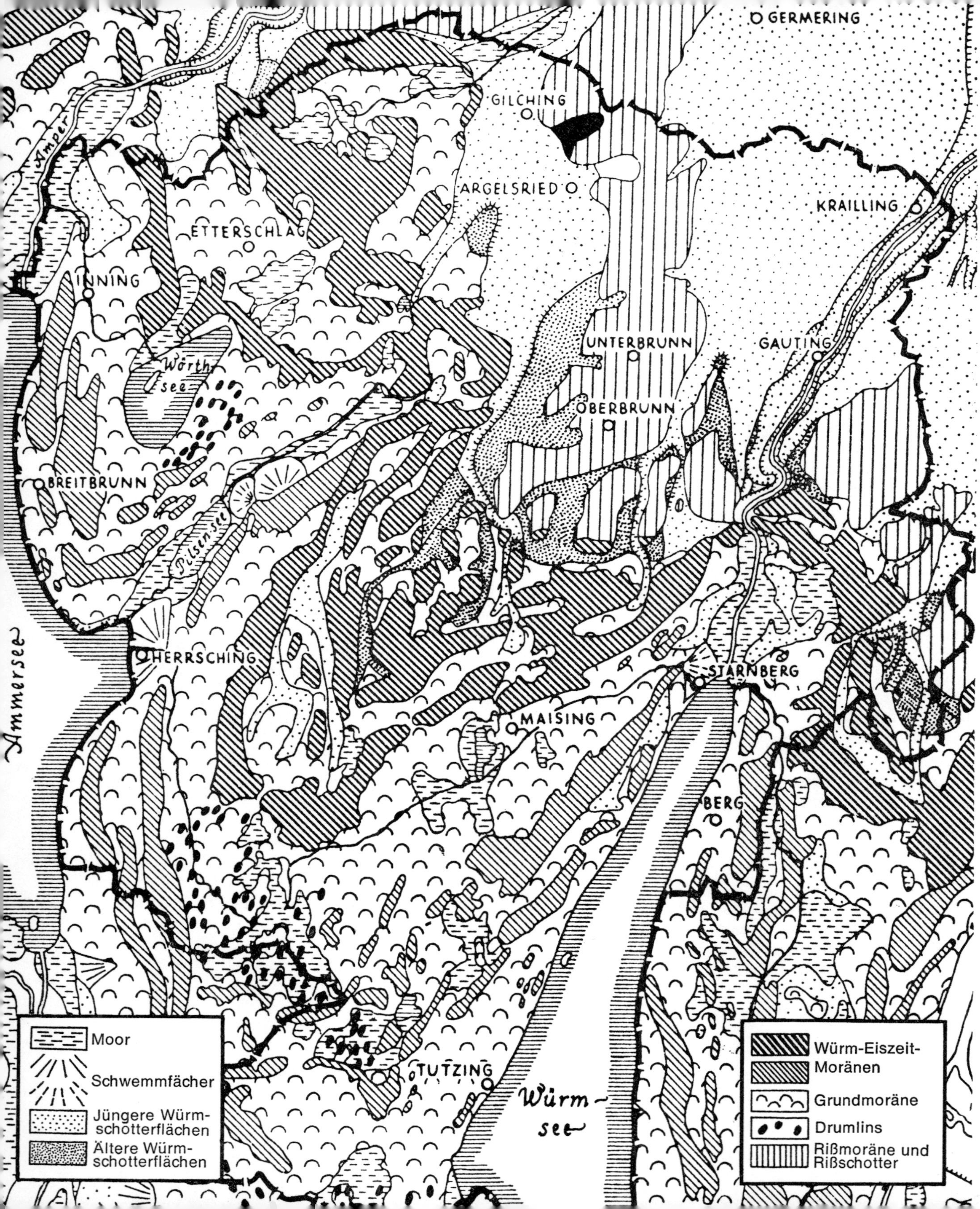

GERMERING
GILCHING
ARGELSRIED
KRAILLING
ETTERSCHLAG
INNING
Amper
UNTERBRUNN
GAUTING
Wörthsee
OBERBRUNN
BREITBRUNN
Pilsensee
Ammersee
HERRSCHING
STARNBERG
MAISING
BERG
TUTZING
Würmsee
Moor
Schwemmfächer
Jüngere Würmschotterflächen
Ältere Würmschotterflächen
Würm-Eiszeit-Moränen
Grundmoräne
Drumlins
Rißmoräne und Rißschotter

damaligen Gletschers, von Südosten nach Nordwesten. Auf dem nach Borcherdt exponiertesten Hügel des Drumlinfeldes steht das Kloster Andechs.
An den Hängen tiefeingeschnittener Bachtäler treten zuweilen erdgeschichtlich alte Gesteinsschichten zutage. Auf dem Steinberg bei Gilching, unmittelbar unter der Oberfläche, trifft man auf ältere tertiäre Ablagerungen. Hier, im Bereich eines Altmoränenzuges, ist der Flinz oberflächenbildend. Wenn die Buchen und Fichten, die den Anstieg zum Steinberg anfangs begleiten, von Kiefer und Birke abgelöst werden, steht man auf diesem ehrwürdigen Grund. Zwischen Erika und niederem Gestrüpp kann man den gelben Sand bloßlegen. Glimmerplättchen glitzern in der Sonne. Ursprünglich war diese Flinzschicht grau oder grünlich. Durch Verwitterung hat sie sich verfärbt.
Der Blick vom Andechser Kirchturm nach Norden und Westen umfaßt den Ammersee, dessen Entstehung der des Starnberger Sees ähnlich ist. Von Süden her kommt das breite Tal, das der Gletscher bis zur Wildenrother Endmoräne ausgefüllt hat. Wahrscheinlich war es ein altes Flußtal, in dem das Eis vordrang, das Tal der heutigen Amper im Norden und der Ammer im Süden. Eine anderthalb Kilometer breite und bis zu 82 Metern tiefe Rinne durchzieht den See. Die Geologen schließen daraus auf eine »Uramper«, führen aber auch zusätzlich nacheiszeitliche Erdkrustenbewegungen für die Entstehung dieser Rinne an. Heute ist der Ammersee noch 15 Kilometer lang und bei der Herrschinger Bucht fünf Kilometer breit. 47 Quadratkilometer Fläche bedeckt er, 534 Meter über dem Meeresspiegel.
Bei seiner Entstehung am Ende der Eiszeit dürfte er zweimal so lang und dreimal so breit gewesen sein. Ammer- und Pilsensee bildeten ein zusammenhängendes Becken. Doch als sich bei Wildenroth das Schmelzwasser durch den Endmoränenwall gearbeitet hatte, sank der Wasserspiegel des Sees um 20 bis 30 Meter ab. Vom Andechser Kirchturm aus zeichnet sich sein ehemaliger Umfang deutlich ab. Nordöstlich der Herrschinger Bucht ist das Gelände zwischen Ammer- und Pilsensee jetzt Moor. Der ursprüngliche See hat sich wahrscheinlich bis zur Dellinger Höhe erstreckt. Im Norden reichte er einmal bis Grafrath und im Süden bis zum Fuß des Peißenberges. Breite Moorgürtel säumen jetzt das Nordufer bei Stegen und die südliche Niederung. Diese Moore sind zum Teil kultiviert. In ihren noch ursprünglichen Teilen beherbergen sie viele und seltene Vogelarten.
Die Ammer, ein rauher Gebirgszufluß, schleppt mit ihren großen Wassermassen nach starken Regenfällen viel Geröll aus den Bergen mit und lagert es im See ab. Dieser Verlandungsvorgang wurde verstärkt, als man die Ammer nach dem Ersten Weltkrieg regulierte und dazu, etwa eineinhalb Kilometer vom alten Flußbett entfernt, einen kerzengeraden, seitlich wohlabgeplatteten Kanal in den See führte. Man hat ausgerechnet, daß der Ammersee in 15 000 bis 20 000 Jahren verschwindet und an seiner Stelle ein Moor zurückbleiben wird. Noch nach dem Ersten Weltkrieg gab es Landungsstege für die Personenschiffahrt in Fischen und Wartaweil am Südostufer und bei Schloß Rezensried jenseits der Herrschinger Bucht. Einzelne Stege wurden verlängert; dann gab man den Kampf mit der Verlandung auf.
Am Ammersee führt die Natur einen dauernden Kampf zwischen Wasser, Verlandung und Vermoorung. Die Uferbewohner und ihre Vorfahren, die oft unter Überschwemmungen zu leiden hatten, wissen davon ein Lied zu singen. Eine Sage erzählt von drei Jungfrauen, die das Gelände zwischen Andechs und Dießen zu kultivieren hatten. Verbissen mühten sie sich ab, der stetig nachdrängenden Wassermassen Herr zu werden. Schließlich verfluchten sie ihre nutzlose Arbeit und wünschten, das ganze Gebiet möge zu Wasser werden. So soll der Ammersee entstanden sein. Die Sage stellt die reale Entwicklung zwar auf den Kopf; denn erst war der See da und dann das Moor. Aber der ständige Kampf der Menschen am See mit den Kräften der Natur ist in das Bewußtsein der alten Bewohner als zentrales Erlebnis eingegangen.

DER TOTEISSEE VON WESSLING

Die Natur liebt Variationen. Die Entstehung des Weßlinger Sees ist eine ihrer Launen, ein Spiel am Rande der Nacheiszeit. Klein und lieblich liegt er da, von Anlagen mit Bänken, von Villen und Wiesen umrandet, im Osten von einem Waldgürtel beschützt. Im Sommer wird er frühzeitig warm, und im Winter ist er eher als die großen Seen zum Schlittschuhlaufen und Eisstockschießen geeignet: ein freundliches Idyll. Trotzdem führt er, geologisch gesehen, den düsteren Namen Toteissee.
Beim letzten großen Rückzug der Gletscher spalteten sich mächtige Eisblöcke, bedeckt und durchsetzt mit Schotter, vom breiten Strom ab und blieben zurück. Man nennt sie Toteisblöcke. Beim langsamen Schmelzen des Eises sank in ihnen der Schotter ab. Nachdem das Wasser versickert war, bildeten sich vorübergehend kleine Seen, die allmählich verlandeten. Der aus einem Toteisblock entstandene Weßlinger See aber verlandete nicht. Feine Sinkstoffe machten seinen Grund nahezu wasserundurchlässig. Dieser freundliche kleine Badesee hat sich, im Gegensatz etwa zu dem großen Ammersee, nie wesentlich verändert. Er wird fast ausschließlich von unterirdischen Quellen gespeist.
An seinen Ufern wachsen schöne Arten grüner Wasserbinsen. Die roten Blütenähren des Wasserknöterichs leuchten. Feingliederiges Tausendblatt breitet sich aus, und Wasserschierling mit kugelartigen Früchten sitzt locker im Schlamm. Leider haben zugewanderte Gäste dem im Landkreis einzigartigen Bestand von weißen, gelben und roten Seerosen den Garaus gemacht: Die kanadische Wildgans, vom Eßsee zugeflogen, hat sich stark vermehrt. Die Vögel bissen alle Seerosenblätter ab. Einfriedungen zum Schutz der Seerosen wurden überflogen oder untertaucht.
Weitere kleine Seen liegen verstreut über das gesamte Kreisgebiet, etwa der Maistättenweiher, der Filzweiher bei Tutzing oder der Eglsee östlich von Traubing. Manche sind künstlich verändert oder überhaupt erst von Menschen geschaffen worden. Der Deixlfurter See wurde am Ende des 19. Jahrhunderts mehrfach zur Fischzucht umgestaltet und hat »Ableger« bekommen. Die Benediktiner von Andechs haben zu Beginn des 16. Jahrhunderts südlich von Erling, am unteren Fußweg nach Pähl, zwei größere Fischteiche angelegt. Einer davon, am Waldrand, ist heute ein beliebter Badesee der Dorfjugend. Den Widdersberger Weiher sollen die Andechser Mönche, auch im 16. Jahrhundert, im Streit mit einem Seefelder Mühlenbesitzer aufgestaut haben, um das Mahlwerk im Tal lahmzulegen. Den heutigen Staudamm errichteten jedoch erst später die Grafen zu Toerring.

AM MOOR

Weitere Zeugen der Eiszeit neben den fünf größeren Seen — Starnberger, Ammer-, Pilsen-, Wörth- und Weßlinger See — und zahlreichen kleinen Weihern des Landkreises sind die Moore. Wir finden sie nicht nur an den Seeufern. Viele liegen versteckt in idyllischer Abgeschiedenheit. Beim Rückzug der Gletscher blieben zwischen Hügeln und Wällen der Jungmoränen mit Wasser gefüllte Wannen oder Furchen zurück. Die lettigen Sinkstoffe dichteten den Boden ab, so daß das Wasser nicht mehr versickern konnte. Sauerstoffmangel führte in solchen Mulden langsam zur Vermoderung des Pflanzenbodens. Häufig sind die kleinen Wasserbecken heute ganz verlandet. Einige aber sind noch als Seen übriggeblieben. Der Wörthsee ist ein typischer Moorsee, ebenso der Maisinger See, der allerdings auch mehr und mehr zuwächst. Heute steht er unter Naturschutz und bietet unzähligen Vogelarten

Blick über den Pilsensee auf Hechendorf

Die Roseninsel vor Feldafing

Ilkahöhe: Blick auf Oberzeismering

friedliche Brutplätze. Auch der Eßsee zwischen Landstetten und Machtlfing, der 1958 vom Max-Planck-Institut für Verhaltensphysiologie der Tiere als Forschungsgelände übernommen wurde, ist ein Moorsee.
Mit dem Auto kommt man selten an die Moore heran. Dazu muß man schon ein Stück zu Fuß gehen. In Gegenden, die von der Landstraße aus wenig reizvoll erscheinen, kann man bei Abstechern zu schönen Landschaftserlebnissen kommen. Auf der Gilchinger Schotterebene etwa braucht man nur kurz vor der alten Kirche die Hauptstraße nach Alling zu verlassen und nach Westen zum Thalhof zu fahren oder zu wandern. Die kleine Straße führt an dem in der Mitte des vorigen Jahrhunderts entstandenen Gehöft vorbei in den Wald nach Wiesmath. Wenn man von dort aber einige hundert Meter weitergeht, kommt man zum Görbelmoos. Es liegt links vom Weg in einer flachen Mulde, dort, wo Fichten und Buchen von Birken, den typischen Moorbäumen, abgelöst werden. Weiden- und Erlengestrüpp steht an den Rändern. Die Moorfläche ist platt. Noch hat sie sich nicht aufgeworfen. Das Görbelmoos ist überwiegend noch Flachmoor am Übergang zum Zwischenmoor. Torf kann man hier nicht stechen.
Früher muß das Görbelmoos eine größere Ausdehnung besessen haben. Im Weiterwandern auf der kleinen Straße sieht man noch mehrere, allmählich verlandende Moorflächen. An manchen Stellen wird der Übergang zum Zwischenmoor deutlich: durch das Absinken abgestorbener Pflanzenteile wächst langsam die Torfschicht heran. Ein Lager aus der dicken Wurzelschicht der Pflanzen, das sich gegen das Grundwasser abgrenzt, entsteht. Die Pflanzen sind fast nur noch auf Regenwasser angewiesen und recken sich empor. Darunter ist Fäulnis.
Nach einem weiteren Kilometer riecht es nach Geheimnissen. Zwischen den Baumstämmen hindurch schimmert mitunter ein kleiner Tümpel. Eine niedere Baumkulisse umgibt ihn, manchmal auch ein morscher Stangenzaun. Es wird sehr still — nur zweieinhalb Kilometer von Gilching entfernt, das ja fast schon zur Randzone der Millionenstadt München gehört.
Wieder ein Stück weiter lichtet sich der Wald. Jetzt muß man die kleine Straße verlassen und rechts den Wiesenpfad weitergehen, dorthin, wo niederes Gestrüpp sich ausbreitet. Der Boden wird weicher. Das grüne Gras hört auf. Tiefe Gräben durchziehen die Mulde, gefüllt mit schwarzem Wasser. Die Gräben verbreitern sich zu kleinen Tümpeln. Reste von Torfstichen an den Rändern. Eine phantastische Miniaturlandschaft zwischen niederwüchsigen Fichten, Birken, niederen Weiden und Erlen. Der mit Moosen bedeckte Boden endet in einem Gewirr kleiner Halbinseln und Inseln. Eine bunte Tierwelt im Kleinen regt sich. Seltene Vogelstimmen sind zu hören.
Hier ist man schon im Bereich des Hochmoors. Bleichmoose bedecken die Oberfläche. Rote Torfmoose sind zu sehen, Rosmarinheide, Moosbeerblätter und Blaubeeren, Scheidenwollgras und rundblätteriger Sonnentau. Das Zwischenmoor hat sich emporgearbeitet.
Das Wildmoos bei Gilching ist nur ein Beispiel für die zahlreichen, oft noch verschwiegeneren Moore: südlich von Erling und um Machtlfing oder Aschering. Kleine Feldwege führen zu ihnen hin, auf denen der Torf abgefahren wurde. Dort ist das Gelände welliger als bei Gilching.
Der Untergrund ist wasserundurchlässiger Ton oder Mergel. Bei einigen ist das Wasser besonders kalkhaltig, und man nennt sie deshalb Kalkmoore. Manche von ihnen heißen Bergkiefer-Hochmoore, weil dort Latschen und Spirken das Bild bestimmen, dazu Weißbirken, Fichten und Waldkiefern. Auf diesen Mooren wuchern Heidekraut, Wollgras und in dicken Polstern Torfmoose. Oft stehen in der Nähe Verschläge, in denen der Torf zum Trocknen locker aufgestapelt wurde.
Südlich von Machtlfing, dicht an der Landkreisgrenze, erhebt sich übrigens der höchste Punkt des Landkreises, 740 Meter über dem Meer.
Der tiefste Punkt mit 532 Metern ü. M. liegt im nordöstlichen Zipfel des Kreises bei Inning. Für das Würmtal, das sich bei Krailling der

Münchner Schotterebene öffnet, sind 546 Meter über Meereshöhe angegeben. Der Starzelbach wechselt nördlich von Gilching bei Steinlach in 540 Metern Höhe zum Fürstenfeldbrucker Landkreis über.
Flach- und Niedermoore findet man am ausgeprägtesten an den ebenen Ufern der beiden großen Seen: nördlich von Stegen an beiden Ufern der Amper bis Grafrath, am Südende des Ammersees längs der Straße von Fischen nach Dießen, zwischen Ammer- und Pilsensee und am nördlichen Starnberger See von Percha bis Leutstetten. Breite Schilfgürtel riegeln sie ab. Auch bei Tutzing und am Rand des Maisinger Sees oder des Eßsees breiten sich solche verschilften Moore und zum Teil Schwingrasen aus.
Zur offenen Wasserfläche hin wird das Flachmoor dünner. Der Bewuchs beginnt mit Seggen auf einem nur wenig feuchten Grund. Pfeifenkraut, wohlriechender Lauch und Schlüsselblumen gibt es hier. Näher am Wasser, bei Großseggenbestand oder Schilfrohr, wachsen u. a. Sumpfherzblatt, fleischrotes Knabenkraut und Sumpfkratzdisteln.
Früher gab es noch einen weiteren großen Moorsee in unserem Gebiet, den Schluifelder See südöstlich von Etterschlag bei der Siedlung Waldbrunn. 1897 hat man ihn abgelassen, weil man sich eine Verbesserung der Bodenkultur erhoffte. Das Schluifelder Moos ist übriggeblieben. Große Schwingrasenflächen überdecken es. Einige Mulden sind noch bis zu mehreren Metern Tiefe mit Wasser gefüllt. Auch das Schluifelder Moos ist ein Niedermoor mit Ansätzen, sich in ein Hochmoor umzuwandeln.

SCHLUCHTEN

In einigen tief eingegrabenen Bachläufen unseres Gebietes tritt der tertiäre Untergrund, der von eiszeitlichen Ablagerungen überdeckt wurde, zutage. Hier hat das Wasser die alte Schicht angeschnitten. In diesen Aufschlüssen, wie der Geologe sagt, kann man am anstehenden Gestein genau die Struktur des Nagelfluh studieren.
Der Bach, der durch die Maisinger Schlucht und Starnberg zum See fließt, hat mehrere Namen. In Starnberg heißt er Georgenbach. Häufiger Überschwemmungen wegen wurde er reguliert. Die Geröllmassen, die er jahrein, jahraus in den See schleppte, bilden den Schuttkegel, auf dem ein Teil der Kreisstadt steht, das jüngere Niederstarnberg. Der ältere Teil hieß Aham oder Aheim und lag höher am Moränenhang. Auch der Lüßbach bei Percha am Nordende des Sees hat einen Schuttfächer in den See hineingetragen.
Man verläßt Starnberg auf der Maisinger-Schlucht-Straße, die von der Söckinger Straße nach Süden abzweigt. Im Anfang windet sich das Tal freundlich durch Wald und Wiesen. Hier heißt der Wasserlauf Fallbach. Man kann aber auch mit dem Wagen die Weilheimer Straße nach Süden hinausfahren und kurz hinter Starnberg rechts nach Neusöcking abbiegen. Man überquert den Bach in einer grünen Mulde, in der mehrere Quellfassungen der Starnberger Wasserversorgung liegen. Immer dort, wo tertiäre Schichten nahe sind, stößt man ja auf ergiebige Wasservorkommen.
Jetzt muß man zu Fuß weitergehen. Hinter der ersten Holzbrücke rückt das Tal enger zusammen. Mischwald, überwiegend Buchen, beschatten den bequemen Weg. Es geht sanft bergan, nunmehr neben dem »Maisinger Bach«. Enten gründeln im Schatten, Forellen huschen. Salomonssiegel wächst am Weg. Vogelrufe sind die friedliche Begleitmusik. Rechts und links im steilen Hang tritt an mehreren Stellen das Gestein zutage — Nagelfluh aus dem Tertiär. Durch Abbröckelung haben sich im Talgrund auf der rechten Seite kleine Höhlen gebildet.

Nach etwa vierzig Minuten hat man die Maisinger Höhe erreicht. Man kann am Ort vorbeigehen und vom Damm des Maisinger Sees einen Blick in die Welt der Wasservögel werfen. Wer gut zu Fuß ist, kann im Bereich des Baches, der seinen Namen nun in »Ascheringer Bach« wandelt, weiterwandern: an Machtlfing vorbei in westlicher Richtung zum Kienbach und über Erling durchs Kiental nach Herrsching.
Es gibt dort oben auf der Wasserscheide zwischen den beiden großen Seen viele Fußwege zwischen Drumlins, Mooren und Jungmoränenhügeln nach Erling. Kurz hinter Machtlfing kann man links von der Kreisstraße nach Erling abbiegen und die Stefanskapelle aufsuchen. Ein Wäldchen deckt sie auf ihrem Hügel nach Westen und zum Teil nach Norden ab. Sie soll auf einer heidnischen Kultstätte gebaut sein: bis zum Beginn des 19. Jahrhunderts fanden hier Pferdeumritte statt. Verlaufen kann man sich zwischen den vielen Hügeln und Waldstreifen nicht, denn der Andechser Kirchturm, der das Gelände überragt, bleibt sicherer Wegweiser.
Jetzt ist man im Bereich des Ammersees. Der Kienbach schlängelt sich gemütlich durch die oberen Talgründe, streckenweise auch durch dichtes Gehölz. Dann durchfließt er Erling. Über einen künstlichen Wasserfall rauscht er nach den letzten Häusern des Dorfes in seine Schlucht hinab. Am Eingang steht das Pumphaus des Klosters. Die kleine Straße, die durch die Schlucht in einer knappen Stunde Gehzeit nach Herrsching führt, wurde erst 1853 gebaut. Früher war die Schlucht unzugänglich. Das Kiental nennt sich offiziell zwar nicht Schlucht, ist aber wilder, enger und bizarrer als die Maisinger Schlucht.
Mehrfach überquert die Schotterstraße auf Holzbrücken den Bach. Auf der linken Seite begegnet uns bald ein acht Meter hoher Nagelfluh-Felsen. Der Volksmund nennt ihn Teufelskanzel. Das Wasser hat ihn freigespült. Hier soll, ehe das Kiental zugänglich gemacht wurde, die »Kuttenmirl« in einer Höhle gehaust haben. Nach der Legende war sie eine fromme Einsiedlerin, die sich von Waldfrüchten nährte. In Erling soll man sie nach ihrem seligen Tod begraben haben. Als man die kleine Straße baute, wurden in einer der Höhlen angeblich ihre Habseligkeiten gefunden, darunter ein Totenschädel, vor dem sie ihre Betrachtungen über die Vergänglichkeit des Daseins angestellt haben soll.
Heute ist die Straße wichtig für die Holzabfuhr. Auch die Klosterbesucher und Pilger benutzen sie von Herrsching aus mit Vorliebe. Inzwischen hat sich, 1967/68, die Kanalisation durchgegraben. Früher war die Schlucht nämlich ein bequemer Abwassergraben für Erling und das Kloster. Jetzt führen Rohre unter dem Boden neben dem Bachbett die Abwasser zum Stauraumkanal nach Herrsching und von dort, in Verbindung mit der Kanalisation weiterer Orte am Ostufer des Ammersees, am Pilsen- und am Wörthsee, nach Norden zur Zentralkläranlage bei Stegen im Ampermoos.
Man kann den Bach durch Herrsching bis zum Kurpark begleiten. Dort lädt er Schlamm und Geröll in den See ab. Der untere Teil Herrschings steht wie Niederstarnberg auf einem Schwemmfächer, den hier der Kienbach aufgeschüttet hat. Bis zum Ende des 19. Jahrhunderts war das Seeufer fast unbebaut. Damals scharten sich die Häuser um die höher gelegene alte Martinskirche am Ausgang des Kientals. Heute stehen an der Seepromenade Villen, Gasthäuser und Hotels. Weiter nördlich erstreckt sich der Freibadestrand.
Bei Seefeld, unterhalb vom Schloß – fünf Kilometer von Herrsching an der Staatsstraße nach München –, mündet der Höllgraben in das große Becken aus der Eiszeit. Früher wurde er noch aus den Sumpfstellen des Galgenbühels, südwestlich des hochgelegenen Frieding, mit Wasser gespeist. Das obere Bachbett ist jedoch versiegt, und so fließt auf diesem Wege jetzt allein der Widdersberger Bach unter der Brücke zum Schloß der Grafen zu Toerring in den Pilsensee. Auch hier ist ein diluviales Schotterdelta aufgeschüttet. Im Höllgraben trifft man wieder auf anstehenden Nagelfluh.
Vom Tutzinger Bahnhof aus nach Norden zu

kann man einen Kilometer lang durch die Waldschmitt-Schlucht wandern. Vom Bahnhof Possenhofen lohnt es sich, das kleine Stück zur Westuferstraße des Starnberger Sees hinunterzugehen. Etwa 50 Meter nach der Kreuzung in Richtung Tutzing führt, unmittelbar hinter der Brücke über den Starzenbach, ein Steig rechts ab in die dichtbewachsene Wolfsschlucht.

WÜRMTAL, GLETSCHERSCHLIFF, FINDLINGE UND KIESGRUBEN

Zu den landschaftlich reizvollsten Erinnerungen an das Ende der Eiszeit gehören die Durchbrüche, die sich die Abflüsse der beiden großen Seen durch die Endmoränenwälle erzwungen haben: das Ampertal bei Wildenroth, das allerdings schon im Landkreis Fürstenfeldbruck liegt, und das Würmtal zwischen Starnberg und Gauting.
Die Würm ist kein wilder Gebirgsfluß wie Isar und Ammer. Nach ihrem Abfluß aus dem Starnberger See durchzieht sie in ruhigem Lauf den breiten Moorgürtel zwischen Percha und Leutstetten und weitet sich zu mehreren sehr tiefen Moorseen. Oberhalb ihres Durchbruchs liegt die Bahnstation Mühltal (Mühlthal). Hier hat die Würm ihr Bett durch die Endmoräne bis zu einer Tiefe von 35 Metern in tertiäre Schichten eingegraben. Das Tal ist an seiner engsten Stelle kaum hundert Meter breit. Vor Gauting weitet es seine U-Form aus; die bewaldeten Höhen werden flacher und treten zurück, die Besiedlung nimmt zu. Zwischen Gauting und Buchendorf durchquert das Flüßchen den niedrigen Altmoränenhügel. Das Tal wird eine milde Hohlform und öffnet sich dann der Münchner Schotterebene. Der weitere Verlauf der Würm ist unansehnlich. Sie verästelt sich, Kanäle — auch der Nymphenburger Kanal — werden von ihr abgezweigt. Hinter Dachau erreicht sie die Amper. Ein Teil ihres Wassers versickert im Sumpf.
In unserem Gebiet ist die Würm ein anmutiges Gewässer. Hinter Leutstetten schlängelt sie sich durch Auwald. Dann begleitet sie auf ihren vielen Windungen und über kleine Terrassenstufen schöner alter Waldbestand bis kurz vor Gauting. Sie hat keinen nennenswerten Zufluß. Die Querrinnen, die von den Hängen herabführen, sind meist trocken. Ihr Wasserspeicher ist der Starnberger See, der für einen überwiegend gleichen Pegel sorgt.
Eine im Voralpenland seltene Erinnerung an die Eiszeit ist der Gletscherschliff. Das Eis hat ja nicht nur Schotterberge versetzt, es hat auch dem felsigen Untergrund seine Runen eingeritzt. Deutlich sichtbare parallele Linien in der Fließrichtung des Eises wurden im festen Gestein durch grobblockiges Geröll in der Gletschersohle unter dem ungeheuren Druck und Schub eingetieft. An der Ostuferstraße des Starnberger Sees, kurz nach der nördlichen Einfahrt in Berg, ist so ein Gletscherschliff erhalten. Im Garten der Apotheke liegt der überschliffene Fels, eingebettet in moosigen Rasen, frei an der Oberfläche. Wenn man in der Apotheke anfragt, darf man ihn anschauen. Durch den Straßenbau wurde außerdem im steilen Hang des Grundstücks Nagelfluh angeschnitten.
Auch große Felsbrocken hat das Eis auf seinem Rücken ins Alpenvorland transportiert — die erratischen Blöcke oder Findlinge. Vereinzelt kann man sie noch entdecken. Viele wurden leider schon für Bauzwecke zerschlagen. Einer liegt im Manthal, einer Wiesensenke zwischen Percha und Berg. Von Percha aus, am Kloster der Ursberger Schwestern vorbei, führt eine kleine Straße im Manthal nach Süden. Nach einer knappen halben Stunde zu Fuß, kurz hinter der Gastwirtschaft im Talgrund, steht ein Sägewerk. Dort ruht ein Findling zwischen zwei Holzschuppen. Er ist fast drei Meter hoch und besteht aus Hornblende, die von Quarzgängen durchzogen wird. Auch an

der Olympiastraße – wenn man von München gen Süden fährt –, gleich hinter der Abzweigung der Autobahn nach Schäftlarn, liegt links im Grünstreifen neben der Trasse ein einsamer Findling. Ebenso am Lehmberg, dem Höhenzug zwischen Percha und dem Gestüt Heimathausen.
Man sollte sich auch einmal eine der zahlreichen Kiesgruben anschauen. Man findet sie überall, die schönsten in der Umgebung des Würmtals. An ihnen sieht man, wie nahe wir auf den Schottern der Würmeiszeit leben. Der Humus, die Verwitterungsschicht, ist meist nur 30 bis 35 Zentimeter dick. Darunter liegen gut geschichtete Gerölle mit dünnen Bänken von Kies und feinen Sanden. Die Kiesgruben gehören mit zum Landschaftsbild und stören nicht mehr, wenn sie ausgeschöpft sind.

WÄLDER

Von den 490,52 Quadratkilometern des Landkreises Starnberg ist fast ein Drittel von Wald bedeckt, die lichteren Stellen mit parkartigem Charakter mit einbezogen. Fast ein Viertel ist Grünland. Das Ackerland überwiegt nur im Norden, am stärksten in den Altmoränengebieten bei Buchendorf, Hanfeld, Oberbrunn, Unterbrunn und Fronloh. Auch in den Gebieten um Gilching, Oberpfaffenhofen, Hochstadt, Weßling und Frieding kann das Ackerland noch 50 Prozent der genutzten Fläche überschreiten. Im Jungmoränengebiet zwischen dem Starnberger und dem Ammersee, um Erling und Machtlfing und im gesamten Südteil herrscht Weidewirtschaft vor. Die Wasserflächen nehmen 15 Prozent des Bodens ein, die Moore 0,5 Prozent. Siedlungen, einschließlich Straßen und Eisenbahnen, beanspruchen heute über fünf Prozent (1954: 3,5 Prozent).
Nach dem Rückzug der Gletscher war das Seenland zunächst eine Tundra mit Moosen, Flechten und Zwergsträuchern, ähnlich den heutigen polarnahen Regionen. Moore und Seen gab es reichlich. Dann setzte die Bewaldung ein. Kiefer und Birke, die typischen Randbäume der Moore, machten den Anfang. Als eine frühe Wärmezeit einsetzte, folgte Hasel- und Eichenmischwald. Dann kam auf allmählich trockenerem Boden auch die Buche auf. Sie verdrängte in der Jungsteinzeit um 2000 v. Chr. die Eiche und herrschte zwei Jahrhunderte später wahrscheinlich zusammen mit Ahorn, Ulme und Linde vor. Aber einzelne Eichenwälder blieben bestehen. Dazu drang vom Inntal her die Fichte ein. Bei einer Klimaverschlechterung in der Spät-La-Tène-Zeit (um 500 v. Chr.) breitete sich die Buche nochmals verstärkt aus.
Dann griff der Mensch ein, am nachdrücklichsten seit der Mitte des 19. Jahrhunderts. Aber einige Bestände, die an den ursprünglichen Baumwuchs erinnern, haben sich dort erhalten, wo die Kultivierung zu beschwerlich war, an Steilhängen, besonders im Süden des Landkreises, etwa hinter Erling und Machtlfing.
Eichen haben sich vor allem in herrlichen Solitärbäumen erhalten. Zum Teil wurden sie auch neu gepflanzt, etwa um die letzte Jahrhundertwende bei Gilching. Man findet das Wäldchen, wenn man bei der alten Gilchinger Kirche von der Straße nach Alling in westlicher Richtung abbiegt und auf der geteerten Straße auf Rottenried zufährt. Bald sieht man rund 300 Meter nördlich der Straße das hellgrüne Waldband. Etwa 500 jüngere Eichen stehen dort in schöner Auflockerung. Der Boden ist mit Gras bewachsen, mit Liguster und wolligem Schneeball. Auch Wild stellt sich hier gerne ein. So ungefähr mag zur Urzeit unsere Landschaft ausgesehen haben.
Eine berühmte Eichenallee, 125 Jahre früher angelegt, bildet die Staatsstraße 2068 zwischen Seefeld und Weßling. Anton Graf zu Toerring auf Seefeld, ein bedeutender bayerischer Naturwissenschaftler und landwirtschaftlicher Reformator am Ende des 18. Jahrhunderts, ließ

sie anpflanzen. Sie macht die leicht hügelige Straße bis zum Gut Delling mit ihrem Licht- und Schattenspiel unter den Baumriesen zu einer der schönsten weit und breit.

An der alten Römerstraße zwischen der Olympiastraße und Buchendorf gibt es noch einen sehr schönen »Eichengarten«. Etwa 50 Bäume können sich dort auf einer freien Fläche voll entfalten.

In den Flurplänen zwischen 1818 und 1860 waren noch vornehmlich Laubwälder eingezeichnet. Erst um 1900 wurde die schnellwüchsige Fichte zum häufigsten Baum. Ursache war der große Bedarf des Bauhandwerks in einer Zeit der fortschreitenden Industrialisierung und des raschen Anwachsens der Bevölkerung. Besonders im Norden des Landkreises gibt es heute ausgedehnte zusammenhängende Fichtenbestände — im Forstenrieder Park, im Buchendorfer Wald östlich von Gauting, im Kreuzlinger Forst südwestlich von Krailling und um Mamhofen zwischen Gauting und Perchting. Am Rand solcher Fichtenforste — auch bei Unterbrunn, Güntering/Hechendorf und Inning — findet man noch Rot- oder Hainbuchen, wilde Kirschen oder auch hie und da eine Eiche. Hier ergeben sich Rückschlüsse auf die frühere Struktur der Wälder; denn man hatte vielfach die ursprünglichen Baumarten als Windschutz für die jungen Pflanzungen stehenlassen.

Interessant ist, daß die Bodenflora den radikalen Waldartwechsel nicht so rasch mitmachte. Bei Hanfeld oder bei St. Gilgen nahe Gilching ist die Krautschicht noch typisch für den Buchenwald. Anemonen, Labkraut, Sauerklee, Ehrenpreis und Singgrün wachsen dort weiter. Bei Mamhofen jedoch ist diese Flora zugrundegegangen. Die Nutzung des Waldbodens als Viehweide oder der Verlust der Nadeln, die in den Ställen als Streu verwendet wurden, hat ihn sauer gemacht.

Obwohl die Buche zurückgedrängt wurde, dominiert sie noch auf den Moränenhügeln. Es gibt auch noch Wälder, wo sie überwiegt. In ihrem Schatten, an den Rand gedrängt, wachsen Waldreben, Brombeeren, Heckenkirschen, Holler, Weißdorn und Pfefferköpfchen.

Im Süden des Kreises breiten sich Mischwälder aus. Sie geben mit ihren vielfältigen Laubschattierungen der welligen Landschaft auch farbiges Leben: an den Hängen südlich von Erling und Machtlfing zum Beispiel. Ihr Boden ist im Frühjahr mit einer bunten Krautschicht bedeckt, die sich je nach Beschaffenheit des Untergrundes und nach dem Gefälle anders zusammensetzt. Die Flora reicht vom Maiglöckchen bis zum Seidelbast, vom Ringelkraut über Leberblümchen, Buschwindröschen bis zum Waldmeister. In der Nähe der Moore oder an wenig begangenen Hängen findet man seltene Orchideenarten. Mitunter steht sogar ein einsamer Frauenschuh im Wald, dicht an einem Ortsrand.

Im Buchendorfer Forst fühlen sich auf durchlässigen Schottern Hainbuchen wohl. Südöstlich von Gilching, noch vor dem Weiler Fronloh, zwischen dem Ammersee und Hechendorf, zwischen Buch und Bachern am Wörthsee sind Kiefern eingestreut. Auch in der Nähe der starken Buchenbestände bei der Strafanstalt Rothenfeld sind sie anzutreffen; an den Mooren südlich von Erling und Machtlfing stehen sie neben Birken. Das Kiental hat seinen Namen von den Kiefern erhalten, die dort einmal vorherrschten. Im Kreuzlinger Forst bei Krailling hat man sie noch 1945 angepflanzt. Sie ertragen tiefe Winter- und hohe Sommertemperaturen und fassen auf kargem Boden Fuß, wo andere Baumarten nicht gedeihen. An vielen Stellen, etwa östlich von Unering oder südwestlich von Traubing und in der Perchtinger Gegend, tauchen in den Fichten-Buchen-Mischwäldern Lärchen auf. Auch Tannen kommen, allerdings nur vereinzelt, in den Mischwäldern im Süden vor — eine bunte Waldgemeinschaft.

Für die Auwälder auf den Überschwemmungsgebieten der Gewässer sind Erlen, Eschen und Weiden charakteristisch. Die mächtigsten Weiden stehen unmittelbar an den Ufern der großen Seen, südlich Tutzing oder am Ammerseeufer von Herrsching bis Stegen.

In Einzelfällen hat sich der Wald seine frühere Bodenfläche wieder zurückerobert. Zwischen Wartaweil bei Herrsching und Erling stand auf halber Höhe bis 1849 der Weiler Ramsee mit sechs Höfen und 40 Einwohnern. Dann brannte ein Teil der Siedlung nieder. 1860 kaufte der Staat die beiden letzten Höfe zur Aufforstung an. Der Weiler wurde abgerissen, 1864 auch die kleine Kirche. Eine halbe Stunde von Herrsching entfernt, am »Roßleitenweg«, erinnert ein Gedenkstein an diesen ehemaligen Weiler.

Im Königswieser Forst, westlich der Straße Gauting–Starnberg, nahe bei Mühltal, zeigt nur noch eine kleine Kapelle an, daß hier früher eine Rodungsinsel mit Schloß und Gutshof bestand. 1824 übernahm der Staat den umliegenden Forst, später auch das Schloß und den Hof. Die Gebäude wurden 1865 niedergerissen. Die Waldlücke schloß sich.

Im Kreuzlinger Forst bei Krailling lag an einer Wegkreuzung die alte Schwaige Kreutzing. Auch diese kaufte 1846 der Staat. Der Revierförster erhielt die Gebäude als Wohnung. 1872, nach dessen Tod, erfolgte der Abbruch. Der Wald wuchs wieder zusammen.

In den Flurplänen von 1865 war Mamhofen zwischen Gauting und Perchting als Weiler mit acht Höfen eingetragen. Außer der alten Kirche ist davon nur noch der Gutshof mit Nebengebäuden übriggeblieben. Die Fluren sind um die Jahrhundertwende bis auf einen geringen Rest aufgeforstet worden.

VON DER RENKE ZUM SCHWARZKITTEL

Lorenz Westenrieder, Weltpriester, Historiker und Geograph, der Ende des 18. Jahrhunderts große Teile Bayerns bereist hat, schrieb ein sehr liebenswürdiges und anschauliches Buch über den »Würm- oder Starnberger See und seine Umgebung«. Die erste Auflage erschien 1784. »Die Fische«, so erzählt er, »welche man in dem Würmsee antrifft, werden in das edle, in das geringere und das letzte Fischwerk eingetheilt. Zu jenen ersteren zählet man die Lachse oder Lachsferchen und die Renken; zu der zweiten Gattung die Waller, Karpfen, Hechte, Rutten und Praxen; und zu der dritten die Alten, Pirschlinge, Rotaugen oder Haseln, Laugen und andere kleinere Bachfische. Die Lachse, Waller, Karpfen und Hechte werden zu 6 bis 20 Pfund schwer gefangen; man hat auch schon weit größere, z. B. Waller zu 36 und Karpfen, die besonders vortrefflich sind, bis zu 34 Pfund erhalten.«

Wie beliebt die Renken aus dem Starnberger See in früheren Zeiten waren, geht aus mehreren mittelalterlichen Dokumenten hervor. In den Schenkungsurkunden an die Klöster wurde die Zahl der jährlich abzuliefernden Exemplare festgehalten. Mitunter wollte man auch mit einer Fischsendung hohe Herren günstig stimmen. Als Herzog Albrecht von Bayern 1425 den Hof des deutschen Königs Sigismund in Preßburg aufsuchte, um ihn für die Münchner Linie der Wittelsbacher bei den Erbauseinandersetzungen mit dem Straubinger Zweig zu gewinnen, schrieb er an seinen Onkel, den Herzog Wilhelm, nach München: »Wir lassen ew wissen, das unser Herr der Kunig gar vast begehrt hat, wie das er gern Renken aus dem Wermsee wollt haben und versuchen und darum so bitten wir Eur lieb ihr wellet mit den Vischern an dem See ernstlich schaffen, das ... man dieselben Renken santtrucken mach ... und sie herabschickt, so wollen wir unsern Herrn Kunig von Eurn und unsernwegen damit eren.« Die Fische wurden in Sand verpackt und in Kisten durch Kuriere verschickt.

Im Ammersee war die Renke früher bei weitem nicht so bekannt wie im Starnberger See. Dafür gab es dort den Zander, Amaul genannt, der über einen Meter Länge und bis zu 15 Kilo Gewicht erreichen konnte. 1884 hat man im Starnberger See Laichzander eingesetzt. Heute ist der Zander besonders beliebt, weil er fettarm ist.

Zwei Fischermeister, deren Familien ihr Gewerbe an den beiden großen Seen ausüben, erzählen übereinstimmend, daß der Fischreichtum in früheren Jahrhunderten sehr groß war, um die Wende zum 20. Jahrhundert erheblich zurückging, dann wieder durch Gesetze und Eigeninitiative, die die Natur durch frischen Besatz unterstützten, zunahm. Die Tradition ihres Fischrechts hatte sich hüben und drüben vom Vater auf den Sohn vererbt. So wurden die Vorfahren von Max Kuglmüller (Kuglmiller) in Feldafing erstmals 1539 in Unterzeismering als Fischer erwähnt, erhielten 1651 das Fischrecht auf der Insel Wörth (»Roseninsel«) bei Feldafing und wohnten zwei Jahrhunderte lang dort. 1854 kaufte König Max II. die Insel, und die Kuglmüllers zogen gegenüber aufs feste Land. Ein Vorfahre von Toni Stumbaum in Herrsching, Matthias Stubenbaum, heiratete 1811 in die Fischerei am Ammersee ein.

Die stetig steigende Abwasserzufuhr in die Seen fügte den Fischen erhebliche Schäden zu. Die Laichplätze gingen zurück. Als erste Algenart fielen 1929 die Armleuchteralgen aus, die vor allem den Hechten als Laichkräuter dienten. Als man die Misere erkannte, brachten die Fischereigenossenschaften weit über die staatlich festgesetzten Mengen hinaus jährlich Tausende von Setzlingen in die Seen. Die Fischereigenossenschaft des Starnberger Sees hat 1962 bei Bernried eine Brutanstalt eingerichtet. Zu den Jungfischen, die meist noch im ersten Jahr in den See gebracht werden (nur die Karpfensetzlinge sind meist »zweisömmrig«), kommen Millionen von Bruteiern. Auch die Sportfischer unterstützen die Bemühungen.

Neben Renken und Hechten, die im Mittelalter die »Brotfische« waren, spielen heute die Aale unter den Edelfischen eine wichtige Rolle. Sie wurden Ende des 19. Jahrhunderts, zusammen mit Zandern, am Starnberger See eingesetzt.

Westenrieder erfuhr Ende des 18. Jahrhunderts aus Erzählungen der Fischer, daß Karpfen in Starnberg eingesetzt wurden, die dann geradewegs zum Karpfenwinkel bei Tutzing schwammen, weil sie dort die besten Laichplätze fanden. Er preist sie als besonders wohlschmekkend und empfiehlt, sie nach dem Fang in Seewasser zu kochen. In der Küche sollte man sie entweder braten oder in Essig sieden und dann mit Essig und Öl verspeisen.

Im 19. Jahrhundert war der Saibling, eine Seeforelle, die gesuchteste Fischart. Vor dem Ersten Weltkrieg erzielte sie den dreifachen Preis von Renke und Hecht. Die Brachsen, die wegen ihrer vielen Gräten einen geringeren Wert haben, waren früher im Starnberger See wenig bekannt. Heute haben sie sich im Übermaß vermehrt, weil sie ebenso wie die Weißfische nicht so empfindlich gegen Wasserverunreinigung sind. Sie lieben den Schlamm als Laichplatz. Weißfische wurden 1968 bei einzelnen Fängen zentnerweise aus dem See gezogen. Früher stellten sie bei Volksfesten als gebratene Steckerlfische das Hauptkontingent des Fischangebotes. Dann wuchsen die Ansprüche der Verbraucher, und sie wurden zu Futtermehl verarbeitet.

Barbe heißt eine Brachsenart, die in der Würm den Sportfischern gern an die Angel geht. In den Gumpen der bewachsenen Ufer hält sich auch noch der Waller, der in den Seen kaum noch gefangen wird. Man kann Jahr für Jahr schwergewichtige alte Burschen an der gleichen Stelle stehen sehen. Sie lassen sich nicht leicht überlisten.

Auch Forellen gibt es in der Würm dank der privaten Zuchtanstalt in Mühltal. Die Wittelsbacher hatten die Fischteiche Ende des 19. Jahrhunderts angelegt. Seit einigen Jahren hat sie der Kreissportfischerei-Verband gepachtet und sorgt laufend für Besatz.

Renken werden in den Seen mit einem Gewicht bis zu sieben Pfund gefangen, Karpfen mit 30 bis 35 Pfund, Hechte bis zu 42 Pfund. Die Hechte haben an Länge und Gewicht seit dem Zweiten Weltkrieg beträchtlich zugenommen, weil sie als Raubfische an den Riesenmengen von Kleinfischen überreichlich Nahrung finden. Um 1949 waren sie kaum über 20 Pfund Gewicht hinausgekommen.

Mit der Kanalisation rund um die Seen wächst nun auch die Hoffnung, daß die Laichplätze der Fische wieder zunehmen. Allerdings kann eine Besserung nicht sofort eintreten. Die Selbstreinigung ist ein langsamer Vorgang, der sich über viele Jahre erstrecken wird.

Das Nordende des Starnberger Sees

Der Weßlinger See

Die Eichenallee bei Delling: Blick auf Oberalting

Starnberger Heimatmuseum: das »Lochmannhaus«

Römergrab in Widdersberg

Daß zwischen den Seen viele Singvogelarten heimisch sind, ist selbstverständlich: Heidelerchen und Baumpieper in der Nähe der Föhren, Rauch- oder Mehlschwalben in der Umgebung der Dörfer oder die große Spechtfamilie in den Wäldern. Türkentauben kommen häufig im freien Gelände vor. Elstern, Eichelhäher und besonders Krähen sind reichlich vertreten. Sie machen den Singvögeln mitunter das Leben sauer. Der Mäusebussard schwebt über den Feldern. Auch Turmfalken gibt es noch in erfreulich großer Zahl. Dagegen sind Hühnerhabichte und Sperber selten geworden. Fasane und Spielhähne waren nach dem Zweiten Weltkrieg sehr dezimiert. In den sechziger Jahren hat man versucht, den Fasanenbestand wieder zu heben. In luftdurchlässigen Kartons kamen je drei Hennen und ein Hahn aus Westfalen. Sie wurden ausgesetzt, und das Experiment scheint geglückt. Nun tauchen auch wieder Rebhühner auf.

Am vielfältigsten ist in unserem Gebiet der Bestand an Wasservögeln. Früher wanderten Naturfreunde gern zum Eßsee bei Landstetten, um in der friedlichen Abgeschiedenheit zu lauschen und zu beobachten. Jetzt ist der See für die Außenwelt abgeschlossen. Das Max-Planck-Institut baute dort inzwischen mehrere wissenschaftliche Institute, um die Verhaltensweise der Tiere zu studieren.

Der Maisinger See jedoch, in seinem Bestand durch Gesetz gesichert, ist frei zugänglich. Schwarzköpfige Lachmöven sind vor der wachsenden Zivilisation vom Wörthsee hierher geflüchtet. Hinter dem Schilfgürtel schwimmen Wildenten, Zwergtaucher, Bleß- und Teichhühner. Aus dem Rohr kommt der dumpfe Ruf der »Moosochsen«, der Rohrdommeln. Fischreiher spazieren. Dazu gesellen sich als »Irrgäste« vom Eßsee die Graugänse. Graugans und kanadische Wildgans hat man versuchsweise 1967 auf die Roseninsel bei Feldafing gebracht. Die Graugänse strichen wieder ab; bei den Kanadiern aber hatte sich 1969 bereits zwölfköpfiger Nachwuchs eingestellt.

Ornithologen lieben das Ampermoos nördlich von Stegen. In der »Urlandschaft« im Innern fühlen sich die Moosgrillen wohl, und die kleinen Rotschenkel flöten. Hoch in der Luft mekkern die »Himmelsziegen« (Bekassinen). Der Klageruf der Kiebitze ertönt. Rohrsänger lärmen im Schilf. Das kleine, weißsternige Blaukehlchen singt sein Lied. Rote Limosen oder Storchschnepfen finden ruhige Brutplätze. Graue Reiher fischen längs der Amperwindungen. Wasseramseln und schillernde Eisvögel schießen vorüber.

Ähnliche Gesellschaft hat man im Sumpf des Wildmooses zwischen Percha und Leutstetten nördlich vom Starnberger See. Das Gebiet im Süden des Ammersees an der alten Ammer ist eins der größten Winterquartiere in Süddeutschland und Rastplatz für die Zugvögel auf ihrem Flug in den Süden.

Die Schwäne auf den großen Seen gehören nicht zur ursprünglichen Fauna. Im Starnberger See ließ sie der Kreisleiter des Dritten Reiches einsetzen. Sie haben sich ungewöhnlich stark vermehrt, so daß die Fischer um ihre Belange besorgt sind.

In der Insektenwelt sind die großen Hirschkäfer in der Umgebung alter Eichen eine Besonderheit. Sonst gleicht sie im wesentlichen der anderer Gebiete unter ähnlichen Voraussetzungen: von den Regen- und Goldaugenbremsen in den Mooren bis zu den Gelbrandschwimmkäfern. Hochzeitsflüge Hunderttausender von Eintagsfliegen kann man an den Bachläufen beobachten, Prachtexemplare bunter Libellen oder Wasserjungfrauen an den Binsen, Heufalter im Leutstettener Moos, Kußflügler und viele andere Arten.

Der Wildbestand im Landkreis hat sich nach dem Hungerabschuß in der Nachkriegszeit wieder erholt. Erschreckend hoch — wie wohl auch in anderen Gebieten — aber ist der Zoll, den vor allem das Rehwild der ständig wachsenden Motorisierung zahlt.

Der Fuchs ist durch die Tollwut und den gezielten Abschuß dezimiert. Dachse, Haus- und Edelmarder sind selten geworden.

Eines der großen eingezäunten Wildgehege im süddeutschen Raum, der Forstenrieder Park, ragt in den nordöstlichen Teil des Landkreises hinein. Er gehört zu dem breiten Waldgürtel, der München vom Voralpenland trennt und der für die Erhaltung des Grundwasserspiegels und als »grüne Lunge« der Millionenstadt lebenswichtig ist. Beim Forsthaus Oberdill, wo die Olympiastraße den Landkreis verläßt, neben einer Autobahnausfahrt, führen durch je zwei Tore abgesicherte Eingänge in den Wildpark.

Auf einer flachen Geländestufe bedeckt das Gehege 4000 Hektar. Einst war hier lichter Eichen-Buchen-Mischwald. Später überwog die Fichte. Ahorn und Kastanien kamen dazu. Es ist ein prächtiger alter Baumbestand mit Dikkungen und viel Unterholz, wie es dem Wild zusagt. Wer es beobachten will, muß sich bei seinen Spaziergängen Zeit lassen. Wer Glück hat, sieht Schwarzkittel oder Damwild beim Äsen auf den Lichtungen. Bei Nacht ist der Park geschlossen. Hunde dürfen nicht hinein. Die Jäger sind sparsam mit Auskünften. Wie die Tiere lieben auch sie nicht das Auftreten vieler Menschen in ihrem Revier.

Von 1399 bis 1918 war der Wildpark das Jagdgebiet der bayerischen Herzöge, Kurfürsten und Könige. Die Republik veranstaltet regelmäßig Staatsjagden.

Auch die Grafen zu Toerring auf Seefeld haben 1953 einen Wildpark angelegt, der staatlich anerkannt ist. Der Eingang, ebenfalls durch Doppeltore gesichert, liegt links der Straße von Oberalting nach Unering auf der Höhe des Griesberges.

Auf freier Wildbahn haben die Wildschweine in den Jahren nach 1945 viel Schaden angerichtet. Die Zäune um den Forstenrieder Park waren mangelhaft, und auch aus anderen Revieren wechselten die Schwarzkittel zu den nahrungsreichen Feldern. Die deutschen Jäger durften zunächst keine Waffen tragen. Bis in die Gegend von Machtlfing und Unering drangen die Wildschweine vor. Der Ertragsausfall erstreckte sich über mehrere Jahre. Treibjagden wurden veranstaltet. Inzwischen ist die Plage abgeklungen.

Die Geschichte

GRÄBER AUS DER VORZEIT

Der Fischer Max Kuglmüller, damals ein rüstiger Sechziger und sein Freund ruderten uns vor einigen Jahren vom Feldafinger Ufer zur nahen Roseninsel. Sie setzten uns an dem kleinen Landesteg neben dem Bootshaus ab. Der »Insel-Willy« übernahm uns. Er sah hier im Auftrag der Wittelsbacher nach dem Rechten und war bemüht, das verwilderte Eiland wieder in Ordnung zu bringen. Brennesseln wurden gerodet, Wege hergerichtet, Gemüsebeete angelegt. Das einstige Herrenhaus, mehrfach im Laufe der Jahrhunderte verwüstet und wieder aufgebaut, ist überholt und modernisiert worden. Die »Pompejanische Villa«, die König Max II. errichtete, nachdem er 1850 die zwei Hektar große Insel gekauft hatte, wirkte dagegen traurig und verlassen.

Wappen von Feldafing

Bereitwillig zeigte uns der Insel-Willy den Baumbestand der Insel: eine prächtige Linde, Fichten, Lärchen und Erlen, einen Lebensbaum und seltene Buchenarten, einige mit spitz und scharf ziselierten Blättern. Dann öffnete er uns die Terrassentür zur Villa.

Hier also hat König Max II. mit seiner Familie friedliche Sommertage verbracht und Rosenpflanzungen angelegt, die dann der Insel den Namen gaben. Hier hat sich Ludwig II. mit Elisabeth, der Tochter des Herzogs Max in Bayern vom nahen Possenhofen und späteren Kaiserin von Österreich, getroffen. Hier hat er in einsamen Mondnächten den Sängern seiner Münchner Hofoper zugehört und mit Richard Wagner am 22. Mai 1868 dessen 55. Geburtstag gefeiert. Die bescheidenen Säle und Zimmer waren mit nachempfundenen pompejanischen Fresken und einem sinnenstrotzenden Ölbild im historisierenden Atelierstil des späteren 19. Jahrhunderts ausgestattet, mit getäfelten Decken aus Edelholz und hohen Fenstern. Der Blick durch die Fenster über den von Booten belebten See zur Benediktenwand oder auf das ansteigende Feldafinger Ufer war anmutig. Nur vereinzelt standen noch Möbel da. Ein Seitenbalkon war wegen Einsturzgefahr gesperrt.

»Hier war die alte Begräbnisstätte der angrenzenden Orte vor mindestens einem Jahrtausend«, begeisterte sich der königliche Kämmerer Karl Freiherr von Leoprechting 1854, als die Villa noch nicht stand, in seinem Stammbuch von Possenhofen, der Insel Wörth und Garatshausen. »Ist doch die ganze Insel ein Leichenfeld. Je tiefer man gräbt – man kommt immer wieder auf eine neue Schicht von Grä-

bern, überflutet vom Schlamm vieler Jahrhunderte.«
König Max II. befahl 1858, als man beim Bau der Villa auf zahlreiche Funde gestoßen war, Grabungen. Der Landrichter von Schab aus Starnberg setzte sie 1864/65 und 1872/73 fort. Prinz Ludwig Ferdinand nahm sie in den Jahren nach 1890 erneut auf. Die Funde reichten bis in die ältere Bronzezeit zwischen 1800 und etwa 1250 vor Christus zurück. Einzelne Forscher setzten für die ältesten Gräberfelder das 17. oder 16. Jahrhundert vor Christus an, andere griffen sogar bis in die jüngere Steinzeit auf über 2000 Jahre vor Christus zurück. Drei Gräberschichten hat man ermittelt. Die jüngste gehört dem Mittelalter an. Auf der Roseninsel steht man auf dem ältesten bekannten Siedlungsgrund unseres Gebiets.
Unsere ältesten Vorfahren kamen in der jüngeren Steinzeit, zwischen 3500 und 2000 vor Christus, von der Donau aus in die Münchner Gegend. Das ebene Steppengebiet wurde von ihnen bevorzugt. Einzelne Familien und Sippen drangen aber auch in die vorgebirgigen Waldgebiete südlich von München ein. Dort konnten sie jagen; sie fanden in den Gewässern reichlich Fische. Es gab Bucheckern und Eicheln als Mastfutter für das Vieh. Die frühesten Funde der Roseninsel lassen auf Ackerbau und die Haltung von Haustieren, wie Rinder, Schafe, Schweine und Ziegen, auf Hunde und Katzen schließen. Außerdem gab es Hirsche, Rehe, Wildsauen, Bären, Biber, Wisente und Elche. Das Wild wurde auf dem Festland gejagt und auf der Insel verzehrt. Die isolierte Lage bot den ersten Siedlern Schutz. Die Forschungen haben ergeben, daß die Insel seit gut zweieinhalbtausend Jahren ohne Unterbrechung bewohnt war.
Die ältesten Gräber waren mit Feldsteinen ausgelegt. Zahlreiche Pfähle, die man bei der Insel im See fand, haben dazu verleitet, Pfahlbauten anzunehmen. Die Pfähle sind jedoch Reste zweier mittelalterlicher Stege, die zum Festland führten.
Auch zur Römerzeit war die Insel bewohnt. Zunächst schloß man beim Fund alter Mauerreste auf ein heidnisches Heiligtum. Dann erkannte man sie als eine römische Villa. Heizrohre, Terrakotten, Gefäßscherben, Fibeln und Schmuck wurden ausgegraben.
Nach der bajuwarischen Landnahme — kurz nach 500 nach Christus — soll ein Mönch auf der Insel eine kleine Kirche gebaut haben, die dem heiligen Laurentius geweiht war. Sie soll Pfarrkirche für die Siedlungen auf dem Festland gewesen sein.
Als auf dem Seeufer eigene Pfarreien entstanden, wurde die Insel Wallfahrtsort und die Kirche dem heiligen Michael geweiht. Bei einem der beiden mittelalterlichen Stege, die sicherlich für die Pilger gebaut wurden, beginnen die Pfähle erst 130 Meter nördlich von der Insel. Daraus schloß man, daß der Wasserspiegel des Sees früher niedriger lag.
Die über hundert Eichenpfähle im Seegrund ergaben eine Steglänge von 145 Metern. Im späteren Mittelalter beschwerten sich die Fischer, die sich auf dem Weg zu ihren Fangstellen durch den Steg behindert fühlten. Daraufhin wurde wohl das letzte Brückenstück abgerissen und im See ein Landeplateau für die Pilger gebaut. Tatsächlich wurden noch zur Kurfürstenzeit, also nach 1623, mehrfach Pfahlstümpfe zur Erleichterung der Fischer aus dem Seegrund gezogen. Südlich der Insel fand man die Pfahlreste des zweiten Stegs von 470 Metern Länge, 80 Meter vom heutigen Inselufer entfernt.
Die Roseninsel wird auch mit den Karolingern in Zusammenhang gebracht, eine etwas vage Spekulation. Urkunden von 1545 und 1550 sprechen allerdings von einer Karlsburg auf ihrem Boden. Aus den Trümmern des alten Baus soll der Kanzler Jakob Rosenbusch, der die Insel 1545 gekauft hatte, ein Herrenhaus errichtet haben.
Als Hoffischer im Leibgeding saßen um 1440 die »Krebse« auf der Insel, um 1500 die Familie Urmüller, die 1678 von den Kuglmüllers abgelöst wurde. Die Schweden brannten das Herrenhaus im Dreißigjährigen Krieg nieder. Es wurde wiederaufgebaut. Die Besitzer wechselten laufend. 1840 brannte es nochmals nieder. Nun wurden die Reste der alten, verfallenen Kirche als Bausteine benutzt.

Am renovierten Wohnhaus des »Insel-Willy« kann man sie noch erkennen. Lorenz Westenrieder hat die kleine alte Kirche am Ende des 18. Jahrhunderts noch gesehen und beschrieben: »Das Kirchlein ist ohne Dach, und durchaus in dem Zustande der ersten Zerstörung. So wie die Steine damals auf die Erde fielen, liegen noch die Bruchstücke untereinander, und zwischen denselben wachsen Gesträuche und Bäume, deren einige über das Gemäuer emporstehen. Das Zittern ihrer Blätter durchdringt die Seele.« Heute hat der Freistaat Bayern die Insel übernommen, und der »Insel-Willy« darf hier noch seinen Ruhestand genießen. Die zuständigen Stellen stehen vor der Frage, wie man das kleine Eiland und die »Pompejanische Villa« am sinnvollsten für die Allgemeinheit nutzen kann, ohne das Idyll zu zerstören. Auch die finanziellen Voraussetzungen müssen noch geklärt werden. Jedenfalls ist es erlaubt, mit dem Boot zur Insel zu fahren, am Steg anzulegen und auf den ältesten Erinnerungen unserer Siedlungsgeschichte zu lustwandeln.

In anderen Teilen unseres Landkreises sind zahlreiche Hügelgräber Zeugen aus der Bronze- und Hallstattzeit (750 bis 450 v. Chr.). Nachbestattungen sind belegt. Von der Amper aus zieht sich das Feld der Funde in einem breiten Streifen nach Südosten zum Pilsensee, über Frieding nach Machtlfing. Auch bei Pöcking hat man Gräber gefunden, südöstlich der Straße nach Traubing, bei Mamhofen und Gauting, bei Buchendorf zwischen der Viereckschanze und dem Forsthaus Kasten, bei Stockdorf im Angerholz, an der Bahnlinie und östlich der Würm bei der Rauhen Fichte. Im Wald sind die Gräber häufig noch gut erkennbar. Im freien Feld wurden sie zumeist überackert.

Zur frühen Bronzezeit (1800—1550 v. Chr.) gehören sicherlich die um 1920 von dem Archäologen Paul Reinecke auf den »Hannewiesen« bei Herrsching entdeckten 25 Hügelgräber, zur Urnenfelder-Bronzezeit (1250—750 v. Chr.) die ebenfalls von Reinecke festgestellten Bodenfunde bei Widdersberg. Das größte Hügelgräberfeld wurde beim Bahnhof Mühltal entdeckt. Vom Würmtal aus führt eine Straße hinauf. Kurz vor der Station geht geradeaus durch den Eisenbahndurchlaß ein Weg weiter, erst ein Stück entlang der Gleise und dann in einer Linkskurve nach Hausen. An dieser Kurve liegt rechts im jungen Buchenwald das Gräberfeld: rund 60 Unebenheiten im flachen Waldboden, gleichgerichtete Erhöhungen von etwa einem halben Meter.

1885 wurden die ersten vier Gräber geöffnet. Die »Mitteilungen des Museumsvereins für vorgeschichtliche Altertümer Bayerns« von 1886 berichten: »Die Gräber enthielten im Kern Steinbauten, darüber Lehmfüllung und gehören wahrscheinlich der Hallstattperiode an. Außer einigen wenigen Knochen, Scherben und Tongefäßen, stark verrosteten, nicht näher bestimmten Eisenteilen, wurde ein seiner Seltenheit im südlichen Bayern halber hochinteressanter Fund gemacht, nämlich eine Bronzezierscheibe von mittlerer Größe mit erhabenen konzentrischen Kreisen und zwei mit den Köpfen einander zugewandten Vogelfiguren, welche über den oberen Rand hervorragen.«

Julius Naue, 1835 in Köthen geboren, der als Maler die deutsche Frühgeschichte verherrlicht und aus Passion die Hügelgräber zwischen Ammer- und Staffelsee durchforscht hat, grub 1891 weiter nach und veröffentlichte 1894 ein Prachtwerk mit 49 Tafeln: »Die Bronzezeit in Bayern«. Er fand beim Öffnen von 29 Gräbern bei Mühltal Beile, Dolche, Messer, Nadeln, Zierscheiben und Armbänder aus Bronze, Tongefäße und Bernsteinhalsketten. Der nördlichste Hügel barg die Gebeine einer Frau, die dem Anschein nach hohe Verehrung genoß: eine Fürstin, Priesterin oder Seherin. Sie trug die Reste eines Würdezeichens in der Hand. Neben Schmuck wurden im Grab zwei weitere weibliche Skelette ohne Beigaben gefunden: Menschenopfer oder Nachbestattungen?

Das Grab der vornehmen Toten war ein 1,66 Meter hoher Hügel mit Steinbau im Innern. Der Umfang maß 80 Schritte. Das Skelett lag auf einer festgestampften, geglätteten Lehmschicht. Naue, der über 400 Hügelgräber kannte, hat an keiner anderen Stelle so reichen Schmuck entdeckt wie hier.

Der Bau dieser Hügelgräber erforderte nach der Meinung der Vorgeschichtler wochenlange Mühe. Man nimmt an, daß das ganze Dorf oder die gesamte Sippe mitarbeitete und solche Gräber nur für sozial Höherstehende angelegt wurden. Sie finden sich meist an den Randhöhen der Täler, nie in der sumpfigen, von Überschwemmungen bedrohten Sohle, und immer in der Nähe der Siedlungen.

Der Inhalt des bedeutendsten Grabfundes bei Mühltal wird in der Prähistorischen Staatssammlung Münchens aufbewahrt. Auch die Fundstücke aus weiteren Hügelgräbern und die der Roseninsel wurden nach München gebracht. Im Starnberger Heimatmuseum sind nur einige Reste aus der Vor- und Frühgeschichte zu sehen, darunter eine feingearbeitete Lanze aus Feuerstein.

VIERECKSCHANZE UND RÖMERSTRASSEN

Die Buchendorfer nennen die Viereckschanze Römerschanze. Früher hieß sie einmal Biberschanze, volksetymologisch nach dem althochdeutschen »pipurc« (= Burg). Beim Kruzifix nordöstlich vom Ort, an der Straße, die später auf die Verbindung Gauting–Neuried stößt, geht rechts ein Weg zur Kiesgrube. Von hier aus führt ein Wiesenweg geradeaus die kleine Anhöhe hinan. Nach wenigen Schritten steht man vor der Schanze.

Die begrünte Umwallung ist knapp anderthalb Meter hoch und begrenzt 107 Meter in der Breite und 110 Meter in der Länge. Die Forscher waren sich lange nicht einig, ob es sich um eine vorkeltische oder keltische Anlage handelte oder um ein römisches Marschlager. Man vermutete einen keltischen Gutshof, einen Pferch zum Schutz vor Viehdiebstählen, eine Art Fliehburg für kriegerische Zeiten oder eine römische Verteidigungsanlage. In jüngster Zeit hat man in anderen keltischen Viereckschanzen festgestellt, daß dort Opfer stattfanden. So kam 1957 der Hauptkonservator Dr. Klaus Schwarz zu der Ansicht, daß alle diese Viereckschanzen keltische Kultstätten waren.

Von den rund 400 Viereckschanzen in Süddeutschland ist die Buchendorfer mit am besten erhalten. Der Eingang an der Südecke wurde später von den Bauern gegraben, um Zugang zur Bestellung der Innenfläche zu erhalten. Der alte Hauptzugang liegt 50 Meter weiter nach Südwesten in der Mitte der Wallwand, in Richtung Kiesgrube. Dort waren nach dem verstorbenen Archäologen Paul Reinecke, der zuletzt in Herrsching wohnte, das Tor und davor die Brücke über den rundum laufenden Wassergraben. An der Nordost- und der Nordwest-Flanke ist der Graben noch zu erkennen. Die Untersuchungen von 1933 im Innern der Schanze hatten keinen Erfolg. Außer einigen mittelalterlichen Scherben, die wahrscheinlich von den damaligen Bauern stammen, fand man nichts Wesentliches.

Das keltische Volk der Vindeliker, das den schwäbisch-bayerischen Raum bis zur Inngrenze beherrschte und Ansätze zu einem Nationalstaat zeigte, hatte wahrscheinlich schon ältere Siedlungen der Bronze- und Hallstattzeit übernommen. Im Jahr 15 vor Christus wurde es von den Römern unterworfen. Es blieb weiter Bauernvolk und versorgte seine Überwinder mit Lebensmitteln. Die ausgedienten Legionäre der römischen Kaiser siedelten neben den Einheimischen und vermischten sich mit ihnen. Jetzt begann die Zivilisation. Das Landkreisgebiet gehörte zur römischen Provinz Raetia mit der Hauptstadt Augusta Vindelicorum, dem heutigen Augsburg. Das Straßennetz wurde ausgebaut.

Beim Abbiegen von der Straße nach Neuried zur Schanze sind wir auf einer Römerstraße gegangen. Sie führte, unmittelbar an der Schanze vorbei, nach Osten durch den Forstenrieder Park und kreuzte die Olympiastraße 2,5 Kilometer nordöstlich von Oberdill. Dort

steht auf dem Grünstreifen zwischen den beiden Autobahntrassen ein Gedenkstein. Die Straße führte dann weiter bei Grünwald durchs Isartal und erreichte Salzburg, das Juvavum der Römer, in der Nachbarprovinz Noricum. Von dort gelangte man auf ihr zum Balkan und zum Orient. In westlicher Richtung führte sie von der Viereckschanze zum Brückenkopf über die Würm bei Gauting, dem römischen Bratananium, und weiter über Argelsried und Gilching bis Augsburg, um von dort Mainz und den Niederrhein zu erreichen. Gauting war die bedeutendste römische Siedlung unseres Gebiets.
Der Altertumsforscher Professor Dr. Wolfgang Krämer in Gauting hat 1949 eine umfangreiche, mit großem Fleiß erarbeitete Chronik seines Heimatortes herausgebracht und ihr 1967 eine Ergänzung folgen lassen. Den Weg durch Gauting hat er genau nach den Funden von 1930, 1936, 1946 und von 1951 bis 1957 beschrieben. Am rechten Würmufer hat man Skelette aus einem römischen Friedhof geborgen. Auf beiden Seiten der Reismühlerstraße traten stattliche Grundmauern römischer Häuser ans Tageslicht. Beim Aushub für einen Neubau traf man auf ein römisches Bad. Viel Gebrauchsgeschirr wurde ausgegraben. Römische Münzen schon aus dem Jahr 89 vor Christus und dann ab 15 vor Christus in fast lückenloser Folge bis 361 nach Christus tauchten auf. Eine Anzahl von Fundstücken ist im neuen Gautinger Rathaus in den Vitrinen des Foyers ausgestellt.
Westlich von Gauting, im Wald nördlich von Pentenried, ist die Römerstraße am besten erhalten. Dort sind sogar die Aushube an ihrem Rand erkennbar. Die Straße wird heute noch streckenweise als Unterbau benutzt. Bei einer Verbreiterung 1933 hat man ihren Bau untersucht: Eine starke Kiesschicht wurde auf das Erdreich geschüttet. Krämer schätzte die Höhe der Aufschüttung auf zwei Meter und die Breite stellenweise auf zehn Meter. Sumpfstrecken wurden vermieden. In Argelsried, kurz bevor die alte Straße von München auf die Straße von Gauting trifft, steht rechts noch ein alter Meilenstein der Römerstraße.
Im Westen des Landkreises, bei Erling, kurz hinter der Abbiegung der Straße nach Machtlfing, liegt ein stattlicher Hügel. Man nennt ihn den Glasberg. An seinem Südwesthang grub 1868 ein junger Rechtspraktikant neben einer gefällten Eiche auf eigene Faust. Er fand die Reste einer römischen Villa und schickte darüber einen Bericht an die zuständige Obrigkeit, aber seine Entdeckung wurde nicht beachtet. Die Bauern benutzten einen Teil der Steine als billiges Baumaterial. 20 Jahre später grub ein Hauptmann Arnold weiter. Er fand einen römischen Gutshof mit Keller und Bad, das Bad im Grundriß 5,5 zu 4,5 Meter. Dabei entdeckte er fünf römische Münzen aus der Zeit der Kaiser Gordianus, 238 bis 244, und Valens, 364 bis 378. In seiner Veröffentlichung in der Beilage einer Augsburger Zeitung sprach er vom »Mons Vitri«, dem Glasberg. Eine römische Ziegelplatte, die er am gemauerten Herd eines Erlinger Bauernhauses fand, übergab er dem Historischen Verein Oberbayern. Die Reste der Villa ließ er, um den Fund zu retten, zuzementieren. Trotzdem ist die Villa heute für die Archäologie verloren.
Pater Romuald Bauerreiß OSB von St. Bonifaz-Andechs, einer der am besten unterrichteten Vergangenheitsforscher, bestätigt den alten römischen Kulturboden der Erlinger Höhen. Er bringt den Namen »Glasberg« mit altgermanischen Vorstellungen vom Jenseits in Verbindung. »Glerhimmin« (lateinisch coelum vitreum) bedeutete Paradies. Der Glasberg könne also eine Kultstätte gewesen sein.
Weitere Reste römischer Villen wurden an der Straße von Erling nach Fischen entdeckt, bei Deixlfurt und Maising. Von Seefeld bis Leutstetten wurden römische Skelette gefunden. Am linken Seitenaltar der Leutstettener Kirche ist ein römischer Grabstein eingemauert. Auch in die Außenwand der Widdersberger Kirche wurde ein römisches Relief mit zwei Porträtköpfen eingelassen. Ob es sich um ein »Römisches Ehepaar« handelt, steht nicht fest. Die Herkunft ist ebenfalls nicht geklärt. Auch hier war also altes römisches Siedlungsgebiet. Die zweite bedeutende Römerstraße unserer Gegend lief nämlich über

diese Höhen. Sie ging von Bregenz über Raisting, kreuzte dort die Straße Innsbruck–Garmisch–Augsburg und führte über Erling und Rothenfeld an Söcking vorbei und dann durch den Königswieser Forst nach Gauting. Von dort zielte sie in nordöstlicher Richtung zur Donau, aber ihr weiterer Verlauf ist unsicher. Gauting war der wichtigste Kreuzungspunkt im römischen Straßennetz unseres Gebiets.
Krämer vermutet, daß Gauting im Markomannenkrieg, 169 nach Christus, zerstört wurde und dann an Bedeutung verlor, obwohl erst nach diesem Krieg die Blüte der Römerzeit bei uns begann. Die Geschichte des Orts im dritten und vierten Jahrhundert ist noch nicht erhellt. Vermutlich bestand dort eine kleinere Siedlung weiter. Zwischen 462 und 473 brach die Römerherrschaft unter den ständigen Einfällen der nördlichen Grenzvölker zusammen. 488 rief Odoaker die letzten Legionäre zurück. Die kelto-romanischen Siedler blieben. Der Name Walchstadt am Wörthsee erinnert daran. Walchen – heute Welsche – nannten die nachrückenden Bajuwaren (Baiwaren) die eingesessene, mit den Römern vermischte Bevölkerung.

DIE BAJUWAREN UND KAISER KARL IM WÜRMTAL

Im ersten Drittel des sechsten Jahrhunderts rückten die Bajuwaren in unser Gebiet ein. Außer den Orten, die auf die Nachsilbe -ing enden und damit meist anzeigen, daß sie den Leuten des vorangestellten Namens gehörten – Gauting wurde von den Leuten des Godo, Cotto oder Gozzo besiedelt –, hinterließen sie uns eine Fülle von Reihengräbern und einige Reste ihrer Hochäcker. Bald bildete sich bei ihnen ein Stammesherzogtum unter dem Geschlecht der Agilolfinger heraus. Unter ihnen wurde das Land in Grafschaften aufgeteilt, wobei die Huosi in der Ammerseegegend besonders mächtig waren. Die Volkskundler im Oberland haben den Namen Huosigau für das Land um Starnberg, Dießen und Weilheim übernommen.
Die schottischen und irischen Wandermissionare tauchten im sechsten Jahrhundert auf, später unsere wichtigsten Glaubensboten aus dem Westen, die Heiligen Emmeram, Rupert und Korbinian. Die ersten Klöster entstanden in Benediktbeuern und Wessobrunn. Der heilige Bonifazius gründete das Bistum Freising. Im Westen bestand das alte Bistum Augsburg. Kirchliche und weltliche Organisation stabilisierte sich. Die fränkischen Merowinger übten eine lockere Oberhoheit aus. Um 700 war der Agilolfinger Herzog Theodor ein freier Fürst.
Wieder geben die Gräber Aufschluß über die Lage der Siedlungen und die Gebräuche ihrer Bewohner. In Gauting, am Westeingang des alten Orts, dort, wo die heutige Bahnhofstraße, die Unterbrunner Straße, ein Feldweg und die alte Römerstraße Augsburg–Salzburg zusammentreffen, am Platz der jetzigen evangelischen Kirche, war man laufend auf mittelalterliche und spätere Funde gestoßen. Im Spätherbst 1865 ließ die Gemeinde an der kleinen Erhebung, auf der alljährlich am Pfingstdienstag oder -mittwoch Markt abgehalten wurde, Erde zur Regulierung der Würm abfahren. In einem Meter Tiefe wurden dabei zahlreiche Skelette von Erwachsenen und Kindern gefunden. Ehe der von Altertümern begeisterte Landrichter Sigmund von Schab aus Starnberg herbeieilen konnte, waren bereits 100 Gräber zerstört; 20 weitere wurden unter seiner Leitung geöffnet.
Der Gautinger Friedhof der Bajuwaren erstreckte sich von Süden nach Norden. Die Köpfe der Skelette lagen im Westen, der Blick war nach Osten gerichtet. Den Männern waren meist Waffen beigegeben, Messer, Schwerter oder Speere, den Frauen Schmuck, Hohl-

Schloß Mühlfeld über der Herrschinger Bucht

Im Würmtal

perlen aus Gold, Ohrringe aus Silber, Bronzenadeln oder Elfenbeinkämme. Die Skelette lagen auf dem gewachsenen Boden, bedeckt von einer Humusschicht. Darüber fand man vermoderte Bohlen von 15 bis 20 Zentimeter Dicke.

Diese Reihengräber, also nicht mehr Hügelgräber, liegen überall am Rand der bajuwarischen Siedlungen. In einer Kiesgrube bei Inning auf dem Weg nach Grafrath hat man sie entdeckt, am Südausgang von Breitbrunn, bei Herrsching, Oberalting, Frieding, Drößling, Aschering und Feldafing, fast immer zufällig bei Bauarbeiten, vor allem bei Orten, die schon unter den Bajuwaren Pfarrgemeinden waren. Siedlungen wie Tutzing werden erstmals 753 urkundlich erwähnt, Erling und Herrsching 776, Percha 785. Auch Etterschlag taucht im achten Jahrhundert auf. Für Gilching steht das Jahr 804 fest, für Kempfenhausen 994 und für Breitbrunn 1094. Die erste Urkunde von Starnberg stammt aus dem Jahr 1294. Natürlich schließen solche Belege nicht aus, daß an diesen Orten schon früher Siedlungen bestanden.

Die Hochäcker — vornehmlich zwischen 550 und 750 angelegt — geben Aufschluß über die Bodenbestellung der Bajuwaren. Jenseits der Kreisgrenze, am »Schlupfweg« von Forst-Kasten nach Krailling, kann man sie noch rechts und links im Wald finden, ebenso östlich vom Fußweg nach Pähl, auf der Höhe südwestlich von Erling; ferner bei Mamhofen, Etterschlag, Hanfeld, Pöcking, Söcking, Machtlfing und Maising, deutlich auch zwischen dem Glasberg bei Erling und dem Stefansbühel. Der Wald, der einst bebautes Feld war, hat ihren Charakter am deutlichsten erhalten. Vier bis sechs Meter dürften sie heute noch breit sein und an die hundert Meter lang. Früher sollen sie bis zu zehn Meter breit und 400 Meter lang gewesen sein. Der Scharpflug der Bajuwaren schob sie von außen nach innen, einen guten halben Meter hoch. Je mehr der Acker aufgeschichtet wurde, um so breiter wurde neben ihm die Kiesfurche. Bei Regenarmut behielten die Äcker länger die Feuchtigkeit, und bei Nässe wurden sie eher trocken. Die Bebauung vollzog die Dorfgemeinschaft unter Flurzwang. Feld- und Graswirtschaft wurden im Wechsel betrieben.

Im achten Jahrhundert unterwarfen sich die Franken das Land endgültig. Der Agilolfinger Odilo mußte 744 die Herrschaft Pippins anerkennen, und sein Sohn Tassilo wurde von Pippins Sohn, dem großen Karl, abgesetzt. Er starb in Klosterhaft.

Der Frankenkönig Pippin und Kaiser Karl sind in die Legende des Würmtals eingegangen. Von Karl geht die Sage, er sei in der früheren

Wappen von Gauting

Einöde Reismühl südlich von Gauting geboren. Diese Vorstellung geht auf eine Handschrift des Klosters Weihenstephan aus dem 13. Jahrhundert zurück. Danach hielt sich Pippin im Jahre 740 in einem Schloß bei Weihenstephan auf. Dorthin schickte der König der Bretagne eine Gesandtschaft mit dem Bild seiner Tochter Berta. Er bot sie dem Frankenkönig als Gemahlin an. Pippin wurde von dem Bild sehr beeindruckt, worauf er eine Gesandtschaft in die Bretagne schickte, die Berta (oder Bertada) holen sollte. Der Anführer der Gesandtschaft, »ein roter schwäbischer Ritter« und Haushofmeister Pippins, aber gab bei der Rückkehr im Königswieser Forst seinen Knechten den Auftrag, Berta zu töten. Die Knechte scheuten vor dem Mord zurück, töteten statt ihrer einen kleinen Hund, um ihrem Herrn einen blutigen Beweis liefern zu kön-

nen. Die bretonische Prinzessin ließen sie allein in der Wildnis zurück. Der Haushofmeister führte Pippin die eigene Tochter als Gemahlin zu.
Berta fand nach langem Umherirren bei dem gütigen Reismüller Unterkunft. Ihren Unterhalt bestritt sie mit Weben, auch half sie den beiden Töchtern des Reismüllers in der Mühle. Als Pippin nach sieben Jahren von Weihenstephan aus in den Wäldern südlich von München auf die Jagd zog, gelangte er am Abend zur Reismühle und fand dort Herberge. Sein Arzt, ein Sterndeuter, prophezeite ihm, daß er noch in der gleichen Nacht ein eheliches Kind zeugen werde, ein rechtes »Degenkind«, das einst sehr mächtig werde. Pippin sah durch ein Fenster Berta, erkannte den Fingerreif, den er für sie in die Bretagne geschickt hatte, und begrüßte sie als echte Königsbraut. In dieser Nacht empfing Berta von Pippin den Sohn Karl.
Der Chronist Ulrich Fueterer aus dem 15. Jahrhundert hielt die Reismühle ebenfalls für die Geburtsstätte Karls des Großen. Berta sei zunächst, bis zur Bestrafung des Haushofmeisters und der Verstoßung seiner Tochter durch Pippin, weiter in der Mühle geblieben.
Die Geburtsstätte Karls des Großen ist bis heute noch nicht ermittelt. Eginhard, der Biograph Karls, hüllt sie, vielleicht aus Taktgefühl, in Dunkel. Napoleon suchte 1805 bei seinem Aufenthalt in München die Reismühle auf, um vor der Wiege Karls zu stehen. In der Mühle, die 1925 abbrannte, aber wiederaufgebaut wurde, hängt ein Bild Kaiser Karls über einer Wiege. Daneben erzählt eine Inschrift von seiner Geburt im Würmtal. Beim Verlassen des Walds im Würmtal sieht man sie rechts vor Gauting am Flußufer liegen. Friedrich-Alfred Schmid-Noerr, der 1969 im nahen Percha hochbetagt starb, hat 1928 einen mythischen Roman erscheinen lassen, »Frau Perchtas Auszug«. Das Legendengut wird hier aufgearbeitet.
Wenige Kilometer südlich der Reismühle, gegenüber der Zufahrt zum hochgelegenen Bahnhof Mühltal, führt nach Osten ein Waldweg zum Karlsberg hinauf. Folgt man der ersten Abbiegung nach links, so erreicht man ein bewaldetes Plateau, auf dem früher eine Burg stand, die Karlsburg. Die Umwallung ist noch erkennbar. Im Süden, Südosten und Südwesten sind große Aushübe im Gelände. Hier standen nach dem Ausgrabungsbericht des Architekten Kreuter aus dem Jahr 1837 die eigentlichen Befestigungstürme mit dem Haupttor. Die Anlage muß stattlich gewesen sein.
Heute kann man die Burg nur noch ahnen. Unscheinbare Steintrümmer liegen im Norden des Plateaus auf dem Waldboden. Zum Teil sind es Reste eines Denkmals, das man zum Gedächtnis an die Burg im 19. Jahrhundert errichtete und das mutwillig zerstört wurde. »Zur Erinnerung eines hier von Karl dem Großen einst erbauten Schlosses« hat darauf gestanden. Die Inschrift auf einem der drei Steine ist nicht mehr deutlich zu erkennen.
Wenige Kilometer nördlich, unmittelbar von der Burg aus zu erreichen oder über einen anderen Fußpfad, der von der Würmtalstraße nach Osten am Nebengebäude der ehemaligen Papierfabrik Gauting vorbeiführt, liegt ein weiteres umwalltes Plateau, der Schlößlberg. Wahrscheinlich gehörte es als Vorfeste zur Karlsburg. Das einst jenseits, also westlich der Würm gelegene Schloß Königswiesen, an das heute mitten im Wald nur noch die Ulrichkapelle erinnert, soll karolingisches Königsgut gewesen sein.
Eine großzügige Festungsanlage mit der Karlsburg im Mittelpunkt hat wahrscheinlich damals den Würmdurchbruch bei Mühltal beherrscht. Die Burg selber wurde erstmals 1180 als »Charlesberg« erwähnt und zwischen 1311 und 1316 während des Bruderkriegs der Herzöge Rudolf und Ludwig von Bayern zerstört. Der herzogliche Rat Hans Urmüller benutzte 1565 die Trümmer, um daraus das Schloß Leutstetten zu erbauen. (Vom Ort Leutstetten ist bekannt, daß ihn die fränkische Fürstin Kysila 800 dem Kloster Benediktbeuern schenkte.)
Johann Turmair (Aventinus) — 1477 bis 1534 —, der Vater der bayerischen Geschichtsschrei-

bung, gibt in seiner Bayerischen Chronik die Karlsburg als Geburtsstätte Karls des Großen an und nennt das Jahr 742. Der Mitbegründer des Starnberger Heimatmuseums, Dr. Richard Paulus, führte 1927 weitere Ausgrabungen auf dem Burgplateau durch. Einige karolingische Steinfragmente sind noch vor und in dem Museum zu sehen. Sie weisen in ihrer Ornamentierung auf die frühkarolingische Zeit hin: scharfe und kantige Herausarbeitung der Zierformen, geperlte Riefung des Zickzackbands im Rautenmuster und wechselnde Verknüpfung der Weinblattspitzen und -stiele. Das Material ist Marmor oder Sandstein, die Bearbeitung antikisierend. Ob alle diese karolingischen Reste von der Karlsburg stammen, ist fraglich. Einige sind ein Geschenk des Kronprinzen Rupprecht.

DIE GRAFEN VON ANDECHS

Die Geschichte unseres Gebiets zwischen den Karolingern und den Hohenstaufen wurde geprägt von dem Geschlecht der Grafen von Andechs. Nachdem Kaiser Barbarossa die Macht der Welfen in Bayern gebrochen hatte, waren die Andechser neben den Wittelsbachern am mächtigsten. Ihr Besitz reichte von Dießen über Starnberg bis Wolfratshausen. Erst nach ihrem Ende konnten sich die Wittelsbacher im Landkreis durchsetzen.

Beide Geschlechter, die Andechser und die Wittelsbacher, leiteten, nach allerdings nicht immer zuverlässigen Quellen, ihren Stammbaum von den Huosi ab. Der Hauptsitz der Andechser war zu Beginn des 11. Jahrhunderts Dießen am Westufer des Ammersees. 1132 gründeten sie das dortige Kloster an seinem heutigen Platz. Ihre Burg, die Sconenburg, wurde geschleift. Sie bauten sich, wahrscheinlich zwischen 1132 und 1157, die Andechser Burg aus. Nach einer anderen Version sollen die Andechser aus dem Geschlecht der Thaur in Tirol stammen, das Besitz in der Weilheimer Gegend hatte und schon früher auf dem Andechser Hügel eine Burg errichtet haben soll. In neueren Forschungen werden die Andechser von den Luitpoldingern abgeleitet, die als Nachkommen der Karolinger im zehnten Jahrhundert in Bayern Markgrafen und später Herzöge waren. Eine Burg in Andechs wird urkundlich schon 955 erwähnt.

990 wird erstmals ein Dießener aus dem späteren Andechser Geschlecht als Graf im Huosigau genannt. 1060 herrschte es auch in Wolfratshausen. Nach 1132 nannten sich diese Hochadeligen nicht mehr Grafen von Dießen, sondern von Andechs. 1157 waren die Andechser Herren fast des gesamten Gebiets zwischen den beiden großen Seen.

Vielleicht hat vor dem Bau der Andechser tatsächlich eine ältere Burg auf dem Heiligen Berg gestanden. 1080 wird dort oben ein »Castrum« angegeben. Wo diese alte Burg, auch die der Andechser, lag, ist noch nicht erhellt. Bei Bauarbeiten auf dem heutigen Klosterberg ist man auf alte Mauerreste gestoßen. Schon aus strategischen Gründen muß die Burg vom Gipfel des Drumlins aus das Land beherrscht haben, wahrscheinlich ein Stück nach Süden versetzt, dort etwa, wo auf dem Plateau der alte Apothekenbau steht.

Die gesamte Anlage hatte eine größere Ausdehnung. Am oberen Ende des Ochsengrabens, der von der Mitte des Kientals aus zur östlichen Moränenhöhe führt, wird ein kleiner Berggrat von vier Quergräben zerschnitten. Hier hat man Burgreste gefunden, die wahrscheinlich zu einer Vorfestung gehörten. Auch westlich von Andechs, jenseits des Kienbachs, dort, wo der Weg über das Hörndle nach Herrsching die sanfte Wiesenmulde verläßt und in den Wald eintritt, hat die Apiansche Karte von 1560 eine Burg eingezeichnet, sicherlich gleichfalls eine Vorfestung. Hier sind Umwallungen zu erkennen, zu denen die Erlinger und Andechser Bewohner bis zum Dreißigjährigen Krieg bei Gefahr mit ihrem Vieh flohen. Zum Bau der Umwallungen sollen die Reste der alten Vorburg gedient haben.

Der Aufstieg des Andechser Geschlechts war glanzvoll. Im 12. Jahrhundert erwarben die Grafen durch Heirat Gebiete in Franken. Sie erbauten die Plassenburg bei Kulmbach. Die Wolfratshausener Herrschaft fiel ihnen zu. Die Grafschaften Neuburg, Schärding und Wimberg folgten, dann die Grafschaft Unterinn und Pustertal/Südtirol. Innsbruck wurde von den Andechsern zur Stadt erhoben. Sie beteiligten sich an den Römerzügen Barbarossas, ebenso an der Niederwerfung Heinrichs des Löwen, die der Welfenherrschaft in Bayern ein Ende setzte, und wurden zum Dank Markgrafen von Istrien. Barbarossa erhob sie in den Reichsfürstenstand und machte sie zu Herzögen von Meranien, dem »Land am Meer«, zu dem Dalmatien und Kroatien gehörten.

Den Höhepunkt ihres Einflusses erreichten die Andechser unter Berthold VI., der 1204 starb. Sein Sohn Otto wurde Pfalzgraf von Burgund. Dessen Bruder Eckbert war von 1203 bis 1237 Bischof von Bamberg. Er beendete den Dombau. Ein weiterer Sohn Bertholds war von 1218 bis 1251 Patriarch von Aquileia. Bertholds Tochter Agnes heiratete 1196 König Philipp II. August von Frankreich, ihre Schwester Gertrud 1203 den König Andreas II. von Ungarn. Hedwig, die zweitjüngste Tochter Bertholds, wurde die Gemahlin des Herzogs Heinrich von Schlesien, der in der Schlacht bei Liegnitz 1241 gegen die Mongolen fiel. Heute ist sie die Schutzheilige auch der vertriebenen Schlesier. Eine Enkelin Bertholds VI., Tochter Gertruds, war die heilige Elisabeth, Landgräfin von Thüringen. Die Tochter des Pfalzgrafen Otto von Burgund, der gleichzeitig Herzog von Meranien blieb, brachte durch ihre Heirat mit dem Burggrafen Friedrich von Nürnberg Andechser Blut in das Geschlecht der Hohenzollern.

Bei der Hochzeit des oben genannten burgundischen Pfalzgrafen Otto mit der Nichte des Stauferkönigs Philipp von Schwaben 1208 auf der Residenz des Bischofs Eckbert von Bamberg ermordete der pfälzische Otto von Wittelsbach, ein Vetter der bayerischen Herzöge, den deutschen König. Die Andechser wurden, wahrscheinlich unschuldig, der Mitwisserschaft bezichtigt. Bischof Eckbert und seine Verwandten wurden später von Kaiser Friedrich II. begnadigt. Trotzdem erhielten die bayerischen Wittelsbacher nicht nur die Pfalzgrafschaft des geächteten Königsmörders Otto von Wittelsbach. In blutigen Fehden mit den Andechsern übernahmen sie auch deren Besitz. 1228, nach einer anderen Version 1243, erstürmten die Wittelsbacher die Wolfratshausener Burg und ließen die Andechser Besatzung am Galgen aufhängen. Ähnliches geschah auf der Starnberger Burg, die wahrscheinlich bis 1244 Andechser Lehen war. (Das heutige Schloß haben die Wittelsbacher gebaut.) Die Dellinger Burg der Andechser bei Oberalting fiel. Zwischen 1246 und 1248 eroberten die Wittelsbacher endlich auch die Stammburg Andechs und zerstörten sie. Der letzte männliche Andechser zog sich auf seine fränkischen Besitzungen zurück und starb 1248 ohne Nachkommen bei Kulmbach. Sieger blieben die Wittelsbacher.

Jüngere bayerische Historiker knüpfen neuerdings Fäden von der Entstehung des Nibelungenliedes zum Geschlecht der Andechser.

Das Andechser Geschlecht hat nicht weniger als 17 Heilige und Selige hervorgebracht. In den barocken Deckenfresken der Dießener und auch der Andechser Kirche sind sie festgehalten. Als Ahnherrn sahen die Grafen den heiligen Rasso an. Er soll im 10. Jahrhundert mit dem heiligen Ulrich gegen die Ungarn gekämpft haben. Nach neueren Forschungen ist er jedoch erst um 1050 gestorben. Er war der Gründer des Klosters Grafrath und liegt in der dortigen Wallfahrtskirche begraben. Die heilige Hedwig ist nicht umsonst die Patronin Schlesiens geworden. Bei der Kolonisation des Ostens hat sie eine wesentliche Rolle gespielt. Die heilige Elisabeth, deren Brustkreuz und Hochzeitskleid — es stammt allerdings von ihrer Mutter Gertrud — im Andechser Schatz aufbewahrt werden, lebt noch in vielen volkstümlichen Legenden weiter. Der Reliquienschatz, der Andechs zu einem der größten Wallfahrtsorte Bayerns gemacht hat, geht in seinem Grundstock auf die Grafenzeit zurück. Der heilige Rasso soll mit der Sammlung begonnen haben.

Entsprechend dem mittelalterlichen Lehenswesen war das Gebiet zwischen den beiden großen Seenbecken unter den Andechser Grafen sozial geschichtet. Es gab hochfreie Geschlechter im Gefolge der Andechser, also Adelige mit besonderen Vorrechten. Nachzuweisen sind sie in Starnberg, Aschering, Delling, Machtlfing und Seefeld, zweifelhaft in Leutstetten. In Machtlfing bestand schon zur Zeit der Karolinger ein solcher Edelsitz. Die Herren von Seefeld lösten sich noch zu Lebzeiten der Andechser aus dem Verband der Grafen und wurden nach deren Erlöschen das einflußreichste Geschlecht im Westen des Landkreises. Die Grundanlage des heutigen Schlosses auf dem Moränensporn am Pilsensee geht mit ihrer Aufteilung in einen äußeren und inneren Hof auf die Zeit des Hochmittelalters zurück.

Daneben gab es zahlreiche Kleinadelige, Ministerialen der Andechser, eine Oberschicht der Unfreien, die von ihren Herren zu Haus-, Verwaltungs- oder Kriegsdiensten herangezogen und dafür belohnt wurde. Waffenführung und ritterliche Lebensweise hoben ihr Ansehen. Im 13. und 14. Jahrhundert wurden sie selbständig. Ministerialensitze der Andechser waren über das gesamte Kreisgebiet verstreut: Oberalting, Buch und Inning, die Weiler Rausch und Ellwang bei Herrsching, Meiling, Drößling, Frieding und Etterschlag, Maising, Erling und Zeismering. Die Herren von Widdersberg, ebenfalls Kleinadel, saßen auf dem heute bewaldeten Moränenhügel, der den Ort vom Pilsensee trennt, nicht weit vom Weiher unterhalb des Kirchenhügels links von der Straße nach Seefeld. Der Name Burgbichl weist darauf hin. Man hat auch einige Burgreste gefunden. Der »Burgselberg«, zu dessen Füßen Steinebach liegt, war Sitz eines Andechser Ministerialengeschlechts. Feldafing wird im Jahr 1000 als Herrschaftsgebiet der Andechser mit einem Ministerialen erwähnt, Breitbrunn 1098. Delling gehörte bis 1248 den Andechsern. Bei allen diesen Sitzen handelte es sich um sogenannte Afterlehen, von den großen Herren für besondere Dienste an kleinere weitergegeben unter Festlegung entsprechender Gegenleistungen. Erst im 13. und 14. Jahrhundert wurden die Güter dieser Kleinadeligen erblich.

Die Macht und das Fundament des Reichtums der Grafen lagen in ihren Vogteien, also in der Ausübung der Gerichtsbarkeit. Die Andechser hatten sie für die Klöster Benediktbeuern und Dießen erhalten, die beide damals im Landkreisgebiet reichlich über Grundbesitz verfügten. Damit verbunden war die Gerichtsbarkeit über die wenigen noch frei gebliebenen Bauern. Für die Vogteien wurden Ämter mit festem oder »fliegendem« Sitz eingerichtet. In unserem Gebiet saß ein Gerichtsamtmann der Andechser Grafen in dem heute fast vom Wald verschluckten Mamhofen.

DIE WITTELSBACHER

Auch die Wittelsbacher wandelten ihr Stammschloß Scheyern, wie die Grafen von Andechs, in ein Kloster um. 1113 schenkten sie die Burg den Benediktinern von Dachau und zogen auf ihren neuen Stammsitz Wittelsbach an der Aichach. Auch diese Burg wurde zerstört, allerdings erst 1704, als Max Emanuel im Spanischen Erbfolgekrieg auf der Seite der Franzosen gegen den deutschen Kaiser kämpfte. Kaiser Barbarossa gab den Wittels-

bachern 1180 das Herzogtum Bayern als Lehen, fast zur gleichen Zeit, als er die Andechser als Herzöge von Meranien in den Reichsfürstenstand erhob.
Solange die Andechser herrschten, hatten die Wittelsbacher in unserem Gebiet nur im Würmtal größeren Besitz. Drei ihrer Ministerialen saßen dort um 1200, die Herren von Fußberg bei Gauting, von Königswiesen und die auf dem Karlsberg. (Die Karlsburg war im 13. und 14. Jahrhundert zeitweilig ihr unmittelbares Eigentum.) Erst nach dem Sturz der Andechser, mit denen sie fast vier Jahrzehnte gekämpft hatten, konnten sie sich bei uns durchsetzen. Das heute noch sichtbare Zeichen ihrer Macht und Organisation ist das Starnberger Schloß. Mit dessen Eroberung 1244 wurden die wahrscheinlich als Ministerialen der Andechser in Starnberg ansässigen Herren von »Starnberch und Acham« Lehensleute der bayerischen Herzöge.
Unter Herzog Stephan II. ging das Schloß 1365 unmittelbar in den Besitz der Wittelsbacher über. Albrecht III. machte die Burg 1446 zu seinem ständigen Sommersitz. Die Söhne Sigismund und Wolfgang folgten seinem Beispiel. Herzog Wilhelm IV. ließ die Burg 1541 niederreißen. In sechs Jahren war der Neubau im wesentlichen durchgeführt. Der letzte Anbau wurde 1585 beendet. Mit seinem starken Mauerwerk, geschützt von drei Gräben, glich das Schloß einer Festung. Dieser Eindruck entsteht noch heute, wenn man das Bauwerk durch die Eingangshalle betritt. Die Halle hat ein Kreuzgewölbe. Zwei mächtige Tore sicherten den Zugang.
Das Innere soll prächtig gewesen sein mit großen, hohen Räumen und getäfelten Decken. Lorenz Westenrieder hat das Schloß noch 1784 zum großen Teil im alten Zustand gesehen. Er begeisterte sich an dem »ungeheueren Gemäuerwerk«, an der Helligkeit der Räume und dem »vortrefflichen Blick allenthalben«. Heute sind die Räume durch Zwischenwände unterteilt und die hohen Decken herabgezogen. Das Finanzamt hat hier seinen Sitz. 1968—1969 wurden von der Obersten Finanzbehörde mit erheblichem Kostenaufwand Umbaumaßnahmen durchgeführt, die den historischen Bestand des Starnberger Schlosses wahrten.
Mit den Wittelsbachern hielt, neben einer neuen landesherrlichen Organisation, höfisches Leben am Starnberger See Einzug. Herzog Albrecht V. errichtete um 1560 zusätzlich ein Sommerhaus auf dem Südende des Burgbergs, das 1764 abgetragen wurde. An seiner Stelle steht heute die barocke Josephskirche. Vom Starnberger Schloß aus sahen die bayerischen Herzöge über das Alpenvorland bis zum Gebirge. In der Renaissance und im Barock machten sie es zum Mittelpunkt ihrer sommerlichen Vergnügungen. Herzog Albrecht V. ließ sich für den See eine Lustflotte nach venezianischem Muster bauen. Die Werft stand in Tutzing. Angeführt wurde diese Flotte von einer Fregatte, der drei Schiffe aus Lärchenholz und eine Gruppe Gondeln folgten.
Der Erbauer des Nymphenburger Schlosses, Kurfürst Ferdinand Maria — er regierte von 1651 bis 1679 —, übertraf den Prunk seines Vorfahren noch. Er ließ für seine prachtliebende Gemahlin, Adelheid von Savoyen, nach dem Muster des venezianischen Dogenschiffs den »Buzentaur« bauen. Der Buzentaur war ein Ungeheuer der griechischen Sage, halb Stier, halb Mensch, nach dem das Dogenschiff benannt worden war. Das Starnberger Prunkschiff kostete 20 000 Gulden, war rot und blau angemalt und diente 97 Jahre höfischen Lustbarkeiten. 37 Meter war es lang, zehn Meter breit und sechs Meter hoch. In der untersten Etage waren die Schiffer und Ruderer untergebracht. Im Mitteldeck ergötzten sich die Fürstlichkeiten und ihr Gefolge in den kostbar ausgeschmückten Sälen. Auf dem Oberdeck spielte die Musik.
Das Schiff trug Segel. Wenn der Wind nachließ, griffen 110 festlich gekleidete Ruderer in vergoldete Riemen. 30 Schiffe begleiteten die Ausfahrt, darunter das Silberkammer-, das Keller-, das Mundküchen- und das Krautküchenschiff. Darauf fuhren die Kammerherren, die Betreuer des Tafelsilbers und das übrige Hofgesinde. Gondeln schlossen sich an. 2000 Menschen nahmen an mancher Fahrt teil; 500 faßte der »Buzentaur«.

Zu Ehren des Erzbischofs Maximilian Gandolph von Salzburg fand 1671 mit der gesamten Flotte eine »Lust-Seeschlacht« statt. »Darbey seynd zu sehen gewesen zwey Kriegdschiff, welche continuirlich mit Feuern und Schlägen gegeneinander gespilet, wie auch 60 allerhand Wasserkugl, die geringst zu 50 Pfund.«
Der »Buzentaur« war mit 16 Salutkanonen bestückt. Jagden wurden von seinem sicheren Holzboden aus veranstaltet. Das Wild wurde aus den nahen Wäldern in den See getrieben. Wenn es sich zum Schiff retten wollte, stießen die Kavaliere mit Hirschfängern zu. Der Kurfürst und die Damen schossen mit Gewehren. Wenn der Fürst einen Hirsch oder ein Wildschwein getroffen hatte, ertönten Salutschüsse, und die Musik spielte einen Tusch.
1757 wurde der »Buzentaur« schadhaft. Die Reparatur war den Nachfahren Ferdinand Marias zu teuer. Westenrieder fand ein Vierteljahrhundert später die verrotteten Reste des einstigen Prunkschiffs in einem Schuppen am Starnberger Ufer. Eine Statue der Minerva, die neben Herkules und den Najaden das Schiff geziert hatte, und einige Lampen des »Buzentaur« werden im Starnberger Heimatmuseum aufbewahrt. Das »Weinschiff« auf dem Münchner Oktoberfest, eben der »Bucentaurus«, ist eine Nachbildung.
Eine Hofjagd der Wittelsbacher fand auch auf dem Ammersee statt. Der Enkel Ferdinand Marias, Karl Albrecht, der von 1742 bis 1745 als Gegner Maria Theresias im Österreichischen Erbfolgekrieg die deutsche Kaiserkrone trug, veranstaltete sie im Herbst 1736 bei Stegen. 800 Bauern, mit Hacken und Prügeln ausgerüstet, hatten unter Anleitung des kurfürstlichen Jagdpersonals eine große Anzahl von Wildschweinen in eine von Netzen gebildete Einfriedung getrieben. Eine umzäunte Gasse führte von dort zum See. Hier lag ein großes Floß, auf dem ein mit Laub verzierter Holzbau stand, oben durch eine Terrasse abgedeckt. Auf dem Floß hielten sich die Fürstlichkeiten und ihr Gefolge auf.
Der Chronist betont ausdrücklich, daß sie diesmal nicht die bei Saujagden übliche hechtgraue, mit Silberborten besetzte Kleidung trugen, sondern grüne Röcke mit Gold, kurze rote Hosen und weiße Strümpfe oder Gamaschen.
Der Treiberlärm jagte die Schwarzkittel durch die Gasse in den See, wo sie, vom Floß aus, mit »Saufedern« oder Hirschfängern empfangen wurden. Die Kurfürstin Maria Amalia zeichnete sich angeblich beim Gewehrschießen durch besondere Zielsicherheit aus. Salut wurde jedoch nicht mehr geschossen. Die Musiker auf dem Holzverdeck des Floßes begnügten sich mit einem Tusch für jeden kurfürstlichen Treffer. Im Bayerischen Nationalmuseum schildert ein zeitgenössisches Bild des Malers Bidermann, »Jagd auf dem Ammersee«, die Ereignisse.
Die Jagden der bayerischen Fürsten und ihrer Gäste am Rand des Landkreises, im Forstenrieder Park, waren nicht so aufwendig und grausam, obwohl auch hier zwischen 1399 und 1918 Strecken mit 200 Wildschweinen gefeiert wurden. Kaiser Maximilian ging dort 1510 auf die Pirsch, Napoleon im Januar 1806. Dem Korsen soll bei dieser Gelegenheit — in Gegenwart des Königs Max Joseph und seines Sohnes Ludwig sowie des Stiefsohnes Napoleons, Eugen Beauharnais, Herzog von Leuchtenberg — der Münchner Polizeidirektor Baumgartner eine von ihm konstruierte »Gulaschkanone« vorgeführt haben. Napoleon aber soll sich nicht dafür interessiert haben.
Nach dem Sturz der Andechser begann der Ausbau der landesherrlichen Gewalt. Anstelle der früheren Gaugrafen, die für Gerichtsbarkeit und Verwaltung verantwortlich waren, traten absetzbare Beamte. Die wichtigste Instanz in den Untergebieten wurde der Landrichter. Der übernommene Andechser Besitz wurde mit dem der bayerischen Herzöge im Würmtal zunächst im Landgericht Pähl vereinigt. 1253 ist der erste Landrichter auf dem dortigen Hochschloß belegt. Zwischen 1360 und 1365 wurden Teile aus dem Pähler Bereich gelöst und im neugeschaffenen Landgericht Starnberg zusammengefaßt. 1505 siedelte der Pähler Richter nach Weilheim über. Einen Seerichter, der die herzoglichen Fischer

auf dem Starnberger See überwachte, gab es in Starnberg schon 1346.
Der Landrichter besaß alleinige Hochgerichtsbarkeit, also die Aburteilung aller todeswürdigen Vergehen, auch in Gebieten, die nicht unmittelbar dem Herzog unterstanden, sondern den Klöstern, Adeligen oder später einigen reich gewordenen Bürgerfamilien. Zu seinem Richteramt gehörte auch die Verwaltung. Für die Steuern war der Kastner zuständig, für die Verwaltung des unmittelbaren herzoglichen Eigentums der Pfleger. Als Unteramt des Starnberger Landgerichts wurde im 14. Jahrhundert das Schergenamt errichtet. Es hatte seinen Sitz, wie schon unter den Andechsern, in Mamhofen, zeitweilig auch in Frieding, wo der Flurname Galgenbühel noch daran erinnert. Später waren Starnberg, Gauting und Gilching eigene Amtmannsgebiete.
Neben dem herzoglichen Grundbesitz gab es die Hofmarken, die Privateigentum waren. Meist entstanden sie auf dem Boden der alten Ministerialen. Sie umfaßten eine oder mehrere Siedlungen, in denen der Hofmarksherr überwiegend Grundeigentümer war und die niedere Gerichtsbarkeit ausübte, für die man heute den Begriff »Freiwillige Gerichtsbarkeit« benutzt. Die Aufgaben ähnelten zum Teil denen eines Notariats, erfaßten aber auch die Regelung bestimmter Steuern und Leistungen, die von den Untertanen gefordert wurden. Der Landrichter durfte solche Gebiete nicht offiziell betreten. Die Schwerverbrecher wurden ihm an einem bestimmten Ort, der »Antwortstelle«, übergeben.
Die Rechte der alten Edelsitze wuchsen im Verlauf der Jahrhunderte mit denen der Hofmarken zusammen. 21 solcher Kleinterritorien bildeten sich im Landkreis bis zur großen Verfassungreform von 1848 heraus. Einige von ihnen gingen noch auf die Andechser Grafenzeit zurück, etwa das der Herren von Seefeld. Fußberg bei Gauting war eine sehr bedeutende Hofmark. Die Hofmark Tutzing dehnte ihren Besitz zeitweilig bis Starnberg aus. Krailling, Leutstetten und Königswiesen waren Hofmarken, Kempfenhausen, Berg, Possenhofen, die Insel Wörth bei Feldafing, Wieling und Fronloh. Andechs wurde 1458 Klosterhofmark für die Siedlungen Erling, Andechs und Widdersberg. 1597 gingen Mühlfeld am Ammersee und der Edelsitz Stegen als Hofmarken in den Besitz des Klosters über; 1621 folgte Fußberg. Diese grundherrliche mittelalterliche Verfassung dauerte, wenn man das Jahr 1248 als organisatorischen Ausgangspunkt nimmt, rund 600 Jahre.
Hauptsitz der herzoglichen Verwaltung im Landkreisgebiet war Starnberg. Auf dem Schloß saß der Pfleger als Burgvogt. Das Landgerichtsgebäude stand im Vorhof. Am Ende des 18. Jahrhunderts war das Schloß Rentamt, die kurfürstliche Finanzbehörde.
Die Vorliebe der Wittelsbacher für die Starnberger Landschaft hatte zur Folge, daß der Hof- und Beamtenadel sowie die begüterten Bürgerfamilien aus München das Land um den Starnberger See mit einem Kranz größerer und kleinerer Schlösser umgaben. Das aus den Überresten der zerstörten Karlsburg 1565 vom herzoglichen Kämmerer Hans Urmüller erbaute Leutstettener Schloß wurde von späteren Besitzern mehrfach umgebaut. In der ersten Hälfte des 19. Jahrhunderts gehörte es dem Fürsten von Oettingen-Wallerstein. Prinz Ludwig von Bayern, der als König Ludwig III. 1918 auf den Thron verzichtete, kaufte das Schloß 1875 und machte aus dem Besitz ein Mustergut. Nach 1945 war das Schloß der ständige Sommeraufenthalt des Kronprinzen Rupprecht. Zehn Jahre später, am 2. August 1955, schloß er hier die Augen. Das Schloß blieb im Besitz der Wittelsbacher.
Possenhofen war im 12. Jahrhundert — wie übrigens auch die ehemalige Karlsburg — Eigentum der Pfalzgrafen von Scheyern-Wittelsbach. Ab 1294 ging es durch viele Hände. 1511 bestätigte Herzog Ludwig dem Kanzler Jakob Rosenbusch den Besitz als Hofmark mit der Auflage, dort ein steinernes Schloß zu errichten. Es wurde im Dreißigjährigen Krieg zerstört. 1668 kaufte Kurfürst Ferdinand Maria das dortige Hofmarkengebiet und richtete einen Tiergarten ein. 1834 erwarb Herzog Maximilian in Bayern das Schloß, zusammen mit Pöcking und Garatshausen. Er baute es

nach seinem Geschmack innen und außen um. Die vier zinnengekrönten Ecktürmchen blieben. Ein großer englischer Park wurde angelegt. Hier wuchs die spätere Kaiserin Elisabeth von Österreich auf. Am Starnberger See entwickelte sich ihre romantische Freundschaft zu Ludwig II. Hier erreichte sie die Nachricht von seinem tragischen Ende bei Berg am 13. Juni 1886. Nach dem letzten Weltkrieg gewährte das Schloß vielen Menschen Unterschlupf. Es wurde auch zum Teil von Gewerbebetrieben genutzt.

König Maximilian II. plante, nachdem er bereits auf der Roseninsel die pompejanische Villa errichtet hatte, am Feldafinger Ufer ein neues Schloß. 1853 kaufte er das Gelände und ließ von dem bahnbrechenden Berliner Gartenarchitekten Peter Josef Lenné einen Plan für den Park anfertigen. Sein Hofgartendirektor Karl Effner führte die Anlage in den folgenden Jahren nach dem Entwurf Lennés durch. 1863 begann der Schloßbau. Der Tod Maximilians, 1864, verhinderte die Vollendung. Ludwig II. brach den Bau ab. Das bereits vorhandene Kellergeschoß ließ er einebnen. Die Ziegel fanden beim Bahnhofsbau Verwendung. Heute gehört ein großer Teil des Parks zum Golfplatz Feldafing.

Mit dem sehr alten Edelsitz Garatshausen wurde 1494 Hans Weyler aus dem hervorragenden Münchner Patriziergeschlecht vom bayerischen Herzog belehnt. Seine Frau stammte aus dem Herrschinger Ministerialengeschlecht der Hundtberger. Über die Freiherrn von Schrenk, die Freiherrn und späteren Grafen von Vieregg und die Grafen La Rosée gelangte der Besitz mit dem im 16. Jahrhundert erbauten Schloß 1834 in die Hand des Herzogs Maximilian in Bayern. Nach 1870 wohnte hier der Exkönig Franz II. von Neapel und beider Sizilien. Seit 1889 gehört der alte Bau den Fürsten von Thurn und Taxis. Der Landkreis Starnberg kaufte 1952 einen Teil des Besitzes und baute ihn zum Kreisaltersheim aus.

In Berg, am Ostufer des Starnberger Sees, hatte die Münchner Patrizierfamilie Ligsalz (Ligsaltz) um 1600 ein »Lustschlößl«. Friedrich von Hörwarth (Hörwart), der mit ihr verwandt war, übernahm es 1640 und erbaute sich einen Herrensitz. Kurfürst Ferdinand Maria kaufte es 1676 von den Hörwarths und hielt hier gleichfalls hof. Seitdem ist Schloß Berg im Besitz der Wittelsbacher. König Maximilian II. ließ es von 1849 bis 1851 im neugotischen Stil verändern. Vier Türme mit Zinnen wurden beigefügt. Ludwig II. ließ als fünften den »Isolde-Turm« errichten und das Innere mit Szenen aus den Musikdramen seines Freundes Richard Wagner ausmalen. Der Park, von Ferdinand Maria im französischen Stil angelegt, war 1807 unter dem König Max I. Joseph zu einem Englischen Garten aufgelockert worden.

Wappen von Berg

Ludwig II. hat in Berg einen großen Teil seiner Jugend verbracht. Von hier aus hat er seine Briefe an Elisabeth nach Possenhofen geschickt oder auf der Roseninsel hinterlegt, der »Adler« an die »Taube«. Richard Wagner verbrachte den Sommer 1864 im Pellethaus im nahen Kempfenhausen, jetzt Sozialwissenschaftliches Gymnasium für Mädchen. Fast täglich fuhr er zum 18jährigen König nach Berg.

In Berg vollzog sich 22 Jahre später die Tragödie des Königs. Nachdem ihn ein psychiatrisches Gutachten vom 8. Juni 1886 als »in sehr fortgeschrittenem Maße seelengestört« und »unheilbar« befunden hatte, brachte ihn eine Kommission am 12. Juni von Neuschwanstein nach Berg. Er stand unter Bewachung. Sein Onkel Luitpold hatte am 10. Juni als Prinzregent die »Verwesung des Königreichs Bayern« übernommen. Der König und sein Betreuer, der Arzt Dr. Gudden, kehrten von einem Abendspaziergang im Schloßpark am unseligen 13. Juni nicht mehr zurück. Einige Stunden später fand man beide ertrunken an einer flachen Stelle im See.

Die Vorgänge sind bis heute nicht geklärt. Es gibt eine Version, die aussagt, der König habe fliehen wollen und Dr. Gudden habe ihn festgehalten. Nach einer anderen Version soll der König Selbstmord versucht und Dr. Gudden ihn daran gehindert haben. Zweifellos hat zwischen den beiden ein Kampf stattgefunden. Das Protokoll nennt keine Todesursache.

Oskar Maria Graf, der Sohn des damaligen Hofbäckers Max Graf in Berg, schildert in seinem Buch »Das Leben meiner Mutter«, welche Aufregung damals im Ort herrschte. Nach der Ankunft des Königs von Neuschwanstein habe ein höherer Polizeibeamter, von zwei Gendarmen begleitet, den Bewohnern verboten, nach Anbruch der Dunkelheit »die Straßen zu betreten, Besuche zu machen oder sich in Wirtshäusern aufzuhalten. Drei Tage durfte niemand in der Nähe der Schloßmauern oder oben am Parkzaun sich sehen lassen.« Der Schmied Leibfinger habe verstört berichtet, daß er alle Türklinken im Schloß entfernen mußte. In der Unglücksnacht, gegen neun Uhr abends, hätten plötzlich die Berger Zinnglocken geläutet. Ein Polizeikommandant sei über die Straßen gesprengt und habe gerufen: »Seine Majestät, unser allergnädigster Herr und König, ist verschieden.«

Das Gedenkkreuz am Todesort Ludwigs II. wurde 1887 errichtet. Zwei Vereine machten es sich zur Aufgabe, das Gedächtnis an ihn zu bewahren. Sie halten vor dem Kreuz im See alljährlich Erinnerungsfeiern ab. Der Architekt Julius Hofmann erbaute 1900 zum Gedenken an Ludwig II. im Auftrag des Prinzregenten Luitpold die neuromanische Votivkapelle. August Spieß schmückte sie mit Fresken. Bis zum Zweiten Weltkrieg war das Schloß Museum. Die amerikanische Besatzungsmacht beschlagnahmte es. Aber das Schloß entsprach nicht ihren Ansprüchen. Zudem vergaßen die amerikanischen Soldaten, den Wasserhahn im Bad abzudrehen. Das Haus erlitt schweren Schaden. Es wurde aus dem Denkmalschutz entlassen. Die Wittelsbacher bauten es wieder auf. Dabei griffen sie auf die barocke Form zurück. Die Zinnen und der »Isolde-Turm« wurden abgetragen. Heute wohnt hier Herzog Albrecht, der Chef des Hauses Wittelsbach.

Das Heilbad, das die bayerischen Herzöge in Petersbrunn nah bei Leutstetten gründeten, kurz bevor die Straße von Starnberg in das enge Würmtal einmündet, gehört der Vergangenheit an. Die dortige Schwefelquelle soll schon den Römern bekannt gewesen sein. 1510, nach einer andern Urkunde 1513, baute Herzog Wilhelm IV. ein Bad. Er setzte eine Behörde mit Baderichter, Schreibern und Dienern ein. Für die Armen wurde eine Bretterhütte mit Wannen und einem Kessel zum Anwärmen des Wassers gebaut. Holz stand bereit. Die Reichen hatten eigene Badeanlagen in Bretter- und Laubhütten.

Der Herzog erließ eine Benutzungs- und Gebührenordnung. Doch das Bad war ein Zuschußbetrieb. Herzog Albrecht V. verkaufte es 1565 an die Urmüller, die im Leutstettener Schloß wohnten. Im Dreißigjährigen Krieg benutzte man das Bad zur Heilung der Lepra. Die Schweden zerstörten es 1632. Der Staatskassier von Ertl eröffnete das Bad erneut 1810 und baute ein Hotel. 1863 brannte es nieder, wurde aber wiederhergestellt. Im 19. Jahrhundert war es ein beliebter Ausflugsort mit einer Table d'hôte. Künstlerfeste wurden hier gefeiert und in graphischen Blättern festgehalten. Heute ist die einstige Pracht vergessen. Die kleine Peterskapelle, die Herzog Wilhelm IV. 1510 neu erbaut hatte, verfällt.

Der patriarchalischen Lebensart der späteren Wittelsbacher kann man, zehn Minuten zu Fuß von Petersbrunn entfernt, auf dem Friedhof der kleinen Kirche von Rieden nachspüren. Ursprünglich gehörte die Siedlung auf dem westlichen Moränenhang des Würmdurchbruchs zum Kloster Schäftlarn. 1803 wurde sie säkularisiert und kam in den Besitz des Königshauses. Auf dem Kirchhof ruhen Bauernknecht und königlicher Adel, Herzogin und Magd nebeneinander.

DAS KLOSTER ANDECHS UND SEINE WALLFAHRT

Die Klöster besaßen in unserem Gebiet viel Grund. Er stammte aus Schenkungen und Privilegien, die zum Teil noch auf die karolingische Zeit zurückgingen. Oft wurde getauscht, ver- und gekauft. Der Besitz von Benediktbeuern reichte in Fragmenten über Perchting, Machtlfing und die Orte Hochstadt, Drößling und Frieding bis nach Weßling und Herrsching. Schäftlarn war stark im Würmtal begütert, von Gauting, Rieden und Leutstetten bis Wangen und Percha, aber auch über Oberbrunn bis Gilching. Die Augustiner-Chorherren von Beuerberg waren in Gauting, Machtlfing und Unterbrunn vertreten, die von Bernried und von Dietramszell in Söcking und Gilching. Polling war vor allem im Süden und Westen des Landkreises begütert, in Diemendorf, Aschering, Traubing, Landstetten, Erling, Frieding und Gilching. Die Zisterzienser von Fürstenfeld, mit Besitz in Etterschlag und Gilching, machten Schloß Rezensried bei Herrsching zu ihrem Sommersitz. Dießen war von den Andechser Grafen reich dotiert worden. Der Grundbesitz reichte bei uns vom Ostufer des Ammersees in Splittern bis Stockdorf, Söcking und Wieling. Wenn zwei Klöster am gleichen Ort Besitz hatten — oft bauten sie dort die Kirchen —, ergaben sich manchmal eigenartige pfarrliche Regelungen. Die obere Kirche in Machtlfing zum Beispiel, Johannes dem Täufer geweiht, wurde vom Kloster Beuerberg betreut, die untere Marienkirche vom Kloster Dießen. Nur die Johanneskirche war mit einem Pfarrer besetzt. Dieser war jedoch verpflichtet, abwechselnd in beiden Kirchen Gottesdienst abzuhalten. Alle diese Klöster aber hatten ihren Sitz jenseits der Landkreisgrenzen, außer Andechs, der letzten benediktinischen Klostergründung der Wittelsbacher im Mittelalter.

Als Herzog Albrecht III., der Gemahl der unglücklichen Agnes Bernauer, 1455 sieben Benediktiner nach Andechs berief und das Kloster stiftete, stattete er es großzügig mit Grund aus dem früheren Besitz der Grafen aus. Für ihn war Andechs das Familienkloster der Wittelsbacher. Am 29. Februar 1460 begrub man ihn dort. Neben ihm wurden 1463 sein Sohn Johann, 1474 die Herzogin Anna und 1514 sein Sohn Wolfgang beigesetzt. Albrechts Hochgrab wurde bei dem furchtbaren Kloster- und Kirchenbrand 1669 zerstört. Heute ruht er unter dem Kirchenboden. Seine Nachfolger blieben Gönner des Klosters.

Andechs hatte als Hofmarkenbesitzer einen eigenen Klosterrichter, dessen Haus später für lange Zeit Sitz des Erlinger Forstamts wurde. Die Güter lagen in Erling, Herrsching, Widdersberg, Gilching, Buchendorf und Fußberg bei Gauting. Am Westufer des Ammersees gehörte die Hofmark Utting zu Andechs. Die Mönche erhielten Fischereirechte auf dem See. Sitz des Klosterfischers war viele Jahre Stegen.

Das Ansehen des Klosters im ausgehenden Mittelalter gründete sich auf seine Bedeutung als Wallfahrtsort. Der Reliquienschatz stammte in seinen wertvollsten Stücken aus der Grafenzeit. Die Grafen hatten von ihren Pilgerfahrten und Kreuzzügen ins Heilige Land Erinnerungsstücke an das Leben des Heilands, Mariens und der Apostel mitgebracht, ein Holzreliquiar aus dem Kreuz Christi, die Hälfte des Schweißtuches Christi, das »Marientuch«, in dem die Gottesmutter begraben wurde, einen Zweig aus der Dornenkrone. Im Mittelalter glaubte man, daß alle diese Erinnerungsstücke echt seien. Eine Wallfahrt zu den Stätten, wo sie aufbewahrt wurden, ersetzte den für viele nicht möglichen Weg nach Jerusalem.

Kraft ihrer umfangreichen verwandtschaftlichen Beziehungen, die bis nach Byzanz reichten, hatten die Andechser Grafen den Schatz laufend vermehrt. Später war das Siegeskreuz Karls des Großen — die Fassung ist allerdings romanisch — hinzugekommen, ebenso wie das Brautkleid der heiligen Elisabeth aus sarazenischem Damast, das schon ihre Mutter Gertrud bei ihrer Hochzeit mit dem König Andreas von Ungarn getragen hatte, sowie das Brustkreuz der Heiligen. Das wichtigste Andechser Reliquiar wurden jedoch »Die Heiligen Drei Hostien«. Eine dieser Hostien soll auf Papst Gregor den Großen — 590 bis 604 — zurückgehen: Nach der Legende in der »Vita Gregorii« vom Beginn des 8. Jahrhunderts soll eine römische Oblatenbäckerin gelacht haben, als ihr der Papst in Rom die Kommunion spendete. Darauf legte Gregor die Hostie auf die Kommunionbank, betete und fand sie in Fleisch verwandelt. Er betete weiter und es geschah die Rückverwandlung in die Hostie. Nach einer späteren Version wurde Gregor durch dieses Wunder veranlaßt, die geweihte Hostie als Schutz gegen Gefahren und als Hilfe bei der Vergebung der Sünden aufzubewahren. Bei der Weihe des Bamberger Doms 1007 soll Johannes XVIII. sie dem deutschen Kaiser überlassen haben.

Die Herkunft der zweiten Hostie liegt im Dunkel. Die dritte und größte soll Papst Leo IX. in der Mitte des 11. Jahrhunderts nach Bamberg geschickt haben. Eine der drei Hostien übersandte Bischof Otto von Bamberg aus dem Andechser Geschlecht zwischen 1173 und 1188 seinem Stammschloß am Ammersee. Wann die beiden anderen Hostien nach Andechs kamen, wissen wir nicht. Jedenfalls wurden schon zur Grafenzeit die drei Hostien in einer Bleikapsel im Hochaltar der Burgkapelle aufbewahrt. Die spätgotische Monstranz, die sie heute in der Allerheiligenkapelle umschließt, ist wohl eine Stiftung des Klostergründers Herzog Albrecht III.

Der Reliquienschatz war bei der Zerstörung

der Burg (1246/48) verschwunden. Manches ging für immer verloren. Der berühmte romanische Christus, der acht Tage vor Zerstörung der Burg Blut geschwitzt haben soll, tauchte später in Forstenried auf. Als »Forstenrieder Kreuz« wird er heute als wesentliches Zeugnis der Romanik, datiert um 1180, in der Kunstgeschichte geführt.

Die Erinnerung an den Reliquienschatz von Andechs ging im Volk nicht verloren. Die erste belegte Wallfahrt hatte schon 1128 stattgefunden. 1274 soll eine blinde Frau aus Widdersberg beim Gebet in Andechs ihr Augenlicht wiedererhalten haben.

Wappen des Klosters Andechs

Die alte Kapelle hat die Zerstörung der Burg weitgehend überstanden. Herzog Ludwig der Strenge hat sie um 1270 wiederhergestellt. Um 1388 hielt ein junger Geistlicher, Jacob Dachauer, sein Meßopfer in der Kirche. Dabei bemerkte er — so wird überliefert —, daß eine Maus zwischen den Altarstufen hervorkroch, die einen Zettel im Schnäuzchen trug. Auf dem Zettel fand man das Verzeichnis des Andechser Reliquienschatzes. Herzog Stephan II. ernannte eine Kommission, die Nachforschungen anstellte, und so fand man unter dem Altar einen großen Teil des verloren geglaubten Schatzes.

Der Fund erregte ungeheures Aufsehen in dieser Zeit des religiösen Hungers und der Wundergläubigkeit. Die Truhe, in der man den Schatz entdeckt haben soll, steht noch heute in Andechs. Der Schatz kam zunächst nach München und wurde dort 1391 und 1392 unter riesigem Zulauf in der im 19. Jahrhundert abgetragenen St.-Lorenz-Kapelle am Alten Hof gezeigt. Dem Geschichtsschreiber Aventinus zufolge sollen im Jubeljahr 1392 wöchentlich 60 000 Pilger die Andechser Heiltümer aufgesucht haben. Es war ein Gnadenjahr, zu dem der Papst einen besonderen Ablaß bewilligt hatte. Um 1419 wurde der Schatz an Andechs zurückgegeben — nach vielen Kämpfen. Schließlich brachte das große Interesse an den Schätzen dem Besitzer auch finanzielle Vorteile. Am Himmelfahrtstag 1455, dem Jahr der Klostergründung, wurden in Andechs 40 000 Pilger gezählt.

Um diese Zeit begann man mit dem spätgotischen Bau der Kirche und dem Klosterbau. 1669 verursachte ein Blitzschlag einen verheerenden Brand, der Kirche und Kloster bis auf die Grundmauern vernichtete. Der anschließende Neubau stellte im wesentlichen die heutige äußere Bauform her, die Wirtschaftsgebäude ausgenommen. Die Rokokoeinrichtung der Kirche wurde 1755, zur Dreihundertjahrfeier der Klostergründung, beendet.

Der Name »Der Heilige Berg« kam nach 1388 auf, als Andechs neben Aachen und Trier zur größten Wallfahrt in Deutschland wurde. Auch in Andechs ging man, der Entwicklung des Spätmittelalters folgend, von der Verehrung der Kreuzpartikel zur Marienverehrung über. Zeichen dafür sind das Gnadenbild am unteren Hochaltar, eine gotische Madonna, und die majestätische »Immaculata« vom Beginn des 17. Jahrhunderts. Daneben aber hat sich die Verehrung der Heiligen Drei Hostien erhalten. Den Insignien der Andechser Grafen und der Wittelsbacher, dem Löwen und dem Adler, sind sie im Klosterwappen nicht beigefügt, wohl aber vielen Votivgaben.

Höhepunkt der Wallfahrten war (und ist heute noch) die Weisung der Heiltümer (Reliquien). Da der Kirchenraum für die Masse der Besucher oft zu klein war, verlegte man die Weisung ins Freie. Abt David Aichler ließ an der heutigen Hedwigskapelle an der Südempore zwischen 1591 und 1594 einen Erker anbringen. Von hier aus wurde den vor der Kirche

zusammengeströmten Gläubigen die Monstranz mit den Drei Hostien gezeigt.
Die Weisungen der Heiltümer waren vor 1803 sehr feierlich. Die Pilger bereiteten sich in der Kirche durch Gebete vor. Der Priester führte in die Geschichte und den Sinn der Heiltümer ein und wies auf die damit verbundenen Privilegien und Ablässe hin. Nach den Evangelien bekannte das Volk seine »offene Schuld«. Die Zeigung wurde mit Musik angekündigt. Nach weiteren Gebeten wurde der Segen erteilt.
Noch heute ist es üblich, daß die Pilgerzüge vom Andechser Prior oder vom Wallfahrtspriester am Fuß des Klosterhügels eingeholt werden. Auch in unseren Tagen kommen alljährlich 150 000 bis 200 000 »echte Pilger« zum Heiligen Berg, die treuesten aus dem bayerischen Schwaben. Von den über 300 Pfarrgemeinden, die sich bis 1803 Andechs verlobt hatten, halten noch heute 130 alljährlich ihr Versprechen. Sonderzüge bringen die Gläubigen aus entfernteren Gebieten, aus Franken, der Oberpfalz, dem Saarland und aus Altötting, nach Herrsching. Vom Ammerseeufer aus wandern die Pilger zum Heiligen Berg weiter. Seit dem Zweiten Weltkrieg betrachten die aus ihrer Heimat vertriebenen Schlesier Andechs als ihren Wallfahrtsort. St. Hedwig, die 1243 im heute polnischen Trebnitz begraben wurde, war ja eine Andechser Grafentochter und Herzogin von Schlesien. Viele Pilger, die häufig noch lange Strecken zu Fuß zurücklegen, werden im Kloster oder bei Erlinger Familien in Notquartieren untergebracht. Andechs ist einer der größten Wallfahrtsorte Deutschlands geblieben.
Die Andechser Votivbilder geben die Sorgen und die frommen Hoffnungen der Gläubigen wieder. Die Sammlung der Votivkerzen im Wachsgewölbe unter der Orgelempore ist die umfangreichste und künstlerisch ergiebigste in der Bundesrepublik. Die Stiftungsdaten der 234 Stücke reichen bis ins 16. Jahrhundert zurück. Besonders spendenfreudig waren das 17. und das 18. Jahrhundert. Die auf das Blech der Widmungskartuschen gemalten Heiligen und Wappen, umrankt von den rundum auf das Wachs gemalten Blumen, Figuren und Symbolen, spiegeln die irdischen Sorgen und religiösen Hoffnungen der Stifter, Fürsten, Bruderschaften, Gemeinden und Familien wider.
Das Wiedererwachen der katholischen Frömmigkeit in unserem Gebiet, verbunden mit erneutem Aufschwung der Wallfahrten, geht sicherlich auf die katastrophalen Folgen des Dreißigjährigen Krieges zurück. Der Benediktiner Maurus Friesenegger, von 1644 bis 1655 Abt von Andechs, hat die Nöte jener Zeit in seinen Aufzeichnungen festgehalten: 1627 trat in Bayern die Pest auf. Die Wallfahrt wurde eingestellt. Trotz des Verbots und aufgestellter Wachen nahmen Erlinger Bauern Pilger auf. 1628 war die Pest auch im Ort. Das Dorf wurde proscribiert. Strohwische an Eingang und Ausgang warnten vor der Seuche. Der Klosterkonvent floh zum Schlößchen Mühlfeld bei Herrsching, das Herzog Wilhelm V. den Benediktinern 1597 geschenkt hatte und das ihnen zur Sommererholung diente.
1632 kamen die Schweden. Der Klosterschatz war auf Befehl des Kurfürsten Maximilian nach Burghausen gebracht worden. Im Mai plünderten die Schweden Schloß und Dorf Gauting und Unterbrunn. Die Bewohner flüchteten in die Wälder: die Erlinger ins Kiental, die Andechser auf die »Schwedeninsel« am Südende des Ammersees. Die Siedlung Pentenried bei Gauting wurde in Schutt und Asche verwandelt. Sämtliches Vieh wurde geraubt. Die Alten und Bresthaften, die in den Dörfern zurückgeblieben waren, wurden unter Martern getötet. Die Hälfte der Häuser im Landkreis war ausgebrannt. Im August 1633 tauchten 3000 schwedische Reiter in Starnberg auf, nur für drei Tage, aber das genügte. Überall herrschte große Not.
Die Kaiserlichen, die 1633 in Perchting ihr Hauptquartier aufschlugen, hausten genauso schlimm wie die Schweden. Spanier plünderten Höfe in Herrsching und die »Stampfmühle« in Oberalting. Kroaten hielten mit. Den Bauern waren sie mehr verleidet als die Schweden. Kurfürstlich bayerische Dragoner,

die ebenfalls plündern wollten, wurden von Oberaltinger und Drößlinger Bauern in die Flucht geschlagen.
Das Kloster Andechs wurde im westlichen Landkreis Fluchtzentrum für Mensch und Vieh. 1000 Flüchtlinge waren hier zusammengepfercht. Da brach wiederum die Pest aus. Die Hälfte der Flüchtlinge starb. Es gab Orte, in denen von 100 Einwohnern zwei diese Nöte und Greuel überlebten. 1648 kamen die Schweden und Franzosen ein letztes Mal und plünderten Schloß Seefeld.
Kurfürst Maximilian I., der bedeutendste Staatsmann unter den bayerischen Regenten, Repräsentant des süddeutschen Katholizismus, strebte nach religiöser Festigung und suchte in Wallfahrten Trost. 1602 pilgerte er mit einigen Kammerherren nach Andechs, 1616 mit großem Gefolge, wobei er vom Westufer des Ammersees aus zu Schiff nach Mühlfeld fuhr. 1627 erschien er zum dritten Male und nochmals ein Jahr vor seinem Tod mit seiner Familie. Meist kam er zu Fuß von Herrsching. Er verbrachte zwei Stunden kniend vor dem Altar, »nicht ohne Verwunderung seiner bei sich habenden Hofherrn«. 1651 starb er in Ingolstadt bei einer Wallfahrt nach Bettbrunn in der Oberpfalz. Die von ihm gestiftete Votivkerze mit Rautenwappen und Kurhut steht in der Allerheiligenkapelle der Kirche.
Die Gunst der Wittelsbacher blieb dem Kloster treu. Nach der letzten Zerstörung bei der Säkularisation von 1803, die unersetzbare Werte vernichtete und die Bibliothek ihrer kostbarsten Stücke beraubte, stellte Ludwig I. von 1846 bis 1850 Andechs als Priorat und Wirtschaftskloster der Benediktinerabtei St. Bonifaz in München wieder her.
Das Klosterwappen wurde nach dem Klostersiegel von 1461 von dem Herrschinger Heraldiker Peter M. Ziller entworfen. Das Original befindet sich im Hauptstaatsarchiv in München und zeigt den »einherschauenden« Löwen (er schaut den Betrachter an) über dem Adler mit den fünf Federschwingen. Übrigens bezieht sich auch das Landkreiswappen auf das Andechser Grafengeschlecht. Hier symbolisierte Ziller, der noch weitere Wappen für unsere Gemeinden ausgearbeitet hat, das Wappen nach einem Siegelring der Grafen vom Anfang des 13. Jahrhunderts. Der Löwe ist im Profil über dem Adler mit nur vier Schwingenfedern dargestellt. Der Ring wird im Pariser Louvre aufbewahrt.

GNADENSTÄTTEN GAB ES VIELE

Andechs ist nicht der einzige Wallfahrtsort des Landkreises. Wann die Wallfahrt nach Aufkirchen, die bis 1803 starke Bedeutung hatte, begann, ist bis heute nicht geklärt. Schon um 1300 stand auf dem Kirchenhügel, der das Ostufer des Starnberger Sees überragt, eine Kapelle, in der eine holzgeschnitzte Marienstatue mit dem Jesuskind verehrt wurde. Der Zulauf der Pilger war am Ausgang des Mittelalters so groß, daß die bayerischen Herzöge Albrecht IV. und Sigismund einen Neubau errichten ließen, der 1500 geweiht wurde. Nach dem Bericht des Pfarrers Georg Colonus aus dem Jahre 1623 war man sich über den Standort der Kirche nicht einig gewesen. Schließlich belud man, heißt es, in der Gegend von Allmannshausen einen Wagen mit einem schweren Tuffstein und ließ ihn von zwei Ochsen ohne Führer ziehen. Wo die Ochsen anhielten, sollte der Grundstein zur Kirche gelegt werden. Die alte Kapelle hatte man vorher mit Taxen und Dornen abgedeckt, weil man wünschte, daß die Ochsen einen anderen Bauplatz fänden. Die Ochsen aber zogen den Wagen geradewegs zur Kapelle, drangen durch die Umgrenzung und gingen nicht mehr weiter.
Kurfürst Ferdinand Maria, dem seit 1667 das

nahe Schloß Berg gehörte, überließ die Kirche dem Eremitenorden der Augustiner. 1803 wurde die Wallfahrt verboten, die Augustiner mußten gehen. Einzelne Gemeinden aber wollten nicht auf ihren alten Gnadenort verzichten und pilgerten weiter nach Aufkirchen, auch heute noch. Die Lichterprozession am Abend von Mariä Himmelfahrt wurde wieder aufgenommen.

Die Mirakelbücher von Aufkirchen, worin die wunderbaren Gebetserhörungen aufgezeichnet wurden, sind mit 15 000 Eintragungen in vier Folianten ohne Unterbrechung von 1500 bis 1803 erhalten und für die Erkenntnis der volkstümlich naiven Frömmigkeit früherer Zeiten in unserem Gebiet unersetzbar.

»Michael Rieger von Degerndorff hat zween Knaben, so daselbsten auff dem Weyer auffm Eyß geschliffn und darauff beyde hinein gefallen. In dem habe jedermann auß großem Schröcken zu unserer lieben Frawen geschryn, und beyde Knaben hieher verlobt mit einer Meß, von Stund an seynd sie beyde aus dem Eyß durch Fürbitt Mariae herfür kommen, und mit dem Leben herauß gebracht worden.« (Mirakelbuch 1592, Nr. 363.) Votivbilder wurden auch noch später gestiftet. Jenes über den gefährlichen »Viehfall« der Gemeinde Breitbrunn stammt von 1807.

Über die Entstehung der Wallfahrt nach Grünsink, der Grünen Senke an der Straße zwischen Weßling und Etterschlag, liegen Berichte vor. Um 1740 verirrte sich ein seefeldischer Jäger in den damals dichten Wäldern. Er gelobte der Gottesmutter ein Bild, wenn er wieder den Weg zur Grünen Senke fände. Er kam zurück und übernachtete beim Schluifelder Einödbauern. Der schenkte ihm ein Marienbild, und der Jäger befestigte es in einem hohlen Birnbaum der Grünen Senke. Die Menschen aus der Umgebung machten den Ort zu einer Andachtsstätte.

Das erste Votivbild von 1744 zeigt das alte Marienbild im Birnbaum. 1761 erlaubte der Fürstbischof von Augsburg die Verehrung und den Bau einer Kapelle. 1762 war die kleine Kirche vollendet, zusammen mit einer Klausnerwohnung. Der fromme Mann war gleichzeitig bis 1803 Schullehrer für die Umgebung. Er unterrichtete die Kinder in der heutigen, geräumigen Sakristei.

Über das echte Gnadenbild war man sich lange im unklaren. Zeitweilig glaubte man, eine kleine Majolikafigur stelle es dar. Bei der Restaurierung von 1962 kam man jedoch zu dem Schluß, die Kopie einer Madonna von Lukas Cranach d. Ä. sei das richtige Bild. Man brachte es am Hochaltar an.

Die Wallfahrtstage von Grünsink sind der letzte Sonntag im Juli und der erste Sonntag nach Mariä Himmelfahrt im August. Altar und Beichtstühle werden dann im Freien aufgestellt. Hunderte strömen zum Gottesdienst zusammen. Anschließend ist auf den bewaldeten Hängen Jahrmarkt mit Brotzeit und Bierausschank.

Maria Eich im Würmtal gehört zu Planegg, liegt also schon jenseits der Kreisgrenze, rührt aber unmittelbar an das Kraillinger Gebiet und strahlt seine Anziehungskraft nach Süden aus. Auch hier war ein Marienbild im Baum Ausgangspunkt. Zwei Buben, Franz und Kaspar, Söhne des Planegger Schmieds Thallmayr, stellten die kleine Statuette mit dreifacher Krone und dem Jesuskind 1710 oder 1712 in der Höhlung einer Eiche auf. Eine Dienstmagd aus Planegg erinnerte sich in ihrer Krankheit an das Bild und gelobte eine Wallfahrt »kriechend auf den Knieen«. Darauf genas sie. Als 1732 ein fünfjähriges krankes Mädchen den Vater bat, für das »Frauerl in der Aichen« ein »Häuserl« zu bauen und nach Errichtung der hölzernen Kapelle rund um den Baum gesund wurde, setzte die Wallfahrt ein.

1745 erhielt die Kapelle ihre heutige Gestalt aus Stein. Drei Jahre später wurde sie vom Bischof von Freising geweiht. Das alte Gnadenbild steht am Hochaltar. Das Mirakelbuch, im Planegger Pfarrarchiv aufbewahrt, erzählt von 779 wunderbaren Ereignissen zwischen 1732 und 1800. Im heutigen Mesnerhaus, 1746 erbaut, unterrichtete der Klausner bis 1820 die Schulkinder von Krailling, Stockdorf, Gräfelfing, Martinsried und Lochham.

An Sommersonntagen kommen heute noch Tausende von Pilgern. Als die Kapelle nach

Bootswerft in Leoni am Ostufer des Starnberger Sees

Ortszentrum von Gilching

Gasthof zur Post in Herrsching

dem Zweiten Weltkrieg nicht mehr ausreichte, errichtete man neben ihr eine neue Kirche. Die alte Gnadenstätte wollte man nicht anrühren. Ein kleines Augustinerkloster ist mit ihr verbunden.

Andere Wallfahrten in unserem Gebiet sind heute fast vergessen. Aus Urkunden ist bekannt, daß die Frauenkirche in Gauting zu Beginn des Dreißigjährigen Krieges von Münchner Prozessionen auf dem Weg nach Andechs als Gnadenstätte aufgesucht wurde.

In Drößling bestand eine vielbesuchte Marienwallfahrt, vor allem zwischen den Jahren 1733 und 1796. Das alte Mirakelbuch vermerkt aus dieser Zeit rund 450 Gebetserhörungen. An die 60 Gemeinden aus der Umgebung verlobten sich »Unserer Lieben Frau von Drößling«. Eine »Skapulierbruderschaft zur Mutter vom Berge Karmel« wurde gegründet. Beim Hauptfest, »Mariä Himmelfahrt«, stellte man wegen des großen Andranges zusätzlich Beichtstühle auf dem Friedhof auf. Das Gnadenbild, um 1680 entstanden, war bekleidet. 1860 wurde es vom Altar genommen. Die Bruderschaft erwachte 1895 zu neuem Leben.

Der Pfarrer von Traubing ließ 1688 westlich vom Ort, »beim Frauerl«, ein Kruzifix aufstellen, das er verwahrlost im Glockenturm gefunden hatte. Eine Heiligkreuzwallfahrt entstand. Die Kapelle, die man um das Kruzifix baute, wurde 1817 niedergerissen.

In Perchting fanden am Ende des 18. Jahrhunderts Wallfahrten zur »Maria in der Mauer« statt, einer Statue der Gottesmutter im Innern der Pfarrkirche. Auch Allmannshausen am Ostufer des Starnberger Sees hat eine alte Wallfahrtskirche, zu der am Valentinstag die Flößer von Wolfratshausen pilgerten. Am Vorabend des Fronleichnamsfestes erfüllte dort die Pfarrei Seeshaupt ihr Gelübde. Das älteste erhaltene Votivbild stammt aus dem Jahre 1652. Eine Bauernwallfahrt zum heiligen Laurentius in Unterbrunn ist seit dem Jahre 1484 bekannt.

Die sonderbarste Wallfahrt des Landkreises führte nach Breitbrunn am Ostufer des Ammersees. Sie hatte während des Dreißigjährigen Krieges den stärksten Zulauf. In der dortigen kleinen Kirche, zum mindesten in der Nähe, wurde das »Grab des Heiligen Leuthold«, auch Leitgeb oder Leupold genannt, gefunden. Er sollte aus dem Weiler Ellwang zwischen Breitbrunn und Hechendorf stammen und sein Leben mit Pilgerfahrten verbracht haben. Als er, vielleicht in Ellwang, auf dem Totenbett lag, habe er befohlen, seinen Leichnam auf einen Ochsenwagen zu laden und ihn dort zu begraben, wohin ihn das Gefährt trage. So sei der Tote nach Breitbrunn gekommen.

Andere Quellen behaupten, er stamme aus dem Geschlecht der Dießener Grafen. Das Augsburger Ordinariat untersagte die Wallfahrt zu seinem Grab aufs strengste. Es kannte diesen Heiligen nicht. Anfang des 18. Jahrhunderts wurden die Reste des Grabes entfernt. Die Gebeine sollen nach Dießen übergeführt worden sein. Der Maler Johann Georg Bergmiller nahm dort 1736 einen Seligen Luitpold neben den übrigen frommen Gestalten des Andechser Geschlechts in sein großes Fresko der Chorkuppel auf, in den »Andechser Heiligenhimmel«. Vielleicht hat die Breitbrunner Legende ihren »Heiligen Leuthold« mit diesem Seligen Luitpold identifiziert, der 1127 als Einsiedler gestorben war.

VON DEN GERICHTSHERREN ZU DEN GEMEINDEN

Die Vorrechte der weltlichen Hofmarkenbesitzer, ihre Patrimonialgerichtsbarkeit, die sich allerdings nur auf kleinere Verbrechen und zivile Auseinandersetzungen innerhalb ihrer Herrschaftsbereiche bezog, galten bis 1848. Sechs Hofmarken waren noch übriggeblieben. Die Hofmarken des Klosters Andechs, zuletzt in Erling, Mühlfeld, Stegen und Fußberg bei

Gauting, wurden schon 1803 aufgelöst. Auch die kurfürstlichen Hofmarken Berg und Kempfenhausen wurden im Zuge der 1803 einsetzenden Staatsreform dem Landgericht unterstellt. Die Verwaltungsreform geschah schrittweise.

Das älteste privilegierte Adelsgeschlecht des Landkreises neben den Wittelsbachern, das aus dem Mittelalter in ununterbrochener Präsenz über 1848 hinweg in die Gegenwart hineinreicht, ist das der Grafen zu Toerring-Jettenbach auf Seefeld. Zur Zeit der Karolinger sollen sie im Salzburgischen ansässig gewesen sein. In unser Gebiet kamen sie im späteren Mittelalter durch Erbschaft. Noch steht das Schloß ihrer Vorgänger auf dem Bergsporn am Pilsensee; im Kern stammt es aus dem 12. oder 13. Jahrhundert. Neben dem Starnberger Schloß ist es der imposanteste Burgbau im Landkreis.

Vor den Toerrings saßen die Freiherren von Seefeld auf der Feste, die reichsten Grundbesitzer im Ammerseeraum nach dem Ende der Andechser Grafen. Ihr Erbe fiel um 1350 an die Herren von Stein und dann — 1385 — an Schweiker von Gundolfing. Unter der Orgelempore der Oberaltinger Pfarrkirche, die heute noch die Grabkirche der Schloßbesitzer von Seefeld ist, steht ein Epitaph mit der Jahreszahl 1421. Der erste Gundolfinger kaufte für die Herrschaft Seefeld Güter in Herrsching, Widdersberg, Weßling, Delling und Inning und erwarb den Wörthsee, damals Ausee genannt.

Das Gebiet am Wörthsee war in der Mitte des 14. Jahrhunderts Eigentum der Kazmair, einer reichen Münchner Patrizierfamilie, die bei den Erbauseinandersetzungen der Wittelsbacher nach dem Tod Ludwigs des Bayern und den damit verbundenen Unruhen in der Münchner Stadtgeschichte auftauchten. Die dynastischen Auseinandersetzungen griffen auch auf unser Gebiet über. Im September 1422 schlugen die Herzöge Ernst und Wilhelm von Bayern-München den Herzog Ludwig von Bayern-Ingolstadt bei Alling. Etliche Orte um München gingen um diese Zeit in Flammen auf, auch Gauting. In der Kapelle von Hoflach, dort, wo die Straße von Gilching über Alling die Bundesstraße 2 erreicht, hält ein Fresko die kriegerischen Ereignisse fest. Die Kazmairs starben kurz nach 1430 aus. Das erste Schloß auf der Insel im Wörthsee hatten sie kurz nach 1400 erbaut.

Daß der Wörthsee im Volksmund auch Maussee heißt und die Insel Mausinsel, geht auf eine Sage zurück, die sich auf die damaligen Schloßbesitzer von Seefeld bezieht. Ob das nun noch die Gundolfinger waren, die 1450 ausstarben oder das Geschlecht der Herren von Preysing, Ritter von Wolnzach, die ihnen folgten und den Wörthsee übernahmen, erzählt die Sage nicht. Einer von ihnen soll steinreich und sehr hart gewesen sein. Das Bettelvolk ärgerte ihn. Er ließ es in eine leere Scheuer einsperren und das Gebäude anzünden. Als die Eingesperrten in den Flammen erbärmlich schrien, sagte der Schloßherr zu seinen Leuten: »Hört ihr das Wimmern der Ratten und Mäuse?« Dann traf ihn die Vergeltung. Die Ratten und Mäuse kamen zu Tausenden auf das Seefelder Schloß. Wenn er aß, stiegen sie auf die Tische; wenn er schlief, knabberten sie an seinen Ohren. Er floh auf die Insel im Wörthsee. Auch dorthin verfolgten ihn die Mäuse. Sie schwammen über den See, kletterten an den Ketten, an denen er sein Bett hatte aufhängen lassen, empor und sprangen auf ihn hinab. Jetzt endlich rief er Gott um Hilfe an und gelobte Stiftungen für die Armen. Hierauf verschwanden die Plagegeister.

1472 erbten die Toerrings Seefeld. 1478 einigte sich Seitz zu Toerring mit seinen Verwandten und wurde Alleinbesitzer. Er erbaute die heutige Schloßkapelle und errichtete den spätgotischen Turm. In Andechs erbaute er die Sebastianskapelle als Begräbnisstätte für sich und seine Frau. Dort wurde er — uralt — 1508 begraben. Der Grabstein von Hans zu Toerring, der ihm in der Herrschaft nachfolgte, steht in der Oberaltinger Pfarrkirche mit der Jahreszahl 1555. Nach einem Teilungsvertrag unter dessen Neffen wurde Georg zu Toerring-Jettenbach Alleinbesitzer der Herrschaft Seefeld. Seitdem hat sich die Herrschaft unmittelbar vom Vater auf den Sohn vererbt. 1630 erhob Kaiser Ferdinand II. die Toerrings, die seit 1566 Reichsfreiherrn waren, auf dem Regensburger Reichstag in den Grafenstand.

Die Toerrings waren treue Gefolgsleute der Wittelsbacher. Graf Max Cajetan begleitete, zusammen mit seinem Vetter, dem Feldmarschall Graf Ignaz Felix, den Kurfürsten Max Emanuel während des Spanischen Erbfolgekrieges ins französische Exil. Die Österreicher überfielen 1704 Bayern und konfiszierten die Güter der Toerrings. Später wurden sie zurückgegeben. Eine Tafel im Herrschinger Gasthof »Zur Post« erinnert an die »Salva guardia«, einen Schutzbrief, den der kaiserliche Resident in München zur Bewahrung des für die Habsburger beschlagnahmten Besitzes der Toerrings ausgestellt hatte.

Der Enkel Max Cajetans, Graf Anton, war ein hochgebildeter Aristokrat der Aufklärungszeit. Als Naturwissenschaftler beeinflußte er maßgebend durch neue Methoden, die er als Lösung einer Preisfrage vorlegte, den bayerischen Hopfenbau. 1765 wurde er Ehrenmitglied, 1780 Vizepräsident und 1783 Präsident der Bayerischen Akademie der Wissenschaften. 1789, beim Ausbruch der Französischen Revolution, gründete er die »Seefeldische Feldbausozietät«, die bis 1808 bestand und Vorschläge zur Verbesserung des Ackerbaus und der Wiesenkultur und zur Hebung des Bauernstands ausarbeitete. Sein Sohn Clemens war 1809, noch zu Lebzeiten des Vaters, Mitbegründer des Landwirtschaftlichen Vereins in Bayern, der wesentliche Anregungen der Seefeldischen Sozietät übernahm. Graf Anton – er starb 1812 – gab der Seefelder Schloßkapelle die heutige Rokokoausstattung und baute auch die kleine Dellinger Kirche um. Außerdem errichtete er zwischen dem Schloß und dem Bräuhaus ein Theater, das 1789 in Gegenwart des Kurfürsten eröffnet wurde. 1880 wurde der Bau wieder abgerissen. An das Bräuhaus erinnern noch etliche Gasthäuser der Umgebung mit dem Namen »Seefelder Hof«. Graf Anton verstand die Zeichen seiner Zeit. 1803 hob er freiwillig die Leibeigenschaft für sein Gebiet auf. Eine weitere dauerhafte Erinnerung an ihn ist die Eichenallee von Seefeld nach Delling. Das Kazmair-Schloß auf der Wörthseeinsel ließ er 1770/71 abreißen und durch den heute noch bestehenden Bau ersetzen.

Sein Sohn Clemens, der schon zu Lebzeiten des Vaters die Verwaltung der Güter übernahm, legte den Schloßpark am Tal des Höllgrabens in Richtung Widdersberg an. Dort entstand auch das Miniaturdorf »Eintrachtshausen«, ein Schauplatz für Schäferspiele, wie ihn Marie Antoinette in Versailles hatte anlegen lassen. Zwei kleine Häuser oben am Rand des Parks, etwa 250 Meter vom Schloß entfernt, sind von der ganzen Anlage mit Herrenhaus, Jagdhaus, Bauernhöfen und Kapelle noch übriggeblieben. Der Burgcharakter des Schlosses aus dem Mittelalter mit der hohen Steinbrücke über den Höllgraben, den beiden großen Innenhöfen und dem Bergfried zwischen ihnen ist bewahrt. Den Arkaden- und Loggienanbau im Südwesten hat Gabriel Seidl 1897 angefügt. Das Schloß ist Privatbesitz geblieben.

Die Herrschaft Tutzing hat eine bewegtere Geschichte, seit dort die Sippe des Tuzzo erstmals 753 erwähnt wurde. Die Wittelsbacher entrissen 1246 die Burg den Andechsern, und das Geschlecht der Tutzinger starb aus. Um 1480 übernahmen die Münchner Patrizier Dichtl oder Tichtl die damals mit festen Mauern und Wachttürmen umgebene Burg. Von 1569 bis 1648 stellten die Dichtl die herzoglichen und dann kurfürstlichen Pfleger in Starnberg. Im Chor der alten Peter-und-Paul-Kirche am See sind Grabsteine der Dichtl eingemauert. 1632 wurde das Schloß ein Opfer des Schwedeneinfalls. Die Nachfolger der Dichtls, die Freiherren von Götzengrien, bauten es 1662 wieder auf. Aus dem düsteren Schloß wurde eine festliche Barockanlage mit prächtigem Toreingang, Vorgebäude mit Innenhof und höfischer Fassade zum Park. Nach einem Stich von Wening war dieser Park im sorgfältig abgezirkelten französischen Stil angelegt, mit Fontänen und Blumenvasen. Die letzte Erbin der Götzengriens oder Götzengrüns heiratete 1732 einen Freiherrn von Vieregg. Auch sie hat

Wappen von Tutzing

ihren Grabstein mit der Jahreszahl 1755 im Chor der alten Tutzinger Kirche.
Ihr Sohn Matthäus Karl Anton wurde unter dem Kurfürsten Karl Theodor Minister und in den Grafenstand erhoben. Ihr Enkel Friedrich regierte von 1802 bis 1832 und baute von 1803 bis 1816 das Schloß samt Amts- und Ökonomiegebäude, einem Bräuhaus und Märzenkeller grundlegend um. Den Park ließ er in den englischen Stil verändern. Er war ein sehr strenger, verdrossener und eigenwilliger Herr. Dem bayerischen König verweigerte er das Geleit durch seine Hofmark, worauf Max Joseph es vorzog ohne Geleit einen Umweg über Pähl zu machen. Dem wachsenden Freiheitsdrang im 19. Jahrhundert trat er mit harter Hand entgegen. Außerdem soll er sehr geizig gewesen sein. Noch auf dem Totenbett — er starb 1843, elf Jahre nach der Abdankung zugunsten seines Neffen Karl Theodor, im gesegneten Alter von 91 Jahren — soll er gerufen haben: »Mein Geld soll niemand finden.«
Die Tutzinger haßten ihn und dichteten ihm eine Sage an: Als uralter Greis schlurft er mit brennenden Kerzen und klirrendem Schlüsselbund über die Gänge und Treppen des Schlosses, öffnet Türen und hält Ausschau nach Dieben. Manchmal klopft er an eine der dicken Mauern, horcht und geht befriedigt weiter. Noch ist sein Schatz verborgen. Von außen sieht man das Licht von Fenster zu Fenster wandern.
1848, als in Deutschland Revolution herrschte und die alten Standesvorrechte aufgehoben wurden, wollten sich die Tutzinger an seinem Nachfolger rächen. Sie stürmten das Schloß, fanden aber keinen Grafen. Das Geschlecht der Vieregg erlosch 1866 in der männlichen Linie.
Dann zog die Familie des Stuttgarter Verlegers Eduard Hallberger in das Schloß ein. Seine Nachkommen errichteten ihm zu Ehren den Tempelbau bei Oberzeismering. Seine Tochter heiratete in zweiter Ehe einen Grafen von Landberg, der die Kapelle des Schlosses in einen türkischen Salon umwandelte. Von 1921 bis 1930 wohnte der Ungar Marczell von Nemes, Edler von Jánoshalma, auf dem Schloß, ein Maler, Sammler und großzügiger Mäzen. Nochmals wurde das Schloß umgebaut und reich mit Kunstschätzen ausgestattet. Die Kapelle stellte er wieder her. Sein Nachfolger Dr. Dr. Albert Hackelsberger, päpstlicher Geheimkämmerer, starb 1936 als Opfer des Dritten Reiches im Gefängnis. Der Plan, aus dem Schloß eine NS-Ordensburg zu machen, wurde nicht verwirklicht. Ida Kaselowsky aus der Familie des Bielefelder Industriellen Dr. Oetker erwarb den Besitz 1940. Vier Jahre später wurde sie bei einem Luftangriff getötet. 1945 zog die amerikanische Besatzungsmacht ein. 1946 pachtete die evangelische Kirche das Schloß für die Innere Mission. 1949 ging es in den Besitz des Evangelischen Landeskirchenrats über. Heute ist es Sitz der Evangelischen Akademie. Ein Teil des Parks mit dem Pavillon wurde 1946 abgetrennt. Er gehörte dem jüngst verstorbenen Maler Anton Leidl.
Auch die Herrschaft Possenhofen-Garatshausen, die Herzog Max in Bayern 1834 von den Grafen La Rosée übernahm, bestand über 1803 hinaus als Patrimonialgericht. Auf Garatshausen, das mit Tutzing 753 erstmals erwähnt wird und um 1280 herzoglicher Besitz war, saßen von 1456 bis 1699 die Münchner Patrizier Weyler. Hans Weyler war bereits 1451 Landrichter und herzoglicher Pfleger in Starnberg und übte seine Ämter bis 1474 aus. In der alten Feldafinger Pfarrkirche — die Weyler waren auch in Feldafing begütert — sind mehrere Grabsteine der Familie.
Die Herrschaft Königswiesen bei Gauting wurde vom letzten Patrimonialgerichtsherrn, dem Grafen Christian von Yrsch, 1824 an den

bayerischen Staat veräußert und aufgelöst. Die Gebäude wurden eingeebnet.
In Krailling verlieh Herzog Wilhelm V. 1586 seinem »lieben Hofmeister« Erhard von Muggenthal die Niedergerichtsbarkeit. In der Urkunde wird erstmals erwähnt, daß am Kraillinger Würmufer ein Schloß stand. Anton von Berchem, Geheimer Rat in München, übernahm es 1687 mit der Hofmark. 1724 gaben es die Berchem an die Herren von Ruffin weiter. Um den Kauferlös liefen jahrelange erbitterte Fehden unter den einzelnen Familienmitgliedern der Berchem. 1728 kaufte Kurfürst Karl Albrecht den Besitz; er überließ ihn seinem Kammerherrn Hörwarth. Wieder vier Jahre später tauchten die Ruffin erneut als Käufer auf. Sie behielten nun den Besitz bis 1817, zusammen mit der angeschlossenen Hofmark Fronloh. Seit 1769 waren sie Reichsfreiherren. Das Schloß, das mit seinen vier Ecktürmen unter Zwiebelhauben und seinem hohen Steildach sehr wuchtig gewirkt haben muß, ließ Joseph Franz Xaver Johann Nepomuk von Ruffin 1810 abreißen. Schon 1724 war es als baufällig bezeichnet worden. Graf Sigmund Thürheim, der damalige Staatsminister des Innern, kaufte 1817 die Herrschaft. Wenige Jahre später übernahm der Bankier Jacob von Hirsch den Besitz. Seine Nachkommen sind heute noch im Krailling-Planegger Gebiet begütert.

Wappen von Krailling

Als der liberale bayerische Innenminister Fürst von Oettingen-Wallerstein 1833 das Schloß Leutstetten übernahm, war die dortige Patrimonialgerichtsbarkeit bereits fünf Jahre vorher vom Staat eingezogen worden. Mit der Auflösung der letzten Patrimonialgerichte 1848 vollzog sich der endgültige Bruch mit dem Mittelalter.
Die Reformen liefen seit 1803. Fünf Jahre später begann die Landvermessung. Die Steuergesetzgebung wurde zentralisiert. Unser Gebiet wurde in 30 Steuerdistrikte eingeteilt, mit der die Bildung der Gemeinden gleichlaufen sollte. Der Plan scheiterte, weil die patrimonialgerichtlichen Herrschaften weiter ein Sonderdasein führten.
Erst 1848 konnten Siedlungen, die geographisch zusammengehörten, nach der alten Hofmarken-Einteilung aber noch getrennt waren, vereinigt werden. Rottenried und Steinlach kamen jetzt von Holzhausen zur Gemeinde Gilching, Stegen von Schöngeising zu Inning, Kreutzing von Gauting zu Krailling. Einige Spuren aus dem Spätmittelalter haften aber auch heute noch an der Gemeindengliederung. Daß zu Krailling die Siedlungen Fronloh, Pentenried und Hüll gehören, hängt mit ihrer ehemaligen Zugehörigkeit zur Hofmark Krailling zusammen.
Die Aufhebung der Leibeigenschaft von 1808 konnte ebenfalls erst 1848 für sämtliche Landwirte unseres Gebietes voll wirksam werden. Die Ablösung der Bodenzinse als Entschädigung für die früheren Grundherren war erst 1918 endgültig abgeschlossen.
Damals erhielt der Landkreis Starnberg neue Grenzen. Die vor München gelegenen Orte, die ehemals zum Landgericht Starnberg gehört hatten, wurden 1803 abgetrennt und dem neugebildeten Landgericht München unterstellt:

Wappen von Starnberg

Solln und Forstenried mit seinem Park, Planegg, Gräfelfing, Neuried, Obersendling und Freiham. Dafür kam der Westen des Landkreises, der bisher zum Landgericht Weilheim gehört hatte, zu Starnberg. Tutzing wurde 1812 von Weilheim abgelöst und Starnberg beigefügt. Im Nordwesten wechselten Unterpfaffenhofen, Germering, Puchheim, Alling, Biburg, Holzhausen und Schöngeising vom Landgericht Starnberg zum Landgericht Fürstenfeldbruck. 1862 folgte Unteralting an der Amper.

Als im gleichen Jahr die frühere Einheit von Gericht und Verwaltung aufgehoben wurde, blieb in Starnberg nur das Gericht, 1879 als »Amtsgericht« bezeichnet. Die Verwaltungsinstanz hieß Bezirksamt. Hier wurde Starnberg, zusammen mit dem Gebiet des Landgerichts München, zum Bezirksamt »Links der Isar« zusammengefaßt, 1879 zusammen mit Wolfratshausen zum Bezirksamt München II. 1902 erhielt Starnberg, genau wie Wolfratshausen, sein eigenes Bezirksamt. 1939 wurde der Name »Bezirk« durch »Landkreis« ersetzt.

Im Selbstverwaltungsgesetz vom 22. Mai 1919 war die heutige Eigenverantwortung der Gemeinden, Landkreise und ihrer übergeordneten Instanzen im wesentlichen festgelegt. 1902 gehörten 40 Gemeinden zum Landkreis Starnberg. 1937 sank die Zahl mit der Eingliederung der Gemeinde Kempfenhausen in die Gemeinde Berg auf 39. Mit der Loslösung von Wangen aus der Gemeinde Percha und der Angliederung von Neufahrn und Schorn stieg die Zahl der Gemeinden 1952 wieder auf 40. Starnberg wurde als einzige Gemeinde mit Wirkung vom 1. Januar 1912 durch Dekret des 90jährigen Prinzregenten Luitpold zur Stadt erhoben.

Bei der Vereidigung des Bürgermeisters Franz Xaver Rettenberger am 7. Januar um 10 Uhr im Sitzungssaal des Rathauses wünschte der Königliche Regierungsrat Freiherr von Stengl der jungen Stadt, daß sie »bis in die fernsten Zeiten blühen, wachsen und gedeihen« möge, »dem Vaterland zu Nutz und Segen«. Am 12. März, dem 91. Geburtstag des Prinzregenten, fand die offizielle Feier statt. Nach dem Fackelzug am Vorabend durch die mit Lämpchen beleuchtete Stadt weckten am folgenden Morgen 91 Böllerschüsse die jungen Stadtbürger. Über den Festzug am gleichen Tag erzählt ein zeitgenössischer Bericht: »Den Zug eröffneten die Knaben mit weiß-blauen Fahnen, die Mädchen in weißen Kleidern und blauen Schärpen. Dann folgten die Turner-Trommler mit ihrem schneidigen Tambourmajor, die Feuerwehr, Sanitäter, Gendarmerie, Katholischer Arbeiterverein, Turnverein Starnberg, Turnverein König Ludwig II., Königlich Privilegierte Schützengesellschaft, Innung, Fischerinnung, Frankenverein, Verein der Maurer und Zimmerleute, Katholischer Gesellenverein und Lehrlingsschutz.« Beim Festakt im Saal von Pellet-Mayer beendete der Bürgermeister seine Ansprache mit einem dreifachen Hoch auf den Prinzregenten. »Begeistert stimmten alle Anwesenden in das Hoch ein, worauf die Musik die Regentenhymne intonierte, welche freudigst mitgesungen wurde.«

Unsere feudale Vergangenheit klingt noch in unseren Ortsnamen nach. An das Geschlecht des Mergoz von Machtolvinga erinnert Machtlfing, an die Grafen von Anstatt Landstetten, an die Edlen von Miling Meiling, von Perchtrius Perchting, an Gedolf von Trubing Traubing. Inning leitet seinen Namen von einem Uno in der Bajuwarenzeit ab. In Walchstadt

Wappen von Herrsching

erinnert der wuchtige Hof zum »Schloßbauern« noch daran, daß hier einst ein Adeliger saß. In Herrsching war der Gasthof »Zur Post«

Sitz der Hundtberger oder Hundsberger. Einer von ihnen zog als Student am Ende des 15. Jahrhunderts von Andechs nach Ingolstadt, ein anderer, Johann, war 30 Jahre lang Pfarrer in Oberalting, ein Georg Hundtberger Landrichter in Pähl. Jörg Hundtberger, der letzte, verpraßte sein Gut und mußte 1567 den größten Teil seiner Gründe verkaufen. Er machte aus seinem Edelsitz eine Wirtschaft und starb als sein bester Kunde.
Wie sehr unsere Selbstverwaltung die gewählten Vertreter beansprucht, zeigte der Stoßseufzer eines dichtenden Bürgermeisters im Fünfseenland, Jahrgang 1905. Neben seiner Klingel an der Haustür in Krailling lasen wir:

»Hier wohnt der Bürgermeister,
Baptist Huber heißt er.
Im Rathaus hat er Sprechstund gnua,
Laßt ihm z'haus sei Ruah!«

Die Gebietsreform der siebziger Jahre brachte auch für den Landkreis Starnberg einschneidende Veränderungen. Auf Grund der Rechtsverordnung zur Neugliederung der Gemeinden, die zur Stärkung der kommunalen Selbstverwaltung in den Gesetzen vom 15. Dezember 1971 und vom 23. Dezember 1975 festgelegt wurde, fanden Eingemeindungen und Gemeindeneubildungen, auch über die alten Landkreisgrenzen hinaus, statt. Im Landkreis Starnberg wird es statt der zuletzt 40 nurmehr 14 Gemeinden geben. Stichtag ist der 1. Mai 1978.
1972 wurde Widdersberg der Gemeinde Herrsching angegliedert. Hanfeld kam zur Stadt Starnberg, Hochstadt zur Gemeinde Weßling und Drößling und Unering kamen zur Gemeinde Oberalting-Seefeld. Aschering wurde Pöcking zugeordnet. Steinebach und Etterschlag-Walchstadt wurden in der Gemeinde Wörthsee zusammengefaßt. Hadorf gehört seit 1974 zur Gemeinde Söcking. Buch und Inning vereinigten sich zur Gemeinde Inning am Ammersee. Nachdem 1972 die Gemeinden Bachhausen und Höhenrain aus dem früheren Landkreis Wolfratshausen gelöst und dem Landkreis Starnberg zugeordnet worden waren, wurden sie 1975 der Gemeinde Berg angegliedert. Oberpfaffenhofen gehört seit 1976 ebenfalls zur Gemeinde Weßling, Machtlfing zur Gemeinde Erling-Andechs.
Ab 1. Januar 1978 schließt sich auch Frieding der alten Gemeinde Erling-Andechs an, die nun, um den Heiligen Berg gelagert, nur noch Andechs heißt. Breitbrunn wird von Herrsching aufgenommen. Buchendorf und Ober- und Unterbrunn kommen zur Gemeinde Gauting. Gilching und Argelsried bilden eine Einheitsgemeinde. Pöcking nimmt zusätzlich Maising auf. Hechendorf am Pilsensee, Meiling und Oberalting-Seefeld samt Drößling und Unering schließen sich zusammen. Zur Stadt Starnberg kommen Leutstetten, Percha, Perchting, Söcking und Wangen. Traubing wird bis auf einen kleinen Gebietsteil, der Feldafing zufällt, mit Tutzing vereinigt. Tutzing übernimmt zudem ein kleines Gebiet des Gemeindeteils Karra, der bisher zur Gemeinde Bernried und damit zum alten Landkreis Weilheim gehört hat. Einige Gemeinden — wie etwa Söcking — wehrten sich noch 1976 gegen den Verlust ihrer kommunalen Selbständigkeit. Die Gemeindeteile Schorn und Neufahrn der alten Gemeinde Wangen möchten sich nicht an der Stadt Starnberg orientieren, sondern an der Gemeinde Schäftlarn und damit am Landkreis München. Im Kern aber ist die Gebietsreform festgelegt. Ein neuer Abschnitt in der langen Geschichte der Kommunen beginnt.

Die Menschen

STAATSDIENER EINST UND JETZT

Einer der ersten hohen Staatsdiener, die dem Beispiel der Wittelsbacher folgten und sich am Starnberger See ansässig machten, war der bayerische Kanzler *Jacob Rosenbusch*. Von Herzog Wilhelm IV. erhielt er 1511 Possenhofen als Hofmark, zu einer Zeit, in der die Wittelsbacher ihre Verwaltung mit Hilfe eines juristisch gebildeten Beamtenapparats strafften und zum Absolutismus übergingen. Der Herzog hatte ihm bei der Übergabe die Bedingung gestellt, einen Herrensitz zu bauen. Rosenbusch errichtete für 1520 Gulden ein Gebäude aus Holz. Dem Herzog mißfiel bei der Besichtigung diese Lösung, und er verlangte erzürnt einen Steinbau. Rosenbusch gehorchte, obwohl ihn der neue Schloßbau 20 000 Gulden kostete, »wozu der Herzog sein Leben lang weder Pfennig, noch Heller aus Steuer, noch sonst in einigerlei Weg etwas gegeben hat«, wie er hinterher sorgenvoll feststellte. 1536 stand der Bau. Der Kanzler wurde von Kaiser Karl V. geadelt. Die Herrschaft verkaufte er an den bayerischen Landschaftskanzler Matthias von Schöll weiter.

In der »Haus-Chronica« und dem »Stammen-, Wappen- und Freundtschafftbuch« des kaiserlichen Vizekanzlers *Johann Wolfgang Freymann* aus dem Ende des 16. Jahrhunderts spiegelt sich die Sehnsucht eines Mannes, der, noch nicht fünfzigjährig, von den Staatsgeschäften zermürbt ist und nach einem idyllischen Ruhesitz Ausschau hält. Er stammte aus einer alten Münchner Familie, wurde 1546 in Ingolstadt geboren und kam als juristischer Doktor und kaiserlicher Hofrat 1581 zu Kaiser Rudolf II. nach Prag. 1588 wurde er Mitglied des Geheimen Rats und 1594 Vizekanzler. 1586 kaufte er bei einem Aufenthalt in München das Gut Mühlfeld bei Herrsching für 9000 Gulden. In seinen besten Jahren vom Podagra gequält, dachte er in Prag an seinen neuen Besitz am Ammersee, »in der Hoffnung, daselbst bey der frischen Lufft mein Gesundt wider zu erlangen«.

Dem Schloß, das Herzog Albrecht V. erbaut und 1569 dem Münchner Patrizier Wolfgang Pronner als Lehen überlassen hatte, gab Freymann im wesentlichen die heutige Form. Der Umbau begann mit einer Badestube und einer Waschküche. Das Nebengebäude mit der Wohnung für den Hauspfleger und den Stallungen folgte. Das erste Stockwerk des Schlosses wurde aufgemauert, mit »zierlicher Kapelle und Kirchenstübl«. Drei weitere Häuser kamen hinzu. Freymann legte einen Park mit 400 Bäumen an und umgab seinen Sitz mit Ringmauer und Türmen bis zum See. Fünf Fischweiher waren sein Stolz. Sein Sohn Eustachius wurde in Mühlfeld geboren. Der Abt von Andechs hielt die Taufe und »Herr Eustachius zue Törring und Seeveldt« war Pate.

Am 20. Oktober 1591 kam Herzog Wilhelm V. auf der Rückkehr von Andechs mit der Herzogin zu Besuch und schenkte Freymann einen Becher »von über 70 Gulden Wert«. Frey-

Machtlfing

Unterbrunn

Maurus Friesenegger, von 1644–1655 Abt von Andechs (Bayerisches Hauptstaatsarchiv)

Chronik

von

Erling und Heiligenberg Andechs

während des dreißigjährigen Krieges.

Nach dem Manuscript des damaligen Prälaten

Maurus I. Friesenegger.

Mit dessen Porträt und Facsimile.

Vorwort des Herausgebers.

Als der unglücklichste Zeitraum in der Geschichte Bayerns steht der unvergeßliche Schwedenkrieg mit der ihn begleitenden Pest oben an; und dennoch sind die Schicksale dieses Landes während jener dreißigjährigen Unglücksperiode, ungeachtet der bis zur Verlegenheit großen Menge wichtiger Materialien, die man in Archiven und Bibliotheken wie todt hinterlegt findet, nach einer Reihe von vollen zweihundert Jahren noch nicht ausschließend behandelt.

Durch unsern vieljährigen Eifer für die allgemeine sowohl wie für die Ortsgeschichten unsers Vaterlandes, durch den wir sehr viele schriftliche, malerische, plastische und numismatische Beiträge uns gesammelt haben, entdeckten wir vor einiger Zeit bei einem sehr würdigen Manne im Oberlande das schätzbare Manuscript dieses „Tagbuches von Erling und Heiligenberg von 1627 bis 1648", geschrieben von dem damaligen Pfarrer, dann Prior und Abt dieses Klosters, Maurus Friesenegger.

Außer ihrem wichtigen Inhalte zeichnet sich diese Chronik auch durch den großen Zeitraum aus, den sie umfaßt, da die wenigen bekannt gewordenen Tagbücher aus jener merkwürdigen Zeit kaum ein oder das andere Jahr, oder gar nur einige Monate umfassen.

Um dieses schon zu lang verborgene Manuscript den vielen Freunden der vaterländischen Geschichte nicht noch länger vorzuenthalten, beeilen wir uns, es ungesäumt und wörtlich nach dem Originale zu verbreiten. Wir haben durch die wahrhaft herzliche Theilnahme unserer vielen Bekannten Ursache, uns zu schmeicheln, mit die-

Andechser Chronik (Bayerisches Hauptstaatsarchiv)

Blick vom Andechser Kirchturm über Erling nach Süden

manns Frau erhielt von der Herzogin »ein schön Rubin«. Wilhelm V. gefiel das Schlößchen so gut, daß er Freymann nahelegte, ihm Mühlfeld zu verkaufen. Freymann wollte sich nicht des Herzogs »sondere Ungnadt« zuziehen und gab schweren Herzens nach. Wilhelm V., der Fromme genannt, behielt das Schloß jedoch nicht lange. 1597 übergab er es dem Kloster Andechs. Freymann verließ im gleichen Jahr den kaiserlichen Dienst und richtete sich seinen Alterssitz auf der Burg Randeck im Altmühltal bei Kelheim ein, von seiner umfangreichen Bibliothek umgeben, von seiner Liebe zu »Poeterey und Historien« und weiterer »dergleichen Lustbarkeit« erfüllt, gelegentlich melancholischen Betrachtungen über die Launen der Mächtigen nachhängend.

Der herzogliche Rat *Hans Urmüller* (Urmiller), der unter dem prunkliebenden, genußfreudigen und kunstverständigen Albrecht V. die Herrschaft Leutstetten übernahm und 1565 aus den Trümmern der Karlsburg das Schloß erbaute — der gedrungene Bau erinnert heute noch an ihn —, hatte gleichfalls keine Freude an seinem Besitz. Der Herzog verkaufte ihm im gleichen Jahr das Bad Petersbrunn mit der Auflage, die heruntergekommenen Gebäude »wiederaufzurichten und gemeinem Nutzen zugut dermaß zu richten, daß sowohl der Herzog wie seine Untertanen daran gut Gefallen haben sollten«. Urmüller beugte sich dem Befehl und richtete sich finanziell zugrunde. 1572 starb er unter Hinterlassung einer nicht mehr tragbaren Schuldenlast. Zwei Jahre später mußten seine Nachkommen den Besitz verkaufen. Das Porträt Urmüllers von einem unbekannten schwäbischen Maler ist auf den derzeit gültigen 50-DM-Banknoten zu sehen.

Hans Caspar von Hörwarth — seine Familie war seit 1599 Besitzer der Hofmark Possenhofen und in mehreren Zweigen rund um den See und im Würmtal begütert — erhielt 1646 als kurfürstlicher Rat von Maximilian I. den Auftrag, Maßnahmen gegen die marodierenden Soldaten des Dreißigjährigen Krieges zu ergreifen. Am 1. November erging der Befehl an alle Landrichter, auch den Starnberger, sich gegen die »streyfenden Partheyen mit Niederschießen, Niederschlagen« zu wehren. Maximilian verlangte, die plündernden Soldaten an die Bäume zu hängen, »sonderlich an den Straßen und Orten, wo die streifenden Partheyen gesehen werden«, als abschreckendes Beispiel.

Schloß Possenhofen wurde trotzdem von den Schweden und den Kaiserlichen geplündert und verwüstet. Hans Caspar verbrachte seinen Lebensabend damit, die Kriegsschäden an seinem Besitz zu beseitigen, und starb »in Ruhe und Frieden« 1663. Fünf Jahre später verkaufte seine Witwe Schloß und Hofmark an den Kurfürsten Ferdinand Maria.

Der bedeutendste Staatsmann, der in der ersten Hälfte des 19. Jahrhunderts im Würmtal lebte — 1833 übernahm er die Herrschaft Leutstetten —, war Ludwig Krafft Ernst Fürst von Oettingen-Wallerstein. 1802 wurde er mit elf Jahren unter der Vormundschaft seiner Mutter regierender Fürst in seinem kleinen Land zwischen Bayern und Württemberg. 1806, mit 15 Jahren, weigerte er sich, in französische Dienste zu treten, worauf er sein souveränes Fürstentum verlor. Sechs Jahre später übernahm er die Verwaltung seines privaten Besitzes und legte eine Sammlung mittelalterlicher Kunst an, deren größten Teil Ludwig I. 1828 für seine Galerie erwarb. Der Fürst von Oettingen leitete 1813 die allgemeine Landbewaffnung in Schwaben, Südfranken und einem Teil Altbayerns ein. In Württemberg und Bayern arbeitete er nach 1815 am Verfassungswerk mit. Als er auf dem bayerischen Landtag 1822 die Bürokratie kritisierte, entzog man ihm den Sitz in Kammer und Kronrat. Als Grund gab die Regierung seine Heirat mit der Tochter seines Garteninspektors an. Ludwig I. gab ihm 1825 seine Würden zurück. 1828 wurde er Regierungspräsident in Augsburg, 1831 bayerischer Innenminister. 1837 zerstritt er sich mit dem Finanzminister wegen der Verwendung ersparter Staatsgelder. Er wurde entlassen, verzichtete auf seine Stelle als Staatsrat, Generalkommissar und Regierungspräsident und schickte seine Orden zurück. Nur das

Kronobersthofmeisteramt und den Sitz im Reichsrat behielt er. 1840 wurde er mit seinem Nachfolger im Ministerium, Karl von Abel, der ihn im Landtag scharf angegriffen hatte, in ein Duell verwickelt. 1846 schickte man ihn als außerordentlichen Gesandten nach Paris. Nach dem Sturz Abels kehrte er 1847 nach München zurück und übernahm mehrere Ministerien. Nach den Februar- und Märzstürmen von 1848 wurde er seiner Stellungen wiederum enthoben. Im Sommer 1849 verzichtete er auf sein Kronobersthofmeisteramt und bewarb sich um einen Sitz in der Kammer. Dort war er Wortführer der Opposition. Seine zerrütteten Vermögensverhältnisse zwangen ihn 1862, aus dem öffentlichen Leben auszuscheiden. Er kam in Schuldhaft, ging dann nach Österreich und in die Schweiz und starb 1870 in der Nähe von Luzern.

In der zweiten Hälfte des 19. Jahrhunderts ließ sich der bayerische Politiker Sebastian Daxenberger auf Schloß Rezensried bei Herrsching nieder. Als Sohn eines Kupferschmieds 1809 in München geboren, studierte er in seiner Heimatstadt und dann in Berlin und Göttingen Jura. In Göttingen wurde er ein Duzfreund des damaligen bayerischen Kronprinzen Maximilian und 1835 dessen Sekretär. Während der Revolution von 1848, als König Ludwig I. durch seine starrköpfige Haltung und seine Leidenschaft für die Tänzerin Lola Montez das Volk in Wallung brachte, übte Daxenberger eine historische Funktion aus: Als Ministerialrat im Außenministerium verlas er am 6. März um 11 Uhr unter dem stürmischen Jubel der Bevölkerung vor der Münchner Residenz die Proklamation des Königs, in der die Forderungen nach Liberalisierung sanktioniert wurden. Damit endete die Revolution in Bayern. Kurz darauf verzichtete Ludwig I. auf die Krone. Im Mai 1848 wurde Daxenberger Abgeordneter der Verfassungsgebenden Nationalversammlung in der Frankfurter Paulskirche. Dort gehörte er zu den 54 bayerischen Parlamentariern, die für die »großdeutsche Lösung« stimmten, also für die Einigung Deutschlands unter Einschluß Österreichs. Nur 17 bayerische Abgeordnete votierten für die »kleindeutsche Lösung« unter Führung Preußens ohne Österreich. In Rezensried überließ sich Daxenberger seinen musischen Neigungen. Schon 1840 war sein Buch »München — Hundert und Eins« erschienen. Er gab das poetische Taschenbuch »Caritas« heraus und schrieb Gedichte, darunter eine »Sendlinger Bauernschlacht« und eine Ode über die 1812 in Rußland gefallenen Bayern. 1878 starb er.

Heute (1977) beherbergt der Landkreis die beiden höchsten Repräsentanten Bayerns, den Ministerpräsidenten Dr. h. c. Alfons Goppel, der 1962 als Bausparer in Krailling ansässig wurde, und den Landtagspräsidenten Rudolf Hanauer, der seit seiner Kindheit in Herrsching verwurzelt ist.

Alfons Goppel, 1905 in Regensburg geboren, Sohn eines Bäckers und Sekretärs der Christlichen Gewerkschaft, neben acht Geschwistern aufgewachsen, war als Münchner Student erstmals nach Andechs gekommen. Zu gleicher Zeit lernte er seine Frau am Brunnen der Münchner Universität kennen. Sie kommt von der holländischen Grenze. Sein Kommentar: »Gegen die Preußen hilft nur Aufheiraten.«

Seine Lebenswanderung zum Ministerpräsidenten begann er als Amtsgerichtsrat in Aschaffenburg. Nach 1945 wurde er dort Rechtsrat der Stadt, dann Zweiter Bürgermeister. Bei der Oberbürgermeisterwahl fiel er durch, ebenso als Kandidat der von ihm in Aschaffenburg mitgegründeten CSU für den Landtag. Auch die Würzburger wählten ihn nicht zum Oberbürgermeister. Erst 1954 gelang es Dr. Goppel, als Stimmkreisabgeordneter für Aschaffenburg Stadt und Land das Münchner Parlament zu betreten.

1957 holte ihn der verstorbene Ministerpräsident Dr. Hanns Seidel als Staatssekretär ins Justizministerium. Ein Jahr später wurde er Innenminister. 1962 schlug ihn seine Partei zum Ministerpräsidenten vor, und er wurde gewählt. Aber: »In den ersten Tagen in der Staatskanzlei wäre ich am liebsten barfuß wieder ins Innenministerium hinübergegangen.« Als Kommunalpolitiker liebt er die prak-

tische Organisation. Jetzt durfte er nur noch die Richtlinien der Politik festlegen.
Dr. Goppel, bajuwarischer Humanist und Förderer des deutsch-französischen Kulturaustausches, preist die Bodenständigkeit und bemüht sich um die Versöhnung des Heimatgefühls mit dem Willen zur modernen Konzeption eines europäischen Großraumes: ein konservativer Landesvater, der mit Bedacht die Zukunft im Auge hat.
Rudolf Hanauer hat schon als Bub bei seinem Großvater Karl Lutz in dem mit Türmchen und vielerlei Ornamenten gezierten Haus an der Bahnhofsstraße in Herrsching gespielt. Lutz hatte als junger Mensch eine abenteuerliche Weltreise ohne Geld unternommen, war in Augsburg Redakteur gewesen, hatte sich vor dem Ersten Weltkrieg für die Weiterführung der Bahn von Herrsching nach Weilheim vergeblich eingesetzt, ebenso für ein Moorbad zwischen dem Ammer- und Pilsensee. In Utting besaß er ein Sanatorium für Diabetiker. Nach der Inflation von 1923 gründete er den Bayerischen Kapital- und Kleinrentnerbund.
Der Enkel, Jahrgang 1908, wurde im unterfränkischen Mellrichstadt geboren. Die Familie — der Vater war Amtsrichter — stammt aus Altbayern. 1926 zog er mit seinen Eltern nach Weßling und kam drei Jahre später nach Herrsching: seinem »gezielten Wohnsitz«. In München studierte er Jura, wurde Rechtsanwalt, stand 1945 kurzfristig hinter dem Kassenschalter der Volksbank Herrsching, als Not am Mann war — heute ist er Vorstandsmitglied —, gründete die Herrschinger CSU mit, verdiente sich als Finanzreferent des Herrschinger Gemeinderats die ersten Sporen und wurde Mitglied des Kreistags. 1954 kam er in den Landtag, 1960 wurde er Parlamentspräsident, prädestiniert durch geschickte Verhandlungsführung: »Politik ist Verständigung mit dem andern, und das heißt: man muß ihn verstehen.« Repräsentationen im Frack wie im Trachtenanzug sind ihm gleich wichtig. Kommunale oder private Bittsteller hat er selten abgewiesen.
»Mich entspannt dieses Land mit seinen Seen, bewaldeten Höhen, Wiesen und Hochmooren, mit dem Kloster Andechs, dem Starnberger Schloß und der Kirche von Unering. Man lebt hier genau in der Mitte zwischen Stadt und Land«, sagt er und sieht gleichzeitig die Gefahren: »Wir leben in einem Widerstreit der Interessen, weil unsere Gegend so attraktiv ist.« Als Vorsitzender des Landesverbands der »Schutzgemeinschaft Deutscher Wald« und Präsident des Verbands für Heimatpflege fordert er ein Rahmenprogramm, das für die großen Siedlungsprojekte maßgebend sein soll. »Wir wollen keine Trabantenstädte in unserer Natur. Auf die historisch gewachsenen Gemeinden soll man die Besiedelung konzentrieren. Der Waldgürtel um München ist lebensnotwendig. Man braucht die Natur nicht für Wohnzwecke zu zerstören.« Sein Lieblingskind war der 1972 abgeschlossene Ausbau der S-Bahn nach München.
Mit Bundespräsident Walter Scheel, der sich 1976 in der Gemeinde Berg ein Haus gekauft hat, wird ein weiterer prominenter Politiker, diesmal aus Bonn, im Landkreis Starnberg ansässig. 1919 in Solingen geboren, wurde er 1953 Bundestagsabgeordneter. Von 1961 bis 1966 war er Bundesminister für Wirtschaftliche Zusammenarbeit, 1967 Vizepräsident des Bundestages, 1968 Vorsitzender der F.D.P. und ab 1969 Vizekanzler und Außenminister der Regierung Willy Brandt. Bei den Verhandlungen mit den Ostblockstaaten über eine bessere wirtschaftliche und politische Zusammenarbeit spielte er neben dem Kanzler Brandt eine wesentliche Rolle. 1974 wählte ihn die Bundesversammlung zum Bundespräsidenten. Das Haus am Ostufer des Starnberger Sees mag ihm nach dem hektischen politischen Klima Bonns als Ruhesitz verlockend erscheinen.

Der erste bekannte Maler, der sich von München aus am Starnberger See ansässig machte, war *Gabriel Mäleßkirchner*, ein Hauptvertreter der spätgotischen Münchner Schule, als sie zu einem harten Realismus überging. Die Schreibung seines Namens schwankt. Manchmal heißt er auch Maleskircher oder Mächselkircher.

Die großartigen Passionsszenen vom Hochaltar der Tegernseer Klosterkirche, heute im Bayerischen Nationalmuseum in München, werden ihm zugeschrieben. Entstanden sind sie zwischen 1474 und 1479. Das ehemalige Fürstenfelder Zisterzienserkloster bewahrt zwei Bilder von ihm, eine Geburt Christi und ein Pfingstfest von einem Flügelaltar, der um 1480 datiert wird. In Rottenbuch faßte er 1487 das geschnitzte Marienbild von Erasmus Grasser; die heutige Fassung ist allerdings neu. Im gleichen Jahr taucht er in einer Urkunde als Besitzer von Kempfenhausen auf. Erbauer des späteren Schlosses waren jedoch die Freiherren von Barth (Part). Nach mehrfachem Besitzwechsel und Veränderungen ist es heute Arztwohnung für das Krankenhaus der Stadt München.

Der Maler Balthasar August Albrecht, dessen Werke in den oberbayerischen Kirchen weit verbreitet sind, wurde 1687 in Berg geboren. Nach Studien in Rom und Venedig lebte er als kurfürstlicher Hofmaler in München. Seine Hochaltarblätter von oft starker Farbwirkung und Monumentalität findet man im Kloster Schäftlarn (»Mariä Himmelfahrt«, 1755), in der Dießener Klosterkirche (»Mariä Himmelfahrt«, 1734) und in der Wieskirche bei Steingaden (»Heilige Familie«, 1752/53). Die bedeutendste Arbeit hat er wohl am Hochaltar des Karmeliterklosters Reisach bei Rosenheim geleistet: Christus erscheint der heiligen Theresa und dem heiligen Johannes vom Kreuz. In Reisach hat er auch die Blätter zu den Seitenaltären geschaffen. Eines seiner letzten Werke ist das Gemälde der Gottesmutter am Pollinger Marienaltar (1764). 1765 starb Albrecht in München.

Aus den Kirchenrechnungen des Barock wissen wir die Namen vieler Maler, Bildhauer, Kistler und Maurer, die in unserem Gebiet gewohnt haben, meist keine überragenden Künstler, aber sehr solide Handwerker, die in allen Sparten zu Hause sein mußten und oft auch nur zu Renovierungen herangezogen wurden.

Im 18. Jahrhundert taucht häufig der Name *Ignatius Biedermann* (Bidermann) aus Starnberg auf. 1704/05 hat er die später erneuerten Außenfresken in Aufkirchen geschaffen, 1730 in der dortigen Maria-Trost-Kapelle das Altarbild: Maria überreicht der heiligen Monika den schwarzledernen Gürtel. 1723 arbeitete er am Seitenaltar von St. Martin in Hausen. Für das Antependium am Altar von Leutstetten erhielt er 1735 drei Gulden. *Ferdinand Biedermann*, »Maler zu Starnberg«, hat 1747 den Turmknopf von Aufkirchen vergoldet und zehn Jahre später die Kirchenstühle angestrichen. Für Söcking hat er 1735 Altar und Kanzel ausgebessert und für St. Ulrich in Wangen 1753 ein Kreuz für die Prozessionen geschaffen. Der Maler *Andrä Schnabl* aus Starnberg schuf 1777 für St. Alto in Leutstetten ein Antependium. Für die Frauenkirche in Gauting hat um diese Zeit der ortsansässige *Georg Paader* die Uhrenzeiger vergoldet und »Vier Maykrieg auf die Altär abgemalen«. In St. Martin von Herrsching hat der Maler *Anton Hueber* aus Oberalting 1762 sechs Fresken gemalt, für St. Jakob in Hochstadt 1758 das aus Ettal stammende Bildnis »Unserer Lieben Frau« gefaßt. Bei der Renovierung der Filialkirche Oberpfaffenhofen erhielt er für die »Marbolierung« (= Marmorierung) 1760 bare 31 Gulden. Der Kistler *Johann Georg Leuthner* aus Tressling — Drößling — schnitzte um 1760 eine St. Anna und einen St. Joachim in Oberpfaffenhofen sowie eine Glorie mit Gottvater und Engeln. *Hans Nursch*, manchmal auch Nürschen geschrieben, aus Starnberg schreinerte für St. Vitus in Gilching 1669 eine Kanzel. *Johann Pauliel*, Klausner zu Seefeld, hat 1760 für den Hochaltar in Traubing einen Kruzifixus geschnitzt.

Diese Namen stehen für viele, die ihr Teil beigetragen haben, daß unsere Barockkirchen ihren liebenswürdigen bäuerlichen Charakter erhielten. In ihrem Gefolge tauchen auch die Zimmerleute auf: *Georg Hörl* aus Unterbrunn, der 1697 für Hanfeld den Glockenstuhl gebaut hat, und *Balthasar Hörmann* aus »Landstötten«, der in Hausen mitwirkte. Der Maurer *Georg Albrecht* aus Unering errichtete 1683 in Hausen in 19 Tagen die neue Sakristei.

Die eigentlichen Entdecker der landschaftlichen Schönheiten unseres Gebietes und damit auch die Väter des Fremdenverkehrs waren die Münchner Maler um die Wende vom 18. zum 19. Jahrhundert. *Georg von Dillis* (1759 bis 1841) aus dem Försterhaus Grüngiebing bei Wasserburg, katholischer Priester, dann Schüler der Münchner Malerakademie, 1806 Begleiter des Kronprinzen Ludwig in Italien, zuletzt Direktor der Königlichen Zentralgalerie, bereiste mit dem Grafen von Rumford das Oberland und hat in sorgfältigen und kostbaren Zeichnungen, Aquarellen, Radierungen und Ölbildern seine Eindrücke von unserem Landkreis festgehalten. *Wilhelm von Kobell* (1766 bis 1855), dessen Familie mit dem Kurfürsten Karl Theodor von der Pfalz nach Bayern gekommen war, malte den Blick über das Starnberger Schloß und die Josephskirche hinweg zur Benediktenwand, Pferde und Ziegen im Vordergrund; ein Mann, von einem Hündchen begleitet, schaut mit einem riesigen Fernrohr in die Weite des Landes. *Max Josef Wagenbauer* (1775 bis 1829) legte in sein Bild von der Tutzinger Bucht auf das gegenüberliegende Ufer idyllische Verklärung.

Es war die romantische Sehnsucht zum einfachen Leben in der Natur, das diese Maler, oft in Opposition zum klassizistischen Ideal der Akademiker und des allmächtigen Peter Cornelius, erfüllte. Schon Westenrieder sagte in seiner Beschreibung des Starnberger Sees: »Ich habe wieder einmal ein paar Tage unter Menschen gelebt, denen ich unbesorgt ins Angesicht sehen und bei deren Rede und Antworten ich nie mich fragen durfte: Wie meynen sie's? Sie meynen es gut und redlich, wie mit ihrem Feld und ihrem Baum, geben Antworten wie ihr Hain, der treu und willig jede Silbe zurückgiebt. Unbekannt mit großen Hoffnungen und den Unruhen des Stadtlebens, kränken sie sich weder über den Lauf der Zeiten, noch über die Begebenheiten, die man etliche Stunden von ihnen groß und wichtig zu nennen pflegt. Es ist keine Frage, ob sie ihr Leben weiser als wir genießen.«

Lorenz Quaglio (1793 bis 1869) ist, abgesehen von seinen Radierungen aus unserem Gebiet, mit seinem »Familienbild« am Starnberger See der Genremaler. Die Graphische Sammlung in München ist eine Fundgrube für Blätter aus unserer Gegend, handwerklich bis zur intimsten Verfeinerung vollendet und bezaubernd in ihrem Stimmungsreichtum.

Der Heidelberger *Carl Rottmann* (1798 bis 1850) kam 1823 an den Ammersee als Gast des Obristen von Schönberg auf Schloß Rezensried bei Herrsching. Von hier aus wanderte er über Andechs ins Oberland. Ludwig I. trug ihm die Professur für Landschaftsmalerei in München an. Rottmann lehnte ab. Im Auftrag des Königs malte er in Italien und Griechenland seine »heroischen Landschaften«. Vom Starnberger See gibt es nur ein Aquarell von ihm, obwohl er bei Berg etliche Sommer verbrachte. Der Hügel, der heute Rottmannshöhe heißt, war sein Lieblingsplatz. Dorthin führte er seinen Freund Christian Morgenstern (1805 bis 1867), den Landschaftsmaler aus Hamburg, der 1829 nach Bayern kam und blieb.

Geselliger Sammelpunkt dieser Künstler war die Fischersiedlung Assenbuch bei Berg. Der Münchner Hofopernsänger Giuseppe Leoni hatte dort 1825 die kleine Villa eines Münchner Patriziers übernommen und als Sommersitz ausgebaut. Anfangs bewirtete er seine Freunde gratis. Seine energische Haushälterin aber, der die Zahl der Gäste und die Kosten zu hoch erschienen, überredete Leoni, sein Haus in ein Fremdenheim zu verwandeln. *Wilhelm von Kaulbach* verlebte hier mit seiner Familie mehrere Sommer. Zahlreiche Künstler kamen »bequem in fünf Stunden« zu Fuß von München auf Besuch.

1844 malte *Christian Morgenstern* den berühmten Blick über den Starnberger See hinweg zur Benediktenwand, tonlich weicher und duftiger als seine Vorgänger. Auch zum Ammersee hinüber ist er gewandert. In dem dort entstandenen Bild sind vom Wind zerzauste Bäume der Vordergrund. Die Farben wurden mit den Jahren schwermütiger. Aber der Aufenthalt in Leoni brachte ihm Linderung für sein quälendes Nervenleiden.

Wie sehr Rottmann im Mittelpunkt dieses ersten Künstlerkreises am Starnberger See stand, zeigt die Bestürzung über seinen Tod. Schon vorher hatte er, von einer unheilbaren Leberkrankheit gezeichnet, Selbstmord versucht. Auf seinem Lieblingsplatz auf der Höhe über Berg wurde ihm zu Ehren ein Obelisk errichtet. Der Graf von Rambaldi von Schloß Allmannshausen hatte den Grund geschenkt. 1855 feierte man am Ostufer des Sees zu Rottmanns Gedenken ein Fest, an dem Künstler aus ganz Deutschland teilnahmen. Fritz von Miller, Sohn des Münchner Erzgießers Ferdinand von Miller, der die Bavaria über der Theresienwiese schuf, berichtet davon in seinen Erinnerungen. Das Boot, das der Vater für seine Buben gebaut hatte, wurde mit der Attrappe eines Schwans verkleidet und nach Leoni gerudert.

Inzwischen war eine zweite Münchner Malergeneration herangewachsen. Der junge von Miller erzählt, wie man zusammen mit befreundeten Patrizierfamilien das Westufer des Starnberger Sees eroberte. Nach der Fahrt mit dem Wagen durch den Forstenrieder Park trafen sie sich zum Biwakieren bei einem Wäldchen am See. »Als die Gesellschaft am Abend auseinanderging, hatten die Unternehmenderen unter ihnen beschlossen, sich an diesem Platz zu einer Kolonie zusammenzutun und hier am Ufer des Sees für den Sommer eigene Nester zu bauen.« So entstanden das heutige Niederpöcking und die Villa »Quellenheim«.

Moritz von Schwind (1804 bis 1871) kaufte sich hier 1853 an. Begeistert führte er Ludwig Richter bei dessen Münchner Besuch dorthin. Karl Spitzweg war häufig zu Gast und malte in der Umgebung. Geblieben ist sein humoriges Bild von der »Ankunft des Dampfers in Seeshaupt« und »Der letzte Zug«, der ihn von Starnberg nach München zurückbrachte. Der Wiener von Schwind hatte sich in München nicht recht eingelebt. Erst in seinem Landhaus in Niederpöcking gewöhnte er sich an die bayerische Mentalität. Familiäre Schrecken blieben ihm am Starnberger See nicht erspart. An einem schönen Sommertag sah er plötzlich, wie sein Sohn weit draußen auf einem Brett über den See kreuzte. »Den bring ich um, den Saukerl«, rief er entsetzt und empört und winkte den Sohn herbei. Der Junge paddelte gemächlich in Richtung Ufer zurück. »A Watsch'n kriegt der«, knirschte der Maler, »aba a soichene Watsch'n!« Dann stieg der Sohn ans Land. Jetzt schloß ihn der Vater in seine Arme und schnaufte erleichtert: »Mei, hab i jetza Angst um di g'habt!«

Schwinds Bild »Die Hochzeitsreise« entstand im Würmtal. Das Wirtshausschild über der Postkutsche hing am Eingang des alten Badehotels in Petersbrunn. Nach dem Verfall des Gebäudes wurde es am Leutstettener Gasthaus angebracht. Als Wirt hat Schwind den Münchner Hofkapellmeister Franz Lachner festgehalten. Neben ihm steht der Maler selbst. Auch das Petersbrunner Badehotel war Schauplatz sommerlicher Künstlerfeste. Fritz Klimsch hat eines in seinem Blatt »Maispatziergang der Künstlergesellschaften nach Petersbrunn« 1862 festgehalten.

Der bedeutendste Landschafter in dieser zweiten Generation war *Eduard Schleich* (1812 bis 1874), Autodidakt, an den Niederländern und an Wagenbauer geschult. Aus der Münchner Akademie wurde er wegen »Talentlosigkeit« entlassen. Mit Karl Spitzweg unternahm er 1851 eine Reise nach Paris und brachte von dort die Empfindung für Licht und Weite mit. Sein Bild vom Starnberger See, 1869 entstanden, bezieht den Himmel und die Wolken in das Vorland ein. Peter Heß, Heinrich Adam und Heinrich Bürkel waren seine Stilgefährten.

Adolf Lier (1827 bis 1882) bildete den Übergang zur dritten Generation der Münchner Landschafter. Er brachte seine Schüler mit an den Starnberger See. In Paris hatte er die französischen Impressionisten studiert. Nun lehrte er den Nachwuchs das Lichterspiel der auf- und untergehenden Sonne, der Farbnuancen und der Valeurs. *Paul Thiem* (1860 bis 1923) blieb ab 1900 in Starnberg wohnen. *Wilhelm Leibl* kam nach 1871 von Schondorf am Ammersee zum Starnberger See. Wundergeschichten von seiner Riesenkraft begleiteten den Hünen: daß er den Ammersee von Buch bis Schondorf durchschwommen hatte; daß er mit einem einzigen Faustschlag die Kante eines Eichentisches abgeschlagen oder einen beladenen Heuwagen, der an einem Scheunentor festgeklemmt war, gehoben und damit wieder fahrbereit gemacht hatte. Mit Wilhelm Trübner, der vorübergehend auch in Weßling gelebt hat, und Karl Schuch gründete er, fern vom Münchner »Malerfürsten« Franz von Lenbach, in Bernried eine eigene Malerschule, an eigenwilligem Realismus seinen Genossen weit überlegen.

Fritz von Uhde (1848 bis 1911), sächsischer Offizier, der sich erst mit 30 Jahren für die Malerei entschied, faßte nach langen Studienreisen in München Fuß und zog sich von dort häufig in das kleine Haus an der Percha-Straße in Starnberg zurück. Lange galt er neben Max Liebermann als der bedeutendste Vorkämpfer der deutschen Freilichtmalerei. 1884 begann er mit seinen religiösen Bildern, von denen eine Reihe in Starnberg entstanden. Mit duftiger Palette und realistischer Beobachtung übertrug er die biblische Geschichte in die Gegenwart und erregte damit starkes Aufsehen. Die heilige Familie lebt in einer schlichten, bäuerlichen Handwerkerstube. Christus predigt am See, und bayerische Madln mit blonden Zöpfen hören ihm zu. Daneben malte von Uhde das lichtüberflutete Bild seiner Tochter im Laubengang seines Starnberger Hauses.

Ein fast vergessener Maler ist für die Lokalgeschichte Starnbergs besonders interessant: *Joseph Watter* (1838 bis 1911). In Regensburg geboren, kam er 1856 nach München. Ludwig II. zog ihn zur Ausstattung seiner Schlösser heran. Für Herrenchiemsee schuf Watter die Ansichten von Marly und Versailles und Fresken in der Spiegelgalerie. Im Münchner Nationalmuseum trifft man ihn als Porträtisten der Gründungsmitglieder der Bayerischen Akademie der Wissenschaften an. In Starnberg gehörte er zur Stammtischrunde der »Halmburger Ritter«, die in der »Halmburg« (heute Starnberger Alm) tagte. Ihre Chronik von 1869 bis 1883 bewahrt die Stadt auf. Darin sind die Porträts von 37 Stammtischbrüdern festgehalten, eine Fundgrube für die Ortsgeschichte. Im Starnberger Heimatmuseum begegnet man Watters Detailzeichnungen von Starnberger Trachten, wahrscheinlich Vorstudien für die 1868 erschienenen Bogen »Zur Geschichte der Kostüme«, außerdem Porträtzeichnungen weiterer Starnberger Bürger. Im »Empfang in Schloß Berg« hat Watter die Landung der russischen Zarin und Ludwigs II. auf der »Tristan« 1868 mit dem Zeichenstift der Nachwelt erhalten. In einem historischen Aquarell schilderte er »Das Fest auf dem Buzentaur 1666«. Außerdem besitzt das Museum drei Ölbilder Watters: »Das Banzenstechen (Panzenstechen) vor Starnberg«, »Das Lochmannhaus mit Blick auf den See« und »Der Kachelofen im Lochmannhaus«.

Ludwig Scheuermann, 1859 in Südafrika geboren, studierte bei Ludwig Löfftz an der Münchner Akademie der Bildenden Künste und dann an der Académie Julian in Paris, die zur Verfeinerung des Naturalismus Wesentliches beitrug. Nach ausgedehnten Reisen durch Italien, Algier und Tunis kehrte er nach München zurück. In seinen Bildern — Landschaften, Städteansichten, Porträts — wandte er sich einer intensiven, oft leuchtenden Farbgebung zu und wurde ein gesuchter Maler seiner Zeit. Als einer der ersten Seeanlieger baute er sich 1888 in Herrsching seine neugotische Sommervilla und legte den stattlichen Park an. Von hier aus hat er die Ammerseelandschaft voller Freude an lichten Reflexen festgehalten. Am örtlichen Leben nahm er aktiv Anteil. Daß die Lokalbahn 1903 von Pasing nicht über Weßling und Inning nach Stegen geführt wurde, sondern nach Herrsching, ist ihm mitzuverdanken. Sein Haus war, wie es um die Jahrhundertwende bei erfolgreichen Malern üblich war, ein großzügiger Mittelpunkt gesellschaftlichen Lebens. Mit Mitgliedern des bayerischen Königshauses war er genauso befreundet wie mit dem damaligen Herrschinger Bürgermeister Benedikt Rehm. Scheuermann starb 1911 in Herrsching. Auf dem Oberen Friedhof liegt er begraben. Seine Villa ging 1934 als »Kurparkschlößchen« samt Park in den Besitz der Gemeinde über.

Die Anziehungskraft des Gebietes zwischen den beiden großen Seen für die bildenden Künstler ist geblieben. In Widdersberg starb 1965 mit 86 Jahren *Fritz Helmuth Ehmcke.* Als Professor für angewandte Kunst hat er entscheidend auf die Reformierung der Buchgestaltung eingewirkt. Der flämische Bildhauer *Jules Werson* hat jahrzehntelang in Gilching gelebt, in Weßling der Bildhauer *Richard Klein,* in Starnberg der 1968 verstorbene Bildhauer *Kurt Schmid-Ehmen* sowie *Karl Wahl.*

In seinem Starnberger Heim verschied 1961 der Maler *Armin Commichau.* Weitere verstorbene Maler wie *Dr. Heinrich Gans, Augusta Gräfin zu Eulenburg, Otto Peiffer* und *Walter von Obernitz* haben das Starnberger Kunstleben der letzten Jahrzehnte mitgeprägt. Der Prominentenporträtist *Jakob Mann* starb 1968 in Niederpöcking.

In Feldafing hat sich der Maler, Graphiker und Illustrator *Ulrik Schramm* niedergelassen, ein Künstler von erstaunlicher Vielfalt und Anpassungsfähigkeit an differenzierte Aufgaben, ein Meister der Vignette und zugleich Schöpfer von monumentalen Keramikwänden. Ebenfalls in Feldafing wohnt der Maler *Jürgen Wegener,* in Pöcking der Maler *Karl Manninger.* Der Zeichner *Loriot,* Pseudonym für Vicco von Bülow, hat sechs Jahre in Gauting gewohnt, ehe er 1963 nach Ammerland zog. *Karl Rössing,* der Meister des farbigen Linolschnitts, siedelte 1960 nach Gauting über. Die Palette der Künstler ist bunt, ihre Zahl unerschöpflich. Drei Maler und drei Bildhauer charakterisieren wir eingehender. Sie stehen für viele.

Hans Olde, Jahrgang 1895, zierlich, agil und unkonventionell, kam 1933 nach Gauting. Dort besitzt er ein kleines Haus mit großem Atelier. In seinen Aquarellen, darunter viele Ausschnitte von Fassaden gotischer Kathedralen in Frankreich und Spanien, ist die Tiefenwirkung auf das Wesentliche konzentriert. Das starke, helle Licht hatte er erstmals in der Provence gefunden und verarbeitet. Vom Eisenbahnfenster aus hatte er 1926 die kleine Stadt Orange gesehen. Er war von Marseille aus sofort dorthin zurückgekehrt. Hier konnte sich der gebürtige Kieler aus der ihn bedrükkenden Schwere Norddeutschlands befreien. Immer wieder war er dort, durchquerte das Land mit dem Fahrrad, drang mit seiner Frau im Auto bis Spanien vor und schlief dort, wo er seine Motive fand, im Wagen: ein unermüdlich Reisender und Schauender in romanischen Ländern, der die kräftige Helligkeit, die ihn verzauberte, für seine deutschen Landschaften aus dem Süden mitbrachte.

Als Sohn eines fortschrittlichen Malers, der um 1900 den französischen Pointillismus nach Deutschland gebracht hatte und Akademiedirektor in Weimar und Kassel wurde, hatte der junge Olde das Rüstzeug mitbekommen, die Linie Cézanne—van Gogh auf eigene Art fortzusetzen. Die Qualität seiner Bilder liegt in der Dichte der Atmosphäre, der aufgelockerten Farbigkeit und der Freude eines Hochgebildeten an der Vielgestaltigkeit des einfachen menschlichen Daseins. Mit den Malern Ludwig Maria Beck, Alfred Leithäuser, Hans Schellinger und Lore Masius, mit Adolf Kleemann und dem Bildhauer Ferdinand Filler hat er sich seinen Freundeskreis geschaffen. Sein »Kochelsee mit dem Herzogstand« hängt in der Münchner Staatsgalerie. Porträts von Ludwig Maria Beck und dem Gautinger Kulturhistoriker van Scheltema bezeugen einen Maler, der die geistige Substanz der Modelle begreift. Daß Olde von seiner Malerei leben kann, stellt er mit Dankbarkeit fest: »Es geht immer gerade weiter.« Seine gelassene Heiterkeit hat Ausstrahlung.

Anton Leidl, von Geblüt Altbayer, aber 1900 in Frankfurt am Main geboren, empfing fast jeden Gast in seinem Idyll hinter der alten Tutzinger Schloßmauer mit einem Trompetenstoß. Dorthin hat er sich 1943 nach seiner Ausbombung als Freund der Familie Oetker zurückgezogen. Seine Hündin »Eida von der

Votivkapelle für Ludwig II. in Berg

Mariä Heimsuchung in Perchting

Violaburg« war einst berühmt durch ihre Gesänge, mit denen sie die musikalischen Phantasien ihres Herrn am Flügel begleitete. Dem Finanzamt Starnberg schickte er bei Steuerbeschwerden Karikaturen auf Postkarten, die dort an den Wänden zu besichtigen sind. Besondere Freunde, auch das Finanzamt, erhielten von ihm die »Anton-Leidl-Medaille« und sie sind stolz darauf. Einer setzte sie sogar auf seinen Briefkopf. Sein 50. Geburtstag war bei Anwesenheit Münchner Prominenz ein zweitägiges Volksfest. Die Mittel dazu hatte die amerikanische Versteigerung von vier Leidl-Bildern beschafft. Zum 60. Geburtstag schrieb ihm sein dichtender Freund Eugen Roth: »In einer Welt vertrackt abstrakt, malt er die Weiber heut' noch — nackt.« Tutzing verlieh ihm die Ehrenbürgerschaft.

Trotz seiner Geselligkeit — seine Dekorationen der Münchner Künstlerfeste zwischen den beiden Kriegen werden heute noch gerühmt — war er ein Einzelgänger, ein selbstsicherer Fortsetzer der Münchner Landschaftsmalerei, den Worten seines Vorgängers Moritz von Schwind aus Niederpöcking vertrauend: »Die Grundsätze der Kunst sind sehr einfach, wie alle Wahrheit einfach ist.« Mit Vergnügen hat er sich die Welt angeschaut, die bayerische Landschaft und die deutschen Städte, und er hat sie mit Stift und Pinsel festgehalten, ohne experimentelle Vergewaltigung. Für große Unternehmen und vermögende Hausbesitzer hat er figürliche und ornamentierte Glasschliff-fenster und Mosaiken geschaffen, für die »Hapag« Passagierschiffe ausgestattet. Die Kraft zu seiner Kunst holte er sich in seinem Parkstück neben dem alten Tutzinger Friedhof, unmittelbar am Seeufer. 1975 starb er.

Kinner von Dresler, der nach dem letzten Weltkrieg über Hechendorf nach Frieding kam, hat sich ohne Groll in die Einsamkeit zurückgezogen. Dieser hochgewachsene Aristokrat, 1893 geboren, der das turbulente Berliner Kunstleben nach dem Ersten Weltkrieg aktiv miterlebte, als Theatermaler nach Hamburg kam, dort den Übergang zum Regisseur fand und im Zweiten Weltkrieg als Theaterleiter seinen Bühnenweg beendete, war besessen von der Kraft der Farben. Vom Expressionismus ging er aus. Dann malte er abstrakt und erkannte, daß es für ihn geisteserhaltend sei, die klare Struktur der Natur im Gegenständlichen zu verwirklichen. Doch gab er seinen Landschaften aus Spanien, aus Norwegen, vom Südrand der Alpen oder im bayerischen Vorland einen kühnen, mitunter feurigen Schwung. Städtebilder kombinierte er monumental mit starker Einbildungskraft. Seine reife Überlegenheit, die seine wenigen Freunde, auch unter den Malern, anerkennen, wies sich nach aus geistiger Zucht, mehr als fünf Jahrzehnten Lebenserfahrung und reicher Phantasie. Ironisch und betroffen zugleich, griff der Zurückgezogene in Frieding nach den Problemen der Gegenwart, und wenn die Malerei Gesprächsthema wurde, erregte sich ein »Zwanziger«, der sich am Beginn seiner Arbeiten glaubt.

»Da stimmt doch etwas nicht«, hatte der Bildhauer *Rudolf Belling,* 1886 in Berlin geboren, als junger Mensch gesagt, nachdem er »Das Problem der Form in der bildenden Kunst« von Adolf von Hildebrand gelesen hatte, um die Wende des letzten Jahrhunderts die Bibel aller konservativen Plastiker. »Warum muß die Form einer Plastik auf einen Blick erkennbar sein? Man muß doch um sie herumgehen können. Und weshalb soll man das Quälende des Kubischen meiden?«

Belling wurde erst 1966 in Krailling ansässig. Er ist ein Hauptvertreter der »Absoluten Plastik«, Schöpfer abstrakter Formen, die in rhythmisch bewegten Kurven den Raum einbeziehen, und wurde in Deutschland zum Führer einer neuen Bildhauergeneration. Begonnen hatte er als Halbwüchsiger mit dem Entwerfen von Blei- und Zinnfiguren für einen Berliner Kunstladen. Dann wurde er Theaterdekorateur und Assistent von Ernst Stern, dem Bühnenbildner Max Reinhardts. Für Alexander Moissi hat er die Bühnenmaske des »Ödipus« geschaffen, für Paul Wegener die Filmmaske des »Golem«. Das praktische Rüstzeug holte er sich in Abendkursen auf der Handwerkerschule. Peter Breuer, der große Mann der Berliner Akademie, sah seine Entwürfe und bat ihn zu sich. Bellings Plastik »Dreiklang«

war 1919 eine Sensation. Hier war die Abstraktion geradezu klassisch durchgeführt. In die Porträtplastik seines Kunsthändlers Paul Flechtheim legte er das Charakteristische, indem er nur Nase und Mund wiedergab. Unter Hitler und Goebbels galt er als »entartet«. 1935 gründete Belling in den USA eine private Kunstschule. Der gleichfalls emigrierte Architekt Hans Poelzig holte ihn nach Istanbul. Fast 30 Jahre — bis 1966 — hat Belling dort als Leiter der Abteilung Bildende Kunst der Akademie revolutionierend und aufbauend gewirkt.

Sein Atelier barg zuletzt den Entwurf zu einem Mahnmal, das den »Schuttberg« auf dem Oberwiesenfeld zur Olympiade 1972 krönen sollte: emporstrebende, schlanke Formelemente, die aus Trümmern zur Einheit streben. Zugleich ist die Form nach allen Seiten hin offen, den Raum gleichsam handelnd einbeziehend. »Belling hat die geschlossene Form aufgeschlossen«, sagte der Kölner Kunsthistoriker A. E. Brinkmann, aber, so fügte er hinzu, »man sieht, daß er die Natur beherrscht«. Bis in sein hohes Alter hinein kamen junge Bildhauer nach Krailling, um sich bei Belling Rat zu holen. Er war Träger des Bundesverdienstkreuzes mit Stern und seit 1971 Ehrendoktor der Universität München. Am 9. Juni 1972 starb er. Am 10. August wurde das Friedensmal auf dem Olympiagelände unterhalb des »Schuttberges« in einer Mulde enthüllt. Der Platz für die 6,20 Meter hohe Bronzeplastik — ein Blütenmotiv als Friedenssymbol — steht jedoch nicht endgültig fest. 1976 waren sich die maßgebenden Stellen noch immer nicht einig, ob es auf dem Gipfel des »Schuttberges«, für den es ja gedacht war, nicht doch stärker zur Wirkung komme.

Helmut Ammann, 1907 in Shanghai geboren und Schweizer Bürger, lebt seit 1935 in und um München und seit 1973 in Pöcking. In seinen Bronzebüsten, etwa von Hans Knappertsbusch oder Wieland Wagner für das Bayreuther Festspielhaus, macht er auf der Basis seiner unfehlbaren Technik die geistige Substanz eines Menschen transparent. Seine Darstellungen in Holz haut und schneidet er meist vertiefend in den Block hinein. Er fühlt sich dem Religiösen verpflichtet. Die Bewirtung der Engel durch Abraham bettet er in die Baumrinde ein. Unwesentliches deutet er nur an. Manchmal geht er in weiteren Arbeiten in Bronze und Stein bis zur Abstraktion. Seine Werke sind in Kirchen und Sammlungen bis nach San Francisco verbreitet.

Karlheinz Hoffmann, Jahrgang 1925, Sohn eines pommerschen Schmieds, lebt seit 1963 in dem Weiler Wieling bei Traubing. Seine Stärke ist die architektonisch gebundene Plastik. Seiner Ansicht nach ist das nur funktionell gebundene Bauen heute überwunden. Ihn interessieren Wandgliederungen, so an der Heiliggeistkirche in Fürth. Allerdings könnte er nie das Material um des Effektes willen vergewaltigen. Die Brunnenanlage vor dem Polytechnikum in München hat er geschaffen, den umfriedeten Platz mit Feuerstellen und Sitzecken für die olympische Regattastrecke in Feldmoching, den sechs Tonnen schweren Wasserspender für das Max-Planck-Institut in Garching und den Innenhof für die »Pfennigparade« als Begegnungsstätte für Spastiker an der Münchner Barlachstraße. Einer seiner neueren großen Aufträge war die Gestaltung der Eingangshalle zum Neubau des Bayerischen Rundfunks an der Arnulfstraße.

MUSIKER

Schon der in Andechs begrabene Minnesänger Hanns Heselloher hat nicht nur seine Gedichte »in gehörigen Reim gebracht«; er hat dazu »selber auch gesetzt die Noten«, war also gleichzeitig Komponist. Zu seiner Zeit, um 1480, begann die Kirchenmusik im Kloster

Andechs. Um sie zu verfeinern, kam der Pater Johannes Molitor von Scheyern zum Heiligen Berg. Im 17. Jahrhundert taucht der Name Pater Cajetanus Kolberer als Komponist in Andechs auf. Drei Patres haben dann im 18. Jahrhundert die Kirchenmusik des Klosters mit ihren Werken getragen: Gregor Schreyer, Nonnosus Madlseder und Benedikt Holzinger.

Gregor Schreyer (1719 bis 1767) war der bedeutendste unter den Leitern der Andechser Kirchenmusik, zudem ein hervorragender Geiger, Organist und fleißiger Komponist. 1755, für die Festoktav zur Einweihung der umgestalteten Kirche, 300 Jahre nach der Gründung des Klosters, schrieb er allein acht Messen. Seine Werke waren heiter, mit mächtigem Gloriajubel, Sequenzenfreude und meist fugierten Abschlüssen. Streicher und Bläser wetteiferten an Klangpracht mit den Sängern. Für besonders feierliche Anlässe bat sich der Abt vom bayerischen Kurfürsten Trompeter aus.

Nonnosus Madlseder, 1730 in Meran geboren, Schreyers Nachfolger, war ein hochgeachteter Theoretiker. Den »Gradus ad parnassum« des Wiener Kapellmeisters Johann Josef Fux, das A und O des Kontrapunkts, hat er gewissenhaft in seinem Werk verarbeitet. Noch 1840 wurde er in einem Buch über die Tiroler Musiker gefeiert. Sowohl von Schreyer als auch von Madlseder — er starb 1797 in Andechs — wurden in den letzten Jahren Werke wieder ausgegraben und in der Klosterkirche aufgeführt.

Benedikt Holzinger, 1747 in Aichach geboren und vor allem als Geiger gerühmt, erlebte die Säkularisation von 1803 und damit das Ende der barocken Andechser Kirchenmusik-Tradition. Die Instrumente und die Literatur wurden vor seinen Augen verschleudert. Als Gehilfe eines Mitbruders, der die Erlinger Pfarrei übernahm, blieb er in der ehemaligen Klausur wohnen und starb 1815. Als Pädagoge hat er fortgelebt. In Andechs bestand bis 1803 eine Musikschule, die im Frühbarock mit sechs bis acht begabten Buben angefangen hatte und zum Schluß 24 Schüler zählte.

Der neunjährige *Caspar Ett* aus Eresing bei Landsberg kam 1797 als Chorknabe zum Heiligen Berg und wurde Schüler von Holzinger. Dann trat er in das kurfürstliche Seminar in München ein und wurde ein hervorragender Organist und Musiktheoretiker, gleichzeitig aber auch ein hochangesehener Kirchenkomponist. Besonders fruchtbar war er in der Wiederentdeckung alter Meister. Von 1816 bis zu seinem Tod 1847 spielte er die Orgel in der Hofkirche St. Michael. In Erinnerung an seine Andechser Studienzeit hinterließ er einen neunstimmigen Chor: »Die Wallfahrt nach dem Heiligen Berge am Feste Mariä Himmelfahrt«.

Diese Tradition lebte zu Weihnachten 1966 nochmals auf. Damals führte ein Münchner Chor- und Instrumentalkreis das Werk »An der Krippe zu Bethlehem« des siebzigjährigen Paters *Pius Meier* auf, der Jahrzehnte, abseits von der Öffentlichkeit, auf dem Heiligen Berg komponierte. Das Werk überraschte durch die herbe, fundierte Kraft, mit der die Überlieferung des Spätmittelalters und des Frühbarock in eine gegenwartsnahe Sprache umgesetzt war.

»*Richard Wagner* hat während seiner Anwesenheit am Starnberger See bereits ein neues Opernwerk entworfen, über das wir einiges mitzuteilen imstande sind. Das Ganze betitelt sich: ›Würmsee-Mysterien, große zukunftsmusikalische Trilogie in drei Opern: 1. Renk und Lachsfräulein (romantisches Genre), 2. Die blutende Seenixe oder Der verhängnisvolle Nagel an der Badeanstalt (historisches Genre), 3. Ein wahnsinniger Waller, ichthyopsychologisches Seelengemälde (gemischtes Genre).‹ Als Nachspiel folgt: ›Eine vorsündflutliche Kirchweih oder Der Stich mit dem steinernen Messer. Volks- und Sittenbild aus der Zeit der Pfahlbauten.‹«

Diese parodistische Ankündigung stand am 28. Juni 1864 in dem allwöchentlich erscheinenden Witzblatt »Münchener Punsch«. Am 14. Mai war Wagner in das »Pellethaus« in Kempfenhausen, das ihm Ludwig II. zur Verfügung gestellt hatte, eingezogen. Der König hatte Wagners finanzielle Sicherstellung zum Verdruß des bayerischen Volkes übernommen und berief ihn fast täglich nach dem nahen

Schloß Berg. Im »Pellethaus« vollendete Wagner die für den König bestimmte Schrift »Über Staat und Religion« und die Partitur des Ludwig gewidmeten »Huldigungsmarsches«. Außerdem versprach er dem König, die Arbeit am »Ring des Nibelungen« sofort wieder aufzunehmen. Am 25. August, dem 19. Geburtstag des Königs, überreichte der von Schuldhaft bedrohte Wagner »Dem Königlichen Freunde«, dem er nach Hohenschwangau gefolgt war, den Klavierauszug der »Walküre« mit einem Gedicht, in dem folgende Verse standen:

»Du bist der holde Lenz, der neu mich schmückte,
Der mir verjüngt der Zweig' und Äste Saft:
Es war Dein Ruf, der mich der Nacht entrückte,
Die winterlich erstarrt hielt meine Kraft.
Wie mich Dein hehrer Segensgruß entzückte,
Der wonnestürmisch mich dem Leid entrafft.
So wandl' ich stolz beglückt nun neue Pfade
Im sommerlichen Königreich der Gnade.«

Am 29. Juni 1864 traf Cosima, die Tochter Franz Liszts und die Frau des ersten bedeutenden Wagnerdirigenten Hans von Bülow, mit ihren beiden kleinen Töchtern im »Pellethaus« ein, und es begannen jene von Skandal begleiteten Liebesbeziehungen, die sich bis 1870 hinzogen und zur Scheidung Cosimas von Bülow und zu ihrer Heirat mit Wagner führten. Zunächst ahnte Hans von Bülow, der seiner Frau am 7. Juli nach Kempfenhausen folgte, nichts, und auch Franz Liszt, der seine Tochter am 30. und 31. August besuchte, blieb uneingeweiht.

Am 15. Oktober 1864 bezog Wagner das Haus an der Briennerstraße in München. Im folgenden Jahr – am 10. Juni 1865 wurde der »Tristan« in München uraufgeführt – erhob sich der Volkszorn in der Landeshauptstadt gegen Wagner und seinen Anhang. Die Parteien bekämpften sich in der Öffentlichkeit. Der König, von Zeitungsartikeln und seinen Ratgebern bedrängt, ersuchte schließlich am 6. Dezember den Komponisten, Bayern auf einige Monate zu verlassen. Am 22. Mai 1867, dem 54. Geburtstag Wagners, empfing ihn der König jedoch wiederum in Berg. Im Anschluß daran mietete er für Wagner die Villa Prestle in Starnberg. Wagner bezog sie am 30. Mai. Hier besuchte ihn Ludwig II. am 6. Juni zu einem mehrstündigen Nachtgespräch.

Dann kam es zu einer Verstimmung. Wagner hatte für die Neuaufnahme des »Lohengrin« in der Münchner Oper seinen fast 60jährigen Freund, den Tenor Joseph Tichatscheck aus Dresden, verpflichtet. Der König war bei der Generalprobe am 11. Juni von dessen äußerer Erscheinung enttäuscht. Er nannte den Sänger einen »Ritter von der traurigen Gestalt« und befahl eine Umbesetzung. Darauf wartete Wagner die öffentliche Aufführung am 16. Juni nicht mehr ab. Am 13. Juni 1867 verließ er Starnberg und reiste in die Schweiz zurück.

Am 22. Mai 1868, vier Wochen vor der triumphalen Uraufführung der »Meistersinger« in München, feierten die beiden Freunde Wagners 55. Geburtstag gemeinsam auf der Roseninsel. Damit war Wagners Zwischenspiel im Fünfseenland beendet.

»Meine Adresse ist Tutzing am Starnberger See, und das ist eine sehr schöne Adresse«, schrieb *Johannes Brahms* im Mai 1873 an seinen Verleger Simrock. Seinem Freund Hermann Levi in München, mit dem er das Sommerquartier ausgesucht hatte, teilte er mit: »Tutzing ist weit schöner, als wir uns neulich vorstellen konnten.« Im Gasthaus Conrad Amtmanns hatte er ein Balkonzimmer und ein Kabinett im obersten Stockwerk gemietet. Hier fand er die einfache Umgebung, die er brauchte, und wenn ihn neugierige Engländerinnen belästigten, zog er sich ins Wohnzimmer seiner Wirtsleute zurück und hütete den eben angekommenen jüngsten Amtmann.

Drei entscheidende Werke hat Brahms in Tutzing geschaffen: Variationen über ein Thema von Haydn op. 56 in zwei Fassungen, für zwei Klaviere und für Orchester, und die beiden Streichquartette op. 51. In den Variationen gelang dem Vierzigjährigen, nach den noch tastenden Versuchen im d-moll-Klavierkonzert und in den zwei Serenaden op. 11 und op. 16, der Schritt zur reifen Orchesterbeherrschung. Ähnliches geschah in den beiden

Quartetten. Es waren die ersten, die er nach jahrelangen Versuchen beendete.
Auch ein großer Teil der Lieder op. 59 entstand in Tutzing. Im Pavillon des Sängerpaars Heinrich und Therese Vogl wurden sie ausprobiert. Im Sommer 1958 begannen in Erinnerung an den Aufenthalt von Brahms die alljährlichen Tutzinger Musiktage, ins Leben gerufen von Elly Ney, Willem van Hoogstraten und Ludwig Hoelscher. Ein Stein mit Plakette an der Brahmspromenade in Tutzing erinnert an den für sein Werk wesentlichen Sommeraufenthalt.
Max Reger, 1902 nach München übergesiedelt, verbrachte als junger Ehemann den Sommer 1904 im Landhaus seines Freundes Rikoff in Berg. Am 24. August schrieb er an den Thomaskantor Karl Straube in Leipzig: »Für den letzten Satz der ›Symphonietta‹ habe ich ein feines, urfideles Thema, ganz originell und ›schneidig‹. Augenblicklich arbeite ich an Variationen und Fuge über ein Thema von Beethoven für zwei Klaviere. In acht Tagen bin ich fertig. Dann geht's sofort über den letzten Satz der Symphonietta. Gestern erhielt ich einen kohlschwarzen Pudel geschenkt, ein junges Tier, aber sehr gelehrig. Das Vieh macht mir viel Spaß.«
Engelbert Humperdinck kam 1911, acht Jahre nach dem Welterfolg seiner Oper »Hänsel und Gretel«, mit seiner Familie nach Starnberg und wohnte in der Villa »Rosenhof« am Tutzinger Hofplatz. Max Reinhardt, der im Hotel »Kaiserin Elisabeth« in Feldafing Quartier genommen hatte, ließ sich von ihm die Bühnenmusik zu Karl Vollmoellers »Orestie« schreiben. Die Aufführung fand in München statt. Die Musik des damals blutjungen Otto Klemperer hatte vor Reinhardt keine Gnade gefunden. Humperdinck, klein, knebelbärtig, humorvoll und sehr gutmütig, hatte nach der vehementen Vorstellung Klemperers pantomimisch den Flügel auf geborstene Tasten untersucht. Für die Uraufführung von Vollmoellers »Das Mirakel«, 1912, schrieb er gleichfalls die Musik. Von 1914 bis 1918 wohnten die Humperdincks in Pöcking. Dort entstand ein nachgelassenes Streichquartett.
Der Komponist war ein liebevoller Vater. 1921 reiste er nach Neustrelitz, um das Debut seines Sohnes Wolfram als »Freischütz«-Regisseur mitzuerleben. Während der dritten Vorstellung erlitt er einen Schlaganfall und starb. Der Sohn hat ihm während seines zehnjährigen Aufenthalts in Aufkirchen von 1959 bis 1969 eine dankbare Biographie geschrieben.
Hans Pfitzner lebte zwar nicht im Landkreis Starnberg, aber von 1918 bis 1929 jenseits des Ammersees in Unterschondorf. Von ihm wird folgende Anekdote erzählt: Sein junger Chauffeur verursachte an einer Kurve bei Inning einen Unfall. Pfitzner, berühmt durch seinen sarkastischen Witz, stieg aus und meinte, frei nach Schiller: »Schnell fertig ist die Jugend mit dem Ford.«
In Krailling lebte bis 1942 der liebenswerte Erneuerer der italienischen Buffo-Oper, *Ermanno Wolf-Ferrari,* Sohn eines deutschen Vaters und einer italienischen Mutter, 1876 in Venedig geboren und dort auch 1948 gestorben. In der Forst-Kasten-Straße am Waldrand hat er zehn Jahre gewohnt. Später kam das Haus in den Besitz der Münchner Familie Walterspiel. In einer Zeit des nachwagnerschen Pathos und der entfesselten Orchesterstürme hat er mit Witz und Brio Kabinettstücke komischer Opern geschrieben: »Die vier Grobiane«, »Susannes Geheimnis«, »Il Campiello«.
Werner Egk, der langjährige Präsident des Deutschen Komponistenverbandes, baute sich 1955 an einem abgelegenen Hang bei Inning ein Studiohaus zum ungestörten Arbeiten. Er hatte mit Werken für den Rundfunk begonnen, sich dann aber mit seiner Theaterbesessenheit, verbunden mit eigenständiger Musikalität, bajuwarischer Sinnenfreudigkeit und Klangdifferenziertheit, die Opernhäuser erobert: »Columbus«, »Die Zaubergeige«, »Peer Gynt«; dazu Ballette wie »Joan von Zarissa« und »Abraxas«. Egk ist Schüler von Carl Orff, der im nahen Dießen lebt.
Unter den Instrumentalisten, die im Fünfseenland ansässig wurden, gab es eine Frau, die Weltruhm besaß und vergessen starb: *Sophie Menter.* Ihre Lebensdaten kann man noch in alten Lexiken finden oder in Biogra-

phien über Franz Liszt. Sie stammte aus München, 1848 geboren. Mit 14 Jahren trat sie erstmals öffentlich auf und wurde gefeiert. Liszt nannte sie »mein legitimes Kind«. 1869 spielte sie in Wien Liszts Es-Dur-Konzert unter den Augen des Komponisten. 1874 spielten beide in Preßburg vierhändig Wagners »Walkürenritt«. Liszt besuchte sie mehrfach auf Schloß Itter in Tirol, das ihr von 1883 bis 1902 gehörte. Die Londoner Philharmonische Gesellschaft verlieh ihr nach Beethoven und Richard Wagner die Ehrenmitgliedschaft. Sie war Kammerpianistin des österreichischen Kaisers. Enthusiasten spannten ihr nach Konzerten die Pferde aus. In Petersburg befreundete sie sich mit Peter Tschaikowsky und Anton Rubinstein. Man rühmte ihrem Spiel Adel der Empfindung nach, gemeißelte Technik, Fülle und Farbigkeit des Tons und eine Bravour, die sie bis zur Dämonie steigern könne.
Als sie 1902 Schloß Itter verkaufte und nach Stockdorf zog, war sie lungenkrank. Kaum einer dachte an sie. Während ihrer letzten Jahre ließ sie sich im Rollstuhl den »Kreuzweg« entlangfahren, bedeckt mit einer schwarzen Perücke und in ein altmodisches Mäntelchen gehüllt. 1917 verkaufte sie ihr Stockdorfer Häuschen und wurde von Münchner Freunden aufgenommen. Am 23. Februar 1918 starb sie in ihrer Geburtsstadt.
Elly Ney, 1882 in Düsseldorf geboren, strahlte die Würde und Suggestion einer Frau aus, die noch ungebrochen dem 19. Jahrhundert angehörte. Ihre Tutzinger Wohnung in der früheren Brauerei war voller Erinnerungsstücke: Beethovenbüsten, mehrere Flügel, Bilder, Bücher und Zeitungsausschnitte, die in unzähligen Taschen an den Wänden und Türen hingen, ein kulturhistorisches Museum der letzten 70 Jahre. Der Verfasser besuchte sie zum erstenmal 1962. Damals lebte noch der Dirigent Willem van Hoogstraten, den sie vor über 40 Jahren geheiratet hatte. Er starb 1964. Sie führte den Verfasser in ein Zimmer, in dem neben dem Flügel ein Plattenspieler stand, ließ einige Beethoveninterpretationen jüngerer Pianisten laufen, unterbrach und wiederholte die Stellen auf dem Flügel: »Wie kann man hier auf den Ausdruck verzichten. In dieser Phrase liegt doch Herz. Man kann sie doch nicht nur mechanisch bewältigen!«
»Nicht nur mechanisch bewältigen« lautete der Lebensgrundsatz dieser bewundernswerten Frau. »In diesem Augenblick fällt ein Vorhang über einer Welt, die niemals wiederkehrt«, sagte der Musikwissenschaftler Erich Valentin bei ihrer Trauerfeier am 4. April 1968 in der Tutzinger Turnhalle. Vier Tage vorher war sie gestorben. Für Elly Ney bedeutete Kunst Dienst am Menschen. Sie glaubte an die Besserung der zerfahrenen Welt durch die Musik. Ihre Mitspieler wurden davon mitgerissen, etwa der andere Tutzinger Pianist Johannes Bork, der während der »Musiktage« einmal mit ihr die Haydn-Variationen von Brahms auf zwei Flügeln interpretierte.
Manchmal hatte sie wunderliche Einfälle. Es kam vor, daß sie nach Schluß eines Konzertes eine einfache Melodie vorspielte, die sie von den Zuhörern nachsummen ließ. Noch wunderlicher war es, daß das Publikum fast ohne Ausnahme gehorchte.
Sie hat es nie zu Geld gebracht. Was ihr die Agenten an Honoraren zahlten, schenkte sie Angehörigen und Freunden, die Not litten. Das Spielen für andere war ihr Lebensinhalt. Tutzing machte sie zur Ehrenbürgerin und stellte ihre Büste an der Brahmspromenade auf.
1933 zog *Li Stadelmann* nach Gauting, eine zierliche Dame, geborene Würzburgerin, Jahrgang 1900, die bereits mit zehn Jahren vor Max Reger am Klavier improvisiert hatte. »Sie spielen mir Bach sehr zum Dank«, hatte der Pianist August Schmid-Lindner kurz nach dem Ersten Weltkrieg zu ihr gesagt, als sie über Stuttgart nach München gekommen war, »versuchen Sie es doch einmal auf dem Cembalo!« Li Stadelmann versuchte es. In den Bibliotheken grub sie alte Musik aus, reinigte sie von falschem Beiwerk und übte und spielte.
Siegmund von Hausegger richtete für sie 1924 die Cembalo-Klasse an der Münchner Akademie ein. Seitdem hat sie eine Generation von

Schülern für die alte Musik ausgebildet, ist konzertierend durch Europa gereist und hat barocke Meister durchgesetzt. Musiker der Gegenwart hat sie angeregt, für ihr Instrument zu komponieren. Wolfgang Fortner hat sie uraufgeführt, Karl Höller hat ihr sein Cembalo-Konzert gewidmet. Manuel de Falla hat sie gespielt und — am Klavier — Mozart, Schubert, Schumann und Debussy. Ihre Domäne aber ist die alte Musik geblieben, das Improvisieren über den nur bezifferten Generalbaßnoten, das musikantische Zusammenwirken im kleinen Ensemble.

Alle Versuche, sie von München und ihrem versteckten Haus in Gauting fortzuziehen, sind gescheitert: »Ich liebe diese Landschaft, Spaziergänge zwischen den Hügeln der Voralpen und die Nähe Münchens. ›Hier will ich bleiben‹, habe ich nach meinem ersten Mozart-Konzert im alten ›Odeon‹ Münchens gesagt, und hier bleibe ich auch.«

Im Schloß Mühlfeld bei Herrsching zog 1957 *Friedrich Wührer* ein, Österreicher, Jahrgang 1900 wie Li Stadelmann, der mit 23 Jahren jüngster Professor an der Wiener Musikakademie war. Zunächst trat er als Interpret von Arnold Schönberg, mit dem er durch Spanien reiste, von Alban Berg, Anton von Webern, Hindemith, Bartók und Prokofieff hervor. Später dachte er über die moderne Musik kritischer: »Wenn ich etwas Neues sehe, warte ich erst ab, ob man noch in zehn Jahren darüber spricht, bevor ich es mir genauer anschaue.« Seit 1928 hatte er sich der »klassischen Musik« verschrieben. Allerdings reichte sie bei ihm bis zum alten Pfitzner, mit dem er befreundet war und der ihm seine »Studien« widmete.

Es hat kaum einen Klavierabend gegeben, bei dem er sich nicht bis zur Grenze der physischen Leistungsfähigkeit engagierte. »Wie aus Erz« fand ein Münchner Kritiker seine Wiedergabe der Variationenwerke Beethovens und Regers. Ein Jahrzehnt lang gab er auf Schloß Mühlfeld Hauskonzerte mit Elly Ney, Ludwig Hoelscher, Wilhelm Kempff, Gaspar Cassadó, Carl Orff und vielen seiner zu Ruhm gelangten Freunde. Vom Erlös honorierte er die Debüts begabter Nachwuchskünstler. Bis 1968 übte er seine Professur an der Münchner Hochschule für Musik aus. Regelmäßig zogen seine Schüler am 29. Juni mit Blumen in den Händen an der Mühlfelder Schloßmauer entlang, ihm zum Geburtstag zu gratulieren. In seinen Reifejahren hat er ein Buch herausgegeben: »Meisterwerke der Klaviermusik«. Darin kann man seine Ansichten über zuchtvolle Interpretation, genau zwischen Hirn und Herz angesiedelt, nachlesen. 1975 starb er in Mannheim.

1932 kam *Ludwig Hoelscher*, angeregt von Elly Ney, in deren Trio er jahrelang mitgewirkt hatte, nach Tutzing. 1938 baute er sich dort sein Haus, abseits vom Zentrum, für Uneingeweihte kaum zu finden. 1930, mit 23 Jahren, überraschte er in Berlin die Fachwelt mit seiner phänomenalen Technik auf dem Violoncello. Er erhielt den Mendelssohn-Preis. Die neuartige Einbeziehung des Daumens in die Grifftechnik hatte er bei seinem Lehrer Wilhelm Lamping gelernt. Mit ihr beherrschte er souverän sein Instrument.

Als Solist bereiste er sämtliche Erdteile. Die Zahl der ihm gewidmeten Werke neuerer Meister übersteigt die Zahl 30: Pfitzner, Karl Höller, Heinrich Sutermeister, Wolfgang Fortner, Paul Hindemith, Ernst Křenek, Harald Genzmer und andere ehrten ihn. Zusammen mit Carl Weymar gründete er 1946 in Pommersfelden die Bachwoche, die dann nach Ansbach verlegt wurde.

Sein 60. Geburtstag, am 23. August 1967 während der Tutzinger Musiktage, war ein Familienfest, das in die Öffentlichkeit übergriff. Unter den Klängen des »Tutzinger Marsches«, den die örtliche Blaskapelle spielte, führte Hoelscher Elly Ney durch den Innenhof des Schlosses zum Konzertsaal. Zwei Brüder und ein Neffe spielten, zusammen mit Elly Ney, Mozarts g-moll-Klavierquartett. Damit erinnerten sie an Hoelschers Jugend in Solingen, als der musikbesessene Vater seine Söhne zu Quartettspielern herangezogen und mit ihnen bei Feiern des Männergesangvereins, des Tennis-Clubs, Stiftungsfesten und Kirchenkonzerten lokale Berühmtheit erreicht hatte.

Zum Ausklang der Tutzinger Feier spielten acht Schüler Hoelschers aus seiner Stuttgarter Meisterklasse die »Bachianas Brasileiras« von Villa-Lobos. Die Gemeinde Tutzing machte ihn an diesem Tag zum Ehrenbürger. 1975 zog er sich ins Isartal zurück. Mit Tutzing ist er nach wie vor verbunden. Die dortigen sommerlichen Musiktage führt er mit Professor Dr. Siegfried Goslich vom Bayerischen Rundfunk weiter.

Der Cellist *Enrico Mainardi* (geb. 1897 in Mailand, gest. 1976), auch er ein Interpret von internationalem Rang, kam 1972 nach Breitbrunn am Ammersee, um dort seinen Lebensabend zu verbringen. Er studierte zunächst bei G. Magrino, dann bei Hugo Becker in Berlin und wurde als Solist wie als Kammermusiker gleichbedeutend. Ab 1952 trat er zudem als Dirigent von Kammerorchestern auf. In Rom, Salzburg und Luzern unterrichtete er seine Schüler in Meisterklassen. Seine Neuherausgabe der Solosuiten von Bach fand starke Beachtung. Als Komponist widmete er sich der Kammermusik.

SCHRIFTSTELLER

Das erste bekannte Dichtergrab im Fünfseenland befand sich in einer Seitenkapelle des Klosters Andechs. *Hanns Heselloher,* Pfleger und Landrichter in Pähl und Weilheim, einer der letzten Vertreter des sterbenden Minnesangs im späten Mittelalter, ließ sich kurz nach der Gründung des Klosters, zusammen mit seinem Bruder Andreas, auf dem Heiligen Berg eine Grabstätte bauen. Seine Verherrlichungen edler und schöner Frauen machten auch im Volk die Runde. Am originellsten aber war er in seinen Schilderungen bäuerlicher Händel. Seine Tätigkeit als Richter lieferte ihm dafür den Stoff. In seiner »Bauernschlacht« beschreibt er Ausbruch, Höhepunkt und gerichtliches Nachspiel einer Schlägerei bei einem altbayerischen Volksfest. Das Gedicht schließt mit einer Warnung vor der entfesselten Volkswut. Es wurde mehrfach überarbeitet. Ludwig Uhland nahm es in seine Sammlung »Alte hoch- und niederdeutsche Volkslieder« auf. Ebenso ist es im Nachlaßband Achim von Arnims zu »Des Knaben Wunderhorn« zu finden.

Die Beisetzung des Dichters in Andechs geschah zwischen 1483 und 1486. Sein Epitaph ist längst zerstört. Ein Erlinger Lehrer sah noch 1945 an der Westmauer des Klosters Bruchstücke von Hesellohers Gedenkstein mit den beiden Pferdeköpfen auf dem Wappen. Auch sie sind inzwischen verschollen. Die Heimatforscher hoffen, sie noch zu finden.

Wer ihm heute noch begegnen will, muß kurz nach der Hirschbergalm in Richtung Weilheim von der Olympiastraße nach links zum Schlößchen Rößlberg abbiegen. Auf halbem Wege steht inmitten einer Wiese eine Steinsäule aus dem Jahre 1483. Auf ihr kniet der »Letzte Minnesänger« vor einer Kreuzigung. Auch das Wappen mit den beiden Rößlköpfen — Heselloher war Besitzer des Rößlberges — ist noch zu erkennen. Wie der Dichter um 1483 starb, ist unbekannt. Vielleicht sank er hier auf dem Weg vom Hochschloß Pähl nach Weilheim tot vom Pferd. Die Säule erinnert an ein Marterl.

Einen der größten Theaterskandale des 19. Jahrhunderts hat *Franz Xaver Bacherl* verursacht, 1808 in Waldmünchen geboren und von 1849 bis 1857 Schulmeister in Oberpfaffenhofen. In seiner Mußezeit verfaßte er — unter mehrmaligem Umschreiben — das Drama »Die Cherusker in Rom«, worin er das Schicksal Thusneldas und ihres Sohnes als Gefangene der Cäsaren schilderte. Er schickte das Stück an den Intendanten Botho von Hülsen nach Berlin und an den Burgtheaterdirektor Heinrich Laube nach Wien. Beide lehnten ab. 1854

Ludwig Skell: Heimkehr vom Künstlerfest auf der Rottmannshöhe

Fritz Klimsch: Einladung zum Künstlerfest in Petersbrunn (Besitz P. E. Rattelmüller)

Höhenrain im Südosten des Landkreises

Die Wallfahrtskapelle von Grünsink

Drößling

Marktplatz mit Schloß in Starnberg

Tutzing: Seeufer mit Schloß

aber wurde in Wien ohne Angabe des Verfassers »Der Fechter von Ravenna« uraufgeführt, der bald, von starkem Beifall getragen, auf anderen Bühnen wiederkehrte. Das Stück behandelte ebenfalls das Schicksal Thusneldas und ihres Sohnes in Rom.
Nach einigen Monaten sickerte durch, daß der damals sehr bekannte Dramatiker Friedrich Halm (Pseudonym des Eligius Freiherrn von Münch-Bellinghausen) der Autor sei. Nun meldete sich Bacherl und erhob gegen Halm den Vorwurf des Plagiats. Die demokratische Presse stellte sich auf die Seite des armen Schulmeisters. Hetzartikel schlugen Lärm. Halm antwortete, indem er 1856 das Stück unter seinem Namen drucken ließ. Das Manuskript Bacherls wurde als Gegenbeweis zitiert. (Niemand konnte feststellen, ob Anpassungen an das Stück Halms nachträglich geschehen waren.) Da brachte Franz von Dingelstedt, der Münchner Hoftheaterintendant, den »Fechter« am 15. April 1856 unter dem Namen Halms heraus.
Am Schluß der Vorstellung ging es los: Die Partei Bacherls, des armen bestohlenen Mannes aus dem Volke, packte den anwesenden Schulmeister, rief »Hoch Bacherl!« und »Nieder mit Halm!« und trug den Oberpfaffenhofener Lehrer auf die Bühne. Eine Viertelstunde lang tobte ein Kampf. Dann ließ der Intendant die Gaslichter auslöschen. (Die königliche Familie hatte bereits vor dem letzten Akt ihre Loge verlassen.) Der Skandal verlagerte sich auf die Straße. Das Volk bewarf den Wagen des heimfahrenden Intendanten mit Steinen und Knüppeln. Eine Polizeiwache beschützte während der Nacht sein Haus.
Franz von Dingelstedt wurde vom König entlassen. Der von der Presse hochgespielte Bacherl schied ein Jahr später aus dem Schuldienst aus, weil er »niemals zu der Einsicht gelangen konnte, daß eine ungesalzene Wassersuppe und ein Topf voll ungesalzener Erdäpfel den reichen Lebensgenuß eines Schullehrers ausmachen sollten«. Er reiste als Rezitator durch die Städte. In Köln fiel ihm seine Brieftasche mit 2700 Gulden in den Rhein, mit 51 Jahren wanderte er nach Amerika aus und starb am 21. August 1861 als Leiter einer Privatschule im Staate Nebraska.
»Oft hat er auf der Rottmannshöhe gesessen und sinnend ins Tal geschaut«, erzählten sich die Bewohner von Berg und Leoni am Ende des 19. Jahrhunderts in ehrerbietiger Trauer über *Friedrich Wilhelm von Hackländer*, den vielgelesenen Gesellschaftsschilderer und Reiseschriftsteller unserer Urgroßeltern. In Aachen wurde er 1816 geboren. Seine Skizzen aus dem Soldatenleben begründeten seinen literarischen Ruf. Mit reichen Adeligen bereiste er den Orient, Süditalien und Rußland. 1849 war er Kriegsberichterstatter des Feldmarschalls Radetzky in Norditalien. 1859 beobachtete er auf Einladung des österreichischen Kaisers die Schlacht bei Solferino. Als Direktor der königlichen Bauten und Gärten zerstritt er sich 1865 mit dem König von Württemberg. Er hielt sich seitdem fast ausschließlich in seiner Villa in Leoni auf. Dort starb er am 6. Juli 1877. 1874 erschienen seine gesammelten Werke in 60 Bänden. Sein ehemaliger Wohnsitz gehört heute zum Haus »Buchenried« der Münchner Volkshochschule.
»Papyrus Ebers« heißt in der Wissenschaft das Buch über die Arzneimittel der alten Ägypter, das *Georg Ebers* 1872 auf seiner zweiten Forschungsreise in das Land der Pharaonen und nach Nubien in der Gräberstadt Theben entdeckte. Es gibt auf 108 Seiten eine vollständige Einsicht in die anatomischen, pathologischen und therapeutischen Kenntnisse der alten Ägypter und gelangte in den Besitz der Universität Leipzig. Ebers war Berliner, 1837 geboren, erst Jurist, dann von 1870 bis 1889 Professor für Altertumskunde in Leipzig. Schließlich zog er sich kränkelnd auf seinen Sommersitz an der heutigen neuen Strandpromenade in Tutzing zurück. Seine Enkelin Ina Seidel weiß noch, wie sie hier als Kind auf den Rükken des steinernen Löwen geklettert ist.
Ebers' historische Romane, an der Spitze »Eine ägyptische Königstochter«, waren Lieblingslektüre des »gebildeten Mittelstands«. Sie fußten auf zuverlässigem Quellenstudium. Als Ägyptologe hat sich Ebers einen festen Platz in der Altertumswissenschaft erworben. 1898

starb er in Tutzing. Er ist auf dem alten Friedhof am See begraben. Kurz vor seinem Tod war eine Gesamtausgabe seiner Werke in 32 Bänden abgeschlossen worden.

Helene Böhlau, 1859 als Tochter des Verlegers Hermann Böhlau in Weimar geboren, wuchs dort ganz im Banne der Erinnerungen an Goethe auf. In den »Ratsmädelgeschichten« schildert sie Alt-Weimar. 1884 heiratete sie den Philosophen Friedrich Arndt, der zum Islam übertrat und mit seiner jungen Frau nach Konstantinopel zog. Dort legte er sich den Namen Omar al Raschid Bey zu. Als Schriftstellerin schloß sich Helene Böhlau der Frauenbewegung an und kämpfte in ihren Romanen für den sozialen Fortschritt (»Der Rangierbahnhof«). Oft begleitet sie die Menschen in ihren Erzählungen von der jugendlichen Illusion in den späteren grauen und bedrückenden Alltag. Nie war sie frei von Pessimismus. Nach dem Tode ihres Mannes 1911 ließ sie sich in Widdersberg nieder. Dort hat man sie allerdings nicht als pessimistische Dichterin, sondern als herzhaft-resolute Frau in Erinnerung. Das gesamte Dorf feierte 1929 ihren 70. Geburtstag bei Freibier mit. Zehn Jahre später starb sie und fand in Widdersberg ihre letzte Ruhestätte.

Der Prager *Gustav Meyrink* (1868 bis 1932) lebte nach der Jahrhundertwende im »Haus zur letzten Laterne« in Starnberg. Der Schilderer des Unheimlichen — »Der Golem«, »Das grüne Gesicht« — war in den Augen seiner Frau Mena »ein fröhlicher Buddhist«. Als leidenschaftlicher Angler zog er einen 35pfündigen Hecht aus dem See. Karl Valentin, der Verleger Ernst Rowohlt und Heinrich Mann gehörten zu seinen Gästen. Ludwig Thoma, der ihn für den »Simplizissimus« entdeckt hatte, fragte: »Woher nehmen Sie nur Ihre Phantasie?« Meyrink antwortete: »Ihre ist größer. Die Bayern haben nur drei Worte: Himmi, Sakra und Deifi. Sie machen daraus ein ganzes Drama.« Auch Adele Sandrock, Heroine des deutschen Theaters — selbst der »Romeo« gehörte zu ihren Rollen —, kam von Feldafing herüber: pompös mit Rüschen und Pleureusen geschmückt, am Gartentor ihr Kommen mit dem Ruf »Meister! Meister!« ankündigend.

Friedrich-Alfred Schmid-Noerr, Philosophieprofessor aus Baden, Mystiker und dichtender Historiker des Mittelalters, zog 1919 nach Percha und schrieb, zusammen mit seinem Freund Meyrink, die Erzählung »Der Engel vom westlichen Fenster«. Seiner neuen Heimat hat er mit dem Roman »Frau Perchtas Auszug«, der geheimnisumwitterten Geschichte von der Geburt Karls des Großen in der Reismühle, ein Denkmal gesetzt. Sein zweiter Roman in diesem Zyklus, »Unserer Lieben Frauen Einzug«, fand kaum noch Leser. Der dritte, »Der Kaiser im Berg«, fand keinen Verleger mehr. Die Leserschaft sträubte sich gegen das gedankenschwere Hinabsteigen in die Vergangenheit.

Meyrink schrieb 1927: »Man bemitleidet oft einen Dichter, wenn seine Werke wenig gelesen werden; im Falle Schmid-Noerr ist das deutsche Publikum zu bemitleiden, wenn es seine Werke nicht kennt.« Nach 1933 scharte Schmid-Noerr einen Kreis jüngerer Deutscher um sich, die in Opposition gegen das Dritte Reich eine aristokratische Erneuerung aus dem Geist der Vergangenheit anstrebten. Dann wurde es still um ihn. Denkend und immer hoffend zog er sich zurück in sein Dasein ohne Widerhall. Am 12. Juni 1969 starb er, fast 92 Jahre alt. Auf seiner Todesanzeige lasen wir seine Verse:

»Unsäglich dürftig ist die Sicht,
Unsäglich arm ist mein Gedicht,
Unsäglich niedrig kriecht Verzicht,
Unsäglich aufwärts zieht ein Licht.«

Otto Freiherr von Taube, in Gauting ansässig, feierte am 21. Juni 1969 seinen 90. Geburtstag, und die Akademie der Schönen Künste in München, deren Abteilung Literatur er nach dem letzten Krieg für einige Jahre geleitet hat, gab ihm einen Ehrenabend.

Für diesen baltischen Aristokraten, Neffen des Novellisten Eduard von Keyserling und Vetter des philosophierenden Grafen Hermann von Keyserling, bedeutete das Altern keinen

Schnitt. Zeit seines Lebens hielt er sich abseits vom Literaturbetrieb. Sein erster Roman, »Der verborgene Herbst«, erschien 1917, und mit weiteren Erzählungen (1926 »Das Opferfest«; 1936 »Die Metzgerpost«) erwarb er sich zum mindesten unter den Kennern hohe Achtung. Seine Gedichte werden in der Literaturgeschichte gewertet. Auf seine alten Tage hat er ein Erinnerungsbuch geschrieben, »Begegnungen und Bilder«, worin sein Wissen um die Fragwürdigkeit der Welt niemals in Resignation übergeht; seine Schilderung von Walter Hildmann, dem ersten evangelischen Vikar in Gauting, zeichnet den noblen Charakter eines antinazistischen Widerstandskämpfers aus dem Geist erschütternd einfach und überzeugend.

Otto von Taube war immer Christ. Nach dem letzten Krieg half er, die Evangelische Akademie in Tutzing geistig zu fundieren. Lesend, reisend und schreibend umgriff er die gesamte abendländische Kultur. Sein Briefwechsel mit Hugo von Hofmannsthal liegt in der Bayerischen Staatsbibliothek. Mit Vorliebe übersetzte er den Aristokraten der französischen Romantik, Alfred de Vigny. Seine Sprache duldete keine Verschwommenheiten, keine Ungenauigkeiten. Er kannte die Vergangenheit, blickte ohne Groll auf die Gegenwart und empfand keinen Bruch zwischen dem Ehemals, dem Jetzt und dem Dann. Hochbetagt starb er 1973.

Ina Seidel, 1885 in Halle geboren, verband eine fast 80jährige Freundschaft mit dem Starnberger See. Vor dem Haus ihres Großvaters Ebers in Tutzing hatte sie als kleines Kind dem Schlag der Wellen gelauscht. Sie erinnert sich der Fahrten der alten »Bavaria«, der »Wittelsbach« oder der prächtigen »Luitpold« zum und vom Tutzinger Landungssteg. 1930 kaufte sie sich mit Wolfgang Seidel, ihrem Vetter und Mann, in Starnberg an. Wolfgang war der Sohn Heinrich Seidels, des Verfassers von »Leberecht Hühnchen«. Auch er schrieb, ebenso wie Inas Bruder Willy Seidel.

1934 legte Wolfgang Seidel sein Pfarramt in Eberswalde nieder, weil er eine andere Auffassung vom Christentum hatte als Hitler und zog mit seiner Frau nach Starnberg. Hier beendete Ina nach jahrelanger Arbeit ihren Hauptroman, »Das Wunschkind«. 1965, an ihrem 80. Geburtstag, hatte ihr Erzählwerk die Millionenauflage überschritten. Bei der Feier in der Akademie der Schönen Künste in München erklärte Hans Egon Holthusen die breite Wirkung dieser Dichterin auch nach dem letzten Krieg mit Heimweh nach Reife, Güte und Mütterlichkeit; mit konservativem Geist gegenüber begabtem Revoluzzertum und Elektronenlyrik; mit Reue über den Katastrophenzustand der Kunst seit 1945.

»Wo Queri saß, saß Altbayern mit seinem breiten Lachen und seinem schlagfertigen Witze mit am Tisch«, meinte einmal Ludwig Thoma über seinen wahrscheinlich begabtesten Konkurrenten unter dem weißblauen Dichterhimmel. Am 30. April 1879 tat *Georg Queri* im »Oberen Wirt« von Frieding den ersten ungereimten Schrei, väterlicherseits Sproß der alten Schwaigerbauern in Kempfenhausen, mütterlicherseits der Spielbauern in Erling. Als Bub zog er sich eine Hüftknochensplitterung zu, die ihm zeitlebens zu schaffen machte. Dem Studienseminar in Neuburg kehrte er vorzeitig den Rücken. Er wurde Journalist, hielt sich einige Zeit in New York auf, arbeitete mit an der »Vossischen Zeitung«, den »Münchner Neuesten Nachrichten«, am »Simplizissimus« und an den »Lustigen Blättern«. Dann siedelte er 1908 als Redakteur des »Land- und Seeboten« nach Starnberg über. Sein Volksstück »Mattheis bricht's Eis« ist klassische Bauerndichtung. In seiner »Bauernerotik und Bauernfehme in Oberbayern«, seinem »Bayerischen Kalender«, seinen Späßen »Von kleinen Leuten und hohen Obrigkeiten«, seinen »Weltlichen Gesängen des Egidius Pfanzelter« hat er drastisch, mit deftigem Humor und liebevollem Verständnis, die Eigenschaften seines Volkes geschildert, dessen Typen, Gefühle und Bräuche. Sein Wörterbuch »Kraftbayrisch« gehört zum eisernen Bestand der Volkskundler.

Am 11. November 1919 starb er. Auf dem Starnberger Friedhof an der Hanfelder Straße,

In diesem Hause wurde der Dichter Georg Queri am 30. April 1879 geboren Er liebte Land und Leute

nicht weit von Otto Falckenberg, dem Begründer der Münchner Kammerspiele, und Hugo Grothe, dem Mitbegründer des Goethe-Hilfswerks, liegt er begraben.

»Der Pfarrer von Zeismaring hat immer gsagt«, erzählt Queri, »wenn die Weiberleut nit rotzen wie die Schulbuben, dann is es überhaupts keine richtige Predigt nit gwesen. Und wenn die Mannerleut auch mitrotzen, dann is es eine Predigt, die heißt Hans. Und das muß man ihm lassen: predigen kann er, der Pfarrer von Zeismaring. Die große Predigt von den heiligen Märtyrern, von der wird man noch in hundert Jahren verzählen. Der hat ihnen das bittere Leiden und Sterben aber richtig ausgelegt. Die gspitzigen Pfeil hast in der Luft sausen hören, die Feuer ham zischt, das Pech hat in den Kesseln brodelt, und jeden Hammerschlag hast ghört, sooft er wieder einen ans Kreuz gschlagen hat. Ham die Weiberleut grotzt! Dann die Manneten. Dann der Herr Pfarrer auch. ›Tröst's euch‹, hat er immer gschrien, ›tröst's euch, es ist ja schon lang her!‹ Aber sie ham immer weiter grotzt. ›Tröst's euch‹ — und da sind ihm die Tränen über die Kanzel runterkugelt —, ›es is ja schon so arg lang her! Un vielleicht is's gar nit wahr. Amen.‹«

Oskar Maria Graf, der Bäckerssohn aus Berg, geboren am 22. Juli 1894, blieb als Emigrant und Ausgebürgerter des Dritten Reiches seit 1933 in New York und starb dort am 28. Juni 1967. Mehrfach kehrte er nach dem letzten Krieg in seine Heimat zurück, um seinen Bruder Maurus, der das väterliche Geschäft weiterführte, zu besuchen und in München Ehrungen entgegenzunehmen. Im Münchner Cuvilliéstheater erschien er vor der eleganten Prominenz als Vortragender in der Krachledernen und gestand: »Ich werd' nie ein waschechter Amerikaner.« Revolutionär nach dem Ersten Weltkrieg, Weltbürger, der nie seine bayerische Mentalität samt Dialekt ablegte, schrieb er auch in Amerika seine bayerischen Geschichten weiter und dazu sein reifstes Buch: »Das Leben meiner Mutter«. In seiner Schwanksammlung »Das bayrische Dekameron«, einer Auswahl seiner Beiträge zum »Simplizissimus«, bringt er in unverblümter Sprache saftigste Erotik. Bände wie »Kalendergeschichten«, »Bayerischer Bauernspiegel« oder »Bayerische Dorfgeschichten« folgten. Die weitverzweigte Gemeinde Aufkirchen taucht häufig auf. In »Größtenteils schimpflich« erzählt er seine Schulerlebnisse und wie erhaben sich die Berger Kinder dem Bauernnachwuchs der im Hinterland gelegenen Orte gegenüber vorkamen, wie stolz sie auf ihr königliches Schloß und den ertrunkenen König waren.

Was wären die heutigen Bauernbühnen ohne *Maximilian Vitus,* den Bauernsohn aus Gauting, der mit fast 71 Jahren 1968 im benachbarten Stockdorf starb! Von der Wanderschmiere arbeitete er sich zum beliebtesten Komödienschreiber seiner Generation hoch. »Meine Stücke sind 40 000mal gespielt worden«, stellte er befriedigt an seinem 70. Geburtstag fest, »›Die drei Eisbären‹ allein 12 000-mal.« Eigentlich hieß er Ertl. Vor jeder Uraufführung will er »waggonweise Minderwertigkeitskomplexe« gehabt haben. Von der Gegenwart hielt er auf seine alten Tage nicht mehr viel. Am liebsten schaute er sich noch bei Nacht mit einem Feldstecher den Mond an: »Aber dann ärgert mich, daß da demnächst einer landet.«

Hans Fitz, erfolgreicher Autor der Volksstücke »Josef Filser« und »I A in Oberbayern«, siedelte sich in Krailling an. Er ist der Vater einer Familie von Schriftstellern, Akteuren und vergnüglichen Publikumsunterhaltern. Seine Frau war zeitweilig Chefin der Münchner Märchenbühne. 1967 wurde der 75. Geburtstag des Oberhaupts im Rundfunk ausschließlich von seiner Sippe bestritten.

Als sich *Richard Billinger* 1940 in sein hinter Geranien verstecktes Häusl in Pöcking zurückzog, war er für Fremde kaum noch zugänglich. Der Innviertler, 1893 in Marienkirchen geboren, war von Max Reinhardt entdeckt worden. Sein Erstlingswerk, »Das Perchtenspiel«, wurde in Salzburg uraufgeführt. 1931 brachte Otto Falckenberg in den Münchner Kammerspielen die »Rauhnacht« heraus. »Die Rosse« schlossen sich an, 1937 »Der Gigant«, als Film unter dem Titel »Die goldene Stadt« einer der größten Ufa-Erfolge: die Bauernwelt scheitert an der Stadt.

In Pöcking ließ seine dichterische Kraft nach. Er hat nie darüber gesprochen. Bezeichnend das »Interview«, das er 1950 widerwillig einer Reporterin gab: Er las bei ihrem Eintreten die Zeitung, saß unter einem Heiligenbild und rührte sich nicht. Als sie ihn einen bedeutenden Dichter nannte, funkelten seine Augen zornig. Es kam kein Gespräch zustande. Die Pausen waren lähmend. Schließlich meinte er: »Hier, ich gebe Ihnen ein Frühlingsgedicht. Ich hab' es heute früh gemacht.« Langsam und bedächtig schrieb er die Verse auf ein Stück Papier, gab es der Reporterin und kreuzte schweigend die Beine. Die Besucherin war entlassen. 1965 starb er.

Wer Schilderungen des Ammersees sucht, der muß den 1953 erschienenen Roman »Alles kommt zu seiner Zeit« von *Horst Wolfram Geissler* lesen. Sein Erstling, »Der liebe Augustin«, hat die Auflage von anderthalb Millionen überstiegen. Als Geissler 1963 am Bodensee, dem Schauplatz des »Augustin«, seinen 70. Geburtstag feierte, fuhr man ihn offiziell in der Postkutsche zu den Stätten seines Romans.

1937 richtete er sich, ursprünglich Philologe mit Doktortitel, im Paradieswinkel am Wörthsee ein Wochenendhaus ein. 1943, nach seiner Ausbombung in München, zog er nach Hechendorf, wo er sich einen »Alterssitz« mit Blick auf den Pilsensee baute. 1966 kehrte er, noch immer elastisch und voll augenzwinkernden Humors, nach München zurück. Sein Kommentar: »Man muß einen Umzug in eine Wohnung mit Alterskomfort auf sich nehmen, ehe es zu spät ist.«

Dem romanhaften Plauderer fielen immer wieder neue Kombinationen ein. Das Historische fesselte ihn, und er studierte gewissenhaft die Quellen. In »Königinnen sind so selten« schildert er ritterlich einen Adeligen der Auvergne mit Rückblick auf die Französische Revolution von 1789. Das »Nibelungenlied« hat er nacherzählt. Sauberes Handwerk war sein Fall. Sein Schreibtisch war immer aufgeräumt. Ordnung mußte sein.

Viele jüngere Schriftsteller sind ihren älteren Kollegen gefolgt und haben sich in unserem Gebiet angesiedelt. Die Seenlandschaft in der Nähe Münchens hat sie, die man unmöglich alle aufzählen kann, angezogen. So etwa Hans Helmut Kirst in Feldafing. Als Autor von Kriegs- und Nachkriegsromanen hat dieser 1914 in Ostpreußen geborene Autor breiten Widerhall gefunden: »Null-acht-fünfzehn«, »Fabrik der Offiziere«, »Letzte Station Camp«. Einige seiner Stoffe wurden verfilmt. Andere Autoren wie Herbert Reinecker in Kempfenhausen haben sich dem Fernsehen verschrieben. Seine Krimiserien, »Der Kommissar«, »Derrick«, brachten und bringen hohe Einschaltquoten.

Lothar-Günther Buchheim in Feldafing ist Schriftsteller, Maler, Grafiker, Kunstsammler und Verleger. Sein erstes selbstgeschriebenes Buch erschien vor dem letzten Krieg: »Tage und Nächte steigen aus dem Strom«, die Beschreibung einer Donaureise. Großes Aufsehen erregte 1973 »Das Boot«, die Schilderung seiner Kriegserlebnisse. Bis heute hat es eine Auflage von 170 000 Exemplaren erreicht. 1976 folgte sein Bildband »U-Bootkrieg« mit eigenen Aufnahmen. Als Besitzer der größten Privatsammlung von Expressionisten und als Verleger des Expressionismus und weiterer kunstgeschichtlicher Epochen hat er sich längst einen international bekannten Namen gemacht, ebenso durch seine Kunstkalender. Viele Texte seiner Kunstbücher stammen von ihm selber.

Als Beispiel für die junge Generation greifen wir *Herbert Achternbusch* heraus, weil er wohl einer ihrer eigenwilligsten Vertreter ist. 1938 in München geboren, lebt er heute in Buchendorf bei Gauting. Für viele Kritiker ist er ein Rätsel, aber sie können ihn nicht übergehen. Eine sehr angesehene Wochenzeitschrift nannte ihn kürzlich »Ein bayerisches Genie«. 1969 begann er mit der Veröffentlichung seiner Erzählwerke, darunter »Die Alexanderschlacht« (1971) und »Der Tag wird kommen« (1973). Sein erster Film, »Das Andechser Gefühl«, wurde 1974 uraufgeführt. 1976 folgten »Die Atlantikschwimmer« und »Bierkampf«. Er ist Autor, Regisseur, Hauptdarsteller und jüngst auch Produzent und Verleiher in einer Person. Bis auf eine Ausnahme läßt er nur Laien spielen. Seine Träume vom besseren Leben entstehen am Biertisch, in Andechs, im Gautinger Gasthof »Würmbad« oder auf dem Münchner Oktoberfest. Seine Filme enden tragisch: »Das, was man möchte, kriegt man nicht. Und das, was man hat, will man nicht.« In einem Interview sagte er einmal: »Das mußt du merken, daß du in einer gespreizten Kultur bist, in der du so viel denken mußt, weil es so wenig zu leben gibt.« In der Schilderung trostloser Einsamkeit in einer Welt, die das Individuum abstößt, ist er eine sehr bayerische Variante. Politische Folgerungen, wie sie die meisten jüngeren Autoren ziehen, verschmäht er. »Nie wollte ich durch längere Betrachtung des sozialen Dauerschadens stumpfsinnig werden. Ein Mensch, der lebt, will uferlos schauen.« Damit trifft er den Kern des künstlerischen Impulses.

Zum Schluß dieses Kapitels sei der Vergessenheit entrissen, daß Julia Mann, die Mutter von Heinrich und Thomas Mann, am 11. März 1923 in Weßling verschied. Viktor Mann, der jüngste Sohn unter den fünf Geschwistern, hat ihren Tod in einem »kastenartigen Gasthaus am Kirchplatz« in seinem Buch »Wir waren fünf« (1964) ausführlich geschildert. Als »Frau Senator« ist sie in Thomas Manns Roman »Buddenbrooks« in die Weltliteratur eingegangen. In Brasilien 1851 geboren, hatte sie mit 18 Jahren den Lübecker Kaufmann und Senator Thomas Johann Heinrich Mann geheiratet. Als der Senator nach 22jähriger Ehe gestorben war, hatte sie den hanseatischen Patrizierhaushalt aufgelöst und war mit ihren Kindern nach München gezogen. Als die Kinder erwachsen waren, vereinsamte sie zusehends. Unstet zog sie von Pension zu Pension, von möbliertem Zimmer zu möbliertem Zimmer, von Gasthaus zu Gasthaus. Auf ihrem Krankenbett in Weßling lud sie ihre Söhne Heinrich, Thomas und Viktor noch einmal als vollendete Dame zum Tee ein. Dann sagte sie lächelnd: »Ich will jetzt ein bißchen schlafen, aber bleibt drüben bei eueren Frauen, ich werde euch wieder rufen lassen.« Mit ermattender Hand winkte sie den Kindern zum Abschied nach. Zwei Minuten später kam die Pflegeschwester zu den Angehörigen: »Die Frau Senator ist soeben ganz sanft entschlafen.«

Das noch heute populärste Sängerehepaar, das jahrzehntelang am Starnberger See gewohnt hat, waren *Heinrich* und *Therese Vogl,* beide 1845 geboren, Heinrich als Sohn eines Schulmeisters in der Münchner Vorstadt Au, Therese als 16. Kind der Tutzinger Lehrerfamilie Thoma. Thomaplatz heißt heute ein idyllischer Fleck in Alt-Tutzing. 300 Jahre hatten die Thomas dort ein Haus besessen und die Lehrer gestellt.

Heinrich Vogl war als Sänger Autodidakt. Seinen Heldentenor bildete er während seiner Zeit als Schulgehilfe aus. Mit 20 Jahren sang er dem Münchner Generalmusikdirektor Franz Lachner vor. Er wurde sofort an die Hofoper engagiert. Sein Debüt war der Max im »Freischütz«. Kurz darauf heiratete er Therese, die sich ebenso rasch wie er, nach einem Jahr in Karlsruhe, an der Münchner Oper durchgesetzt hatte.

1869 übernahm das Ehepaar die beiden Hauptrollen in Wagners »Tristan und Isolde«, auf besonderen Wunsch Ludwigs II. und gegen den Widerstand Wagners und Hans von Bülows. Der erste Tristan-Darsteller, Ludwig Schnorr von Karolsfeld, war kurz nach der Uraufführung 1865 mit 28 Jahren gestorben, nach dem medizinischen Befund an Typhus, nach der Volksmeinung an physischer Überanstrengung als Wagnersänger. Auch die Vogls hatten zunächst gesundheitliche Bedenken. Beide bedangen sich für den Fall ihrer Dienstunfähigkeit eine Pension aus, Heinrich 1000 und Therese 800 Gulden. Zum Glück wurden die Versicherungssummen nicht fällig. Die Vogls waren zehn Jahre lang die einzigen Darsteller der beiden Hauptrollen.

Lange galten sie als die besten Wagnersänger. Bei der Uraufführung des »Rheingold« am 22. September 1869 in München sang Heinrich den Loge, Therese die Wellgunde. Ein Jahr später, am 26. Juni 1870, war Heinrich bei der Uraufführung der »Walküre« der Siegmund, Therese die Sieglinde. Therese, eine hervorragende Reiterin, sprengte als Brünhilde im letzten Akt der »Götterdämmerung« auf einem ungesattelten Pferd in den brennenden Scheiterhaufen, den die Wotanstochter für die Totenfeier Siegfrieds am Rheinufer hatte errichten lassen. Nur ein Kissen mit einem kleinen Horn zum Festhalten war auf dem Rükken des Rosses angebracht. Das erste Pferd für die Aufführungen in der Münchner Oper hieß »Luitprant« und stammte aus dem Stall Ludwigs II. Später benutzte Therese ihr eigenes Pferd »Grane«. (Inzwischen waren die Vogls vom Seeufer fortgezogen und hatten das Gut Deixlfurt westlich von Tutzing erworben.) »Grane« wurde für jede Aufführung der »Götterdämmerung« zum Tutzinger Bahnhof gebracht und von dort nach München gefahren.

Das Ehepaar gastierte in Wien, Petersburg, London und Bayreuth, Heinrich auch an der Met in New York. Mit Wagner waren sie befreundet. Am 17. April 1900 sang Heinrich Vogl zum letztenmal als Canio im »Bajazzo« Leoncavallos: »Das Spiel ist aus«. Vier Tage später fand man ihn morgens tot in seinem Bett in Deixlfurt. Therese überlebte ihn um 21 Jahre. Beide liegen auf dem Tutzinger Friedhof bei der alten Kirche. Der Pavillon am Dampfersteg, in dem das Sängerehepaar 1873 erstmals mit Brahms am Flügel dessen neue Lieder gesungen hatte, heißt heute »Voglpavillon«.

Auf dem Feldafinger Friedhof ruht der am Beginn unseres Jahrhunderts ebenfalls international anerkannte Heldentenor *Heinrich R. Knote.* Auf seinem Grabstein — die Bronzeplatte ist in einen Findling eingelassen — steht: »Allmächtiger Dir sei Preis, groß sind die Wunder Deiner Gnade«, Worte aus Richard Wagners »Tannhäuser«. Mit seiner großen, unverwüstlichen Stimme war er der geborene Wagnersänger. Seiner Heimatstadt München (geb. 1870) blieb er trotz seiner zahlreichen Gastspiele in Europa und Amerika (Met) treu. Den Prinzregenten Luitpold, der für Musik nicht empfänglich war, schreckte er mit seinem Riesenorgan bei einer offiziellen Feier aus dem Schlummer auf. Bei einem späteren Empfang meinte der Regent anerkennend:

»Sie haben eine sehr laute Stimme.« Knote heiratete 1908 in Pöcking, wo er ein Haus besaß, seine Frau Katharina. 1937 siedelte er nach Garmisch-Partenkirchen über. Dort starb er 1953. Seine Gebeine wurden nach Feldafing überführt. Mit über 80 Jahren hatte er noch in Garmisch »Winterstürme wichen dem Wonnemond« aus Wagners »Walküre« gesungen.

Ernst Kraus, von 1896 bis 1922 der Heldentenor der Berliner Staatsoper und um die Jahrhundertwende der Siegfried der Bayreuther Festspiele, kaufte 1905 einen Bauernhof in Walchstadt und starb dort 1941. Sportlich, schlank, ein unermüdlicher Wanderer und Pilzesucher, verbrachte er zwei Jahrzehnte hindurch mit seiner Familie die Sommer am Wörthsee und zog sich dann ganz auf seinen Hügel mit dem Blick nach Andechs zurück. Sein Repertoire als Sänger reichte vom Tamino der »Zauberflöte« bis zum Siegfried der »Götterdämmerung«. In Berlin sang er erstmals den Herodes in der »Salome« von Richard Strauss. »Ich habe bei jeder Note im ›Palestrina‹ an die Stimme deines Vaters gedacht«, sagte Pfitzner zum Dirigenten Richard Kraus, dem Sohn des Sängers und Erben des Walchstadter Besitzes.

Ernst Kraus, nicht nur ein Held an Gestalt und Stimme, sondern auch an unverblümter Ehrlichkeit — hierin Pfitzner verwandt, dessen erste Oper, »Der arme Heinrich«, er in Berlin durchgesetzt hatte —, blieb immer ein Naturbursche. In Bayreuth machte er sich über die »Unterrockswirtschaft« lustig. Cosima Wagner stellte ihn zur Rede: »Das haben Sie doch nicht gesagt, nicht wahr?« — »Doch, doch, das hab' ich gesagt«, trotzte der Sänger, »aber den Ihrigen hab' ich nicht gemeint.« Wenn der Dirigent Leo Blech in Berlin Bühnenanweisungen gab, pflegte Kraus mit »Ach, Quatsch« zu antworten. Der Dirigent störte sich nicht daran und erklärte seinen Freunden: »Laßt ihn! Bei der Aufführung macht er doch das, was ich meine.«

Eine temperamentvolle Diva riß ihrem Kollegen *Rudolf Laubenthal* († 1971) in den zwanziger Jahren auf offener Bühne der New Yorker Met wütend das Hemd entzwei, als sie spürte, daß er mehr Beifall bekam als sie. »Tun Sie das öfter!« empfahl ihr der Manager der Met, Giulio Gatti-Casazza. »Es wirkt fabelhaft.« Laubenthal war von 1923 bis 1933 der einzige deutsche Heldentenor an der Met.

Im Frühjahr 1966 empfing Laubenthal als soignierter 80jähriger Herr in einer großzügigen Villa in Pöcking den Verfasser mit ausgesuchter Höflichkeit, kurz vor einer Amerika-Tournee stehend, diesmal allerdings nur als Mentor seines Adoptivsohnes, Horst Laubenthal, den er ausgebildet hatte. 1929 hatte er sich in Pöcking angekauft. Seit 1933 wohnte er ständig dort. Dietrich Fischer-Dieskau, Jess Thomas und Kieth Engen sammelten seine Platten, um von ihm zu lernen und besprachen sich mit ihm. Medizinstudent aus Düsseldorf, in Berlin am Anfang seiner Laufbahn sofort an der Städtischen Oper herausgestellt, zehn Jahre später an der Met: Laubenthal blickte auf sein Leben mit zufriedener Gelassenheit zurück.

Wer zwischen 1912 und 1944 die Städtische Oper in Berlin besucht hat, vielleicht sogar zur Glanzzeit Bruno Walters, wird den kleinen *Eduard Kandl* mit der großen Baßstimme — »eine Menschenorgel« nannten ihn die Kritiker — nicht vergessen. Vom Osmin in Mozarts »Entführung« über den »schwarzen« Alberich in Wagners »Ring«, den Kraftprotz Zupan im »Zigeunerbaron« bis zum Frosch der »Fledermaus«, mit dem er in Paris Furore machte, war dem gebürtigen Wiener aus der Mariahilfer Straße, der bis zu seinem 28. Jahr Koch war, kaum eine Charakterstudie fremd. 1951 gelang es seinen Freunden endlich, ihn aus seinem Salzburger Exil nach Deutschland und damit in den Genuß seiner bescheidenen Bühnenpension zu bringen. In Herrsching konnte er dann unerschöpflich aus seinen Erinnerungen erzählen, von seiner »Nuckelpinne«, die vor dem Theater so schäbig wirkte, daß ihm der Berliner Generalintendant Tietjen die Gage zwecks Anschaffung eines repräsentativen Wagens erhöhte; von der zeitweiligen Fusionierung der drei Berliner Opernhäuser, die für Kandl so aussah: im ersten Haus den Mesner aus dem ersten Akt der »Tosca«, im zweiten Haus einen Ostasiaten

St. Joseph in Starnberg: Der Hochaltar von Ignaz Günther

Andechs

im zweiten Akt der »Butterfly«, im dritten Haus den Eremiten im dritten Akt des »Freischütz«. 1966 feierte er noch quicklebendig seinen 90. Geburtstag. Dann starb seine Frau, für die er rührend gesorgt hatte, und er folgte ihr bald nach.
Rudolf Schock wohnt schon fast drei Jahrzehnte in Starnberg, ehemals Tenor der Wiener und Berliner Oper und der Walter von Stolzing der »Meistersinger« in Bayreuth, dann Favorit auf dem Schallplattenmarkt: »Schlagersänger ist man. Sänger muß man erst werden.« Sein Hobby ist Wandern. Als Sechziger gibt er sich ruhiger. 50 Auftritte im Jahr genügen ihm: »Die Stimme ist dann ausgeruht.«
Um die gleiche Zeit hatte sich *Hans Hopf*, Heldentenor der Münchner Staatsoper und der Met, in Walchstadt angesiedelt. *Hildegarde Ranczak*, Münchens Tosca, Aida, Salome und Carmen zwischen den beiden Kriegen, lebte ab 1928 drei Jahrzehnte in Berg, ihr gegenüber in Feldafing die Münchner Altistin *Hedwig Fichtmüller*, die nie ohne Golfschläger reiste.
Als *Lilian Benningsen* 1952 Mitglied der Münchner Staatsoper wurde, siedelte sie sich in Stockdorf an, die Carmen mit der von Bizet vorgeschriebenen dunklen Altstimme, die Amneris der »Aida« und der Oktavian des »Rosenkavalier«. Der leidenschaftlichen Autofahrerin macht es nichts aus, zweimal am Tag nach München zu fahren: »Irgendwie entspannt mich das. Rundum kann es zugehn wie in einem Wurstkessel, das stört mich überhaupt net. Ein einzigs Mal hab ich mich ghetzt und dann auch prompt einen Unfall gebaut.« Daß sie Wienerin ist, kann sie nicht verleugnen.
Der Bariton *Hermann Prey*, heute in München, Salzburg, Bayreuth und in der übrigen Welt der Festivals als Operndarsteller ebenso gefragt wie als Liedersänger oder Fernsehstar, wurde 1963 Kraillinger Bürger. »Wenn die Zeit nicht drängt«, erzählte er einmal, »lasse ich mein Auto zu Hause und gehe über Maria Eich und Lochham an der Würm entlang zu Fuß nach Pasing. Dann fahre ich mit der Trambahn zur Münchner Oper. Oder ich mache noch einen Umweg über Obermenzing und Nymphenburg.«
Der aus Berlin gebürtige *Dietrich Fischer-Dieskau*, wie Prey ein Bariton von internationalem Rang, hat sich in Sibichhausen unweit Berg seine Zuflucht geschaffen. Er ist schwerblütiger als Prey, verfolgt dabei den Text bis in die feinsten Nuancen und gestaltet außerordentlich intensiv. Zu seinen Glanzrollen gehört der »Falstaff« in Verdis letzter Oper. Als Liedgestalter hat er Maßstäbe gesetzt.
Auch *Günther Rennert* hat sich 1967 in Krailling sein Haus gebaut, nachdem man ihn 1965 zum Staatsopernintendanten nach München berufen hatte: »Hier erhoffe ich mir Ruhe.« Der Jurist mit Staatsexamen, der sich dann ganz der Oper verschrieben hat, heimisch auf den großen internationalen Bühnen, glaubt an die gesellschaftliche Funktion der Oper, an ihre Verpflichtung zur Repräsentation. Gleichzeitig weiß er, daß er neue Wege gehen muß, um sein Publikum zu packen. Seine Inszenierungen gehören zu den intensivsten und geschlossensten, die es heute auf der Opernbühne gibt. Er beweist, seit er 1945 die Münchner Oper mit »Fidelio« eröffnet und in einem 20jährigen Zwischenspiel weitum seine Erfahrungen gesammelt hat: die Oper ist nicht tot. 1976 legte er die Intendanz nieder und übernimmt nun nur noch Gastinszenierungen.
Tot ist auch das Sprechtheater nicht. »Gar oft hört man unsere Gäste klagen, daß in Starnberg nichts los sei. Unseres Erachtens sind diese Klagen ungerechtfertigt. Gerade diesen Sommer hatten wir hier eine Reihe von Festlichkeiten und Veranstaltungen so mannigfacher Art, daß hierdurch schon abwechslungsreiche Unterhaltung geboten wurde. Das Sommerfrischenpublikum war größtenteils indifferent. Herr Hofschauspieler *Otto König* hat hier mit ganz bedeutenden Opfern und unter Mitwirkung hervorragender künstlerischer Kräfte im Pellet-Mayer-Saale das Kurtheater ins Leben gerufen. Mit welchem Erfolg? Das Sommerfrischen-Publikum glänzte größtenteils (und gerade die, welche am meisten schimpfen) durch Abwesenheit.«
Diese Leserzuschrift stand am 20. August 1911

im Starnberger »Land- und Seeboten«. Otto König, der Münchner Wallenstein und Götz, war vor dem Ersten Weltkrieg nach Starnberg gezogen und hatte hier zunächst eine Studiobühne für seine Schüler eingerichtet. Dann ging er zu Kammerspielen über, zu denen er seine Münchner Kollegen holte. Gustav Waldau, Albert Steinrück, Otto Framer, Ernst Kellerhals und Agnes Straub gastierten bei ihm. Auf seinem Repertoire im »Kurtheater« standen Sardous »Cyprienne«, Wedekinds »Kammersänger« und Thomas »Magdalena«. Doch das Experiment mißlang.

Das zweite lokale Theaterexperiment mit Weltliteratur unternahm über 40 Jahre später der Tänzer, Choreograph und Regisseur *Helge Peters-Pawlinin* in Tutzing. Nach dem Zweiten Weltkrieg hatte er in Deixlfurt Unterkunft gefunden. Es gelang ihm, den damaligen Bürgermeister Karl Bleicher und dessen Gemeinderäte als Protektoren für Freilichtaufführungen im Tutzinger Schloßpark zu gewinnen. Am 8. August 1953 fand die Premiere mit Shakespeares »Sommernachtstraum« statt. Pawlinin, weitgereister Theatermann und zeitweiliger Ballettmeister der Münchner Oper, hatte das Stück mit Laien einstudiert. Die Szenen waren, unterstützt von einer geschickten Beleuchtungsregie, auf verschiedene Plätze im Park verteilt.

Im ersten Jahr übertraf der finanzielle Erfolg die Erwartungen, zumal die Aufführungen mit der 1200-Jahr-Feier Tutzings — erste Erwähnung 753 — zusammenfielen. »Die konsequenteste und höchststehende Aufführung von Laien, die ich bisher gesehen habe«, schrieb der Münchner Theaterkritiker Max Christian Feiler. Die Spiele wurden in den nächsten Jahren fortgesetzt. Der »Sommernachtstraum« wurde wiederholt. Es folgten »Der Diamant des Geisterkönigs« von Raimund, Shakespeares »Die lustigen Weiber von Windsor« und der »Hahnenschrei« des Franzosen Rostand. Aber das Wetter, das im ersten Jahr eifrig mitgespielt hatte, wurde ungnädig. Vorstellungen mußten abgesagt werden. Zudem konnten die Aufführungen nicht mehr im Schloßpark stattfinden; sie wurden an das Seeufergelände nördlich der Brahmspromenade verlegt. Dann schlief auch dieses Theater ein.

Nie eingeschlafen sind die reinen Laienspiele. Hier hat der theaterfreudige bayerisch-österreichische Stamm auch im Fünfseenland sein unerschöpfliches Reservoir. In sakral gehobener Atmosphäre, von Benediktinern inszeniert, wurde schon im alten Kloster Andechs gespielt. Im 18. Jahrhundert hatten diese geistlichen Spiele ihren Höhepunkt. Auf einem Podium unter der Orgelempore wurden fromme Geschehnisse im Stil des alten Jesuitentheaters dargestellt.

Im 19. und 20. Jahrhundert wollte das Volk sich selbst auf der Bühne sehen. Theatervereine, Turn-, Sport- und Gesangvereine agierten und agieren. Manchmal schläft eine Gruppe ein oder zerkriegt sich. Dafür steht dann andernorts wieder eine neue auf, um ihren Maximilian Vitus zu zeigen. Etliche verfassen selber kurze Szenen oder ganze Stücke. Sie basteln sich ihre Bühne, pinseln Dekorationen, ärgern sich über mangelnde Probenbesuche und kämpfen mit Saalvermietern. Manchmal wirken die Stücke abgestanden, manchmal gehen sie in reiner Gaudi unter. Manchmal aber gelingen hinreißende Aufführungen, wie seinerzeit in Starnberg eine »Magdalena« von Thoma.

Im Westen des Landkreises sind gleich drei Gruppen — aus Hochstadt, Herrsching und Machtlfing — mit Thoma Einaktern durch die Orte gezogen. In Pöcking wurde und wird gespielt, in Unterbrunn, in Oberalting, in Gilching, in Hochstadt. Die Vielfalt ist schwer zu überblicken. Manche Gruppen klagen über Nachwuchssorgen. Aber da tauchte im Machtlfinger Burschenverein plötzlich ein 14jähriger Bub auf, der großes Theater auf die wackeligen Bretter zauberte. »Die Alten sind lahm geworden«, unkte man: da mimte in Herrsching ein 87jähriger ehemaliger Bootsbauer eine Charakterstudie, daß es Enkeln und Urenkeln die Sprache verschlug. »Zugereiste« oft aus dem Sudetenland, gründeten eigene Gruppen und gliederten sich nahtlos in die Tradition ein. Konfessionelle und freie Jugendgruppen wagten und wagen sich an gegenwartsnahe Problemstücke, Gymnasiasten in Tutzing und Starnberg. *Ruth von Zerboni* unterhält in ihrer Gautinger Villa seit 1947 eine angesehene Schauspielschule. Hier wird der Nachwuchs sprachlich durchgebildet, geistig geschult und gestisch diszipliniert. *Herbert Fischels* Puppentheater bereiste früher von Stockdorf aus die Lande. Dann fand es seinen festen Sitz im Münchner Künstlerhaus; unvergeßlich Shaws »Androklus und der Löwe«.

Professionelle Akteure haben sich, abseits von Bühne, Film, Fernsehen, Rundfunk und Plattenfirmen, in stillen Winkeln des Fünfseenlands eine Heimstatt geschaffen, manchmal für immer, oft nur vorübergehend. Seßhaft geblieben ist *Kurt Stieler,* der von 1933 an drei Jahrzehnte lang bis zu seinem Tod in Possenhofen gelebt hat, ein einsamer Spaziergänger in den Wäldern und braungebrannter Schwimmer im Bad des Markus Glas. Der Neffe des Dichters Karl Stieler und Enkel Joseph Stielers, der einen großen Teil der Bilder für die Schönheitengalerie Ludwigs I. gemalt hat, liebte das Nachdenken. Als Bub hatte er einmal den blinden Seher Teiresias in München auf die Bühne führen dürfen. An seinem 85. Geburtstag stand er selber noch als Teiresias im »Ödipus« des Sophokles auf den Brettern des Residenztheaters.

Willy Birgel wohnte jahrzehntelang in Walchstadt. Der elegante Herr der großen Ufa-Filme, der wie wenige den Frack zu tragen wußte, reiste nach 1945 von Bühnen zu Fernsehstationen und Filmstudios. 1966 erhielt er den Bundesfilmpreis für die beste Nebenrolle in »Schonzeit für Füchse«. 1973 starb er. *Johannes Heesters,* der Operettenbuffo der dreißiger Jahre, erfolgreichster Danilo in Lehárs »Die lustige Witwe« und in zahllosen Filmen heiterer Causeur, hat eine Villa in Söcking. Als soignierter älterer Herr spielt er weiter Komödien.

Camilla Horn, 1926 das erste Gretchen des deutschen Films unter der Regie von F. W. Murnau, wohnt seit 1949 in Hechendorf, werkelt im Garten, schneidert sich Dirndl und bietet ihren Gästen selbstgebackenen »Radane-Kuchen« an, zu deutsch Rodonkuchen. Sie stammt nämlich aus Frankfurt am Main und erzählt amüsant von ihrer Jugend an der Bokkenheimer Landstraße, von ihrer Meisterprüfung als Schneiderin und von ihren 70 Filmen, die sie mit Conrad Veidt, Paul Wegener, William Dieterle, Viktor de Kowa und Gustaf Gründgens gedreht hat. Als »Löwen-Dompteuse« hat sie im Berliner Fernsehen in einer Halbstunden-Serie ihren Mut bewiesen.

Als *Hans Albers* am 24. Juli 1960 mit 65 Jahren starb, hielten die »Seeshaupt« und die »Bayern« jeweils eine Minute vor seinem Haus am See in Garatshausen an. Dort hatte er fast 15 Jahre lang, von Gastspielen abgesehen, gewohnt, der blonde Draufgänger des deutschen Films, der »Liliom« der Sprechbühne, der Mackie Messer der »Dreigroschenoper«, der resolute Mann aus dem Volk in »Nachts auf den Straßen«. Bei einer Aufführung der »Katharina Knie« in Wien erlitt er einen Blutsturz, von dem er sich nicht mehr erholen konnte.

Auch hier ist es unmöglich, alle Bühnen-, Fernseh-, Funk- und Plattenstars aufzuzählen, die sich vorübergehend oder für länger in unserem »Fünfseenland« ansiedelten, sowie die Produzenten und Manager der Massenmedien. Nur noch zwei wollen wir herausgreifen:

In Inning hat sich 1934 *Hubert Schonger,* Naturfilm-Produzent, angekauft. 1954 wurde hier sein Atelier ausgebaut. 1923 hatte er ein Jahr lang im Wattenmeer bei Wilhelmshaven die Vögel beobachtet, um dann »Mellum, das Vogelparadies in der Nordsee« zu drehen. Er ist dem Leben der Elche nachgegangen, hat in Island gefilmt und einen großen Kulturfilm über Mexiko ausgearbeitet, ist 1936 zu Märchenfilmen übergegangen und hat versucht, zusammen mit jungen Regisseuren, den Heimatfilm zu beleben.

Ein weiterer Pionier des Kulturfilms, *Kurt von Oerthel,* stab 1961 mit 72 Jahren, nachdem er die letzten zwei Jahrzehnte in Starnberg verbracht hatte. Der deutsche Kulturfilm verdankte ihm vor dem Zweiten Weltkrieg das hohe internationale Ansehen. Dafür erhielt er den Bundesfilmpreis. »Heimat am See« nannte er einen seiner Filme, der den Starnberger See schilderte.

Der Chemiker *Adolf von Baeyer,* 1835 in Berlin geboren und 1885 geadelt, wünschte sich als Bub zum Geburtstag ein Stück natürlichen Indigo, der seit Jahrtausenden in China und Indien zum Blaufärben von Wolle und Seide verwendet wurde. Gut drei Jahrzehnte später gelang Baeyer die Herstellung von künstlichem Indigo. Damit wirkte er entscheidend auf die Entwicklung der Farbstoffindustrie ein. Ebenso gelang ihm die künstliche Herstellung des roten Farbstoffes Eosin. Doch dies sind nur Bruchstücke seiner wegweisenden chemischen Arbeiten. Bezeichnend für seinen Charakter war, daß er es ablehnte, für seine Entdeckungen Patente zu erwerben: »Die Wissenschaft darf nicht dem persönlichen Erwerb dienen.«

Studiert hat Baeyer in Heidelberg bei Robert Bunsen und vor allem bei August Kekulé von Stradonitz in Gent. 1872 wurde er Professor an der neugegründeten Universität Straßburg, 1875 Nachfolger von Justus von Liebig in München. Dort legte er ein Jahr später den Grundstein zu seinem damals beispielhaften Laboratorium. 1905 erhielt er den Nobelpreis »als Anerkennung des Verdienstes, das er sich um die Entwicklung der organischen Chemie und der chemischen Industrie durch seine Arbeiten über organische Farbstoffe und der hydroaromatischen Verbindungen erworben hat«.

Heinrich Wieland, sein übernächster Nachfolger auf dem Münchner Lehrstuhl, nannte Baeyer zum Gedenken an seinen 100. Geburtstag einen »Forscher, der die Konstitutionslehre auf den meisten Gebieten der organischen Chemie zum Siege führte«. Und dann: »Vergessen wir nicht, daß im Bannkreis seiner ungemein eindringlichen Persönlichkeit, die mit allen Attributen eines Führers ausgestattet war, eine in der ganzen Welt berühmte Chemieschule herangewachsen ist!« Emil Fischer und Ludwig Knorr waren Baeyers Schüler.

1896 kaufte sich Baeyer seine Sommervilla mit stattlichem Seegrundstück an der Possenhofener Straße in Starnberg. Hier taute dieser nach außen hin kühle und schweigsame Wissenschaftler auf, der einmal von sich gesagt hatte: »Wenn ich in meinem Laboratorium arbeite, glaube ich unsterblich zu sein«. Denn er verstand es, ebenso besessen zu arbeiten wie sich gründlich auszuruhen. In Starnberg war er der Familienpatriarch, der mit seinen Kindern, Enkeln und deren Freunden im Pavillon experimentierte. In einem der ersten Autos fuhr er mit seiner Sippe durch die süddeutsche Landschaft bis Bozen. Bei einer der damals häufigen Pannen ließ er sich geduldig am Straßenrand nieder, rauchte seine Brasil und wartete, bis der Chauffeur den Wagen repariert hatte. Wissenschaftler und Künstler waren Gäste in seinem Starnberger Haus: Ernest Rutherford, der die Grundlagen der Atomphysik erforscht hat, Carl Duisberg, der Wirtschaftsführer der chemischen Industrie, Franz von Lenbach, der ein Porträt Baeyers gemalt hat, und Adolf von Hildebrand. Die von Hildebrand geformte Büste Baeyers steht noch heute in der Starnberger Villa. Denn die Nachkommen haben einen Teil des Starnberger Besitzes erhalten. Baeyers Urenkel Alexander und zwei Ururenkel wohnen noch dort.

1917 starb Adolf von Baeyer in Starnberg. Seine wissenschaftlichen Schriften wurden 1905 in zwei Bänden zusammengefaßt. Ein Lehrbuch hat er nie hinterlassen: »Wenn ich einmal an die Himmelspforte komme und Petrus mich fragt, wieviel Kilo Papier ich verschrieben habe, kann ich nur beschämt antworten, es sei kaum ein Kilo gewesen. Dann weist er mich sicher ab.« Seit 1910 verleiht der Verein Deutscher Chemiker alljährlich die »Adolf-Baeyer-Gedenkmünze« an verdiente Wissenschaftler. Als Denkmal sitzt Adolf von Baeyer in Lebensgröße am Eingang des Chemischen Instituts an der Luisenstraße in München.

»Zumeist habe ich der herrlichen und unausrottbaren Leidenschaft gefrönt, mich mit chemischen Problemen abzugeben, die mich um ihrer selbst willen interessierten, nicht wegen der möglichen Anwendung ihrer Ergebnisse für praktische Zwecke. 35 Jahre lang habe ich mich so, mit anderen Naturforschern gemeinsam, bemüht, herauszubringen, wie es möglich ist, daß der Sauerstoff, den wir mit der Luft einatmen, die Nahrungsstoffe in den Körperzellen zu den gleichen Endprodukten, Kohlensäure und Wasser, oxydieren kann, die auch bei der heißen Verbrennung aus ihnen entstehen.«

So schrieb der Chemiker *Heinrich Wieland,* Nobelpreisträger von 1927, in einer kleinen Rückschau auf sein Leben 1950. Adolf von Baeyer hatte dem jungen Wissenschaftler — geboren 1877 in Pforzheim — im alten Chemischen Staatslaboratorium den »akademischen Schliff« gegeben und ihn 1913 zum Vorstand der organischen Abteilung des Instituts bestellt. Wieland war 1917 Professor an der Münchner Technischen Hochschule geworden, 1921 auf vier Jahre an die Freiburger Universität gegangen und 1925 nach München zurückgekehrt. Dort hatte man ihm den Lehrstuhl für Chemie übertragen. Den Nobelpreis bekam er 1927 für seine Untersuchungen über die Konstitution der Gallensäure und verwandter Substanzen. Sein Haus in Starnberg, am Hang zur Schießstätte, kaufte er sich von der mit dem Preis verbundenen Geldsumme. 1943 war er ganz dorthin übergesiedelt. Er sei »für die Wahrer bajuvarischer Belange ein Fremder«, schrieb er in seiner Rückschau weiter. Er schäme sich dessen, aber die oberbayerische Landschaft mit den nahen Bergen habe es ihm angetan: »Zusammen mit der Musik haben sie mir über mein ganzes Leben hin die Mußezeit verschönt.« 1957 starb er. In Starnberg liegt er neben Otto Falckenberg begraben.

Sein Schwiegersohn *Feodor Lynen,* seit 1944 in Starnberg, erhielt 1964 ebenfalls den Nobelpreis für Chemie, und zwar für seine »Entdeckungen über den Mechanismus und die Regulation des Cholesterin- und Fettsäure-Stoffwechsels«. Lynen, gebürtiger Münchner, Wieland-Schüler, hatte 1937 über »Die Giftstoffe des Knollenblätterpilzes« promoviert und sich 1940 in München habilitiert. 1950 war es ihm gelungen, aktivierte Essigsäure aus Hefezellen zu isolieren. Damit legte er den Grund zu seiner Berühmtheit. Otto Hahn bewog ihn, Berufungen in die USA, später auch nach Zürich, abzulehnen. Mit seinen Mitarbeitern in München fand er den Schlüssel zur Entdeckung der Fettsäure-Synthese. Sein Studium des Enzymmoleküls wurde für die Untersuchungen der Kreislaufstörungen entscheidend. 1953 wurde er erstmals für den Nobelpreis vorgeschlagen. Zehn Jahre später stand er in der engsten Wahl und unterlag nur mit einer Stimme. 1964 war es soweit. Mit ihm erhielt der 1933 nach Amerika emigrierte Chemiker Conrad Bloch den Preis.

Am meisten aufgeregt über die Auszeichnung war die Witwe Wielands. Sie lebte damals noch im Nachbarhaus. Sie suchte die Zeitungsberichte über den großen Tag ihres Mannes von 1927 heraus und gab sie dem Ehepaar Lynen mit nach Stockholm. Vor 37 Jahren hatte sie bei der festlichen Zusammenkunft neben dem damaligen schwedischen Kronprinzen gesessen. Nun sollten die Lynens dem jetzigen König die Bilder und Berichte zeigen. »Daß du mir sie aber ja wieder mitbringst!« schärfte sie ihrem Schwiegersohn ein.

Nach dem festlichen Akt übergab Lynen dem König die Zeitungsausschnitte. Plötzlich war der Monarch nicht mehr zu sehen. Er hatte die Gesellschaft heimlich verlassen. Lynen fragte nach seinen Presseberichten. Niemand konnte ihm Auskunft geben. Am nächsten Morgen aber kam ein Abgesandter vom Schloß ins Hotel und brachte sie: Die Majestäten hätten sich abends im Bett sehr darüber amüsiert und dankten für die Unterhaltung.

»Die Forschung ist darin der Kunst geschwisterlich verwandt, daß sie um ihrer selbst willen da ist«, sagte *Konrad Lorenz,* 1903 in Wien geboren, am 16. November 1958 bei der Einweihung des Max-Planck-Instituts für Verhaltensphysiologie in Seewiesen am Eßsee. »Wollte man sie nach dem Gewinn beurteilen, den sie abwirft, so wäre dies ein genauso barbarisches Verkennen ihres Wesens, als wollte man den Wert eines Wolfgang Amadeus Mozart nach den finanziellen Vorteilen einschätzen, die er meinem österreichischen

Vaterland durch die Aufführung seiner Werke auf den Salzburger Festspielen einbringt.«
Dr. med. et phil. Lorenz, zunächst Assistent am Anatomischen Institut in Wien, 1937 Privatdozent für Vergleichende Anatomie und Tierpsychologie, 1950 bis 1956 Leiter der Forschungsstelle für Verhaltensphysiologie in Buldern, Westfalen, Außerordentlicher Professor in Münster und dann in München, ab 1956 mit der Einrichtung seiner Abteilung an der Forschungsstätte in Seewiesen beauftragt, kam gleichzeitig mit seinem verstorbenen Freund Erich von Holst — andere schlossen sich an — zu der Erkenntnis, daß die alte Reflextheorie, wonach das zentrale Nervensystem der Tiere nur auf Reize von außen reagiert, nicht zutraf, sondern daß angeborene Instinkte mitwirken. Seine gesammelten Abhandlungen über tierisches und menschliches Verhalten erschienen 1965. 1969 wurde er in die Ordensgemeinschaft der Pour le mérite-Träger für Wissenschaften und Künste aufgenommen.
Er hat auch für Laien Tierbücher geschrieben, die in ihrer unmittelbaren Anschauung durch Humor und stilistischen Schwung das Verständnis für die Kreatur populär gemacht haben. Sein Haus in Seewiesen glich einem zoologischen Garten: »Wildgänse, die im Schlafzimmer übernachten und frühmorgens durch das offene Fenster ausfliegen, Kakadus, die alle erreichbaren Knöpfe von der Wäsche beißen, Singvögel, die wenig Rücksicht auf Möbel und Vorhänge nehmen, schaffen Ärger«, heißt es in der Vorbemerkung zu dem Buch »Er redete mit dem Vieh, den Vögeln und den Fischen«.
In seinem 1972 erschienenen Buch »Die acht Todsünden der zivilisierten Menschheit« beschäftigt er sich unter anderem mit der Übervölkerung, der Verwüstung des Lebensraumes, den Funktionsstörungen lebender Systeme, dem Wärmetod des Gefühls und dem Abreißen der Tradition. Das Buch erregte großes Aufsehen. Im Vorwort schreibt Lorenz: »Wir leben in einer Zeit, in der es der Naturforscher ist, der gewisse Gefahren besonders klar zu sehen vermag.« Zusammen mit dem Münchner Zoologen Max von Frisch erhielt er den Nobelpreis. Nach seiner Emeritierung kehrte er in seine Heimat Österreich zurück.
Carl Friedrich Freiherr von Weizsäcker, seit 1970 Direktor des Max-Planck-Instituts zur Erforschung der wissenschaftlich-technischen Welt in Starnberg, ist das markante Beispiel eines Gelehrten, der mit seinen Erkenntnissen die entscheidenden politischen und sozialen Probleme unserer Zeit furchtlos und mit unbeirrbarem persönlichen Verantwortungsgefühl anspricht. Er stammt, 1912 in Kiel geboren, aus einer hochangesehenen Familie. Sein Urgroßvater war der Tübinger Theologe Karl Heinrich Weizsäcker (»Das apostolische Zeitalter der christlichen Kirche«). Sein Großvater, Carl, seit 1916 Freiherr, war von 1906 bis 1918 württembergischer Ministerpräsident. Sein Vater, Ernst, bemühte sich als Staatssekretär im Auswärtigen Amt und Botschafter in Rom unter Hitler vergeblich um die Wahrung des Friedens. Sein Onkel, Viktor, begründete als Neurologe in Heidelberg die allgemeine anthropologische Medizin. Carl Friedrichs Bruder, Richard, war von 1965 bis 1970 Präsident des Deutschen Evangelischen Kirchentages und ist führender Bundestagsabgeordneter der CDU. Carl Friedrichs Sohn, Carl-Christian, leitet als Volkswirt seit 1972 das Institut für mathematische Wirtschaftsordnung an der Universität Bielefeld.
Carl Friedrich Freiherr von Weizsäcker ist Physiker und Philosoph. Er stellte eine richtungsweisende Theorie der Energieerzeugung in den Sternen und eine hydrodynamische Hypothese über die Entstehung des Sonnensystems auf. Seine »Geschichte der Natur« ist weit verbreitet. Viele seiner Schriften, etwa »Christlicher Glaube und Naturwissenschaft«, »Die Verantwortung der Wissenschaft im Atomzeitalter« und »Der ungesicherte Friede«, drücken schon im Titel seine Zielsetzung und seine Besorgnisse aus. Von äußeren Einflüssen hat er sich immer freigehalten. In »Zum Weltbild der Physik« steht der Satz, der Wissenschaftler müsse wissen, »daß er auf den höheren äußeren Rang verzichtet hat, weil der innere Rang, den ihm seine Wissenschaft gibt, ohne diesen Verzicht nicht zu erringen wäre«.

Den Massenmedien steht er kritisch gegenüber: »Es ist gefährlich, sich daran zu gewöhnen, alles zu hören, auch wenn man es nicht braucht.« Oder: »Anfällig für jede Art von Propaganda ist derjenige, der seine Mitte nicht mehr in sich selber hat, sondern für sein Leben angewiesen ist auf Reize von außen.«
Eines seiner Kernprobleme — gegenwärtig hat von Weizsäcker neben seiner Starnberger Tätigkeit einen Lehrstuhl für Philosophie in München — ist die Friedensforschung. Glaubt er an den Frieden zwischen den Supermächten? In seiner jüngsten Schrift, »Wege in der Gefahr, eine Studie über Wirtschaft, Gesellschaft und Kriegsverhütung«, meint er, die Regierenden, seien sie kapitalistisch oder kommunistisch, stünden »unter Systemzwängen, die zu allen Zeiten Vorgänge wie den Krieg reproduzieren, auch wenn die Regierungspersonen selbst sie nicht wünschen«. Er hält den Frieden unter der Garantie des atomaren Gleichgewichts für trügerisch. Wettrüsten ende »meist schon wegen seiner ökonomischen Untragbarkeit in Krieg«. Trotzdem hält er die Abwendung einer großen kriegerischen Auseinandersetzung durch einen »umfassenden Bewußtseinswandel« für möglich, »auch wenn sie auf Hindernisse, die in gesellschaftlichen Strukturen wurzeln«, stoße. Diesen Wandel begründet er philosophisch. Hier bricht in ihm der Ethiker durch.
Als Wissenschaftler und Denker berät er Politiker und Wissenschaftler. Daß sie seinen Rat suchen und anerkennen, könnte hoffnungsvoll stimmen. Geehrt wurde er vielfach: 1957 mit der Max-Planck-Medaille, 1958 mit dem Goethe-Preis, 1963 mit dem Friedenspreis des Deutschen Buchhandels. Er ist Ritter des Ordens Pour le mérite der Friedensklasse und Träger des Großen Bundesverdienstkreuzes mit Stern und Schulterband.
Der Ingenieurdoktor und Professor *Martin Hebel*, Inhaber von rund 650 Patenten, kam 1929 nach Hechendorf und starb dort 1969. Mit der Firma Siemens und Halske baute er 1923 für die Post in Weilheim die erste telefonische Teilnehmer-Fernwahl-Netzgruppe der Welt auf. München war als erste europäische Großstadt 1908 im Selbstwählverkehr für den Ortsbereich vorangegangen. Die Weilheimer Einrichtung war zunächst aus technischen Gründen auf 25 Kilometer Umkreis beschränkt. »Leider wurde der Telefonverkehr bald lebensgefährlich«, erzählte Hebel 1965 kurz vor seinem 70. Geburtstag in seinem Hechendorfer Haus, »und zwar wegen der Totalstörungen durch die im Oktober 1923 begonnene Elektrifizierung der Bahnstrecke München—Weilheim—Garmisch. Die Fahrdrahtströme der Bahn induzierten mit ihrem Magnetfeld Störspannungen in den Fernwahlleitungen bis zu 1000 Volt. Wir trauten uns kaum noch, den Hörer abzunehmen. Während der ersten Betriebsmonate gab es Kurzschlüsse am laufenden Band.« Erst nachdem Hebel die Wahl mit Wechselstrom und die damit verbundenen Schutzmöglichkeiten entwickelt hatte, konnte der Weilheimer Fernsprechbetrieb fortgesetzt werden.
1928 gelang es, die Reichweite im Selbstwählverkehr auf 100 Kilometer zu erhöhen. Ab 1930 wurden die Fernämter kabellos gebaut. Zug um Zug wurden Verbesserungen eingeführt. Hebel war an fast allen maßgebend beteiligt. 1933 machte er sich mit seiner kritischen Sprache bei den damaligen Machthabern unbeliebt und zog ganz nach Hechendorf. Er wurde beratender Ingenieur in der Industrie und hielt Fachvorträge im Ausland, vom europäischen Kontinent bis Südamerika. Nach 1945 übernahm er an der Technischen Hochschule in München eine Professur. Über seine Leistungen sagte er: »Ich habe nur weiterentwikkelt, was schon da war. Man schaut sich die neuesten Errungenschaften an und überlegt sich, wie man sie verbessern kann.«
Im Juli 1966 verunglückte der Archäologe *Dr. Hans Stock* tödlich auf der Bundesstraße 12 bei Buchloe. Sein Wohnsitz war Starnberg. Vier Jahre vorher hatte er dort von der Rettung des Tempels von Kalabscha erzählt. Bedroht war der Tempel mit 21 weiteren durch den Bau des Assuan-Staudamms am oberen Nil. Als Direktor des Archäologischen Instituts in Kairo führte er, finanziell von der Bundesregierung unterstützt, die Verlegung des Tem-

pels an einen höher gelegenen Ort bei Assuan durch. Mit 200 Helfern, Wissenschaftlern und Technikern, gelang es ihm, Stein um Stein abzubauen. Kolossalstatuen, Felszeichnungen und Fresken, über 3000 Jahre alt, wurden gerettet: eine in dieser Form erstmalige Leistung.

Helmut Berve, Altertumswissenschaftler und Historiker, zuletzt, nach Leipzig und München, Professor in Erlangen, wurde 1962 emeritiert und zog nach Hechendorf. Der Ehrendoktor der Universität Athen und Leiter der Kommission für alte Geschichte und Epigraphik in der Bundesrepublik (seit 1960) hat in seiner von 1931 bis 1933 veröffentlichten »Griechischen Geschichte« — Neuauflagen folgten — damit aufgeräumt, dem Griechentum Ideen des 19. Jahrhunderts unterzuschieben. Vorausgegangen war 1926 sein zweibändiges Werk über »Das Alexanderreich«. Sachlich führte er den »Nationalismus« der Alten auf ihren bescheideneren Städtepatriotismus zurück. 1969 erklärte er, daß der Trojanische Krieg wahrscheinlich nicht stattgefunden hat, daß es für ihn jedenfalls keine Beweise gäbe.

Seine Bücher sind in einem klaren, leicht faßbaren Stil geschrieben. Er erwarb ihn sich als Dozent in Arbeiterkursen und Volkshochschulen: »Hier habe ich mich ständig gefragt: ›Was kommt bei Menschen ohne einschlägige Vorbildung an? Wie kann ich mich ihnen gegenüber verständlich machen, ohne mir wissenschaftlich etwas zu vergeben?‹«

1958, acht Jahre nach seiner Übersiedelung nach Herrsching, wo eine Straße seinen Namen trägt, starb der Erforscher der bayerischen Vor- und Frühgeschichte, *Paul Reinecke.* Fast drei Jahrzehnte — von 1908 bis 1937 — war er Hauptkonservator und Leiter der Abteilung Frühgeschichte im Landesamt für Denkmalpflege. Ihm verdanken wir die Aufdeckung des römischen Kempten. Zusammen mit seinem Kollegen Friedrich Wagner gab er 1920 das Standardwerk »Die Römer in Bayern« heraus. Bis kurz vor seinem Tod — er starb mit 86 Jahren — war er an Ausgrabungen beteiligt. »Das römische Kunststraßennetz« in Bayern wurde von ihm erforscht. Durch Bodenfunde und Identifizierungen bei Herrsching und Gauting hat er einen wichtigen Beitrag zur Erhellung der Vor- und Frühgeschichte auch in unserem Landkreis geleistet.

Ein Wissenschaftler, der den Gesichtskreis der klassischen Archäologie entscheidend erweitert hat, war *Ernst Buschor.* Während der letzten 18 Jahre seines Lebens (1943 bis 1961) hat er in Breitbrunn am Ammersee gewohnt. 1886 wurde er in Hürben bei Krumbach in Schwaben geboren. Von 1921 bis 1929 war er Direktor des Deutschen Archäologischen Instituts in Athen. Dann übernahm er eine Professur in München. Mit seinen Studien über die Geschichte der archaischen Kunst schuf er neue Aspekte. Bei seinen Ausgrabungen des Heraion (Hera-Heiligtum) bei Samos stieß er auf den Kult einer vorgriechischen Göttin. Einer der von ihm entdeckten Tempel entstand um das Jahr 800 v. Chr. Ein weiterer, von ihm entdeckter Tempel — um 570 v. Chr. — besaß unerwartet große Ausmaße (22,5 zu 105 Meter). Buschor stellte ferner fest, daß der Tyrann Polykrates von Samos (um 538 v. Chr.) nach dem Brand des vorangegangenen Tempels einen neuen von noch riesigeren Ausmaßen geplant hat, der jedoch nie fertiggestellt wurde. Damit lichtete sich unser Wissen um die Monumentalkunst und die ost-ionische Plastik der archaischen Zeit. Zu Buschors Hauptwerken gehören »Die Plastik der Griechen« (1936), »Griechische Vasen« (1940), »Von griechischer Kunst« (ausgewählte Schriften, 1956) und »Das Porträt, Bildniswege und Bildnistafeln in fünf Jahrtausenden« (1960). Seine Übersetzungen der griechischen Tragödiendichter, besonders des Euripides, haben zur Vertiefung des antiken Menschenbildes beigetragen.

Wolfgang Krämer in Gauting hat Reinecke oft bei eigenen Ausgrabungen bemüht. Dieser Heimatforscher aus Passion, Studienprofessor für Deutsch, Geographie und Geschichte, seit 1916 an der Würm ansässig und Ehrenbürger seiner Wahlheimat, hat mit unvergleichlichem Eifer die hiesige Frühgeschichte untersucht und aufgezeichnet. Das Ergebnis seiner

Epitaph der Toerrings
in der Oberaltinger
Kirche

Blick von Oberalting über die Eichenallee auf Güntering

Ausfahrt des Buzentaur – Relief am Starnberger Schloß

Die alte Starnberger Fischertracht

Der Maibaum in Erling
wird aufgestellt

jahrzehntelangen Forschung ist in seiner »Geschichte der Gemeinde Gauting«, 1949, auf über 600 Seiten im Großformat festgehalten. 1967 veröffentlichte er »Neue Beiträge zur Vor- und Frühgeschichte von Gauting« als Nachtrag. Für seine Vaterstadt St. Ingbert schuf er ein dreibändiges Urkundenwerk. Auch ein Buch über Hexenprozesse entwuchs seinem Fleiß. Schon als Gymnasiast hatte er anonym eine Schrift über St. Ingbert verfaßt. Sein Deutschlehrer benutzte sie, ohne daß er den Namen des Autors zu seinen Füßen kannte, für den Heimatkundeunterricht. Er hatte viel Sinn für Humor. Seine »Lukasburger Stilblüten«, eine köstliche Sammlung sprachlicher Entgleisungen in den Aufsätzen seiner Schüler am Münchner Lukasgymnasium, überschritten die Millionenauflage. Kürzlich starb er hochbetagt.

Am 19. August 1967 wurde, 67 Jahre alt, der Nationalökonom *Erich Preiser* in München begraben. Die letzten zehn Jahre hatte er in Gauting verbracht. Er war — gebürtig aus Frankfurt am Main — juristischer Ehrendoktor der Bonner Universität, Strukturbeirat bei der Gründung der Regensburger Universität und seit 1957 Professor in München. Mit Friedrich Lütge zusammen gab er die »Jahrbücher für Nationalökonomie und Statistik« heraus. Außerdem saß er im wissenschaftlichen Beirat des Bundesministeriums für Wirtschaft. Als akademischer Lehrer kämpfte er gegen die Vermassung der Vorlesungen, immer zu persönlichen Kontakten mit seinen Studenten bereit.

»Die geistige Wiederholung« (1937), »Die geistige Mitte« (1950), eine fünfbändige Geschichte der abendländischen Kunstentwicklung (1960 abgeschlossen) und »Antike — Abendland« (1964) waren die Hauptwerke des Kunst- und Kulturhistorikers *Frederik van Scheltema.* 50 Jahre hatte er, frei von akademischen Würden und Belastungen, in Gauting damit verbracht, »das unerschöpflich schöpferisch durchgebildete Gefüge« einer universalen Menschheitsgeschichte zu durchdenken, ehe er 1968 mit 82 Jahren starb. Niemals Pessimist, hatte er in jedem Untergang einer Kulturepoche gleichzeitig die Geburt einer neuen gesehen.

Heinrich Zimmermann übernahm 1920 die Leitung des Germanischen Museums in Nürnberg, wurde 1936 Leiter der Gemäldesammlung im Berliner Kaiser-Friedrich-Museum und des damit verbundenen Deutschen Museums und sammelte 1945 in Berlin die restlichen Bestände für Berlin-Dahlem. Mit 71 Jahren, 1957, suchte er sich in Tutzing seinen Alterssitz, unentwegt weiter sichtend und schreibend. Nach fünfjährigen Sondierungen von Dublin bis Sizilien und von Moskau bis Gibraltar hatte er als junger Kunsthistoriker vier Foliobände mit Abbildungen und einen Textband über »Vorkarolingische Miniaturen« herausgegeben. 1920 war sein Band über »Frühmittelalterliches Kunstgewerbe« gefolgt. 1928 hat er die Dürer-Ausstellung in Nürnberg, die heute einen legendären Ruf genießt, organisiert, in Berlin 1937 die Lukas-Cranach-Ausstellung. Zimmermann war immer ein Mann der Praxis, der Skepsis. Nie gab er sich spekulativen Erwägungen hin.

»In der ›Villa Hochvogel‹ ließ es sich ausgezeichnet schaffen«, schreibt *Hermann Uhde-Bernays* in seinen Erinnerungen »Im Lichte der Freiheit«. »Dort wurden alle meine Bücher vor dem Weltkriege geschrieben. In diesem Hause sind in den ersten beiden Jahren meine Kinder Werner und Liesel geboren worden; im Gärtchen haben sie zuerst gespielt. Ich glaube, die Schönheit, die Freiheit und der Friede, die ihnen in früher Kindheit in Herrsching beschieden waren, werden ihren segnenden Einfluß immer bewahren.« Vier Jahre, bis 1913, hatte er dort gewohnt. Dann zog er nach Starnberg, weil er dort einen Kreis geistiger Menschen fand, »die nicht nur Schaffkopf spielten und sich darüber unterhielten, welcher Rittmeister wohl 1892 die dritte Eskadron bei den Schweren Reitern kommandiert hatte«. Der Weimaraner Uhde-Bernays, Theater- und Kunstkritiker in München, Verfasser von Malermonographien — sein »Spitzweg« erlebte 1935 die 10. Auflage —, Kulturessayist und Weltmann, war nach dem Zweiten Weltkrieg noch Honorarprofessor in München.

1945 ließ er sich in Starnberg zum Stadtrat wählen, 1950 wurde er dort Ehrenbürger. 1965 starb er mit 92 Jahren.
Über fünf Jahrzehnte hat er in Starnberg gewohnt, häufig von langen Reisen unterbrochen. »Meine oberbayerische Heimat, die an landschaftlichen Reizen alle Gegenden übertrifft, die ich sonst gesehen habe«, meinte er noch 1950, »ist mir so ans Herz gewachsen, daß hier mein Leben zu beschließen mein letzter Wunsch ist.«
Wilhelm Hausenstein, mit seinen Kulturbetrachtungen einer der weisesten Essayisten zwischen den beiden Kriegen, von 1953 bis 1955 auf Vorschlag von Theodor Heuss Botschafter in Paris, skeptischer Weltbetrachter mit positiven Lichtern und Stilist von hohem Rang, schickte zwischen 1931 und 1950 vom »Buchenhaus« am Hang über Tutzing aus seine besten Bücher in die Welt: 1932 »Europäische Hauptstädte«, 1934 »Das Land der Griechen«, 1936 »Wanderungen« und 1946, vom Schreibverbot im Dritten Reich unterbrochen, seinen »Baudelaire« und den ersten Band seines »Lebensbuches« mit dem Titel »Lux perpetua«. Von 1921 bis 1931 hatte er schon jeden Sommer mit seiner Familie im früheren Hotel Simson am Bahnhof verbracht.
Dr. Otto von Habsburg, ältester Sohn des letzten österreichischen Kaisers, 1912 in Niederösterreich geboren, lebt heute als geachteter Publizist und engagierter Europäer mit seiner Familie in Pöcking.
Sie sind keine professionellen Musikwissenschaftler, *Bruno Aulich* und *Ludwig Kusche* in Gauting, aber als Entdecker ungehobener Schätze, kritisch schmunzelnde Betrachter schiefgelaufener Legenden oder als Berater für aktive Hausmusikanten sind sie unersetzlich. Aulich, in München und Berlin lange Zeit Leiter der Unterhaltungsmusik am Rundfunk, ist der Richtigkeit der Noten in den Manuskripten nachgegangen, hat davon im Rundfunk erzählt und von Gauting aus mit dem Starnberger Verleger Ernst Heimeran und andern Freunden »Das stillvergnügte Streichquartett« im eigenen Kämmerlein gepflegt. Daraus entstand das gleichnamige Buch. »Alte Musik, recht verstanden — richtig gespielt« kam 1957 als zweites, schon dickeres Buch heraus, ebenfalls im Heimeran-Verlag: ein Wegweiser mit Anleitungen für die Ausführenden, witzigen Kurzbiographien der Meister und einem Verzeichnis sämtlicher Neudrucke, soweit sie für häusliche Musikanten spielbar sind. Ludwig Kusche schrieb kleine Musiker-Monographien über Brahms, Schubert, Chopin und Richard Strauss, in denen man genau das findet, wofür die strengen Wissenschaftler keine Zeit haben: Menschlich-Allzumenschliches am Rande, wie etwa auch die Stellung Wagners zu seiner Putzmacherin in Wien, die ihm die häufig wechselnden Wohnsitze ausdekorieren mußte. Bekannt sind auch Kusches Untersuchungen über Musikeranekdoten unter dem Titel »Stimmt denn das auch?«: eine lächelnde Wissenschaft ohne Anspruch auf staatliche Verdienstorden, ein fröhlicher Farbfleck auf dem Grund der ernsten Forschung.
Mit *Paul Ernst Rattelmüller,* der von seinem Haus in Leutstetten aus über das Moos und den Starnberger See bis zum Gebirge schauen kann, schließen wir diesen Abschnitt. Rattelmüller geht es um die Erhaltung der Schönheit und Kultur unseres Gebietes, das uns ans Herz gewachsen ist. Der Sproß einer alten bayerischen Offiziersfamilie hat sich hierin längst zum Experten entwickelt. Als unermüdlicher Liebhaber und Sammler hat er aufgrund seiner Unterlagen Trachten entworfen und alte Noten für Blasmusik zusammengesucht. In zahllosen Rundfunksendungen hat er jahrelang die Eigenarten seines Stammes festgehalten. Als Grafiker unseres Brauchtums müßte man ihn eher zu den Künstlern rechnen. Seine illustrierten Bücher über bayerische Sitten, Gewohnheiten, handwerkliche Kostbarkeiten und menschliche Originale übersteigen die Zahl 30: »Eines kommt zum andern.« Seit 1972 ist er Heimatpfleger des Bezirkes Oberbayern. Das Theoretisieren liegt ihm nicht. Aktiv kämpft er für die Rettung alter Bauten und macht den Menschen klar, daß man ein gewachsenes, harmonisches Ortsbild nicht durch unvermittelt hineingeklatschte Betonklötze zerstören darf. Er nimmt kein Blatt vor

den Mund und dringt mit seinen Einwänden bis zum Regierungspräsidenten und zum Minister vor, unter Berufung auf das seit dem 1. Oktober 1973 bestehende Denkmalpflegegesetz. Daß er heute bei jungen Menschen Widerhall findet, gibt ihm Auftrieb. Er ist kein Reaktionär. Er kennt nur den Wert der Tradition und will sie mit der Gegenwart vereinen. Dabei rechnet er mit der Einsicht, den Fortschritt nicht überzubetonen: »Schließlich können wir uns nicht zu Tode wachsen lassen.«

DAS VOLK

»Sie sind von der Hoffnung, jemals zu großen Reichthümern zu gelangen, und von der Furcht, in schmutzige Armuth zu verfallen, gleichweit entfernt«, sagte Westenrieder am Ende des 18. Jahrhunderts von den Einheimischen am Starnberger See. »Sie leben gewöhnlich bei einer guten Gleichmüthigkeit in einer fast beneidenswerten Ruhe. Sie erreichen meist ein hohes Alter und sterben, wenn ich so sagen darf, wie die Bäume, zur Zeit wenn die Natur ausgebraucht ist. Zu Pöcking lebte im Jahre 1783 ein Mann von 106 Jahren, und es ist ganz gewöhnlich, Leute von 80, 90 Jahren und darüber zu sehen.«
Hermann Wagner, ein reiselustiger Sachse, schilderte 1865 in seinem Buch »Eine Alpenreise«, was er auf seiner Fahrt von München nach Starnberg erlebt hat: Auf der letzten Station stieg eine Musikkapelle, gemeinsam mit einer Gruppe Bauern, zu. Ein Pudel begleitete die schmetternden Töne mit wehleidigem Gesang. »Einige Bauern mit scharlachroten Westen, halbe Guldenstücke statt Knöpfe daran, lassen eine kurze Tabakspfeife feierlich von Mund zu Mund gehen. Jeder thut einige Züge und giebt sie dem Nachbar. Es ist die Friedenspfeife der Alpen. Ein verwetterter Alter zieht ein fingerlanges Glasfläschchen aus der rechten Westentasche. Ist er etwa ein Medizinmann? Enthält das Fläschchen ein Lebenselixir, aus Alpenkräutern gebraut? — Bedächtig nimmt er den hölzernen Stöpsel ab, der unten in eine lange Spitze ausläuft, und klopft aus der geheimnisvollen Phiole ein Häufchen Schnupftabak auf den Rücken der Hand! Im Wirtshaus Kaffee aus Weingläsern, Wein aus Biergläsern, Bier aus thönernen Krügen — hier Schnupftabak aus Glasflaschen. Manches ist anders im Alpenland!« Eine Bauersfrau neben ihm bestärkt ihn mit ihrem »förmlichen Goldpanzer über Brust und Rücken« in seiner Verwunderung: »Die Bandenden bilden bauschige silberne Epauletten dazu. Die Spitzen der Hauben verdecken ziemlich das ganze Gesicht gleich dem Visier eines Ritterhelms. Das Meisterstück ihres Anzugs ist aber der Rock. Dicht unter dem Arm beginnt schon die Taille, Falte reiht sich an Falte, so daß eine bombenfeste Wand von mehr als Handbreit Dicke entsteht — eine prächtige Schutzwehr in Kriegszeiten.«
Etwa um die gleiche Zeit, im Sommer 1860, hat Ludwig Steub, der Kulturhistoriker, Schriftsteller und Jurist, der den jungen König Otto nach Griechenland begleitete, das landwirtschaftliche Fest in Starnberg besucht und mit bayerischer Selbstironie 1862 in seinen »Wanderungen im bayrischen Gebirge« beschrieben. Da stürzt sich »die hungrige Menge zu Pellet und nimmt beim Mittagessen das Beste ein, was der fruchtbare Landgerichtsbezirk zu bieten hat. Alles recht gut und fleißig gekocht.« Da strömen die »Ichthyophagen« (= Fischesser) von Ambach, die »Renkenfischer von Tutzing«, die Bewohner »von Aufkirchens wundertätiger Höhe«, die Feldafinger, die »Völker aus dem märchenhaften Tal der Würm« zusammen, die »Glücklichen, die um den heiligen Berg Andechs wohnen dürfen, die Seefelder, die Pöckinger, Söckinger, Perchtinger, Dreßlinger, Uneringer. Auch die Traubinger

hatten sich in stattlichen Haufen eingefunden, diese hervorragende Gemeinde mit ihren guten Sitten und ihrem großen Wollen, so hervorstechend in dem Gau, daß ein angehender Historiker behauptete, sie müßten fast von einem edleren Stamme als die übrigen Bajuwaren abzuleiten sein, vielleicht von den königlichen Goten oder einem anderen halbgöttlichen Urvolke.«

Eine Festflottille, ähnlich der Ausfahrt des »Buzentaur«, bewegte sich über den See nach Possenhofen. Nach dem Segelrennen fand ein Fischerstechen statt: »Zwei Nachen, die langsam gegeneinander rudern, tragen auf dem äußersten Brettchen des Vorderteils je einen Fischer, der eine lange Stange führt und damit sein Gegenüber herabzustechen sucht. Es gehört eigentlich zum ›Gspiel‹, daß wenigstens einer der beiden Fechter ins Wasser plumpst, ein Vorgang, den natürlich Stadtleute wie Bauern mit dem freudigsten Gelächter begrüßen.« Die Spitzen der Stangen waren »durch weiche Knöpfe unschädlich gemacht«. Manche der »mit dem buntesten Flitter aufgeputzten Kämpfer« zogen es, wenn sie aus dem Gleichgewicht gekommen waren, vor, nicht ins nasse Wasser, sondern in den trockenen Kahn zu springen. Am letzten Abend erscholl »Arndts deutsches Lied mit lauter Kraft«.

An alten Leuten, wie sie Westenrieder beschrieben hat, war auch im 20. Jahrhundert kein Mangel. »Ihr dürft nur das Schnaufen nicht vergessen«, riet die letzte *Posthalterin von Seefeld, Katharina Steeb,* 1964 an ihrem 103. Geburtstag. Sie stand jeden Tag um drei Uhr auf, nahm einen kräftigen Imbiß und legte sich dann bis acht Uhr wieder ins Bett. Vormittags besuchte sie Bekannte zu einem Plausch. Punkt 12 Uhr verzehrte sie ein solides Mittagessen, schlief bis 15 Uhr und brachte dann einen Kaffeeklatsch zustande, bei dem sie mit lauter Stimme das Wort führte. Um die »Hundert« wurde sie etwas schwerhörig, und mit 102 Jahren empörte sie sich, daß man sie einmal ins Krankenhaus gebracht hatte: »Mir fehlt doch nix!« Sie erzählte von ihren Reisen nach Petersburg und Rom zur Zeit Bismarcks und von ihrem Chef, dem Generalpostmeister Heinrich von Stephan. Eines Tages war Katharina Steeb still entschlafen.

1969 versicherte die 93jährige Puppenspielerin und Keramikerin *Marie Janssen* im Keller ihres Häuschens in Herrsching, umgeben von den Bühnenbildern und Figuren ihres kleinen Theaters: »Einmal möchte ich noch spielen.« Dann ging sie zu ihrem Brennofen, um für Freunde kleine Keramikgeschenke zu glasieren. Die Requisiten ihres Sollner Puppentheaters hatte sie schon zu ihren Lebzeiten dem Münchner Stadtmuseum vermacht.

Der berühmteste Kraftmensch im Fünfseenland war der *Wörsching Jakl,* 1865 als Sohn des Glasermeisters Heinrich Wörsching in Starnberg geboren und 1946 an den Folgen eines Schenkelhalsbruches gestorben. 1880 gründete er den Starnberger Turnverein mit. Auf dem früheren Waldspielplatz an der Weilheimer Straße wurden die mit Bandeisen zusammengehaltenen Granitsteine lange aufbewahrt, vier und fünf Zentner schwer, die der Jakl mit einer Hand gelupft hat. Bei einer Zugspitzbesteigung mit Starnberger Kameraden fand sich am Münchner Haus – sie übernachteten dort – kein Heizmaterial. Der Jakl stieg nach Garmisch ab und holte in einem Neunstundenmarsch einen Zentner Kohlen herauf.

Der Bauer *Adolf Grenzebach* aus Hochstadt macht ihm den Nachruhm streitig. Fünfzehnmal hat er im Münchner Löwenbräukeller beim Wettstreit zur Starkbierzeit den 508 Pfund schweren Stein des Steyrer Hans aus Giesing gehoben. Zehnmal wurde er Erster, viermal Zweiter und einmal Vierter. »Wem hat der Triumphator so viel Kraft gegeben, den Stein vom Steyrer Hans hier aufzuheben?« steht über dem Stein. Grenzebach schafft ihn ohne Gerstensaft. Lange hat dieser starke Mann überhaupt kein Bier getrunken, nur Milch, und heute ist sein Verbrauch an Alkohol sehr bescheiden. Liegend drückte er Hanteln mit 125 Kilo Gewicht hoch; mit einer 250 Kilo schweren Hantel im Genick ging er in die Kniebeuge; mit dem Kreuz hob er 310 Kilo. Damit erreichte er über die Münchner und Bayerische die Deutsche Meisterschaft.

Auf dem Zweierbob holte sich *Horst Floth* aus Garatshausen bei den Olympischen Winterspielen 1968 in Grenoble die Silberne Medaille. Nach einem genau durchdachten Training mit Waldlauf, Gewichtheben und Hundertmeterlauf schaffte er den Sprung in die Weltklasse mit 33 Jahren.
Die Sportler aller Sparten haben sich, meist mit erheblichen Eigenleistungen, ausgezeichnete Trainingsmöglichkeiten geschaffen. Die Reiter des Fünfseenlandes sind auf vielen deutschen Turnierplätzen anzutreffen. Die Ruderer des Starnberger Sees vertreten die Kreisstadt erfolgreich bei nationalen Meisterschaften. Die Segler des Landkreises belegen bei internationalen Regatten auf den heimischen Revieren und im Ausland oft erste Plätze.
Willi Daume, Präsident des Deutschen Olympischen Komitees, bereitete von Feldafing aus die Münchner Spiele von 1972 vor.
Die alte Tracht, die Hermann Wagner 1865 auf der Fahrt nach Starnberg erlebte, ist verschwunden. Wer sie sehen will, muß sich die Votivtafeln in den Wallfahrtskirchen anschauen oder ins Starnberger Heimatmuseum gehen. Um 1807 trugen die Männer einen hellgrünen Schoßrock mit Silberknöpfen, eine rote Weste, eine schwarze Latzhose bis zum Knie, weiße Wadenstrümpfe und Schnallenschuhe. Den Kopf schützte ein schmalrandiger schwarzer Hut, der oben spitz zulief, »Gupf« genannt. 1835, auf der Bilderserie, die der Maler Kraus zur Jubelhochzeit des Königspaares anfertigte, zierten die meisten Männer kurze Janker und kurze Westen mit Münzen als Knöpfen. Die Lederhosen waren lang geworden und staken in hohen Stiefeln. Auf dem Kopf saß ein Zylinder mit buntem Band.
Bei den Huosigaufesten, an denen auch Trachtengruppen aus Weilheim und vom Westufer des Ammersees teilnehmen, kann man noch das alte Gewand der Fischersfrauen sehen, in matten Farben und aus schwerer Seide. An den meisten Orten hat man eine neue Tracht in Anlehnung an alte Vorbilder geschaffen. Manche Orte übernahmen Trachten aus anderen Gebieten des Oberlandes.
Bei Volksfesten, Fahnenweihen und Jubelfeiern der Vereine, vor allem an den kleineren Orten, marschieren die Trachtler mit ihren Fahnen auf, die Schützen, bei denen ein ebenso strenges Reglement herrscht, die Feuerwehren, die Veteranen und Gesangvereine. Alte Tänze werden vorgeführt. Unter den Plattlern herrscht traditionsbewußte Zucht. In regelmäßigen Abständen wird auch das Fischerstechen wiederholt, in Starnberg, Tutzing und Herrsching. Der Ehrenvorsitzende des Huosigaus, *Hans Zellner,* wacht darüber, daß keine Stilfehler unterlaufen. Dazu geben die beiden Kreisheimatpfleger, *Gustl Empfenzeder* von Starnberg-West und *Gerhard Schober* von Starnberg-Ost, als Nachfolger von *Alfons Köbele,* ihren Schäflein Ratschläge, wie man das Vergangene ehren kann, ohne in Sterilität zu verfallen. Die umfangreichen Arbeiten des verstorbenen Kreisarchivpflegers *Josefranz Drummer* in Tutzing, seine reiche Sammlung an Heimatdokumenten, die seine Witwe verwaltet, sind dabei eine Fundgrube.
Im Fünfseenland haben sich in den letzten Jahrzehnten alle deutschen Stämme vermischt. Norddeutsche, Heimatvertriebene und Einheimische leben miteinander. Miteinander — nicht nur nebeneinander. Die Unterschiede zwischen den Konfessionen fallen nicht mehr ins Gewicht. Politische Gegensätze treten stärker in den Vordergrund.
Manchmal steht einer auf und besingt seine Heimat, wie ihm der Schnabel gewachsen ist. In Drößling, dem kleinsten Ort des Fünfseenlandes, lebt der Gärtnermeister *Josef Peter.* Er baute mit seinem Schwager einen der modernsten Betriebe auf. In Mußestunden macht er Verse: Die »Erschaffung der Welt« in Andechs oder die »Die Herbergssuche« im Schatten des Heiligen Berges. Ein mitleidiger Bauer, der Maria und Joseph dann aufnimmt, wird in wenigen Sätzen lebendig:

»Da kimmt vom untern Dorf rauf a Mo.
's Gehn fallt eam schwar und hart kimmt's eam o.
A siebgatz Jahr werd er wohl sei,
Er halt und verschnauft und halt se am Zaunspitzl ei.«

Kultur und Wissenschaft

FORSCHUNGSSTÄTTEN

Deutsche Forschungs- und Versuchsanstalt für Luft- und Raumfahrt in Oberpfaffenhofen

Das »Flugfunk-Forschungsinstitut Oberpfaffenhofen« – FFO – fiel der amerikanischen Besatzungsmacht am 8. Mai 1945 fast unversehrt in die Hände. Während auf den unmittelbar benachbarten Werkflugplatz der Firma Dornier laufend schwere Bomben gefallen waren, hatte lediglich eine einzige Brandbombe einen belanglosen Schuppen des FFO getroffen. Amerikanische Offiziere brachten eine Personalliste mit, auf der jeder Mitarbeiter mit Wohnung und Gehalt notiert war. Die amerikanische Spionage hatte gut gearbeitet; denn die wissenschaftlichen Ergebnisse des Instituts waren schon lange vor 1945 für die amerikanische Hochfrequenztechnik interessant geworden. Die US-Luftwaffe hatte den Befehl erhalten, die Anlagen zu schonen. Das Institut wurde gezielt konfisziert.

Der junge Max Dieckmann, 1907 in Straßburg zum Dr. phil. promoviert, pachtete 1908 vor den Toren Münchens eine Wiese und führte in einer kleinen Holzhütte luftelektrische Messungen durch. Hieraus entstand die »Drahtlostelegraphische und Luftelektrische Versuchsanstalt Gräfelfing« – DVG –, aus der später das »Flugfunk-Forschungsinstitut Oberpfaffenhofen« hervorging. 1912 gelang es Dr. Dieckmann von der »Viktoria Luise« aus, dem Luftschiff des Grafen Zeppelin, erstmals Funkverkehr über 200 Kilometer Distanz zu verwirklichen und den Nachweis zu erbringen, daß auf wasserstoffgetragenen Luftschiffen mit den damals üblichen Löschfunkensendern gearbeitet werden konnte. Seine weiteren Forschungen über die Navigationsmöglichkeiten in der Luftfahrt wurden bahnbrechend. Er trug wesentlich zur Entwicklung des Bordpeilgerätes mit der Zielsetzung des Radiokompasses bei; er entwickelte komplette Fernsteueranlagen und die funkelektrische Höhenmessung.

1933 kam er mit seinen Mitarbeitern in Gräfelfing zu dem Schluß, daß sich die Probleme des Flugfunks und der Flugnavigation am vorteilhaftesten mit Ultrakurzwellen lösen lassen. Als Professor der Technischen Hochschule in München wurde er vom bayerischen Staat – trotz verlockender Berufungen nach Berlin – gehalten und im Zuge der Einrichtung eines Münchner Instituts für Radiotechnik auf Veranlassung der Forschungsführung im Luftfahrtamt 1937 mit dem Aufbau des »Flugfunk-Forschungsinstituts Oberpfaffenhofen« betraut.

Auf dem 17 Hektar großen Gelände wurde ausschließlich Flugfunkforschung getrieben. 115 Mitarbeiter kamen damals mit Dieckmann nach Oberpfaffenhofen. 1939 waren es 400, am Kriegsende 800, einschließlich der militärischen Bewachung und einiger Angestellten.

Die Notwendigkeit, nach dem Zweiten Weltkrieg wieder Flugfunkforschung in der Bundesrepublik zu betreiben, veranlaßte 1954 das Bundesverkehrsministerium und die Verkehrsminister von Bayern und Nordrhein-Westfalen, Mittel für den Neuaufbau des Instituts zur Verfügung zu stellen. Ende 1956 zog das Institut mit 30 Mitarbeitern nach Oberpfaffenhofen um. Inzwischen war es in der »Deutschen Versuchsanstalt für Luftfahrt« (DVL) aufgegangen. Das Bundesfinanzministerium überließ der DVL das Nutzungsrecht des Oberpfaffenhofener Institutsgeländes, dessen Wiederinstandsetzung 1960 abgeschlossen war.

1958/59 wurden die Institute »Mikrowellen« und »Steuer- und Regeltechnik« vom Flugplatz Essen-Mühlheim nach Oberpfaffenhofen verlegt. Auch das »Institut für Physik der Atmosphäre« zog in der Folge von München-Riem nach Oberpfaffenhofen um. 1966 wurde das »Institut für Satelliten-Elektronik« gegründet. Die aus den bisherigen Forschungseinrichtungen zusammengefaßte »Deutsche Forschungs- und Versuchsanstalt für Luft- und Raumfahrt« (DFVLR) hat ihre Zentren in Porz-Wahn, Braunschweig, Göttingen, Stuttgart und Oberpfaffenhofen. Die Gesamtzahl der Mitarbeiter im Zentrum Oberpfaffenhofen betrug Ende 1976 etwa 800, davon rund 260 Wissenschaftler und wissenschaftliche Mitarbeiter, 380 Angestellte und 160 Arbeiter in den Werkstätten und sonstige Hilfskräfte.

Die Hauptabteilung Raumflugbetrieb (HA RFB) in Oberpfaffenhofen hat die Aufgabe, in Zusammenarbeit mit Forschung, Industrie und ausländischen Organisationen den Betrieb von Raumfahrtmissionen zu planen, vorzubereiten und durchzuführen. Dazu gehören — neben Überwachung und Steuerung von Satelliten sowie Start von Höhenforschungsraketen und Ballonen — Aufbereitung und Verarbeitung von Bilddaten aus Erderkundungsmissionen sowie von wissenschaftlichen und technologischen Daten anderer Raumfahrtvorhaben. Über ihre Daten- und Nachrichtenverbindungen ist die HA RFB der NASA (zivile Organisation zur Durchführung der Weltraumforschung für friedliche Zwecke), der ESA (europäische Raumfahrtorganisation) und der CNES (französische Raumfahrtorganisation) angeschlossen und dadurch in der Lage, gemeinsame internationale Satelliten- und Raumsondenprojekte durchzuführen. Die HA RFB kann vier Raumfahrtmissionen gleichzeitig betreiben. Kernstück der deutschen Sende- und Empfangsanlagen ist die Zentrale Deutsche Bodenstation bei Weilheim. Sie empfängt die von der Sonde ausgestrahlten Daten und sendet die Kommandos an das Raumfahrzeug. Das Kontrollzentrum der HA RFB ist mit der Station verbunden, steuert und überwacht den Raumflugkörper und verarbeitet die Daten.

Den ersten deutschen Forschungssatellit, »Azur«, startete die DFVLR im November 1969. Messungen im inneren Strahlungsgürtel der Erde wurden durchgeführt, magnetische und optische Phänomene in der Polarlichtzone untersucht sowie die Beeinflussung des Erdmagnetfeldes durch solare Ereignisse. Am 29. Juni 1970 hatte »Azur« seine Aufgabe mit 2752 Erdumläufen erfüllt. Der nächste Satellit, »Aeros«, wurde im Februar 1971 im Auftrag der Bundesregierung gestartet. Er diente der Klärung von Vorgängen in der oberen Atmosphäre. Das Meßprogramm umfaßte die Elektronen- und Ionendichte, die Ionen- und Neutralgastemperatur, die Ultraviolett-Strahlung der Sonne, die Bestimmung der chemischen Zusammensetzung der oberen Atmosphäre und ihre Bremswirkung auf den Satelliten. Nach Beendigung dieses Auftrages im August 1973 folgte im Juli 1974 ein weiterer »Aeros«-Satellit.

Die Satelliten »Helios« A und B umkreisen seit 1976 als gegenwärtig größtes gemeinsames deutsch-amerikanisches Raumfahrtprojekt in einem Abstand von 45 Millionen Kilometer (ein Drittel der Entfernung Sonne—Erde) wie ein Planet die Sonne und erforschen den »Sonnenwind«, einen Strom geladener Teilchen, der von der Sonne ausgeht, sich in dem interplanetaren Raum bewegt und durch seine elektrischen und magnetischen Eigenschaften die Lebensbedingungen auf der Erde weitgehend beeinflußt.

Der erste deutsch-französische experimentelle Nachrichtensatellit »Symphonie« verließ am 19. Dezember 1974 die Startrampe; am 27. August 1975 folgte »Symphonie II«. Der Satellit wurde von der Trägerrakete zunächst in eine stark elliptische »Transferbahn« eingeschossen, dann durch ein satelliteneigenes Antriebsystem in die »Primärbahn« gebracht, bis er seine endgültige »Synchronbahn« erreichte, in der er seine Position gegenüber der Erde nicht mehr verändert. Er dient zu Übertragungsversuchen von Fernseh- und Rundfunkprogrammen.
1976 arbeitete die HA RFB an der Vorbereitung von »Spacelab«-Missionen. »Spacelab« ist ein Weltraumlabor, an dem die Bundesrepublik mit etwa 600 Millionen Mark beteiligt ist. In einer Raumfähre, »Space-Shuttle«, sollen die besonderen physikalischen und operationellen Bedingungen des Weltraumes (Schwerelosigkeit, Vakuum) auf breiter Basis wissenschaftlich und wirtschaftlich genutzt werden, zur Erhaltung und Verbesserung der Lebensbedingungen auf der Erde. Ferner verfügt die HA RFB über eine »Mobile Raketenbasis«. Ihre Aufgabe ist, Starts von Höhenforschungsraketen und Ballonen durchzuführen. Die Raketen erreichen eine Höhe von 170 bis 1000 Kilometer und können nach dem Start nicht mehr gelenkt werden. Ihr Aufschlagspunkt liegt mehrere hundert Kilometer vom Startplatz entfernt. Deshalb können sie nicht von der Bundesrepublik aus gestartet werden, sondern mittels der Anlage der Mobilen Raketenbasis im Ausland von nördlich des Polarkreises bis Brasilien. Die zum Start der Raketen notwendigen Anlagen werden mit Containern zu den Startplätzen gebracht. Nach dem Start wird die Flugbahn der Rakete mit Hilfe von Radaranlagen verfolgt. Die von der Nutzlast ausgesendeten wissenschaftlichen Daten werden über Telemetrieanlagen empfangen. Falls es erforderlich ist, wird die Nutzlast nach dem Aufschlagen zu Land oder zu Wasser geborgen. Es versteht sich von selbst, daß die sehr umfangreichen Aufgaben der DFVLR in Oberpfaffenhofen im Rahmen dieses Buches nur gestreift werden konnten.

Max-Planck-Institut für Verhaltensphysiologie Seewiesen

»Die Verhaltensphysiologie ist eine Wissenschaft jüngeren Datums. Sie ist die Verbindung zwischen Verhaltensforschung einerseits und der Physiologie andererseits, ein Grenzgebiet also.« Dies sagte der Nobelpreisträger und Präsident der Max-Planck-Gesellschaft, Professor Dr. Otto Hahn, am 16. September 1958 bei der Einweihung des Max-Planck-Instituts für Verhaltensphysiologie in Seewiesen am Eßsee. Das gemeinsame Forschungsziel der einzelnen Abteilungen, die jeweils verschiedene Aspekte aufgreifen, ist, Gesetzmäßigkeiten aufzudekken, die einem biologisch sinnvollen Verhalten des Einzelorganismus sowie auch den Sozietäten zugrunde liegen. Die Gründung des Instituts ist vornehmlich den beiden ersten Direktoren, Professor Dr. Erich Walther von Holst, der 1962 in Herrsching starb, und dem jetzt emeritierten Professor Dr. Konrad Lorenz zu verdanken. Von Holst schuf die Grundlagen für eine physiologische Erforschung der komplexeren Leistungen des Zentralnervensystems und damit des Verhaltens der höheren Lebewesen. Lorenz, der 1973 zusammen mit Karl von Frisch und Nikolaas Tinbergen den Nobel-Preis für Medizin und Physiologie erhielt, hat durch seine Bücher die Verhaltensforschung einer breiteren Leserschaft verständlich gemacht. Vor allem sein Werk »Das sogenannte Böse, zur Naturgeschichte der Aggression« hat die Menschen zum Nachdenken angeregt.
Die Abteilung Professor Dr. Franz Huber untersucht den Zusammenhang zwischen Verhaltensäußerungen und den ihnen zugrunde liegenden sinnes- und nervenphysiologischen Vorgängen bei Tieren. Als Modell-Organismen dienen Grillen und Heuschrecken, die Laute erzeugen und mit Hilfe dieser Signale die innerartliche Verständigung sichern. Dabei werden Methoden der Elektrophysiologie, der Neuroanatomie und der elektronischen Datenverarbeitung angewendet.
Die Abteilung Dr. Horst Mittelstaedt erforscht das Wirkungsgefüge der Verhaltensleistungen

Die Liebfrauenkirche in Gauting

Nächste Seite: Gottesmutter in St. Gilgen

bei der Orientierung der Tiere im Raum, ihre Fähigkeit, nach der Verfrachtung in unbekanntes Gelände wieder heimzufinden. Die Fragestellung konzentriert sich auf den sinnes- und nervenphysiologischen Mechanismus, der eine solche Orientierung zustande bringt. Dabei kam man auf die Begriffe »Sonnennavigation« und »innere Uhr«. Forschungsziel ist der nachrichtenverarbeitende Wirkungszusammenhang, der biologisch wichtige Verhaltensleistungen ermöglicht, etwa das Zusammenspiel der Motorik bei Lauf- und Putzbewegungen.

Die Abteilung Professor Dr. Dietrich Schneider arbeitet mit Insekten und untersucht die biologische Funktionskette, die von der Reizaufnahme im Sinnesorgan über die Bildung und Verarbeitung nervöser Erregungen bis zur Verhaltensreaktion des Tieres reicht. Einzelthemen sind etwa die molekulare Erkennung von Duftstoffen durch Sinneszellen, reizbedingte Empfindlichkeitsveränderungen von Riechzellen sowie das Zusammenwirken verschiedener Riechzelltypen bei der Duftstoffunterscheidung und dem Auffinden einer Duftquelle. Eine andere Gruppe der Abteilung befaßt sich mit der Orientierung im Schwerefeld bei Tier und Mensch sowie mit der Raumorientierung im allgemeinen.

Die Abteilung Professor Dr. Jürgen Aschoff wurde 1964 im »Wieninger Schlößchen« in Erling eingerichtet. 1862 erbaut, hatte es ab 1889 dem bayerischen General Rudolf von und zu der Tann gehört und dann mehrfach den Besitzer gewechselt. Im Mittelpunkt der Untersuchungen in dieser Abteilung stehen die »Biologischen Uhren«. Man versteht darunter jahres- und tagesperiodische Prozesse, die im Organismus vorprogrammiert sind. Diese »Biologischen Uhren« gehen auch unter nichtperiodischen Umweltbedingungen, die experimentell das Hell-Dunkel im Tageslauf der Sonne ausschalten, weiter. Versuche mit verschiedenen Tiergattungen sollen die Eigenschaften dieser »Uhren« und ihre Steuerung durch Außenfaktoren aufklären. Es geht auch um die Frage, inwieweit Drüsen mit innerer Sekretion an diesem Steuerungsmechanismus beteiligt sind. Man dehnte diese Versuche auf Menschen aus, die sich freiwillig zur Verfügung stellten. Die Versuchspersonen lebten in unterirdischen Kammern völlig isoliert, und es zeigte sich, daß sich die endogene Periodik bei den Menschen wie bei den Tieren unter künstlich geänderter Lichtbeeinflussung um mehrere Stunden verschieben läßt. Diese Ergebnisse brachten wichtige Erkenntnisse für das Problem der Schichtarbeit und der Raumfahrt. Auch die Vogelwarte in Radolfzell, ebenfalls eine Abteilung des Instituts, untersteht Professor Dr. Aschoff. Neben dem Vogelzug sollen dort Beziehungen zwischen Vogel und Umwelt geklärt werden, auch die jahresperiodischen Prozesse bei Vögeln.

In der Abteilung Professor Dr. Wolfgang Wickler, zur Zeit Geschäftsführender Direktor von Seewiesen, sollen die verschiedenen sozialen Verhaltensweisen der Tiere erforscht werden (Sozio-Ökologie). Man möchte klären: Was hält Individuen in Gruppen zusammen, wie verständigen sie sich und welche physiologischen Antriebe und Bedürfnisse liegen solchen Zusammenschlüssen zugrunde. Im natürlichen Lebensraum und im Experiment an gefangengehaltenen Tieren werden solche Forschungen mit möglichst verschiedenen Tierarten durchgeführt. Im Vergleich nahe verwandter Arten versucht man, die Stammesgeschichte des Verhaltens zu rekonstruieren und den Einfluß von frühen und späteren Erfahrungen auf das Verhalten des Einzeltieres festzustellen.

Professor Dr. Irenäus Eibl-Eibesfeld untersucht als Leiter der Forschungsstelle für Humanethologie in Percha die Rolle der stammesgeschichtlichen Anpassung im menschlichen Verhalten. Das Arbeitsprogramm ist ausgerichtet auf Studien an normalen und gestörten, z. B. an taubblind geborenen Kindern, bezogen auf die Entwicklung des einzelnen Organismus. Wichtig sind die kulturvergleichenden Untersuchungen. In diesem Zusammenhang ist die Dokumentation ursprünglichen Sozialverhaltens bei Naturvölkern zum Vergleich verschiedener Kulturkreise Schwerpunkt.

Ende 1976 hatte das Seewiesener Institut 138

Mitarbeiter, davon 38 Wissenschaftler und außerdem 32 wissenschaftliche Gäste und Stipendiaten. Weitere wissenschaftliche Mitglieder sind Dr. Karl-Ernst Kaißling, Professor Dr. Lorenz, Professor Dr. Ernst Schüz und — als auswärtiges wissenschaftliches Mitglied — Professor Dr. Tinbergen in Oxford.

Das »*Max-Planck-Institut zur Erforschung der Lebensbedingungen der wissenschaftlich-technischen Welt*« wurde 1970 unter Carl Friedrich Freiherr von Weizsäcker in Starnberg eingerichtet. Die Fachbereiche von Professor Dr. von Weizsäcker sind Physik und Philosophie. Ein Jahr später trat ihm der Soziologe und Philosoph Professor Dr. Jürgen Habermas zur Seite. Das Institut ist in zwei Arbeitsbereiche gegliedert: I. Politikorientierte Untersuchungen; Grundlagen der Physik; Strategieforschung; Wissenschaftsforschung und Philosophie. — II. Ontogenese (Entwicklung des Einzelwesens) von Sprach- und Handlungsfähigkeiten; soziale Evolution; wirtschaftsabhängige Konflikte und staatliche Konfliktregelung. Ein III. Arbeitsbereich wird möglicherweise zusätzlich eingerichtet: Internationale Ökonomie; Steuerung von Verwendungs- und Verteilungskonflikten in entwickelten westlichen Ökonomien.
Im I. Arbeitsbereich — wir können die wissenschaftlichen Untersuchungen nur andeuten — steht im Zentrum die Politikberatung. Das Thema »Kriegsverhütung« behandelt Friedenstheorie und Praxis der Machtpolitik. Im Kontakt mit dem Bundesministerium für Forschung und Technologie wurden Stellungnahmen zur Energiepolitik ausgearbeitet. Eine Arbeit zur Kritik der volkswirtschaftlichen Gesamtrechnung führt an, daß das reale Bruttosozialprodukt weder als Nutzen noch als Wohlstand noch als Gütermenge interpretiert werden kann; sie entwirft eine Kreislaufbeschreibung, die der Entwicklung geleisteter Arbeit die Entwicklung des Konsums gegenüberstellt. In der Projektgruppe »Entwicklung und Unterentwicklung« wird die Evolution hochentwickelter und unterentwickelter nationaler Gesellschaften untersucht. Ebenso hat man mit der Untersuchung der internationalen Verteilung und Organisation der Arbeitskraft begonnen. Die Analyse der Wissenschaftsentwicklung der Gegenwart führte zu der Vermutung, daß die Begriffe der Grundlagenforschung und der angewandten Forschung angesichts der stattfindenden Wissenschaftssteuerung neu überdacht werden müßten.
Im zweiten Arbeitsbereich wird die Habermas'sche Theorie des kommunikativen Handelns weiterverfolgt, mit dem Ziel, zu einer Theorie des an Verständigung orientierten Handelns zu gelangen. Im philosophischen Bereich soll ein Forschungsansatz zu einer Theorie der »Gerechtigkeit im Handeln« entwickelt werden. Voruntersuchungen über die Entwicklung des moralischen Bewußtseins und der Wertorientierung bei Jugendlichen wurden angestellt. Im thematischen Bereich sozialer Evolution werden nach Studien über die Entstehung von Klassengesellschaften die Entwicklungsbedingungen der Moderne anhand der Entwicklung ihrer Rationalitätsstrukturen untersucht. Die Rolle der Bankenaufsicht ist Gegenstand der Untersuchung in einer politologischen Arbeit zur staatlichen Geldpolitik. In weiteren Untersuchungen sollen die Wechselwirkungen zwischen Wirtschafts- und Sozialpolitik analysiert werden.
Aus diesen Andeutungen, die zu erweitern den Fachleuten überlassen bleiben muß, mag man spüren, wie stark die Wissenschaft heute in vielen Bereichen der Gegenwart verpflichtet ist, welche Verantwortung sie zwangsläufig auf sich nimmt und wie sehr gerade das Starnberger Institut an den politischen und wirtschaftlichen Problemen unserer Zeit engagiert ist. Eine Reihe der genannten Arbeiten wurden 1976/77 mit Publikationen abgeschlossen. Von den 80 Mitarbeitern 1976/77 sind 45 Wissenschaftler, darunter elf Stipendiaten.

Die *»Evangelische Akademie Tutzing«* gehört neben der in Bad Boll bei Göppingen (Gründungsjahr 1945) und der in Loccum bei Hannover (Gründungsjahr 1946) zu den drei ältesten in der Bundesrepublik und in der DDR. Inoffiziell begann sie 1947 mit ihrer Arbeit. 1949 kaufte der Evangelisch-Lutherische Landeskirchenrat von Bayern das Tutzinger Schloß, nachdem die Innere Mission Rummelsberg bereits 1947 das Gebäude gepachtet und es zunächst als Heim für Rußlandheimkehrer eingerichtet hatte. Ein Viertel des Kaufpreises stifteten die amerikanischen Lutheraner. Aus den Stallungen und Nebengebäuden des früheren Herrensitzes wurde ein Gästeflügel für 75 Personen. Der Rundbau des Auditoriums entstand.

Die Gründung der Evangelischen Akademie war eine Antwort auf die drängenden Fragen, die sich nach dem Zusammenbruch von 1945 für uns Deutsche erhoben: Wie soll das Leben nach dem äußeren und inneren Zusammenbruch weitergehen? Wie gelangt man zu einer geistigen Erneuerung? Das Bewußtsein, dem Dritten Reich gegenüber versagt zu haben, die Erkenntnis, der schlimmen Entwicklung zu wenig Widerstand entgegengesetzt zu haben, drängte zur Tat.

Die kritische Einstellung nicht nur zu den allgemeinen gesellschaftlichen Zuständen, sondern auch zur eigenen Kirche, herrscht in Tutzing heute wie vor 30 Jahren. Zwar untersteht die Akademie dem Landeskirchenrat, aber sie hat ein distanziertes Verhältnis zur Kirchenführung. »Außer einigen Prinzipien engt wenig Gesetzeswerk ihre Experimente ein«, erklärte 1969 der damalige Leiter, Pfarrer Paul Rieger, vor dem »Freundeskreis«, der sich im Laufe der Jahre an 30 Stellen in Bayern gebildet hat. Und dann: »Die Tutzinger Akademie hat bis heute außer einem Gründungsgesetz von zehn Zeilen und einem Kuratoriumsgesetz keine kirchlichen Ausführungsbestimmungen auferlegt bekommen.« Im Vorspruch zur Satzung des Leiterkreises der Evangelischen Akademien in Deutschland, in dem sich die Führungskräfte aller Evangelischen Akademien beraten, steht der Satz: »Die Evangelischen Akademien müssen offen sein für Menschen aller Gesellschaftsgruppen sowie aller politischen und kirchlichen Richtungen.« Mit dieser Freiheit, »keine Institutionsinteressen im engen Sinn vertreten zu müssen«, haben die Akademien in der Öffentlichkeit auch für die Kirche Vertrauen geschaffen. Auf dieser Grundlage leitet Pfarrer Johannes Viebig als Nachfolger Riegers seit 1972 die Tutzinger Akademie. »Bei Ihnen kann man sich so frei äußern wie sonst nirgends«, sagte einmal ein Tagungsteilnehmer zu Viebig. Am Rand erwähnt sei, daß sich in den Anfangszeiten Dichter wie Rudolf Alexander Schröder und Otto Freiherr von Taube mit um den geistigen Aufbau der Akademie bemühten.

Das Programm für 1976 führte rund hundert Veranstaltungen auf, von denen einige auch auswärts abgehalten wurden. Die Themen waren fast immer aktuell und sehr breit gestreut, und der Teilnehmerkreis war vielschichtig. Angesprochen wurden sozial- und wirtschaftspolitische Probleme, Altenhilfe und Bildungswesen. Die Arbeitslosigkeit warf neue Fragen in der Sozialarbeit auf. Das Strafvollzugsgesetz stand zur Diskussion. »Gehört der Rundfunk den Parteien?« war die Fragestellung einer Journalistentagung. Das »Forum für junge Erwachsene« bot Themen an, die dieser Altersstufe entsprachen. Theologen untersuchten das Näherrücken des Islam. In Zusammenarbeit mit der Katholischen Akademie in München wurde die »Charismatische Bewegung als Herausforderung der verfaßten Kirche« behandelt. Probleme aus dem bayerischen Hochschulbereich greift der jährliche »Bayerische Hochschultag« auf. Lateinamerika-Tagungen sind traditioneller Bestandteil des Akademieprogramms. Studienreisen wie nach Brasilien und Ägypten unter sozial- und wirtschaftspolitischen Aspekten fanden statt. Gezielt angesprochen wurden Ingenieure und Naturwissenschaftler, Offiziere und Pfarrfrauen, Gewerkschaftsfunktionäre und evangelische Erzieher, Elternbeiräte aller Schulgattungen, Unternehmer, Arbeiter und Angestellte. Der »Politische Club«, in dem sich führende Staatsmänner und Abgeordnete zur Diskussion stellen, findet regelmäßig im Rahmen der Tutzinger Akademie statt. Das Angebot ist groß und kann hier nur angedeutet werden.

Bei allen Tagungen, die durchschnittlich drei Tage dauern, steht neben der Kritik die Verständigung. Die Dozenten gehören den unterschiedlichsten Fachgebieten an. Keineswegs dominieren die Theologen. Die wichtigsten Tagungsergebnisse finden in Publikationsreihen ihren Niederschlag, in den »Tutzinger Studien«, den »Tutzinger Blättern« und den »Tutzinger Texten«. Von 1952 bis 1976 wurden in Tutzing 1725 akademieeigene Tagungen mit 117 095 Teilnehmern durchgeführt. Daneben haben rund 700 Gasttagungen stattgefunden.

Für den Landkreis hat der »Freundeskreis Starnberg der Evangelischen Akademie Tutzing« Bedeutung. Er wurde 1953 von Dr. von Burgsdorff gegründet und führt sein anspruchsvolles Vortragsprogramm weiter. Hier griffen allmonatlich Redner wie Heinz Flügel, W. E. Süskind, Pfarrer Wolfgang Hammer, Dr. Hildegard Hamm-Brücher und Professor Dr. Carl Friedrich von Weizsäcker die Aufgaben der Kirchen in der heutigen Gesellschaft auf.

Die *»Akademie für Politische Bildung Tutzing«* steht auf einem Ufergrundstück, das Leo von Klenze, der Baumeister der bayerischen Könige, 1861 erwarb, um sich darauf eine klassizistische Villa zu errichten. Darüber starb er 1864. Ein Jahr später beendete sein Sohn Hyppolit den Bau und nannte ihn »Haus Buchensee«. Nach mehrfachem Besitzerwechsel übernahm 1938 die Landesversicherungsanstalt Oberbayern (LVA) das Anwesen und baute es zu einem Jugendertüchtigungslager um. Der Krieg verhinderte die Inbetriebnahme. Das Haus wurde 1942 Reservelazarett und 1945 Altersheim für Flüchtlinge. 1952 führte die LVA das Haus als Sozialpolitische Schule weiter. Nachdem Ministerpräsident Wilhelm Hoegner am 27. Mai 1957 das Gesetz zur Gründung der Politischen Akademie unterschrieben hatte, mietete der Freistaat Bayern das Haus von der LVA und stellte der Akademie die Mittel zur Erfüllung ihrer Aufgaben zur Verfügung. Ein neuer Trakt für 50 Betten und das Speisehaus wurden angebaut. Da die Kapazität nicht ausreichte, ließ die LVA 1973/74 den Neubau eines Gästehauses mit 68 Einzelzimmern folgen.

Die Organe der Akademie, die als einzige ihrer Art in der Bundesrepublik parteipolitisch nicht gebunden ist, sind das Kuratorium, der Direktor, das Dozentenkollegium und der Beirat. Das Kuratorium besteht aus Abgeordneten der im Landtag vertretenen Parteien, aus Vertretern des öffentlichen Lebens, der Wissenschaft und des Bildungswesens im Land Bayern. Die Mitglieder werden vom Ministerpräsidenten, vom Landesvorsitzenden der stärksten Oppositionspartei und einem Vertreter der bayerischen Rektorenkonferenz für sechs Jahre ernannt. Den Direktor ernennt die Staatsregierung auf Vorschlag des Kuratoriums, ebenfalls auf sechs Jahre. Die Dozenten werden auf Vorschlag des Direktors vom Kuratorium bestellt. Das Dozentenkollegium berät ihn bei allen wichtigen Entscheidungen. Forschung und Lehre sind frei, sofern sie nicht der Verfassung widersprechen. Der Beirat, der aus je einem Vertreter der Parteien im Landtag, des Senats, der kommunalen Spitzenverbände, der Religionsgemeinschaften, der Gewerkschaften und weiterer öffentlicher Institutionen, Verbänden und Berufsständen besteht, wird von diesen Organisationen auf vier Jahre gewählt und berät den Direktor vor allem bei der Festlegung der pädagogischen Richtlinien.

Erster Direktor war von 1958 bis zu seiner Pensionierung 1970 Professor Dr. Felix Messerschmid. Er schuf die Grundlagen für die breitgefächerte, der Verständigung dienende gesellschaftspolitische Bildung in Tutzing. Die Themen kamen überwiegend aus der Politischen Wissenschaft, aus der Soziologie, der Geschichte, der Nationalökonomie und der Jugend- und Erwachsenenpädagogik. Die Angehörigen der verschiedenartigsten Berufe trafen sich zu Seminaren und informativen Gesprächen in Tutzing: Sozialkundelehrer der Gymnasien, katholische und evangelische Geistliche, Bundeswehroffiziere, Bibliothekare, Volkshochschuldozenten, Gewerkschaftler, Jugendführer. Unter Dr. Messerschmid fanden jährlich im Durchschnitt 65 Kurse mit je 40 Teilnehmern statt. 25 000 »Multiplikatoren« einer ideologiefreien politischen Bildung sind durch seine Hände gegangen.

Nachfolger von Dr. Messerschmid ist Professor Dr. Manfred Hättich. Nach dem Erweiterungsbau von 1973/74 hat sich die Zahl der Kurse und der Teilnehmer verdoppelt. Die frühere Methodik — Referat und Diskussion — wurde durch den Einsatz neuer technischer Hilfsmittel und durch Gruppenarbeit erweitert. Die Dauer der über 100 Kurse im Jahr hat sich verlängert. Überwiegend sind es Fünftage-Veranstaltungen. Eine ungewöhnlich große Zahl brisanter gesellschaftspolitischer Themen wurde 1976 erfaßt, etwa Probleme des Strafvollzuges, der Kollegstufe in den Gymnasien, der Techniken und Instrumente politischer Einflußnahme und der sozialkulturellen Betreuung der türkischen Gastarbeiterkinder. Seminare für Gewerkschafter wie für Unternehmer und leitende Angestellte fanden statt, für Offiziere der Bundeswehr, für Sozialarbeiter, Verwaltungsbeamte und Frauenverbände. Unmöglich, die sozialen Schichtungen der Teilnehmer und ihre Themen alle zu nennen. Fast ohne Ausnahme kommen sie aus dem Freistaat Bayern.

Zwei Hörsäle stehen zur Verfügung. Die Bibliothek umfaßt 12 000 Bände. Neben den Seminaren und Kursen werden Tagungen als Studienkonferenzen oder Kolloquien durchgeführt, bei denen es sich um den Gedankenaustausch von Experten handelt. Die Akademie gibt Schriften heraus, in denen die Ergebnisse der Zusammenkünfte verarbeitet werden, in jüngster Zeit die Reihe »Politische Medienkunde« und die »Akademiebeiträge zur Lehrerfortbildung«.

Dr. Hättich sagte 1974 bei der Einweihung des neuen Gästehauses: »Politische Bildung geschieht nicht in erster Linie um der Gesellschaft oder um des Staates willen. Bildung jeglicher Art ist in erster Linie Dienst am jeweils konkreten einzelnen Menschen.« In der gleichen Festrede zitierte er den Satz eines ungenannten Kollegen: »Freiheit als sozialer Begriff bedeutet nicht nur weniger Abhängigkeit von anderen und von anderen Urteilen, sie bedeutet gleichzeitig erhöhte Sensibilität für die anderen.«

DIE FORTBILDUNGSSTÄTTEN DER LANDWIRTSCHAFT

Bildungsstätte des Bayerischen Bauernverbandes

Die Bauernschule und die Bäuerinnenschule des Bayerischen Bauernverbandes in Herrsching können nur in einem Zusammenhang genannt werden. Beide haben im Kern die gleiche Konzeption, wobei die Lehrpläne naturgemäß zwischen Jungbauern und Jungbäuerinnen einige Unterschiede aufweisen. Bei der Eröffnung der Bauernschule am 30. November 1948 in Ottobeuren, der ersten Ländlichen Heimvolkshochschule in Bayern, nannte der damalige Präsident des Bayerischen Bauernverbandes und Initiator der Schule, Dr. Fridolin Rothermel, das pädagogische Ziel: »Durch Schulung von befähigten Männern im Laufe der Zeit eine große Anzahl von Menschen für die Landwirtschaft zu bilden, die es fertigbringen, durch ihr Wirken als Bauern, als Bürger, als Demokraten die noch vielfach bestehende Mißachtung des Bauernstandes in Achtung zu verwandeln.« Gleichzeitig sollten »die Teilnehmer auch das Denken und Handeln, die Arbeit und Sorge der anderen Seite kennenlernen«. Und am 21. Januar 1950 erklärte Dr. Rothermel bei der Eröffnung der Bäuerinnenschule auf dem »Hartschimmelhof« von Dr. Heinz Haushofer – es war die erste Schule dieser Art in der Bundesrepublik: »Aus dieser Schule sollen Bäuerinnen hervorgehen, die ihren Beruf und ihre Heimat lieben, die das Brauchtum hochhalten und die besten Lebens- und Arbeitskameraden des Bauern sind und Mittelpunkt der Familie und des Hofes werden, christliche Mütter, die Einfluß nehmen auf die Geschicke des Standes und des Volkes.« Das sittliche Moment wurde immer neben der fachlichen Bildung unterstrichen: »Gute Christen, gute Bauern, gute Staatsbürger«.

Am 12. November 1951 zog die Bauernschule von Ottobeuren in eine ehemalige Fremdenpension in Herrsching um. Für die Bäuerinnenschule errichtete der Bayerische Bauernverband einen Neubau in Herrsching-Lochschwab, der am 13. Januar 1957 bezogen wurde. Der wesentlichste Bestandteil beider Schulen sind die elfwöchigen Hauptkurse im Winter. Fast alle Teilnehmer haben die Landwirtschaftsschule in ihrer Heimat absolviert, zum Teil haben sie auch die Gesellenprüfung abgelegt. Neben der fachlichen Weiterbildung wie etwa landwirtschaftlicher Betriebsführung, Marktwirtschaft, Agrarpolitik, Rechtsfragen und Forstwirtschaft stehen Lebenskunde, Zeitgeschichte und allgemeine Staatsbürgerkunde auf dem Lehrplan. Dazu kommen musische Fächer. Die Jungbäuerinnen erhalten außerdem Unterricht in praktischer Haushaltspflege, in Erziehungsfragen und Gesundheitslehre. Über 2500 Jungbauern und Jungbäuerinnen haben in knapp 30 Jahren die Grundkurse durchlaufen. Ihr Durchschnittsalter liegt heute bei 20 Jahren. Jeder Kurs ist mit etwa 35 Teilnehmern belegt.

Weiterer Schwerpunkt des Unterrichts, der sich über das ganze Jahr erstreckt, ist die Erwachsenenbildung auf dem landwirtschaftlichen Sektor schlechthin, bedingt durch den ständigen Strukturwandel unserer Gesellschaft. Ehrenamtliche Führungskräfte kommen in Wochenkursen zusammen. Die Vorstände der Genossenschaften tagen. Regelmäßig findet ein dreiwöchiges internationales Landjugendseminar statt, das vom Bundesministerium für Ernährung, Landwirtschaft und Forsten unterstützt wird. Auch für die ehemaligen Teilnehmer der Grundkurse finden zur Weiterbildung Seminare statt. Einweisungstagungen für landwirtschaftliche Auslandspraktikanten werden durchgeführt. Mit der Einführung allsommerlicher Erholungswochen für Bäuerinnen, die nie in den Genuß eines Urlaubs kamen und dadurch schwere gesundheitliche Schäden erlitten, hat die Bäuerinnenschule eine wichtige Aufgabe übernommen. Organisationen, die nicht dem Bauernverband angehören, können in der Bildungsstätte tagen, soweit der Lehrplan es zuläßt.

Der Lehrauftrag hat mit dem Neubau der Bauernschule, der am 20. Dezember 1976 neben der Bäuerinnenschule in Lochschwab eröffnet wurde, neue Aspekte erhalten. Beide Schulen sind jetzt unter dem Namen »Bildungsstätte des Bayerischen Bauernverbandes« unter einem Dach. Die Einweihung fand im Rahmen der Landestagung des Verbandes statt, »weil sich hier« – so der langjährige Präsident des Bayerischen Bauernverbandes, Otto Freiherr von Feury – »dem bayerischen ›Bauernparlament‹ eine wirklich angemessene Arbeitsstätte anbietet«. Hier wird die Seminararbeit für Führungskräfte weiter intensiviert und mit einem breiteren Angebot fortgeführt. Von Feury wies auf die Funktion des neuen Bildungshauses als Begegnungsstätte zwischen den Vertretern der landwirtschaftlichen Praxis und der angewandten Wissenschaft hin. Arbeitstagungen mit landwirtschaftlichen Beratungskräften und Seminare werden durchgeführt. Die Lochschwaber Bildungsstätte arbeitet mit der Regierung von Oberbayern auf dem pädagogischen und organisatorischen Sektor im Rahmen der Meisterausbildung zusammen, besonders auch im Bereich der Berufs- und Arbeitspädagogik. Für den Berufsverband ist die Erwachsenenbildung eine wesentliche Voraussetzung, sich in der gesellschaftlichen Auseinandersetzung Gehör zu verschaffen. Der Bauernverband ist sich darüber klar, daß die Bereitschaft zum lebenslangen Lernen in unserer Zeit für jeden notwendig ist. Leiter der Bildungsstätte sind Dr. Brunhilde Weber und Heribert Nehyba.

Deutsche Stiftung für Internationale Entwicklung

1959 riefen Bundestagsabgeordnete aller Parteien gemeinsam mit der Bundesregierung die »Deutsche Stiftung für Entwicklungsländer« — heute »Deutsche Stiftung für Internationale Entwicklung« — ins Leben. Anlaß war die Erkenntnis, daß nur ein Erfahrungsaustausch zwischen Fachleuten der Entwicklungs- und Industrieländer sowie eine gezielte Vermittlung von Wissen und Können die Zusammenarbeit der Bundesrepublik mit den Partnerländern in Afrika, Asien, Lateinamerika und einigen südosteuropäischen Ländern fruchtbar machen können.

Die Bundesregierung trägt die Kosten der Stiftung. Hauptsitz wurde Berlin mit der Geschäftsführung, Hauptverwaltung sowie dem »Seminarzentrum für Wirtschafts- und Sozialentwicklung« und der »Zentralstelle für öffentliche Verwaltung«. Die Abteilung »Erziehung, Wissenschaft und Dokumentation« kam nach Bonn, die »Zentralstelle für Auslandskunde« nach Bad Honnef, die »Zentralstelle für gewerbliche Berufsförderung« nach Mannheim. Bayern erhielt die »Zentralstelle für Ernährung und Landwirtschaft«.

Inoffiziell bestand die bayerische Zentralstelle schon 1962 in Bonn. Bundespräsident Heinrich Lübke nahm im Januar 1964 die offizielle Gründung in München vor. Der Freistaat Bayern kaufte das abseits von Feldafing am Waldrand gelegene Hotel »Alpenblick« und stellte es der Zentralstelle zur Verfügung. Im März 1965 zog das Institut ein. Leiter wurde der Agrarpolitiker und -historiker Professor Dr. Heinz Haushofer, der sich seit Juni 1968 ganz der Wissenschaft widmet. Sein Nachfolger wurde Dr. Erhard Krüsken. Im gleichen Jahr entstand ein zusätzlicher Tagungsraum. Eine Erweiterung der Anlage für 60 Kursteilnehmer ist in Vorbereitung.

Die Feldafinger Zentralstelle fördert den internationalen Erfahrungsaustausch und das »know-how« für Schwerpunktbereiche wie landwirtschaftliche Produktionstechnik einschließlich Pflanzen- und Veterinärmedizin, Forst- und Holzwirtschaft, Ausbildungs- und Beratungswesen, Planung und Verwaltung, Vermarktung landwirtschaftlicher Produkte und Fischereiwesen. Sie veranstaltet internationale Fachseminare und -konferenzen, um durch Situationsanalysen unter Berücksichtigung weltweiter Erfahrungen die Lösung drängender Probleme in den Ländern der Dritten Welt zu entwickeln. Hiermit trägt sie Wesentliches zum Nord-Süd-Dialog bei.

Einen weiteren beträchtlichen Umfang nimmt das Training für Fach- und Führungskräfte der Entwicklungsländer ein. Die Teilnehmer erhalten von der Bundesrepublik Stipendien. Die Zentralstelle führt jährlich eine große Zahl individueller und gruppenmäßiger Fortbildungsprogramme durch. In der Mehrzahl werden sie in der Bundesrepublik abgehalten, zum Teil aber auch in den Entwicklungsländern. Ziel dieser Fortbildungsprogramme sind »Kennenlernen neuzeitlicher anwendungsbezogener Verfahren« (know-how), »Entwicklung eines kritischen Selektionsvermögens für die Anwendung neuer Verfahren unter Berücksichtigung aller gegebenen lokalen Voraussetzungen« und »Stärkung der Motivation und Bereitschaft, den technischen und sozioökonomischen Wandel zur Verbesserung der Lebensbedingungen der Bevölkerung insgesamt herbeizuführen«. Die Teilnehmer an diesen Programm müssen aus ihrer Heimat eine mehrjährige Berufserfahrung mitbringen, um das zusätzlich erworbene Spezialwissen wirksam anwenden zu können.

Die Fortbildung der spezialisierten ausländischen Fachkräfte in der Bundesrepublik dauert in der Regel 12 Monate. Die Einreise erfolgt in Fachgruppen, die den zuständigen Referaten zugewiesen werden. Die Ausbildung beginnt mit einer viermonatigen Sprachschulung in einem nahe gelegenen Goethe-Institut, wobei die beiden letzten Monate auf die Fachsprache konzentriert sind. Das folgende Achtmonatsprogramm fängt mit einem zehntägigen Einführungsseminar im »Mutterhaus« Feldafing an. Daran schließt sich ein von der Zentralstelle gesteuertes individuelles Praktikum in Verwaltungsstellen, Instituten, Verbänden, Versuchsanstalten und Privatbetrieben an. Zwischen- und Abschlußseminare bereiten die Rückanpassung in die Situation der Heimatländer vor. Zeugnisse und Urkunden des Bundesministers für Wirtschaftliche Zusammenarbeit bestätigen die erfolgreiche Teilnahme.

Ferner arbeitet die Feldafinger Zentralstelle mit den nationalen und regionalen, zum Teil hervorragenden Einrichtungen in den Entwicklungsländern selber zusammen. Auch dort werden die Teilnehmer in der Fortbildung von der Bundesrepublik durch Stipendien gefördert. Mit ihren ehemaligen Gästen bleibt die Zentralstelle durch ihre Zeitschrift »Entwicklung — Ländlicher Raum« in Verbindung, ebenso durch Informationsaustausch und »Nachkontaktseminare«. Rund 700 Stipendiaten werden jährlich von der Feldafinger Zentralstelle betreut. Davon sind 60 Prozent in akademischen Berufen tätig. Ein hoher Prozentsatz arbeitet mit Unterstützung der Bundesrepublik an Projekten der bilateralen Agrarhilfe in den Entwicklungsländern mit.

Der dritte gewichtige Aufgabenbereich der Zentralstelle ist die Vorbereitung und Fortbildung deutscher Agrarfachkräfte, die in den Entwicklungsländern eingesetzt werden. Die Zentralstelle macht sie mit den wissenschaftlichen und technischen Entwicklungen der ausländischen Land- und Forstwirtschaft vertraut und hält sie für ihre spätere Rückgliederung nach Deutschland oder anderen europäischen Ländern auf dem laufenden. 600 bis 700 Sachverständige sind jeweils allein im Agrarbereich eingesetzt. Die Zentralstelle hält mit ihnen Kontakt und läßt sie an ihren Fortbildungsveranstaltungen teilnehmen. Mit all diesen Aufgaben dient die Feldafinger Zentralstelle in ihrem Bereich dem positiven menschlichen Zusammenleben auf internationaler Basis.

Bayerische Landesanstalt für Fischerei

1881 gründete der »Bayerische Landesfischereiverein« in Starnberg dank einer Stiftung des bayerischen Königshauses die »Fischzuchtanstalt zu den sieben Quellen« mit einem für die damalige Zeit beispielhaften Bruthaus. 1892 begann der Landesverein mit seinen alljährlichen Fischereilehrgängen. Nach dem Zweiten Weltkrieg erkannte der bayerische Staat die Notwendigkeit einer zentralen Einrichtung, die gleichzeitig als Ausbildungsstätte und als Versuchsanstalt dienen konnte. 1951 wurde das entsprechende Gesetz im Landtag angenommen. Am 1. Januar 1954 konnte die »Bayerische Landesanstalt für Fischerei« im eigenen Haus und auf eigenem Gelände mit der Arbeit beginnen. Sie ist dem Bayerischen Staatsministerium für Ernährung, Landwirtschaft und Forsten nachgeordnet.

Außer den Teichen, Aquarien und technischen Einrichtungen wurde eine Internatsunterkunft für Lehrgangsteilnehmer und ein größerer Tagungsraum geschaffen. 1958 wurde die Außenstelle für Karpfenteichwirtschaft in Höchstadt an der Aisch angegliedert. Aufgabe der Landesanstalt ist die Förderung der Binnenfischerei, praxisbezogene Forschung, Aus- und Fortbildung, Beratung, Planung und Sachverständigentätigkeit.

Die Versuchstätigkeit umfaßt Fischhaltung und Fischzucht, Seen-, Fluß- und Sportfischerei. Umfangreiche Untersuchungen zur Fütterungsfrage, zu den Problemen der Düngung erwünschter und der Bekämpfung unerwünschter Pflanzen in Teichen, zur Intensivhaltung der Fische sowie zur Erbrütung und Aufzucht wurden durchgeführt. Für die Seen- und Flußfischerei wurde einheimisches Besatzmaterial — Renken, Saiblinge, Seeforellen und Hechte — bereitgestellt. Der Fischbestand in den wichtigsten oberbayerischen Seen wird regelmäßig untersucht. In der Flußfischerei interessiert vor allem die Elektrofischerei und die Weiterentwicklung von entsprechendem Fanggerät. Neue Wege zu einer geordneten Gewässerbewirtschaftung, auch im Interesse der Sportfischerei, werden entwickelt.

Wirtshausschild in Leutstetten

Das Inninger Kaiserhaus

Fronloh

Schloß Berg am Starnberger See

Die Kamelsbrücke in Percha

St. Joseph in Starnberg

Die gesamte Ausbildung der Berufs- und Sportfischerei liegt bei der Landesanstalt. Von 1954 bis 1976 legten im Anschluß an die vierwöchigen Vorbereitungslehrgänge 424 Fischwirte die Abschlußprüfung ab, darunter 266 in der Fachrichtung Fischhaltung und -zucht und 158 in der Fachrichtung Seen- und Flußfischerei. Nach drei Jahren praktischer Tätigkeit als Fischwirt und einem weiteren Vorbereitungslehrgang von drei Wochen schlossen 196 Fischzuchtmeister und 139 Fischermeister an der Landesanstalt ihre Berufsausbildung ab. Jährliche Fortbildungstagungen, Fachvorträge, Ausstellungen von Fischereigeräten und -maschinen sowie Erfahrungsaustausch auf allen Fachgebieten halten das Wissen auf aktuellem Stand. Die Zahl der Teilnehmer an den praktischen Seminaren ist auf über 200 je Veranstaltung angewachsen. Auch die einwöchigen Elektrofischerei-Lehrgänge schließen mit einer praktischen und theoretischen Prüfung ab. Der hiermit erworbene »Bedienungsschein« ist in Bayern die Voraussetzung für die Ausübung der Elektrofischerei. Sogar um eine Verbesserung der Vermarktungschancen, um fachgerechtes Räuchern und um delikate Fischgerichte kümmert sich die Landesanstalt in Kurzlehrgängen.

Außerdem werden für die Sportfischer spezielle Lehrgänge durchgeführt, etwa für die Aus- und Fortbildung der Gewässerwarte, denen grundsätzliche biologische Zusammenhänge zur sinnvollen Durchführung von Bewirtschaftungsmaßnahmen nahegebracht werden. Hier wird praktisches Wissen für Transport, Besatz, Markierung sowie für Gewässerbegehungen und -beurteilungen vermittelt. Ergänzt werden diese Lehrgänge nach Bedarf durch eintägige Seminare über einen engbegrenzten Themenkreis.

Für die Fischereivereine, die selber Lehrgänge für die Staatliche Fischereiprüfung durchführen, hat die Landesanstalt die Schulung der Ausbilder übernommen, so in allgemeiner und spezieller Fischkunde, in Gewässer-, Geräte- und Gesetzeskunde. Neben den feststehenden Lehrgängen werden nach Bedarf Kurse für Jugendwarte, vereidigte Fischereiaufseher, Vereinsvorsitzende, Teichwirte im Nebenerwerb und Landwirtschaftsreferendare angesetzt. Ebenso ist die Landesanstalt an der Schulung der Ausbilder zur Sportfischerprüfung in der US-Army und an der Fortbildung der Berufsjäger beteiligt. Kontakte zu entsprechenden Einrichtungen im Ausland werden gepflegt. Seit Bestehen der Anstalt haben bis Ende 1976 insgesamt mehr als 11 000 Teilnehmer die Lehrgänge besucht. Dies entspricht einem jährlichen Durchschnitt von etwa 500 Petrijüngern. Daneben laufen zahlreiche Vorträge vor Fachgremien des In- und Auslandes sowie Spezialberatungen der einzelnen Fischereisparten und eine umfangreiche Gutachtertätigkeit. Beratungen können schriftlich, telefonisch oder mündlich an Ort und Stelle erfolgen. Besuche von Wissenschaftlern und längere Aufenthalte von Praktikanten aus dem Ausland unterstreichen das Interesse an der Starnberger Landesanstalt.

Insgesamt 20 Mitarbeiter sind in der Landesanstalt beschäftigt, darunter sechs Akademiker, drei Fischzuchtmeister, zwei Laboranten und das Hilfspersonal samt Schreib- und Internatskräften. Der vorhandene Raum reichte Ende 1976 nicht mehr aus. Eine grundlegende Erweiterung der Ausbildungsmöglichkeiten wurde vom Freistaat Bayern beschlossen. Die Landesanstalt soll bis 1980 nach Garatshausen in den ehemaligen Besitz von Hans Albers verlegt werden.

DIE BEAMTENFACHHOCHSCHULEN DES BAYERISCHEN STAATES

Das bayerische Beamtenfachhochschulgesetz trat am 1. Oktober 1974 in Kraft. Damit wurde in Bayern als erstem Land der Bundesrepublik die Ausbildung für alle Laufbahnen des Gehobenen nichttechnischen Dienstes auf Fachhochschulniveau angehoben. Nach der Verordnung vom 25. Februar 1975 wurden sechs Fachbereiche geschaffen, deren zentrale Verwaltung ihren Sitz in München hat. Zwei dieser Fachbereiche haben ihren Standort im Landkreis Starnberg, der Fachbereich Finanzwesen in Herrsching, der Fachbereich Rechtspflege in der Stadt Starnberg. An der Fachhochschule studieren Beamte auf Widerruf im Rahmen eines dreijährigen Vorbereitungsdienstes. Davon entfallen in mehreren Studienabschnitten 18 Monate auf die theoretische Ausbildung, 18 Monate — auch in Abschnitten — auf die praktische Arbeit an den Dienststellen. Während des Studiums findet eine Zwischenprüfung statt, nach Abschluß die Anstellungsprüfung. Neben der Fachausbildung wird auch allgemeinbildendes Wissen vermittelt: Politik, Volkswirtschaft, Soziologie, Psychologie und Wahlfächer. Voraussetzung zum Studium ist das Abitur oder der Abschluß an einer entsprechenden Berufsoberschule. Das Alter der Studierenden liegt zwischen 20 und 25 Jahren. Im Gegensatz zu den allgemeinen Hochschulen ist das Studium an den Beamtenfachhochschulen Dienst. Es gibt keine langen Semesterferien, sondern nur den üblichen Urlaub.

Die *Beamtenfachhochschule, Fachbereich Finanzwesen,* in Herrsching hat eine lange Geschichte. Am 1. August 1935 eröffnete der damalige Staatssekretär im Reichsfinanzministerium, Fritz Reinhardt, im großen Saal des Hotels Andechser Hof die »Reichssteuerschule«. Dort wurden bereits fachwissenschaftliche Tagungen (Betriebsprüferlehrgänge, Tagungen über Fragen der Einheitsbewertung), die vorher im gesamten Reichsgebiet durchgeführt worden waren, weitgehend konzentriert. Im September 1937 begannen die ersten Kurse in dem ausgedehnten Neubau am Rauscher Hang. Inzwischen war die Ausbildungsstätte in »Reichsfinanzschule« umbenannt worden. 1943 wurde die Schule Lazarett. Die amerikanische Besatzungsmacht beschlagnahmte sie 1945 ebenfalls als Lazarett und als Internierungslager. Dann überließ sie den Komplex der Landesversicherungsanstalt, die ihn als Tbc-Krankenhaus einrichtete. 1955 wurde die Schule wieder ihrem alten Zweck zugeführt. Der Bund übernahm den Westflügel als »Bundeszollschule«, der Freistaat Bayern den Ostflügel als »Landesfinanzschule«. Die Zollschule siedelte 1972 nach Sigmaringen über. Der Freistaat Bayern übernahm als alleiniger Herr die Schule, um hier seinen Nachwuchs im Finanzwesen auszubilden. Heute studieren in Herrsching die Beamten des Gehobenen Dienstes. Zwar sitzt die Verwaltung der Landesfinanzschule für den Mittleren Dienst noch in Herrsching, auch werden hier noch einige kleinere Kurse durchgeführt, aber der Hauptteil der Lehrgänge mußte wegen der Raumnot ausgelagert werden. Wenn der Bau der neuen »Steuerschule« in Ansbach in einigen Jahren beendet ist, wird auch die Verwaltung der alten »Landesfinanzschule« umziehen und damit das Feld allein der Beamtenfachhochschule Herrsching überlassen.

Die Herrschinger Schule hat immer unter Raumnot gelitten. Zu dem Altbau kam 1967 ein Erweiterungsbau mit Unterkunftsräumen für 200 Lehrgangsteilnehmer. Rund 450 Studierende konnten in Zwei- und Dreibettzimmern untergebracht werden. Ein Lehr- und Hörsaalgebäude und der Neubau eines Wohnheims mit 108 Einzelzimmern wurden 1976 bezogen. Trotzdem müssen noch immer an die 200 junge Beamte privat in Herrsching wohnen. 30 hauptamtliche Lehrkräfte und bis zu hundert Gastdozenten unterrichten. Außerdem hat der Freistaat Bayern in Wartaweil der Bayerischen Finanzverwaltung sein großes Seegrundstück für die Beamtenfachhochschule zur Unterbringung von Lehrkräften und für Teilnehmer an Seminaren und Tagungen zur Verfügung gestellt.

Trotz der sehr intensiven Ausbildung für die beiden Fachrichtungen Steuer (Beamte der Finanzämter und der Oberfinanzdirektionen) und Staatsfinanzen (Beamte der Bezirksfinanzdirektionen, Besoldungsdienststellen, Landesoberkassen und ähnliche Einrichtungen der staatlichen Verwaltung) wird auch für die Entspannung der jungen Beamten gesorgt. Es gibt Fernsehräume, Kegelbahn, Tischtennisplatten und einen Minigolfplatz, dazu zwei Sportplätze sowie den schuleigenen Seestrand mit Badesteg. Am 6. Februar 1974 wurde die bisher nicht fertiggestellte Kongreßhalle als Mehrzweckhalle ausgebaut und ihrer Bestimmung übergeben. Sie bietet nicht nur Möglichkeiten für den Sport, sondern auch für große gesellige Veranstaltungen, für Festlichkeiten, Konzerte und nicht zuletzt für die Prüfungen. Für Großveranstaltungen der Gemeinde Herrsching ist die Halle ebenfalls ein Gewinn.

Die *Bayerische Beamtenfachhochschule, Fachbereich Rechtspflege* in Starnberg steht auf einem dreieinhalb Hektar großen Grundstück, das nach dem Ersten Weltkrieg der Bruder des letzten österreichischen Kaisers, Erzherzog Maximilian, bewohnte. 1950 erwarb der Freistaat Bayern das Anwesen. Vorgängerin dieser Beamtenfachhochschule war die Bayerische Rechtspflegerschule. Sie wurde 1952 gegründet und zunächst provisorisch auf Schloß Haimhausen bei Dachau untergebracht. 1965 siedelte sie nach Starnberg über. Dazu waren drei Neubauten neben der alten Villa nötig, die den Lehrtrakt mit den Wirtschaftsräumen und je einen Wohntrakt mit Einzelzimmern für 130 männliche und weibliche Studierende aufnahmen.

Der Fachbereich Rechtspflege hat zwei Fachrichtungen: Rechtspflege und Justizvollzug. Rechtspfleger sind Beamte des Gehobenen Dienstes ohne juristische Universitätsausbildung. Nach dem Rechtspflegergesetz, das ständig erweitert und 1969/70 neu gefaßt wurde, liegt der Schwerpunkt auf der Freiwilligen Gerichtsbarkeit, also auf Vormundschafts-, Nachlaß-, Grundbuch- und Registerangelegenheiten. Rechtspfleger sind selbständige Rechtspflegeorgane und unabhängig vom Richter. Die Fachrichtung Justizvollzug bildet die Beamten des Gehobenen Dienstes bei den Justizvollzugsanstalten aus. Die Ausbildung berücksichtigt zu etwa gleichen Teilen Recht, Verwaltung und Sozialwissenschaften.

In Starnberg ist der Vormittag – ähnlich wie auch in Herrsching – mit sechs Vorlesungsstunden (Kurzstunden) ausgefüllt, der Nachmittag mit Seminaren, Arbeitsgemeinschaften und Gruppenstudium. Die Wochenenden sind frei. Auch in Starnberg reichte der vorhandene Raum 1976 bei weitem nicht mehr aus. Ein Teil der Studierenden wohnte außerhalb des Hauses in Starnberg oder in München. Deshalb wurden zu dem großen und den beiden kleinen Hörsälen samt Behelfsräumen in Starnberg zwei weitere Hörsäle in München eingerichtet. Für 1977 ist in Starnberg der Bau eines zusätzlichen Lehrtrakts geplant.

Die ständige Belegung der Lehrgänge schwankt zwischen 150 und 300 Teilnehmern. Das Praktikum verbringen die Studierenden an den Gerichten oder an der Straubinger Justizvollzugsanstalt. Das Fachstudium ist in Kurse von etwa drei Monaten eingeteilt, an deren Abschluß je zehn Klausuren geschrieben werden müssen. Die Anstellungsprüfung für die Starnberger Studierenden wird vom Bayerischen Landesjustizprüfungsamt durchgeführt. Sie besteht aus acht fünfstündigen Facharbeiten und der mündlichen Prüfung.

Zehn hauptamtliche Dozenten, überwiegend Angehörige des Höheren Dienstes, unterrichten. Darunter sind drei Rechtspfleger. Dazu kommen 40 bis 50 Lehrbeauftragte. Bei den Studierenden an den Beamtenfachhochschulen gibt es keine disziplinellen Schwierigkeiten. Die jungen Beamten beginnen mit der Praxis, haben ein festes Ziel vor Augen und wollen in ihrem Beruf bestehen. Der gegenwärtige Leiter der Herrschinger Schule, Finanzpräsident Dr. Karl Dollinger, ist gleichzeitig Präsident der Bayerischen Beamtenfachhochschulen, der Leiter der Starnberger Schule, Leitender Regierungsdirektor Friedrich Quack, Vizepräsident.

Am 1. Juli 1960 fand in Feldafing die feierliche Übergabe der einzigen deutschen Fernmeldeschule des Heeres statt, »die schönste Schule der Bundeswehr«. Einst hatte hier Großadmiral Alfred von Tirpitz, der Schöpfer der deutschen Hochseeflotte unter Kaiser Wilhelm II. und im Ersten Weltkrieg Verfechter des uneingeschränkten U-Boot-Krieges, seinen Lebensabend verbracht. 1930 war er gestorben. 1936 wurde aus dem Privatbesitz die »Nationalsozialistische Führungsschule«. Von 1945 bis 1952 fanden vom Dritten Reich verschleppte Menschen (»Displaced Persons«) auf dem großen Gelände Unterkunft. Dann folgten die erheblichen Um- und Neubauten für die heutige Schule. Seit dem 26. Oktober 1972 heißt sie *»Fernmeldeschule und Fachschule des Heeres für Elektrotechnik in Feldafing«*.

Durchschnittlich tausend Angehörige des Heeres erhalten hier in Kursen zwischen drei Tagen und neun Monaten eine technische Spezialausbildung. Offiziere, Unteroffiziere und Mannschaften werden mit der Bedienung und der Instandsetzung komplizierter Nachrichtengeräte vertraut gemacht. Außer den »Technikern am Gerät« werden die Führungskräfte für den technischen Truppeneinsatz ausgebildet. Aus dem NATO-Bereich kommen Offiziere zur Information, mitunter auch Offiziere anderer befreundeter Nationen.

Am 1. Mai 1975 wurde die Fachschule des Heeres staatlich anerkannt. Sie ist berechtigt, Zeugnisse auszustellen und unter staatlicher Aufsicht Prüfungen durchzuführen. Folgende Abschlüsse können an der Schule erreicht werden: Staatlich geprüfter Techniker, Fachrichtung Elektronik; Meister im Radio- und Fernsehtechnikerhandwerk; Geselle im gleichen Handwerk sowie Prüfung für den »Elo-Paß« nach Heinz Piest. Bis 1976 haben 51 Studierende der Fachschule an der Abschlußprüfung zum Staatlich geprüften Techniker teilgenommen, davon 49 mit Erfolg. Aus den bescheidenen Anfängen der Schule vor 20 Jahren — die ersten Einweisungslehrgänge fanden bereits 1956 in Sonthofen statt — ist eine wesentliche Ausbildungsstätte der Bundeswehr entstanden. Im Jahre 1975 wurden 402 Lehrgänge in 108 Lehrgangsarten mit 7750 Lehrgangsteilnehmern durchgeführt. Die technische Ausrüstung ist perfekt. Seit November 1974 verfügt die Schule über ein Rechenzentrum mit einem Siemens-Rechner mit vier Band- und fünf Plattenlaufwerken.

Am Tag der feierlichen Übergabe der Fernmeldeschule in Feldafing erhielt in Starnberg-Maxhof die Kaserne des Fernmelde-Lehrbataillons den Namen *»General-Fellgiebel-Kaserne«*. Die Hauptaufgabe des Lehrbataillons besteht darin, die Feldafinger Fernmeldeschule mit Fahrzeugen, Gerät und Mannschaften zu unterstützen. Auch auf dem außermilitärischen Sektor können sich die Bundeswehr-Institutionen am Westufer des Starnberger Sees als sehr nützlich erweisen. So war bei den XX. Olympischen Spielen in München ein Großteil des Feldafinger Stammpersonals für die Planung und Organisation des gesamten Fernmeldewesens eingesetzt.

In der *Pionierschule und Fachschule des Heeres für Bautechnik* in Krailling sind seit 1962 zwei Pionierkompanien stationiert, die zum Spezial-Pionier-Lehr- und Versuchsbataillon in München gehören. Auch hier wird eine technische Sonderausbildung durchgeführt. In der Pipeline-Kompanie lernen die jungen Männer die Anlage und Erprobung von Kraftstoffleitungen. In der Eisenbahnkompanie ist die Ausbildung auf den Brückenbau spezialisiert. Diese beiden Kraillinger Kompanien unterstehen, zusammen mit dem *Wasserübungsplatz Percha* am Starnberger See, der Pionierschule in Oberföhring.

AUSBILDUNGSZENTRUM DER BAYERISCHEN BAUINDUSTRIE IN STOCKDORF

»Die Lehrbaustellen sollen durch planmäßige Übung der Handfertigkeiten und Erstellung von Werkstücken und Übungsbauten die Lükken ausfüllen, die in den Betrieben der Bauindustrie bei einer reinen Baustellenlehre unvermeidbar sind«, heißt es in der Ausbildungsordnung der Wirtschaftsgruppe Bauindustrie vom 17. Juli 1937. Maßgebend für die Gründung der »Lehrbaustelle Stockdorf«, heute »Ausbildungszentrum der Bayer. Bauindustrie – Stockdorf«, im gleichen Jahr war: der Nachwuchs muß dem jeweils neuesten Stand der Technik angepaßt sein, die Laufbahn des Baufacharbeiters muß als erstrebenswertes Berufsziel ausgebaut und eine Abwanderung verhindert werden. Die Bezirksgruppe Bayern im Deutschen Bauindustrieverband hatte damals 230 Mitgliedsfirmen.

Auf dem 30 000 Quadratmeter großen Gelände wurde ein 68 Meter langer massiver Flachbau errichtet, in dem 80 Auszubildende wohnen und arbeiten konnten. 1940 folgte eine 660 Quadratmeter große Halle. Für Sechswochenkurse wurden Auszubildende in den Berufen Maurer, Zimmermann und Betriebsschlosser aufgenommen. Dazu kamen 14tägige Fortbildungskurse für »Unterführer«, also Vorarbeiter, Hilfspoliere und Hilfsschachtmeister. Die Unterführerkurse in Stockdorf gaben das Beispiel für sämtliche Lehrbaustellen in der Bundesrepublik.

Nach Kriegsende war das Gebäude von Flüchtlingen belegt. Trotzdem setzte der Lehrbetrieb – zunächst ohne Internat – 1948 wieder ein. Um sein Haus freizubekommen, errichtete der Bayerische Bauindustrieverband 1951 mit Hilfe der Stockdorfer Auszubildenden ein Mehrfamilienhaus für die Vertriebenen. Nachdem die Auszubildenden unter Anleitung ihrer Lehrer den Mitteltrakt ihrer Schule erhöht hatten, konnte 1952 der Unterricht in Internatsform fortgesetzt werden. 1955 bauten die Kursteilnehmer eine 380 Quadratmeter große Ausbildungshalle für Betonbauer und Zimmerer, 1958 ein Obdachlosenheim für die Gemeinde Gauting und 1959 ein Personalgebäude für den eigenen Bedarf. 1960 folgte die Betriebsschlosserei, 1961 eine 3600 Quadratmeter große Übungsbaustelle mit Montage- und Schalungsbauwerk einschließlich Baumaschineneinrichtung. Die Errichtung eines Internatsgebäudes für 150 Teilnehmer mit einbezogenem Seminartrakt folgte 1970, dann 1974 der Neubau einer dreigeschossigen Ausbildungshalle für die Bereiche Motorenkunde und Hydraulik, Baumaschinenmontage und Wartung, Baustellenelektrik sowie Grundausbildung Metall. Das nach modernsten Gesichtspunkten ausgestattete Übungslabor für Baustoffprüfung mit 300 Quadratmeter Nutzfläche stellt eine einmalige Einrichtung in der Bundesrepublik dar.

Weitere Ausbildungshallen für den Beton- und Stahlbetonbau sowie für Tiefbauberufe sind in Planung. Für die Gesamtplanung zur Neueinrichtung von Schulungsmaßnahmen sowie für die bauliche Erweiterung zeichnet der seit 25 Jahren tätige Leiter des Ausbildungszentrums Stockdorf, Architekt Dipl.-Ing. Erich Lemberger, verantwortlich.

Die Auszubildenden kommen in jedem Jahr ihrer Lehrzeit, also dreimal, auf vier bis sechs Wochen nach Stockdorf. Die Kurse sind Bestandteil der Ausbildung und im Lehrvertrag festgehalten. Nach der neuen Ausbildungsverordnung für die Bauwirtschaft ist der überbetrieblichen Ausbildung ein größeres Gewicht beigemessen worden. Kurse für die Bauhauptberufe – Betonbauer, Maurer, Zimmerer –, für Tiefbauberufe wie Straßen- und Kanalbauer werden durchgeführt, außerdem für Bauzeichner und Baustoffprüfer, für Betriebsschlosser und andere Metallberufe sowie für Baukaufleute. Bei der jährlichen feierlichen Freisprechung der »Dreijährigen« erhalten diese ihren Facharbeiterbrief.

Als Modellfall für die Bundesrepublik hat die damalige »Lehrbaustelle« von 1952 bis 1960 sechsmonatige Grundlehrgänge für Auszubildende aus Notstandsgebieten durchgeführt. Mit ihren mehrwöchigen Praktikantenkursen für Studierende gilt Stockdorf ebenfalls als Modell. Es wird erwogen, solche Kurse für die Studenten aller technischen Schulen nach dem ersten Semester obligatorisch zu machen. Die »Bauakademie des Heeres« hat 1968 begonnen, ihre Offiziere für Ingenieurbau nach Stockdorf zu schicken. Inzwischen nehmen alljährlich die Bauingenieurstudenten der Bundeswehrhochschule an bau- und maschinentechnischen Praktikumslehrgängen geschlossen als Semestergruppe teil. Seit über zehn Jahren ist das Ausbildungszentrum im Ausbildungsprogramm Industriemeister Hochbau und Tiefbau eingeschaltet. Nach einer umfangreichen Prüfung erhält der Industriemeister das Recht, als verantwortlicher Bauleiter gemäß Art. 76 der Bayer. Bauordnung tätig zu sein.

In den vergangenen Jahren haben eine Reihe in- und ausländischer Delegationen aus Rußland, Skandinavien, Frankreich, Holland, der Schweiz und Österreich sowie aus Afrika, aus den arabischen Ländern und Israel das Ausbildungszentrum besichtigt, um sich bei eigenen Planungen für eine überbetriebliche Ausbildung an das Stockdorfer Modell anzulehnen.

Bis Ende 1976 wurden in fast 40jähriger Schulungsarbeit rund 15 500 Auszubildende und Praktikanten betreut, über 3500 Fachkräfte aus der Baumaschinentechnik geschult und rund 6400 untere und leitende Führungskräfte fortgebildet. Das sind 25 400 Kursteilnehmer seit 1937. Zur Zeit werden im Jahr etwa 90 verschiedene Lehrgänge für Jugendliche und Erwachsene zur Aus- und Weiterbildung sowie Seminare und Vorträge durchgeführt. Neben sieben hauptamtlichen Ausbildungskräften unterrichten über hundert neben- und ehrenamtliche Fachkräfte und Experten aus der Bau- und Baumaschinenindustrie, dem Hochschulbereich sowie aus verschiedenen Ämtern der öffentlichen Hand. Das Ausbildungszentrum ist staatlich anerkannt. Als Träger firmiert der »Verein für Bauforschung und Berufsbildung des Bayer. Bauindustrieverbandes e. V.«.

DAS »BILDUNGSZENTRUM FÜHRUNGSKREIS« DER SIEMENS AG IN FELDAFING

wurde im Mai 1974 seiner Bestimmung übergeben. Auf einem Hanggrundstück von 36 000 Quadratmeter entstand ein moderner Komplex mit einer Geschoßfläche von 7660 Quadratmeter nach den Plänen von Professor Knud Friis, Aarhus. Die Gesamtkosten betrugen rund 22 Millionen Mark. Zum Vergleich sei gesagt, daß der Gesamtbildungsaufwand der weltweit tätigen Gesellschaft für ihre Mitarbeiter 1974/75 310 Millionen Mark betrug und die anteiligen Aufwendungen für die Weiterbildung 130 Millionen Mark ausmachten, wovon 13 Millionen Mark auf die Schulung der Führungskräfte entfielen. Nahezu 25 000 Mitarbeiter sind bei Siemens mit Führungsaufgaben betraut, 3000 gehören zum sogenannten »Oberen Führungskreis«.

Man ging in Feldafing von der als notwendig erkannten Absicht aus, ein Haus zu schaffen, das ausschließlich auf die internen Bildungszwecke des Unternehmens ausgerichtet ist, und zwar für seinen Führungskreis. Der Standort Feldafing wurde deshalb gewählt, weil die Unternehmensleitung im nahen München sitzt und unmittelbare Mitwirkungsfunktionen an den Veranstaltungen des Bildungszentrums wahrnimmt.

Je nach dem Verwendungszweck wurden Schulungsräume in drei Ebenen geschaffen, zwei mit einer Kapazität bis zu 27 Teilnehmern und einer mit einer Kapazität von 70 Teilnehmern. Den beiden ersteren sind je drei Gruppenarbeitsräume angeschlossen, ebenso ein Raum für Dozenten oder die Modelleitung, ein Terminalraum für die Datenendgeräte, die bei den Unternehmensplanspielen eingesetzt werden, sowie ein Sprachlabor. Der dritte Schulungsraum kann durch Stellwände für Gruppenarbeit abgeteilt werden, ist aber auch für forumsartige Veranstaltungen gedacht. Dazu kommt ein Vortragssaal, der mit Arbeitstischen 110, ohne Arbeitstische 220 Teilnehmer faßt. Als Unterrichtstechnik werden vielfache Medien benutzt. Hierbei wird die audiovisuelle Seite jedoch nicht überbetont. Neben den Siemens-Hauptseminaren für förderungswürdige Führungskräfte finden z. B. Fremdsprachen-Intensivkurse, Seminare für Gesellschaftspolitik, Personalführung und Ausbilder statt. Das Haus steht zudem für Einzelveranstaltungen allen Unternehmensbereichen der Gesellschaft zur Verfügung, wie auch für Sonderveranstaltungen, Tagungen und Foren. Gesellschaftsräume und ein mit einer Kegelbahn verbundener Clubraum, eine Bibliothek mit Fachliteratur und Nachschlagewerken stehen den Teilnehmern zur Verfügung. Theoretische und praktische Anleitungen für den Ausgleichssport gibt ein Diplomsportlehrer. Dazu wurden ein Gymnastik-, ein Tischtennisraum und eine Schwimmhalle mit Sauna und Solarium eingerichtet. Zu den Außenanlagen gehören Spielplätze für Volley- und Korbball, eine Bocciabahn, Möglichkeiten für Weitsprung und Kugelstoßen und eine kleine Fitness-Strecke. Im Wohntrakt können 80 Teilnehmer in Einzelappartements mit dem heute üblichen Komfort untergebracht werden.

Das Bildungszentrum trägt den Namen »Witzleben-Haus« und erinnert damit an Dr. Wolf-Dietrich v. Witzleben, der sich langjährig innerhalb und außerhalb des Hauses Siemens erfolgreich für die Förderung des industriellen Führungsnachwuchses eingesetzt hat. Bei der Feldafinger Einrichtung handelt es sich wohl um das erste große Bildungszentrum eines Unternehmens, das ausschließlich der Schulung seiner Führungsmannschaft dient. 1976 standen 110 Führungsseminare und Veranstaltungen auf dem Programm. Die Jahreskapazität liegt bei 21 000 Teilnehmertagen mit Übernachtungsmöglichkeit. Die Seminare dauern bis zu vier Wochen. Ohne Übernachtung können bis zu 44 000 Teilnehmertage im Jahr für Tagesveranstaltungen angeboten werden. Leiter des Hauses ist Dr. Dr. Goetz E. Scherff.

Anläßlich der Eröffnung des Bildungszentrums 1974 in Feldafing führte der Vorsitzende des Vorstandes der Siemens Aktiengesellschaft, Dr. Plettner, unter anderem aus: »Dieses Haus ist ja nichts anderes als der steingewordene Ausdruck der Überzeugung, daß, wie schon in der Vergangenheit so erst recht in der Gegenwart und in der Zukunft, der weitaus größte Teil des Führungsnachwuchses im Hause gefunden und im Hause herangezogen werden muß.«

BUNDESSCHULE DES DEUTSCHEN GEWERKSCHAFTSBUNDES IN NIEDERPÖCKING

Mehr als sieben Millionen Arbeitnehmer — Arbeiter, Angestellte und Beamte — sind in den 16 Gewerkschaften des Deutschen Gewerkschaftsbundes organisiert. Er besteht seit 1949. Im Bildungsprogramm seiner fünf Bundesschulen will er sich »in ausreichender Zahl Mitarbeiter zuführen, die der Auseinandersetzung im praktischen und geistigen Bereich durch eigene Initiative immer neue Impulse geben, mit Energie und Ausdauer an sich selber arbeiten, an Widerständen wachsen und sich solidarisch der gemeinsamen Aufgabe zur Verfügung stellen«.

Die Bundesschule in Niederpöcking führt

gesellschaftspolitische Grundlagenlehrgänge durch, die den Rahmen für politische Schwerpunktprobleme in ihren jeweiligen Beziehungen zueinander geben. Die gewerkschaftliche Politik und Programmatik wird dargestellt. In Fortführung des Niederpöckinger Programms spezialisieren sich die vier anderen Schulen auf Arbeitsrecht (Hamburg), Sozialversicherung (Hattingen), Wirtschaft (Springe) und Arbeitswissenschaften (Bad Kreuznach).

Die Vorläuferin der Niederpöckinger Schule stand in Kochel. Dort hatte der Gemeinde- und Staatsarbeiterverband vor 1933 sein Haus. Rechtsnachfolgerin wurde 1945 die Gewerkschaft Öffentliche Dienste, Transport und Verkehr. Der Bayerische Gewerkschaftsbund richtete dann 1948 in Kochel eine Schule ein, die ein Jahr später in den Deutschen Gewerkschaftsbund überging. 1953 erwarb der DGB die Privatvilla in Niederpöcking und errichtete 1954 zusätzlich ein Personalgebäude. Für 1977 ist ein großer An- und Umbau geplant.

In Niederpöcking stehen durchschnittlich 36 Lehrgänge auf dem Jahresprogramm, die jeweils von 30 bis 35 Teilnehmern aus dem gesamten Bundesgebiet besucht werden. Überwiegend üben sie im DGB Funktionen aus; die Lehrgänge, Seminare und sonstigen Veranstaltungen des Bildungswerkes stehen aber grundsätzlich jedermann zur Teilnahme offen. Arbeitstagungen finden für Beamtenvertreter, für Angestellte, für Arbeitnehmervertreter im Handwerk, für Rechtsschutzsekretäre, Ortskartellvorsitzende und Bildungssachbearbeiter statt. Der Bundesfrauen-Ausschuß des DGB tritt einmal im Jahr in Niederpöcking zusammen.

Der Schwerpunkt der Lehrmethode, die anfänglich aus Referat und Gespräch bestand, hat sich auf Unterricht, Arbeitskreise und Planspiele verlagert. Der Zug zum Rationalen wurde verstärkt. Das Alter der Teilnehmer an den ein- bis zweiwöchigen Grund- und Aufbaulehrgängen liegt im Durchschnitt bei 35 Jahren. Sie wohnen im Haus. Der Schulleiter, Theo Tilders, und sein Assistent sind hauptamtliche Lehrkräfte. Außerdem unterrichten etwa 15 Gastdozenten.

Die Bildungsstätte am Starnberger See ist auch eine Informationsstelle für Besucher aus dem Ausland, für Vertreter aus dem internationalen Gewerkschaftsbereich und andere Interessenten. Ebenso betrachtet sie es als ihre Aufgabe, gewerkschaftliche Vorstellungen in anderen Bildungseinrichtungen darzustellen und zu vertreten.

MÜNCHNER VOLKSHOCHSCHULE – HAUS BUCHENRIED

Haus Buchenried, die Tagungsstätte der Münchner Volkshochschule, liegt nicht weit von der Dampferanlegestelle Leoni am Ostufer des Starnberger Sees in einem 16 000 Quadratmeter großen Park, der bis zum Ufer hinabreicht. Oben am Waldrand steht noch das Grabmonument eines der früheren Besitzer, des Kommerzienrats Weinmann, ein einfacher und klarer Rundtempel mit Kuppel, den der um 1900 führende Architekt Theodor Fischer geschaffen hat. Unterhalb des Hauptgebäudes, der einstigen »Villa Weinmann«, liegt das Haus des im 19. Jahrhundert vielgelesenen Schriftstellers Friedrich Wilhelm von Hackländer, der hier seit 1865 seinen Lebensabend verbrachte und 1877 starb. Dort sind heute zwei Wohnungen für das Personal und die Gastreferenten eingerichtet.

1953 hat die Stadt München den gesamten Komplex gekauft und ihn ihrer VHS für die Bildungsarbeit zur Verfügung gestellt. Mit Oberbürgermeister Thomas Wimmer, Stadtschulrat Fingerle und Kulturreferent Hohenemser war der 1966 verstorbene langjährige Leiter der Münchner VHS, Dr. Karl Witthalm, einer der Initiatoren. Die ehemalige »Villa

Der Andechser Heiligenhimmel

Aus der Andechser Kerzenkammer: Blumenornament und Starnberger Votivkerze

Weinmann« wurde 1961 so umgebaut und erweitert, daß heute in der modernen Tagungsstätte 45 Gäste in Doppel- und Einzelzimmern untergebracht werden können. Außer dem großen Seminarraum gibt es noch vier kleinere Gruppenräume für Arbeitsgemeinschaften. In Haus Buchenried können alle Fachbereiche der heutigen Erwachsenenbildung ihre Kurse, Seminare und Lehrgänge durchführen. Dazu gehört auch die Schulung zur Betreuung der Senioren und der Gastarbeiterkinder.
In jedem Jahr werden zwei Veranstaltungskalender veröffentlicht. Das Arbeitsprogramm gibt Einblick in die Aufgabenstellung einer heutigen Großstadtvolkshochschule. Die früher häufigen Wochenendseminare sind zugunsten der Wochenseminare von Montag bis Samstag eingeschränkt worden. Schwerpunkt der Arbeit ist die Mitarbeiter- und Dozentenfortbildung der Münchner VHS. Seit vielen Jahren werden für die Sprachlehrer eine Französische und eine Englische Woche durchgeführt. Einmal im Jahr findet zur Weiterbildung und Vertiefung eine Musikwoche über das Orffsche Schulwerk statt. Der Monat Juli ist für Yoga-Seminare, Meditationsübungen und für Probleme der Gesundheitserziehung reserviert. Das Deutsch-Britische Sommerseminar ist eine vom Deutschen Volkshochschulverband geförderte Gemeinschaftsveranstaltung zwischen dem »College of Adult Education« in Manchester und dem Haus Buchenried, die eine Partnerschaft eingegangen sind.
Neben Tagungen und Seminaren der Münchner VHS werden in Haus Buchenried auch Veranstaltungen des Bayerischen Volkshochschulverbandes im Einverständnis mit der Stadt München abgehalten. Eine Reihe von Tagungen wird in enger Zusammenarbeit mit befreundeten Organisationen und Verbänden durchgeführt. Über die UNESCO und den deutschen VHS-Verband kommen zudem Auslandsdelegationen aus vielen Ländern nach Buchenried, um den Lehrgangsbetrieb und seine Methoden in der deutschen Erwachsenenbildung kennenzulernen. Etwa 50 Veranstaltungen mit rund 2500 Teilnehmern werden im Jahr durchgeführt. Das Alter der Teilnehmer liegt im allgemeinen zwischen 35 und 50 Jahren.

KLOSTERFRAUEN IM DIENST DER ALLGEMEINHEIT

Die Missionsbenediktinerinnen in Tutzing

Am 24. September 1885 zogen vier junge Mädchen aus Westfalen in das 1803 aufgelassene Kloster Reichenbach in der Oberpfalz ein. Hier gründete P. Andreas Amrhein OSB von Beuron die Gemeinschaft der Missionsbenediktinerinnen. 1887 siedelten die Schwestern nach Emming bei Fürstenfeldbruck über, einem kleinen Weiler mit einer Wallfahrtsstätte der heiligen Ottilie. Hier hatten sich schon 1884 die Missionsbenediktiner von St. Ottilien niedergelassen. In wenigen Jahren entstanden nun zwei Klöster, das der späteren Erzabtei der Missionsbenediktiner und die Pflanzstätte der Missionsbenediktinerinnen. Ihr Orden wuchs rasch, und das Haus in St. Ottilien wurde bald zu klein. Deshalb zogen 1904 fast hundert Schwestern in das neue Kloster in Tutzing um.
Heute umfaßt der gesamte Komplex des Tutzinger Klosters außer dem Mutterhaus für rund 120 Schwestern ein Krankenhaus (150 Betten) mit angeschlossener Krankenpflegeschule, eine Mädchen-Realschule, das als Gästehaus eingerichtete alte Klösterl »Maria Hilf« und die historische Villa Ringseis. Von 1904 bis 1953 war Tutzing Mittelpunkt der gesamten Kongregation der Missionsbenediktinerinnen. Von hier aus gingen und gehen

die Missionarinnen nach Ostafrika (Tansania), Südafrika (Zululand) und Südwestafrika (Namibia), nach Angola, Brasilien und den Philippinen, in die USA und nach Korea. Neben Deutschland entstanden auch in der Schweiz, in Portugal und in Rom europäische Niederlassungen.
Das Arbeitsgebiet der Schwestern ist sehr vielseitig: Verkündigung des Evangeliums, Seelsorge- und Pastoralarbeit, Krankenpflege und Sozialarbeit, Lehrtätigkeit und Erwachsenenbildung, Entwicklungshilfe und Gemeindearbeit. Sie verbinden ihre Tatkraft mit benediktinischem Geist und benediktinischer Lebensform und pflegen ein intensives Gemeinschaftsleben.
Seit 1953 befindet sich die Generalleitung der Kongregation in Rom. Tutzing blieb Mutterhaus für die ganze Gemeinschaft mit rund 1300 Schwestern, die — auf zehn Priorate verteilt — in fünf Kontinenten wirken. In den Prioraten der Dritten Welt sind viele einheimische Schwestern nachgewachsen, die sich als Tutzinger Missionsbenediktinerinnen verstehen. Es gibt sogar eigene Schwesterngemeinschaften für Afrikanerinnen. Eine Anzahl von Heimaturlauberinnen kommt jährlich aus allen Arbeitsgebieten zur Erholung und Weiterbildung in das Tutzinger Mutterhaus. Von hier gehen auch jährlich die jungen Missionarinnen in alle Welt. Von 1925 bis 1935 wurden mehr als 250 Schwestern in die Dritte Welt ausgesandt, von 1948 bis 1960 waren es 155. Heute sind es weniger.
Zum deutschen Priorat der Missionsbenediktinerinnen gehören seit 1908 das Klostergut Kerschlach bei Pähl, seit 1913 das alte Kloster Wessobrunn, in dem die Schwestern ein Jugendkurheim führen, und seit 1949 das ehemalige Augustinerkloster Bernried. Dort besteht seit 1953 das Noviziat von Tutzing. Bis 1972 befand sich dort außerdem ein Vorseminar für soziale Frauenberufe. Heute führen die Schwestern in Bernried ein Bildungs- und Erholungshaus, das für viele Menschen ein Ort der Begegnung ist. Ebenfalls zum deutschen Priorat gehören ein Müttererholungsheim in Weiterdingen bei Singen und ein Jugendbildungshaus in Olpe/Sauerland.
Die mitmenschliche Aktivität der Tutzinger Missionsbenediktinerinnen im Laufe von über 90 Jahren, davon über 70 Jahre in Tutzing, ist aller Achtung wert. Die Gemeinschaft der Schwestern war und ist immer bemüht, die benediktinische Tradition zu bewahren und sich damit den neuen Anforderungen in Kirche und Gesellschaft zu stellen.

Die Ursberger Schwestern

Das Kloster der St. Josephs-Kongregation Ursberg in Percha ist der Stiftung einer vermögenden Münchnerin, der Leichenfrau Therese Fack zu verdanken. 1891 erwarb sie als Sommerwohnung für sich und ihre Verwandten zwei Landhäuser in Percha und 1894 zusätzlich den alten »Plemplhof«. Im gleichen Jahr lernte sie bei einem Kuraufenthalt in Krumbad in Schwaben Dominikus Ringeisen, den Begründer des Klosters Ursberg, das sich die Betreuung schwachsinniger Kinder zur Aufgabe gemacht hatte, kennen und war von seinem philantropischen Eifer derart beeindruckt, daß sie ihm die Schenkung ihrer Perchaer Besitzung für seine karitativen Zwecke versprach. 1895 wurde die Stiftung notariell beurkundet. Die Ursberger Schwestern konnten in Percha einziehen. Das St. Josephsheim in Percha erfuhr in den folgenden Jahrzehnten mehrfach Umbauten und Erweiterungen, bis es nach dem Zweiten Weltkrieg seine heutige Form erhielt. Nach dem Ersten Weltkrieg wurden dort Hirnverletzte gepflegt. Im Zweiten Weltkrieg war es Lazarett. Heute ist es Altersheim für Frauen. Auch in Breitbrunn besteht ein Heim der Ursberger Schwestern. Der 1945 verstorbene Franz Utz, der dort 1903 ein Landerziehungsheim für Mädchen gegründet hatte, stiftete es 1929 der St. Josephs-Kongregation. In dem mit ausgedehnten Grundbesitz ausgestatteten und landwirtschaftlich genutzten Heim betreuen die Ursberger Schwestern seitdem geistig behinderte Mädchen.

Die Volkshochschulen

Drei Volkshochschulen bestehen seit über 25 Jahren im Landkreis: Starnberg-Gauting-Tutzing, Gilching und Herrsching. Krailling wird von der Volkshochschule Würmtal betreut, die ihren Sitz in Planegg, Landkreis München, hat. Der Schwerpunkt der Bildungsarbeit der *VHS Starnberg-Gauting-Tutzing* liegt in dem reichhaltigen Angebot an Sprachkursen, die bis zum Abschluß-Zertifikat führen. 1975 wurden insgesamt 134 Kurse in Englisch, Französisch, Italienisch, Spanisch, Russisch und Serbokroatisch abgehalten sowie in Deutsch für Ausländer. Zahlreiche berufsbildende Kurse wie Maschinenschreiben, Steno und Buchführung sind selbstverständlich. Unter »Sonstige Kurse« laufen Malen, Nähen, Yoga, Rechtsfragen, Gymnastik und Autogenes Training, um nur einige zu nennen. An Einzelveranstaltungen wie Vorträge, Seminare, Konzerte und Studienfahrten beteiligten sich im gleichen Jahr 1509 Interessenten. Innerhalb von 25 Jahren verzeichnete die VHS für ihre sämtlichen Veranstaltungen 105 000 Teilnehmer. An der Gründung waren Johann Fischer und Professor André Eckardt maßgebend beteiligt. Der ab 1955 amtierende Vorsitzende Otto Müller wurde 1971 von Gerhard Blumenau abgelöst. Der Bayerische Volkshochschulverband stellte anläßlich der 25-Jahrfeier fest, daß die VHS Starnberg-Gauting-Tutzing mit ihrer Besucherzahl unter den 286 bayerischen Volkshochschulen an dreizehnter Stelle steht. Seit 1974 ist ihr die Musikschule Gauting-Stockdorf mit 30 Lehrern und rund 400 Schülern angeschlossen.

Die *Volkshochschule Gilching-Argelsried* mit ihren Außenstellen in Weßling und Wörthsee führte in 25 Jahren 2238 Veranstaltungen mit 72 268 Teilnehmern sowie 135 Theaterfahrten mit 3774 Interessenten durch. In diesem Zeitraum standen 677 Berufskurse und Arbeitskreise, 410 Allgemeine Bildungskurse, 708 Einzelveranstaltungen einschließlich der Forumsabende, 32 musische Veranstaltungen, 353 Filmabende und 58 Studienfahrten auf dem Programm. Besonders aktiv waren die Arbeitskreise Heimatfilm und Heimatchronik. Drei Filme über die Ortsgeschehen Gilchings und seiner Umgebung wurden fertiggestellt, ein vierter ist im Entstehen. Aus den umfangreichen Vorarbeiten des Arbeitskreises Heimatchronik und intensiven eigenen Quellenstudien entstand 1975 die Landschafts- und Dorfgeschichte der Gemeinde Gilching und Umgebung »kiltoahing + arnisesriet« von Peter Iohn. Das gründliche Werk umfaßt 424 Seiten Text und 23 Abbildungen. Max Schinner und Rudolf Schicht waren 1950 die Initiatoren der Gründung VHS. 17 Jahre lang war der verstorbene Georg Fuchs Geschäftsführer. Ihm folgte 1967 Alfons Zimmer, der neun Jahre auch Vorsitzender war und weiterhin Schatzmeister und pädagogischer Leiter ist. Valerian Brandes löste ihn 1976 als Vorsitzender ab.

Der Schwerpunkt der *Volkshochschule Herrsching* lag von Anfang an neben der Berufs- und Allgemeinbildung auf dem musischen Sektor. Sie fühlte sich als Nachfolgerin des *»Ammersee-Kulturring«*, der unmittelbar nach dem letzten Weltkrieg von Walther Meuschel, Max Ostenrieder und Rudolf Hanauer gemeinsam mit ansässigen Künstlern wie dem Bariton Hans Reinmar, dem Pianisten Michael Raucheisen und dem Schauspieler und Regisseur Arnulf Schröder ins Leben gerufen wurde und bis 1948 mit einem sehr anspruchsvollen Programm in Herrsching wirkte.

Die Gründungs-Initiatoren der VHS waren 1950 Altbürgermeister Adolf Ockert, Professor Georg Halter, Professor Josef Kölzer und Hans Konrad Schauer. Unter den Ersten Vorsitzenden Dr. Lothar Schöne (1950–1956), Dr. Rolf Wünnenberg (1956–1962), Harald Schmilinsky (1962–1975) und dann wieder unter Dr. Rolf Wünnenberg (1975–1977) wurde die geistige Linie systematisch verfolgt. Schatzmeister Hans Pietzschmann ist seit 1951 im Amt. Über 200 Konzerte, davon 52 gemeinsam mit dem verstorbenen Pianisten Friedrich Wührer auf

Schloß Mühlfeld und 30 im Fürstensaal des Klosters Andechs, wurden bis Ende 1976 von 16 544 Musikfreunden besucht. In diesem Zeitraum hatten 246 Allgemeinbildende Kurse 6095 Hörer, die 206 Berufs- und Sprachkurse 3890 Teilnehmer. Die Besucherzahl der Einzelveranstaltungen, einschließlich der Podiumsgespräche und Seminare lag bis Ende 1976 bei 22 860. An den 52 großen Studienreisen und kleineren Heimatfahrten nahmen 1565 Bildungsbeflissene teil. Der jährliche »Advent in Andechs«, gemeinsam mit der Heimatpflege und der Bäuerinnenschule durchgeführt, hat seit 1960 rund 6500 Freunde altbayerischer Tradition in die Wallfahrtskirche gelockt. Großveranstaltungen waren 1960 die »Pfitznertage« mit Professor Wührer, 1961 die »Herrschinger Woche« zugunsten der Oberen Kirche und 1963 die »Herrschinger Turmwoche« zum besten des evangelischen Campanile; beide Wochen in Verbindung mit Professor Wührer, Kreisheimatpfleger Gustl Empfenzeder, dem Sängerbund und der Blaskapelle. Seit 1974 veranstaltet Christa Edelhoff, die Leiterin der evangelischen Kirchenmusik, gemeinsam mit der Volkshochschule und der Gemeinde Herrsching um die Pfingstzeit die »Herrschinger Musiktage«. Gut 58 000 Besucher haben von 1950 bis 1975 an den Veranstaltungen der Herrschinger VHS teilgenommen. In den Mühlfelder Konzerten spielten Künstler von Weltgeltung ohne Honorar: etwa Gaspar Cassado, Ludwig Hoelscher, Joseph Schuster, Wilhelm Kempff, Elly Ney und Jörg Demus. Zweimal las Carl Orff aus seinen mittelalterlichen Spielen; Professor Konrad Lorenz sprach über Verhaltensforschung. Sie alle stellten den Erlös für Konzerte besonders begabten Nachwuchskünstlern zur Verfügung. Seit 1977 ist Gerhard Stephani Vorsitzender der VHS Herrsching.

Der im Dezember 1971 gegründete *Kulturkreis Inning e. V.* führt in Zusammenarbeit mit der Volkshochschule Gilching Sprachkurse durch, ist aber ein völlig selbständiger Verein und erhält keinerlei finanzielle Unterstützung. Initiatoren waren Dr. J. P. Stössel und seine Frau Christiane. Der Kulturkreis will durch breitgestreute bildende und gesellige Veranstaltungen das Zusammenleben der Inninger Bürger fördern und bereichern. Dichterlesungen, Kunstausstellungen, bei denen auch die Inninger Laienmaler mitwirken, Mal- und Hobby-Kurse für Kinder und Erwachsene, gemeinsame Theaterbesuche, dazu Referate über aktuelle Probleme, stehen auf dem Programm. Künstlerisches Interesse wird mit sozialem Engagement verbunden. Der Verein zählt heute über 60 Mitglieder.

MUSIKALISCHER LANDKREIS

In den Annalen der Starnberger Chronik wird erstmals 1892 eine Musikkapelle erwähnt, die in den Seeanlagen Promenade-Konzerte gab. Solche Blaskapellen gehören heute zum kulturellen Leben vieler großer und kleiner Orte und sind bei Heimatveranstaltungen und festlichen Umzügen nicht wegzudenken. Auch zahlreiche örtliche Gesangvereine, die im Sängerbund zusammengefaßt sind, tragen zur Ausgestaltung vieler Feierstunden bei. Volksmusikgruppen von zum Teil ausgezeichneter Qualität pflegen die altbairische Musik mit Gesang und Instrumenten. Einige dieser Gruppen haben sich zu überörtlicher Bedeutung entwickelt.

In der Kreisstadt begann 1901 die Geschichte des heutigen *»Starnberger Musikkreis«*. 1903 gab er als »Starnberger Liedertafel« unter der Leitung von Hauptlehrer Josef Brandstetter im Pellet-Mayer-Saal sein erstes »Sesselkonzert«. Pfarrer Resl sang »unter großem Beifall« zwei Soli. Ein Jahr später stellte sich die »Starnberger Orchestervereinigung« unter dem Bezirksarzt Dr. Eugen Schmitz dem Publikum vor. Zwei Jahre später schloß sie sich der »Liedertafel« an, und 1909 veranstalteten »Liedertafel und Orchesterverein Starnberg« ein großes Wohltätigkeitskonzert zugunsten der Erdbebenopfer von Messina. Zunächst pflegte man die Unterhaltungsmusik, aber schon 1912 ging man mit Werken von Hans Pfitzner und Max Bruch zur ernsten Musik über. Während des Ersten Weltkrieges war Generalpause. Ab 1919 lebte das aktive Musizieren wieder auf. 1927 wurde dem Verein ein Frauenchor angegliedert. Im gleichen Jahr übernahm Apotheker Hans Schefbeck den Vorstand und behielt ihn bis 1965, gefolgt von Ferdinand Pfaffinger. Nach der zweiten Generalpause während des Zweiten Weltkrieges entschieden sich Schefbeck und sein Vertreter Max Friedl kompromißlos für die ernste Musik. Richard Wallisch übernahm die Leitung von Chor und Orchester und brachte Werke vom Barock über die Frühklassik bis zu Josef Haas und Hugo Distler. Als Wallisch nach 20 Jahren den Dirigentenstab aus Altersgründen niederlegte, konnten die jungen Dirigenten Max Frey für den Chor und Hartfried Kroll für das Orchester auf einer soliden Basis weiterbauen, jetzt unter dem neuen Namen »Starnberger Musikkreis«. Im Jubiläumsjahr 1976 kam eine hervorragende Aufführung von Händels »Messias« zustande.

Als nach dem Zusammenbruch von 1945 das kulturelle Leben am Nullpunkt stand, sprang das Ehepaar Anton und Erna Dreher, Besitzer der Bootswerft Rambeck, mit ihren *»Dreher-Konzerten«* in ihrem Starnberger Heim an der Kaiser-Wilhelm-Straße in die Bresche. In fast 200 Hauskonzerten, die sie großzügig der Öffentlichkeit zugänglich machten, veranstalteten sie Kammermusik-Abende mit namhaften Künstlern und Nachwuchsmusikern von beachtlichem Niveau. Nach dem Tode ihres Mannes 1958 führte Frau Dreher, eine Schülerin des bedeutenden Münchner Pianisten August Schmid-Lindner, mit sicherem Gespür für Qualität die Konzerte bis zu ihrem Heimgang 1963 fort. Das Haus Dreher war 18 Jahre lang ein musikalischer Mittelpunkt der Kreisstadt. Dafür hatte Bürgermeister Dr. Rudolf Widmann Frau Dreher ein Jahr vor ihrem Tode die Ehrenmedaille Starnbergs überreicht.

Der *»Starnberger Kunstkreis Buzentaur«* hat in den über 25 Jahren seines Bestehens ein umfangreiches Programm an kulturhistorischen Vorträgen und Dichterlesungen durchgeführt, gleichzeitig aber auch eine große Zahl von Konzerten. Hervorgegangen ist er aus dem »Goethejahr — Hilfswerk für den Landkreis Starnberg«, das sich 1949 zum 200. Geburtsjahr des Dichters die Aufgabe gestellt hatte, notleidende alte Schriftsteller und Künstler zu unterstützen. Initiatoren waren die Professoren Hugo Grothe und André Eckardt sowie der Gautinger Dr. K. E. Meissinger. Aus dem Erlös der Theateraufführungen, der Konzerte und Vorträge konnte geholfen werden.

Nach dem Gedenkjahr erfolgte von Mitgliedern dieser Vereinigung unter Professor Eckardt die Umgründung in den »Starnberger Kunstkreis Buzentaur«. Der Name erinnert an das einstige Prachtschiff des Kurfürsten Ferdinand Maria auf dem Starnberger See. Herbert M. Schönfeld übernahm 1952 den Vorsitz und führte ihn mit viel Sachkenntnis, klaren Vorstellungen und glücklicher Hand bis zu seinem Rücktritt 1976. Sein Nachfolger wurde Walther Habersetzer. Die Stadt verlieh Schönfeld für seine Verdienste die Ehrenmedaille. Dichter wie Hans Carossa, Rudolf Alexander Schröder, Otto Freiherr von Taube, Gertrud von Le Fort und Ina Seidel lasen aus ihren Werken, ebenso Erzähler und Essayisten aus dem Fünfseenland wie Ernst Penzoldt, Peter Dörfler und Horst Wolfram Geißler, Ernst Heimeran und Ludwig Kusche. Am Vortragspult standen maßgebende Kunsthistoriker wie Emil Preetorius, Fedor Stepun, Dr. Herbert Wichmann und Kurt Martin. Auch die Musik war einbezogen. Elly Ney, Ludwig Hoelscher und Wilhelm Kempff erhielten die Ehrenmitgliedschaft und schenkten dem Kunstkreis mehrfach Konzerte. Kammermusik-Ensembles wie das Endres-Quartett gastierten, auch der Generalmusikdirektor Rudolf Kempe mit Sängern der Münchner Oper und der Tenor Hanno Blaschke und die Pianistin Magda Rusy.

Die *Musikschule Starnberg* weckt und fördert die musikalischen Anlagen von Kindern und Jugendlichen, sie ist also eine Jugendmusikschule. Soweit es die Organisation gestattet, können auch Erwachsene am Unterricht teilnehmen. 1973 wurde sie als kommunale Einrichtung der Stadt Starnberg und der Gemeinden Berg, Söcking, Pöcking, Percha und Perchting gegründet. 1976/77 hatte sie rund 450 Schüler. Ein hauptamtlicher Leiter wurde bestellt. Drei hauptamtliche und 17 nebenamtliche Lehrkräfte unterrichten.

Auch Elly Ney veranstaltete unmittelbar nach dem Zusammenbruch von 1945 Hauskonzerte in ihrem Tutzinger Heim, zusammen mit Ludwig Hoelscher und Willem van Hoogstraten. Aus Liebe zu Johannes Brahms, der hundert Jahre vorher den Sommer in Tutzing verbracht und dort einige für seine Entwicklung entscheidende Werke geschaffen hatte, gründeten Elly Ney und Ludwig Hoelscher 1958 die *»Tutzinger Musiktage«*, die seitdem alljährlich Musikenthusiasten aus der gesamten Bundesrepublik und dem Ausland anziehen. Die Tage waren nie ein Festival im üblichen Sinn, sondern weit mehr eine familiäre Feier Gleichgesinnter, die an die Unvergänglichkeit der Tradition glauben und sie einmal im Sommer in einer friedlichen Landschaft vielfältig erleben möchten. Dem Ruf der beiden Tutzinger Künstler folgten ihre Freunde aus ganz Deutschland und Österreich. Es reizte sie, neben ihrer Solistentätigkeit nach Herzenslust Kammermusik spielen zu können. Damit gaben Elly Ney und Hoelscher ihrer Heimatgemeinde, die sie zu Ehrenbürgern machte, einen besonderen musikalischen Akzent. Seit dem Tod von Elly Ney 1968 führen Ludwig Hoelscher und Dr. Siegfried Goslich vom Bayerischen Rundfunk die Musiktage weiter. Die Gemeinde Tutzing hat »ihre« Musiktage von Beginn an organisatorisch und finanziell tatkräftig unterstützt. Anfangs waren die Programme jeweils auf die Kammermusik einzelner Meister konzentriert. Brahms, Schubert und Beethoven wurden in ihren vielfältigen Schattierungen in sechs bis sieben Veranstaltungen nahegebracht. Dann bürgerte es sich ein, zum Abschluß ein Orchesterkonzert zu bringen, in dessen Mittelpunkt ein Solistenkonzert stand. Die Geiger Max Strub, Wilhelm Stross und Wolfgang Schneiderhan, der Pianist Wilhelm Kempff, auch der Tutzinger Johannes Bork, dazu das Endresquartett sind im Gedächtnis geblieben, ebenso die klugen Vorträge des Münchner Musikprofessors Erich Valentin zum Thema der Tage. Die Jubelstürme, vor allem nach dem Auftreten von Elly Ney und Ludwig Hoelscher, zeigten die herzliche Verbundenheit des Publikums mit den Interpreten.

Die *»Tutzinger Gondel«*, ebenfalls eine Kulturvereinigung, die ihr Dasein dem geistigen Hunger der Nachkriegszeit verdankte und regelmäßig Vorträge und Konzerte durchführte, löste sich in der Mitte der sechziger Jahre nach dem Tode ihres Leiters, des Komponisten Helmut Baentsch, auf. Hierauf rief die Musikpädagogin Christa M. Friedrich ihren *»Tutzinger Kammerchor«* ins Leben. Inspirierte Aufführungen vor allem barocker Werke, zusammen mit ihrem Kammerorchester, sind in lebendiger Erinnerung geblieben. Zur Unterstützung des Kammerchores bildete sich 1971 der *»Freundeskreis zur Förderung der Musik in Tutzing e. V.«* (»Musikfreunde Tutzing«). Er hat es sich nun zur Aufgabe gemacht, die Tradition der »Tutzinger Musiktage« auf das ganze Jahr auszudehnen. Sieben Konzerte finden jährlich statt. Auch hier gelang es, den Abonnentenkreis durch hohes Niveau über Tutzing hinaus zu erweitern. Neben den Solisten- und Kammermusik-Abenden stehen jährlich je eine Veranstaltung mit alter Volksmusik und ein Abend mit musizierenden Jugendlichen und Laien auf dem Programm. Sänger wie Kieth Engen und Wolfgang Brendel, der Flötist Frans Brüggen und die Geigerin Yuuko Shiokowa konzertierten bei oft ausverkauftem Haus meist im Saal der Evangelischen Akademie. Die Organisation wird von ehrenamtlichen Mitarbeitern getragen.

Der *»Verein der Musikfreunde Gauting«* arbeitet mit der *»Orchestervereinigung Gauting«* zusammen. Der Orchesterverein entwickelte sich aus einer Spontanaktion. Am 25. Juni 1969 gaben begeisterte Musiker des Würmtals ein Konzert zugunsten des Gautinger Gymnasiums. Der Erfolg ließ den Wunsch aufkommen, solche Veranstaltungen fortzusetzen. Das nun angesetzte Gründungskonzert der Orchestervereinigung vom 21. November 1969 hatte rund tausend Besucher. Mit diesem Echo war die Grundlage für ein ständiges Orchester aus überwiegend Laien und einigen Berufsmusikern geschaffen. Die Amateure wurden aus ihrer Klausur herausgelockt, um sich in einem größeren Rahmen weiterzubilden. Zur Stärkung dieser Bestrebungen wurde am 21. Februar 1970 der »Verein der Musikfreunde Gauting« gebildet, nicht als Konkurrenz zum Münchner Konzertleben, wohl aber als kleines kulturelles Zentrum zur idealistischen Ergänzung. Vorsitzender wurde Dr. Leo Melian. Im Gründungsjahr fanden sieben Konzerte statt, darunter zwei mit Orchester unter der Leitung von George Byrd und Ulrich Weder, dem damaligen Chefdirigenten des Theaters am Gärtnerplatz in München. Von 1971 bis 1976 folgten 32 weitere Konzerte. Unter Weder wuchs das Niveau des Orchesters erheblich. Concerti grossi, Symphonien von Haydn, Mozart, Beethoven, Schubert und Schumann standen auf dem Programm, Werke von Jan Sibelius und Dimitrij Schostakowitsch sowie Bachs »Johannes-Passion« mit dem Tutzinger Kammerchor. Wolfgang Leibnitz spielte Klavierkonzerte von Beethoven und Brahms, Claude-France Journès das A-Dur-Konzert von Liszt, Bernhard Gmelin das Cellokonzert von Dvořak und Matthias Freund das Violinkonzert von Brahms. Das reichhaltige Kammermusikprogramm, oft mit einheimischen Künstlern wie dem Geiger Eugen Forster, brachte klassische und romantische Werke. Neben Weder dirigierte Claus Christianus das Orchester.

Auch in Stockdorf wurde seit dem 15. Februar 1973 das einheimische Musikleben mit begabten Laien und jungen Berufsmusikern durch den »Musikverein Würmtal« unter dem Vorsitzenden Horst D. Hoefer aktiviert. Hier fanden im Gründungsjahr sieben Konzerte statt. Hervorzuheben ist der ungewöhnlich stilreine Abend des Geigers Wolfgang Marschner mit Solosuiten von Bach. Roderich Peter, der dann die Verbindung zum Bayerischen Volksbildungsverband aufnahm, dirigierte eine eindrucksvolle Aufführung des »Stabat Mater« von Pergolesi. Die Veranstaltungen laufen nun als *»Stockdorfer Kammerkonzerte«*, die mit von einem Abonnement getragen werden, weiter. Das Sinnhoffer-Quartett spielte einen hinreißenden Debussy. Der Pianist Wolfgang Leibnitz, das Duo Gudrun und Wolfgang Haag mit Flöte und Harfe und das Symphonieorchester Kurt Graunke unter Roderich Peter musizierten.

Die *»Aufkirchner Konzerte«* des dortigen Kulturkreises, angeregt von Wolfgang Weber, brachten Anfang der siebziger Jahre in der Wallfahrtskirche St. Mariä bemerkenswert gute Konzerte, etwa die »Johannes-Passion« von Bach mit dem Chor von St. Andreas (Fürstenried) unter Christian Kroll, einen äußerst beschwingten Abend mit dem Sinnhoffer-Kammerorchester und eine herzerfrischende Wiedergabe der »Böhmischen Weihnachtsmesse« von Johann Jacob Ryba. Der Benediktinerpater Konstantin Mach, der sie entdeckt hatte, dirigierte dabei seine Rohrer Sängerknaben und ein Regensburger Kammerorchester mit federndem Elan.

Der Leiter der Kirchenmusik der Benediktinerabtei St. Bonifaz in München, Michael Conrad Reiter, unternahm 1971 das Wagnis, in der Andechser Wallfahrtskirche einen Zyklus von Sommerkonzerten durchzuführen. Andechs ist ja ein Priorat von St. Bonifaz. Der Erfolg war, bedingt auch durch den genius loci, derart durchschlagend, daß der Landkreis die *»Andechser Konzerte«* ab 1972 in sein Kulturprogramm aufnahm und förderte. Heute finden dort an sieben Samstagen Konzerte statt, bei denen die 1755 von Johann Baptist Zimmermann so prächtig barockisierte Kirche meist überfüllt ist: barocke Kammermusik-Werke, Concerti grossi, frühklassische Sinfonien, Suiten, Serenaden und Kirchenmusiken wie Vivaldis »Stabat Mater« — ein vollendeter Gleichklang von Raum und Musik. Der Münchner Meisterorganist Franz Lehrndorfer kommt regelmäßig. Der Sologeiger der Wiener Philharmoniker, Gerhart Hetzel, hat mit ihm einen Bachabend gegeben, die Cellisten Oswald Uhl und Reinhold Buhl haben gespielt, der Flötist Gernot Woll und der Trompeter Gerd Zapf, die Sängerinnen Gertraud Stoklassa und Herta Töpper waren zu hören. Der Tenor Hanno Blaschke gab Liederabende im Andechser Fürstensaal. Mit diesen Konzerten ist Andechs wieder ein musikalischer Mittelpunkt im westlichen Landkreis. Die alte Musiktradition des Barock, über die wir schon gesprochen haben, lebte auf.

Eine liebenswürdige Arabeske sind die Nachmittage mit alter Musik in der kleinen *Wallfahrtskirche Grünsink* bei Weßling. Der in Weßling wohnende Gambenspieler und Entdecker fast vergessener Literatur, Folkmar Längin, begann mit ihnen 1972. Den Erlös stellten er und seine Mitwirkenden der Restaurierung der kleinen Barockorgel aus dem Jahre 1780 zur Verfügung. Sie steht unter Denkmalschutz. Der Augsburger Orgelbauer Kuback stellte sie wieder her, und Max Frey weihte sie 1975 mit Pachelbel ein. Längins Programm bringt kammermusikalische Kostbarkeiten aus vergangenen Jahrhunderten.

Als dritte Musikschule im Landkreis — neben der Städtischen Musikschule Starnberg und der von der Volkshochschule getragenen Musikschule Gauting-Stockdorf — wurde 1971 durch private Initiative die *Musikschule Gilching-Argelsried* gegründet. In den ersten fünf Jahren ihres Bestehens wuchs die Zahl der Musiklehrer von vier auf 16, die der Schüler, einschließlich der Außenstelle Wörthsee, von 120 auf 610. Im Januar 1977 erfolgte unter Ruth Opitz, die sich mit ihrer evangelischen Kantorei über Gilching hinaus einen Namen machte, die Gründung einer Singschule.

Selbstverständlich gehören zum »Musikalischen Landkreis« auch die guten Aufführungen geistlicher Musik durch die katholischen und evangelischen Kirchenchöre und -orchester, zum Beispiel in Starnberg, Söcking, Gauting, Tutzing und die evangelische Kantorei in Herrsching. Die *»Herrschinger Musiktage«* unter Leitung der Kantorin der Erlöserkirche, Christa Edelhoff, werden von der evangelischen Gemeinde mitfinanziert.

VOLKSTUMSPFLEGE

Die Pflege des Brauchtums haben wir schon im Kapitel »Die Menschen« (in »Das Volk«) gestreift. Die Wiederentdeckung einer bodenständigen Tracht begann in Bayern um die Mitte des 19. Jahrhunderts. Auch bei uns kam die »Kurze Wichs« auf. Der Schuhplattler und die alten Volkstänze wurden zu neuem Leben erweckt. Der Gebirgstrachten-Erhaltungsverein »D'Starnberger« entstand um 1900. Hier war man bestrebt, auf das Bodenständige im engeren Umkreis zurückzugreifen. Ein dichterer Zusammenschluß folgte 1907 mit der Gründung des »Volkstrachtenvereins Starnberg«. Als am 2. Juli 1933 der Kiem Pauli, der Schatzgräber des altbairischen Volkslieds, zu einem gemeinsamen Heimatabend nach Starnberg kam, zündete der Funke. Sein Appell zur Einigkeit brachte die verschiedenen Gruppen, die bisher getrennt marschiert waren, einander näher. Im Herbst des gleichen Jahres wurde erstmals wieder nach altem Brauch eine Fischerhochzeit gefeiert. Nach den Unterbrechungen durch die beiden Weltkriege brachte am 27. Juni 1947 der nun gegründete *»Starnberger Heimat- und Volkstrachtenverein«* die örtlichen Gruppen endgültig auf einen gemeinsamen Nenner. Vorsitzender wurde Hans Zellner. Der Verein schloß sich dem

Deckenfresko in Kempfenhausen

Wangen: Grablegung an der Predella des rechten Seitenaltars

Wangen: Widmung der Stifterin an der Predella des linken Seitenaltars

Die »Drei Gekrönten Jungfraun« von Leutstetten

M. Lueger: Das Mausoleum in Söcking (1840)

Berg: Der Marientod in der Alten Kirche

»Huosigau« an, der über den Landkreis hinaus im oberbayerischen Raum die Trachtenbewegung zusammenfaßt. Auch in den übrigen Gemeinden des Landkreises bildeten sich Trachtenvereine. Sie alle achten streng auf Sitte und dulden keine Abweichungen vom historisch belegten Brauchtum.
Auf Anregung des Kiem Pauli, den sie hoch verehrten, widmeten sich die Vereine verstärkt dem altbairischen Volkslied und der alpenländischen Volksmusik. Auch das religiöse Brauchtum gruben sie wieder aus. In Starnberg wird seit 1959 alljährlich im Advent die »Herbergsuche«, die Wanderschaft eines Marienbildes zu einzelnen Familien bis zu seiner Einkehr in die St.-Josephs-Kirche, durchgeführt. In der Andechser Wallfahrtskirche feiern die Volksgruppen rund um den Heiligen Berg alljährlich ihren »Advent in Andechs«. Es gibt wenige Kirchen im Landkreis, in denen nicht in der Vorweihnachtszeit die Volksgruppen mit Gesang und Instrumenten der nahen Geburt Christi gedenken.
Seit wann der Fischertanz in Starnberg besteht, läßt sich nicht genau feststellen. Sein Menuett-Charakter und seine gemessenen 36 Figuren, die von 12 Paaren ausgeführt werden, weisen jedoch auf die Zeit des Barock hin. Das Fischerstechen auf dem See hat seinen Ursprung nicht in Starnberg. Schon im 16. Jahrhundert war es auf der Pegnitz und auf der Donau bekannt. 1714 fand es zu Ehren des deutschen Kaisers Karl VI. auf der Isar statt. Ludwig Steub hat es beim Landwirtschaftsfest in Starnberg 1860 ausführlich beschrieben. Nach 1882 geriet das Stechen in Vergessenheit. Dann stiftete Prinzregent Luitpold für den Sieger über alle Mitkämpfer, den »Fischerkönig«, einen goldenen Wanderpokal. Seit 1907 — die Kriegsjahre ausgenommen — findet das »Starnberger-See-Luitpold-Fischerstechen« alle fünf Jahre statt. Der heutige Chef des Hauses Wittelsbach stiftete für den »Fischerkönig« einen neuen Pokal. Beim Panzenstechen müssen die Steher auf dem Brett ein durch vier Reifen zusammengebundenes Faß mit einer scharfen Lanze stückweise »abstechen«. Sieger ist, wer den letzten Reifen »bezwingt«. Das Fischerstechen wurde auch auf den Ammersee übertragen.
Die alte Starnberger Fischertracht unterscheidet sich von den übrigen Trachten der Gebirgler, wie sie vielfach von unseren Vereinen übernommen wurden. Aus Votivbildern und Aufzeichnungen früherer Zeiten ist sie überliefert. Für die Männer ist der braune, grüne oder blaue »Bratenrock« mit Silberknöpfen charakteristisch, ebenso die bunte doppelreihige Samtweste, der Schlapphut mit breiter Krempe, die lederne Bundhose, die weißen Strümpfe und die Silberschnallen an den Knöchelschuhen. Die jungen Burschen tragen kurze Lederhosen, kurze Janker und den schwarzen Stopselhut. Die Frauen sind mit einem schweren, reich plissierten »Pollenkittel« bekleidet, haben einen goldbestickten Brustlatz und die aus Altsilber kunstvoll in Filigran gearbeitete Florschnalle. Die Tracht der jungen Mädchen ist aus leichterem Stoff gefertigt und bunter. Im Haar tragen sie das »Krandl« (Krönlein), im Gegensatz zu den schweren Otterhauben der Frauen. Daß man diese wertvollen Trachten nur noch selten sehen kann, haben wir schon erwähnt.
Auch über das Theaterspielen unserer Laiengruppen haben wir schon kurz berichtet. Viele Vereine — Sportler, Sänger, Jugendgruppen, Freiwillige Feuerwehr — sind mit Volksstücken an die Öffentlichkeit getreten. Aus den spielfreudigen Mitgliedern des Turnvereins gründete Willy Zauss 1915 den »Theaterverein Starnberg«. Im April 1921 fanden sich die Starnberger Laienspieler zu einer neuen Gruppe zusammen. Seit 1937 nennen sie sich *»Heimatbühne Starnberg«*. Die Annalen verzeichnen 16 Uraufführungen. Dichter wie Ludwig Anzengruber, Ludwig Thoma und Georg Queri kamen oft eindrucksvoll zu Wort. In Herrsching bildete sich im Rahmen des Turnvereins 1919 eine »Dramatische Riege« und machte sich 1922 als *»Theaterverein Herrsching«* selbständig. 1966 entstand das *»Ammerseer Bauerntheater«*. Auch an anderen Orten lebte diese Tradition wieder auf. Der bayerische Stamm liebt das Theaterspielen und steckt die »Zugereisten« an.

Bayerische Dokumentationsstelle für Mundart

Ein Zeichen dafür, daß die bildhafte und kernige bayerische Sprache geblieben ist und bewußt gepflegt wird, ist die Gründung der »Bayerischen Dokumentationsstelle für Mundart« Ende 1975 durch den Journalisten und Bavarica-Verleger Friedl Brehm in Feldafing. Sein Verlag bestand 1976 seit 20 Jahren. In diesem Zeitraum hat er 50 kleine Mundartbücher meist junger Autoren herausgebracht. Am 14. August 1976 konstituierte sich in Starnberg, ebenfalls durch Initiative Brehms, der *»Verein der Mundartfreunde Bayerns«* und übernahm die Trägerschaft der Dokumentationsstelle. Sie ist die einzige Institution Bayerns dieser Art und eine selbständige Sektion der »Internationalen Dokumentationsstelle für Dialekt und Dialektliteratur« in Wien. Die Stadt Starnberg stellte der bayerischen Dokumentationsstelle einen Geschäftsraum im Haus der früheren Oberschule zur Verfügung. Helfer Brehms beim Aufbau war der 24jährige Feldafinger Mundartdichter Ossi Sölderer.

Die Gründer weisen mit Recht darauf hin, daß schon lange vor der hochdeutschen Sprache eine bairische Literatur bestand, etwa im neunten Jahrhundert das »Wessobrunner Gebet« oder das Bruchstück eines Gedichts, das das Schicksal der Seele nach dem Tode schildert, »Muspilli«. Von dort ist die Linie über Walther von der Vogelweide über die geistlichen und weltlichen Spiele des Mittelalters und des Barock bis zum 20. Jahrhundert zu verfolgen. Ludwig Thoma, Georg Queri, Lena Christ, Max Dingler und Oskar Maria Graf haben der bayerischen Sprache wieder überregionale Bedeutung gegeben. Carl Orff verschaffte ihr Weltgeltung.

Die »Mundartfreunde Bayerns« und ihre Dokumentationsstelle haben sich zum Ziel gesetzt, das bayerische Sprachbewußtsein zu erweitern und zu vertiefen. Die erfreulich große Zahl junger Autoren greift auf die heimatliche Alltagssprache zurück, wendet sich an das Volk und weniger an die Intellektuellen und tritt der Vermassung entgegen. Hier ein Beispiel von Ossi Sölderer:

»Long san mia beinond gsessn
ongschaut hom ma uns,
ka Wort gschprochn.
Don host ma dei Hond gem,
host glächlt und gsogt:
i hüf da,.
do hob i glocht.«

Die Dokumentationsstelle unterhält Kontakte mit dem »Institut für Niederdeutsche Sprachen« an der Universität Bremen und über das »Internationale Dialektinstitut in Wien« mit gleichgerichteten Institutionen in Europa und Mexiko. Durch Lesungen, Vorträge, Seminare und Umfragen wirbt sie für die Erhaltung unserer ursprünglichen, unverwässerten Sprachkultur.

MUSEEN UND AUSSTELLUNGEN

Das *Würmgau-Museum der Stadt Starnberg* liegt heute halbverborgen hinter dem Eisenbahndamm, der den Ort vom See trennt, nahe bei der Unterführung zum »Undosa-Bad«. Früher lag das alte Fischerhaus unmittelbar am See und war von Wald umgeben. Nach dem alten Hausnamen »Zum Lochmann« oder »Lochmannhölzl« nennt man es das »Lochmann-Haus«. Wahrscheinlich stammt es in seinem ältesten Teil aus dem Ende des 15. Jahrhunderts. Erstmals wird es zuverlässig 1554 erwähnt. Danach gehörte es zu einem Starnberger Herrschaftssitz. Hans Fendt, wohl ein Münchner Patrizier, nahm wahrscheinlich die Umbauten im Obergeschoß vor. Eine große Stube entstand, an deren Türsturz er sein

Wappen und das seiner Frau, einer geborenen Schrenk von Notzing, anbringen ließ. Über die Familie von Haimbhausen und die Freiherren von Götzengrien kam das Haus an die Grafen von Vieregg und gehörte zur Hofmark Tutzing. Die Viereggs richteten in der Oberstube ihr Patrimonialgericht ein.
Die Bewohner lassen sich bis ins 16. Jahrhundert zurück verfolgen. Sie waren Fischer. Ein Hans Khoch erwarb 1639 das Leibrecht für das Haus. 1857 bezog der Fischer Ruppert Gröber die unteren Räume. Die Gröbers verkauften 1913 das Haus an die Stadt.
Nun nahmen sich drei passionierte Volkskundler des alten Hauses an: der Sanitätsrat Dr. Martin Penzl, der in seiner Jugend Sekretär des Grafen von Schack gewesen war und sich nach Starnberg zurückgezogen hatte, der Kunsthistoriker und -händler Dr. Richard Paulus, der in München eine Galerie besaß, und der Regierungsrat Dr. Anton Obermayer, ein leidenschaftlicher Kunstsammler. Mit Hilfe weiterer Kunstfreunde gründeten sie am 13. Februar 1913 einen »Museumsverein für Volkstum und Heimat«. Die Stadt überließ das Haus dem Verein. Ein Umbau des früheren Stadels — Wohn- und Wirtschaftsteil lagen unter einem Dach — wurde durchgeführt. Am 9. Juli 1914, drei Wochen vor dem Ausbruch des Ersten Weltkriegs, eröffnete König Ludwig III. das Starnberger Heimatmuseum. Das Blockhaus nebenan, das aus dem Jahr 1706 stammt, wurde aus der Einöde Pischetsried am Ostufer über den See gebracht und als Wohnung für den Verwalter hergerichtet.
Dr. Paulus, der erste Museumsleiter, der als Heimatforscher für Starnberg und die Umgebung Wesentliches geleistet hat, brach am 1. Februar 1929 auf dem Eis des Sees ein, wurde nach einer Stunde gerettet, starb aber an den Folgen. Die Säule im Garten des Museums erinnert an ihn. Dr. Penzl führte das Museum bis zu seinem Tod, 1936. 1938 übernahm die Stadt das Würmgau-Museum. Nach dem Zweiten Weltkrieg wurde es baufällig und 1960 geschlossen. Stadt und Bürger setzten sich für die Restaurierung ein. Am 23. November 1963 wurde das Haus wieder für die Öffentlichkeit zugänglich.
Neben dem Eingang des Museums erinnern Kapitelle an die karolingische Vergangenheit des Würmgaus. Im Erdgeschoß wird altes Gerät aufbewahrt, darunter ein 400 Jahre alter Webstuhl. In der Küche mit dem offenen Feuer hängen und stehen altes Kupfer-, Zinn- und Tongeschirr und Backformen. Die anschließende Bauernstube zeigt die ursprüngliche bäuerliche Einrichtung mit Kachelofen, Bank und Familientisch. In der Schlafstube stehen das Himmelbett und bemalte Schränke. Die Wände im oberen Stockwerk sind mit alten Stichen und Lithographien behängt. Fischertrachten, bestickte Gürtel, Münzen, Schiffsmodelle, Zunftzeichen und Schmuck bis aus der Bronzezeit werden aufbewahrt, dazu Folterwerkzeuge, Scherbenfunde aus der Frühzeit und Pfähle von den Stegen der Roseninsel. In der »Kapelle« stehen Plastiken. Wertvollstes Stück ist die »Heilige« von Ignaz Günther. Truhen aus dem 16. und 17. Jahrhundert sind zu sehen, dazu alte Stadtansichten und das Modell des »Buzentaur«. Von dem Prunkschiff sind noch Lampen erhalten. In der Gemäldegalerie kann man Georg Queri fröhlich in seinem Küchengarten sehen, von Moralt konterfeit. Gustav Meyrink ist in einer Zeichnung festgehalten. Dazwischen hängen Landschaftsbilder, Aquarelle, Zeichnungen und Ölbilder von Thiem, Fritz von Uhde und Moritz von Schwind, auch eine stimmungsvolle Radierung vom alten Lochmannhaus von Eugen N. Neureuther (1806 bis 1882). Das Museum soll jetzt einen Erweiterungsbau erhalten.
In Tutzing befindet sich eine zoologische Rarität: das *Käfermuseum von Dr. h. c. Georg Frey* († 1976) in der Hofrat-Beisele-Straße 2. Mit über zwei Millionen Käfern in mehr als 100 000 verschiedenen Arten ist es die größte Privatsammlung der Welt und das viertgrößte Käfermuseum nach Paris, London und Berlin. Die Universität München verlieh Frey 1959 den Doktor honoris causa. Mehr als 25 Käfersammlungen hat er erworben. Seine Sammler waren ständig für ihn in Übersee tätig.

Ursprünglich befand sich das Museum in München. Dann errichtete Dr. Frey 1954 einen Museumsbau in Tutzing mit drei großen Arbeitsräumen und einer Bibliothek mit etlichen tausend Bänden der gesamten Fachliteratur sowie über 15 000 Einzelveröffentlichungen. Der Hausherr gab eine Zeitschrift heraus. Die »Entomologischen Arbeiten aus dem Museum G. Frey« erschienen jährlich und brachten bei einem Umfang von ca. 400 Seiten internationale Beiträge.

Drei Wissenschaftler arbeiteten im Museum an Bestimmungstabellen für Arten, die nur einmal beschrieben oder neu sind. Spätere Generationen sollen diese Tiere wiedererkennen können. Viele Arten werden in einigen Jahrzehnten wahrscheinlich ausgestorben sein. Durch die Entwaldung in Übersee wird viel vernichtet. Auf Madagaskar und Neuseeland etwa existiert heute nur noch ein Zehntel der ursprünglichen Flora.

Frey bedauerte, »daß heute in der Schule die Naturkunde so vernachlässigt wird. Wer macht denn noch wie in unserer Jugend zoologische und botanische Exkursionen?«

In den Arbeitsräumen und dem langen Gang, der sie verbindet, steht Schrank an Schrank, jeder mit 64 Schubladen, in denen die Käfer, vor schädigenden Einflüssen geschützt, übersichtlich aufbewahrt werden. Manche Käfer sind schon über hundert Jahre alt. Der Fundort jedes Tieres ist angegeben. Die in allen Regenbogenfarben schillernden »Prachtkäfer« zum Beispiel kommen aus Indien. Diese Käferfamilie der Buprestidae füllt allein drei Schränke. Sie kommt auch in Afrika und Südamerika in schönen Exemplaren vor. Auch der Schrank mit den »Riesenkäfern«, den Dynastinae, vermittelt dem Laien sinnfällig den Farben- und Formenreichtum der Natur.

Wissenschaftler, die aus aller Welt nach Tutzing kommen, finden in diesem Museum besonders reichhaltige Sammlungen von Käfern der palearktischen Zone, von Lamellicorniae, Blattkäfern, Bockkäfern, Tenebrionidae (Schwarzkäfern) und Meloidae vor. In diesen Gruppen ist das Museum G. Frey führend in der Welt. Selbstverständlich sind die in Oberbayern vorkommenden 4000 Arten vertreten, darunter eine entomologische Besonderheit aus dem Perchaer Wildmoos, der Kurzflügler Stenus kiesenwetteri. Seit dem Tod von Dr. Frey ist das Museum vorläufig geschlossen.

In Gauting besteht seit 1965 ein Freundeskreis Bildender Künstler, in dem sich auf Anregung von Professor Karl Köhler dort ansässige Maler, Grafiker und Bildhauer unkonventionell zusammenschlossen. Diese *»Gruppe 65«* veranstaltet in lockerer Folge — durchschnittlich einmal im Jahr — im Don-Bosco-Heim Ausstellungen, deren Niveau das kulturelle Leben im Würmtal bereichert hat, etwa von Lulu Beck, Hans Olde, Hans Schellinger oder Ernst Haider sowie gemeinsame Vernissagen mehrerer Künstler. Mehrfach hat Landtagspräsident Rudolf Hanauer die Schirmherrschaft übernommen.

Neben den arrivierten Künstlern bildete sich 1972 der *»Kunstverein Gauting e. V.«*, dem auch Laienmaler angehören. Der dreiköpfige Vorstand wird jährlich neu gewählt. Die Sprecher von sechs Arbeitsgruppen erweitern ihn: Ausstellungsleitung, Keramik und Druck, Bildnerische Kurse, die Literarische Arbeitsgruppe Stockdorf, Musik und Puppenspiel. Der Verein geht auf die Zusammenkünfte Interessierter in der Werkstatt von Stefan Britt zurück. Seit 1974 führt der Verein im neuen Rathaus jährlich fünf Ausstellungen für jeweils sechs Wochen durch. Zu den 60 Mitgliedern gehören der Bildhauer Ferdinand Filler, Maler und Grafiker wie Felix Jacob, Kurt Meinhardt und Thomas Niederreuther sowie die Keramikerin Gisela von Ranke, ebenso Bürgermeister Josef Cischeck.

In Herrsching entstand 1967 auf Initiative des Malers und Grafikers Hans Pretsch und des verstorbenen Malers und Bühnenbildners Kinner von Dressler der *»Künstlerkreis Ammersee«*. Ihm schlossen sich Bildende Künstler aus dem gesamten Landkreis, aus dem übrigen Ammerseegebiet, aus München und vom Chiemsee an. Zum Gautinger Kunstverein unterhält er enge Kontakte, wie es überhaupt zwischen den einzelnen Gruppen personelle

Überschneidungen gibt. Der Herrschinger Verein stellt regelmäßig im Foyer der Realschule oder in der Turnhalle der Volksschule aus. Zur 1200-Jahr-Feier Herrschings 1976 zeigte der ortsansässige Bildhauer Hans Kreuz mit seiner Familie in der Realschule eine Sonderausstellung. — Im neuen Rathaus von Krailling wird seit 1973 an jedem ersten Sonntag im Monat eine umfangreiche Kunstausstellung eröffnet, die über den Landkreis hinaus Beachtung findet. Der »Starnberger Kunstkreis Buzentaur« richtete von 1950 bis 1959 für die Künstler und Kunsthandwerker des Starnberger Raumes im Undosasaal von Hans Gruss Verkaufsausstellungen und Weihnachtsbasare ein. Der Erlös kam ausschließlich den Freischaffenden zugute. Landrat Dr. Widmann eröffnete im Februar 1977 zum sechsten Male im Ordnungsamt des Landkreises eine Ausstellung ausländischer Künstler, um in unserem Gebiet die Kontakte zwischen ausländischen Arbeitnehmern und Einheimischen zu vertiefen und einen Einblick in die Kultur der Gäste zu vermitteln. Diesmal wurde der bekannte jugoslawische Maler Ivo Vojvodic vorgestellt.

Die *Galerie Weihs* installierte sich 1959 am Georgenbachweg in Starnberg. Die Arbeiten der Malerin Barbara Steinbrecht-Strack brachten der Galeristin Helga Weihs den ersten großen Erfolg. Nach der Übersiedlung in die Kaiser-Wilhelm-Straße erweiterte sie ihre persönlichen Kontakte zu tschechischen und jugoslawischen Künstlern. Ab Juli 1977 stehen der Galerie, deren Promotor heute der Ehemann und »Meister der Einbindekunst« Fritz Weihs ist, neue repräsentative Räume zur Verfügung. Das Programm umfaßt in jährlich drei bis vier Ausstellungen Malerei, Grafik und Kunsthandwerk der Gegenwart.

Die »*galerie th. keller*« in Kempfenhausen entstand 1970. Von 1972 bis 1974 hatte sie Ausstellungsräume in der Maximilianstraße in München. Dann schied Thomas Keller aus, und Dany Keller führte die Kempfenhausener Galerie als alleinige Inhaberin weiter. Ihre Liebe gehört allen modernen Tendenzen, der neuen Konkreten Kunst, der Minimal Art und dem Konstruktivismus. Sechs bis acht Ausstellungen führt sie jährlich durch, etwa mit Hans Mack, Antonio Calderara und David Hockney. Seit 1976 bezieht sie Konzerte, instruktive Vorträge und ungewöhnliche Filme in ihr Programm ein. Ebenso wichtig wie heutige Künstler mit Weltgeltung sind ihr Unbekannte, die sie aufzubauen versucht. Einige vertritt Dany Keller exklusiv und vermittelt ihnen internationale Ausstellungen in Europa. Daneben laufen ihre Editionen von Grafiken und Kunstbüchern.

Peter Schwarzmann, Sohn des Kunsthistorikers Dr. Heinz Schwarzmann, der von 1939 bis 1963 in Starnberg lebte, hat sich auf Antiquitäten und Volkskunst spezialisiert, veranstaltet aber auch zweimal im Jahr in seiner »*Galerie Schwarzmann*« in Starnberg Vernissagen mit jungen Naiven. Sein besonderes Interesse gilt früheren und noch lebenden Malern rund um den Starnberger See.

Gerhard Enggruber gründete seine »*Galerie Welden*« 1971 an der Dampfschiffstraße in Starnberg, um das Andenken an seinen verstorbenen Onkel, den Maler Leo von Welden, wachzuhalten. Von Welden wurde 1899 in Paris geboren und starb 1967 in Feilnbach. Anfangs zeigte Enggruber in dem originell ausgebauten Dachstuhl seines Hauses ausschließlich Bilder seines Onkels. 1973 ging er zu jährlich sechs Kollektivausstellungen meist sehr bekannter Grafiker aus dem süddeutschen Raum, wie Bele Bachem und Adolf Christian Brunner, über. Die Galerie, heute »Kleine Galerie«, betrachtet er als sein schönstes Hobby.

JUGENDPFLEGE UND SPORTFÖRDERUNG

Im Landkreis Starnberg werden die Aufgaben der öffentlichen und der freien Jugendpflege weitgehend vom *Kreisjugendpfleger* und vom *Kreisjugendring* wahrgenommen. Der Kreisjugendring, eine Körperschaft des öffentlichen Rechts mit der Aufgabe, die Mitgliedsgruppen zu koordinieren, löste 1949 den am 6. Juli 1947 auf Anweisung der Militärregierung geschaffenen Kreisjugendausschuß ab. Geschäftsführer ist seit 1949 Kreisjugendpfleger Emil Richter. Dem Kreisjugendring gehören 89 organisierte Jugendgruppen an.

Eigene Einrichtungen des Kreisjugendringes sind das »Jugendbergheim Dr. Max Irlinger« in Unterammergau sowie die Jugendherbergen Jägersbrunn, 1921 als erste in Bayern errichtet, und Steinebach. In Starnberg besteht ein Freizeitzentrum für Jugendliche, dessen Träger die Stadt ist. Das Jugendzentrum im alten Gautinger Rathaus wurde 1976/77 ausgebaut. Zur Zeit bestehen im Landkreis 15 Jugendheime, die überwiegend auf kirchliche Initiativen zurückgehen, außerdem 27 Jugendräume, die vielfach von den Sportverbänden innerhalb ihrer Anlagen, aber auch von den Kommunen und konfessionellen Verbänden zur Verfügung gestellt werden. Auf Empfehlung von Landrat Dr. Rudolf Widmann wurden bisher im Stadt- oder im Gemeinderat von 23 Orten Jugendreferenten gewählt, die laufend den Kontakt zwischen den örtlichen Jugend- und Sportgruppen und den Gemeinden herstellen.

Auf einstimmigen Kreistagsbeschluß wurde am 1. Januar 1974 für den Landkreis Starnberg einer der ersten kommunalen Jugendpläne in Bayern wirksam. Hiermit will der Landkreis dazu beitragen, daß für die Jugend über reiche Bildungsangebote hinaus der notwendige Lebensraum gesichert wird. Der junge Staatsbürger soll nicht in eine Außenseiterposition geraten, sondern die Möglichkeit haben, in unsere Gesellschaftsordnung hineinzuwachsen. Auf weitere Sicht sind geplant: ein Kunsteisstadion, ein zweites Jugendheim in einem Erholungsgebiet außerhalb des Landkreises, ein zentrales Jugendzentrum für Schulungen und Lehrgänge, das auch der Erwachsenenbildung dienen soll, eine fahrbare Bibliothek für Orte, die noch keine Bücherei besitzen, Allwetterspielplätze und Verkehrsspielgärten in Zusammenarbeit mit der Kreisverkehrswacht. In allen Gemeinden über 5000 Einwohner sollen Jugendfreizeitheime entstehen, in allen über 10 000 Einwohner Hallenschwimmbäder. In dem Plan sind Richtlinien festgelegt, die bestimmen, welche Maßnahmen der Jugendpflege vom Landkreis gefördert werden sollen. Dazu gehören Bau und Ausstattung der Jugendheime, Personalzuschüsse für den laufenden Betrieb, Aus- und Weiterbildung der Jugendleiter, Beschaffung von Sport- und Spielgeräten, politische und kulturelle Jugendbildung, ferner Betreuung ausländischer Gruppen sowie Mietkostenzuschüsse für Gruppenräume.

Unter den zahlreichen Jugendgruppen, die teils konfessionell, teils politisch oder sportlich orientiert sind, nimmt die Junge Mannschaft (JM) eine Sonderstellung ein. Sie ist politisch und konfessionell nicht gebunden. Jugendlichen ab 14 Jahren und jungen Erwachsenen will sie ein sinnvolles Freizeitprogramm geben. In Diskussionen werden aktuelle Themen aufgegriffen. Die JM hat ein umfangreiches Reiseprogramm und bietet abwechslungsreiche Geselligkeit an, darunter Quizabende, Wanderungen, Tanzabende im Rahmen des Jugendschutzgesetzes und auch musische Anregungen. Im Oktober 1963 wurde die JM von Hubert Hupfauf in Tutzing gegründet. Dieser tolerante Zusammenschluß fand ungewöhnlich starken Zuspruch. Über die heute 16 örtlichen Gruppen im Landkreis hinaus bildeten sich weitere 16 Gruppen in den Nachbarkreisen. Insgesamt hat die JM 2200 Mitglieder. Im Juli 1976 übernahm sie ein ehemaliges Forstdienstanwesen bei Bad Wörishofen als Schulungs- und Freizeitheim. Vorsitzender ist nach wie vor Hubert Hupfauf.

Eine *Sportförderung* durch die Landkreise ist nicht allgemein üblich. Wie beim kommunalen

Jugendplan entwickelte der Landkreis Starnberg hier ebenfalls Eigeninitiative. Nachdem der Staat durch seinen »Goldenen Plan« in der Vergangenheit beachtliche Hilfe gewährt hat und wohl auch weiterhin gewährt, war die Voraussetzung für die Förderung durch den Landkreis geschaffen. Sein Sportförderungsplan trat am 1. Januar 1975 in Kraft. In diesem Jahr betrug der Finanzierungsaufwand 237 000 Mark. Für die Jahre 1977 bis 1982 sind jährliche Zuschüsse bis zu 300 000 Mark im Haushalt angesetzt. Mit diesen vorgesehenen Beträgen steht der Landkreis Starnberg mit an der Spitze in Oberbayern. Der Plan sieht Baumaßnahmen sowie Förderung von Übungsleitern und von Gruppen auf der Grundlage des Mitgliederstandes der Vereine vor.

Am 31. Oktober 1976 waren 64 Sportvereine mit 19 843 Mitgliedern eingetragen, darunter 4727 Kinder bis 14 Jahre, 2103 Jugendliche bis 19 Jahre und 13 013 Erwachsene. Mit einer Zuwachsrate von 8,7 Prozent seit 1972 stehen die Sportvereine des Landkreises Starnberg im Verhältnis zu seiner Bevölkerung im Bezirk Oberbayern an vierter Stelle hinter den Landkreisen Landsberg, Rosenheim und München-Land. Ältester Sportverein in unserem Gebiet ist der TSV 1880 in Starnberg, mitgliedstärkster der TSV Gauting mit über 2000 Mitgliedern.

Nach dem Stand vom 1. Oktober 1976 sind die am häufigsten betriebenen Sportarten der Mitglieder Turnen (23,2%), Fußball (20,4%), Tennis (13,2%) und Skisport (8,6%). Zwischen 4,2 und 3,4 Prozent liegen Eissport, Tischtennis, Segeln, Reiten und Leichtathletik. Zu den insgesamt 26 ausgeübten Sportarten in 161 Fachsparten gehören außerdem Handball (2,7%), Golf (2,7%), Judo (2,3%), Schwimmen (2,2%), Volleyball (1,6%) und Sportakrobatik (1,1%). Der Versehrtensport ist mit 0,8 Prozent vertreten, Schach mit 0,3 Prozent. Bei den schon genannten Seglern und bei den Ruderern (0,2%) sind Vereine, die außerhalb des Landkreises ihren Sitz haben, ihren Sport aber auf unseren Seen ausüben, nicht mitgerechnet. Außer diesen im Bayerischen Landessportverband zusammengeschlossenen Vereinen sind die Schützen mit 20 Vereinen und 2854 Mitgliedern (Stand vom 30. 6. 74) im Bayerischen Schützenbund, Gau Starnberg, sehr stark vertreten.

Nach der Aufstellung des Sportförderungsplanes von 1975 gibt es im Landkreis folgende Sportanlagen: 42 Schießstätten, 34 Fußballplätze einschließlich Leichtathletikanlagen, 25 Turnhallen, 17 Sommerstockbahnen, 14 Tennisanlagen mit 51 Plätzen, 12 Freibäder, zehn Allwetterplätze, acht Gymnastikhallen, sechs Reithallen und eine Reitbahn, fünf Kunsteisstockbahnen, drei Hallenbäder, zwei Natureisstadien und einen Golfplatz in Feldafing, der weithin wegen seiner Lage und seiner Ausdehnung berühmt ist. Auch die Segelreviere auf den größeren Seen haben internationale Bedeutung. Das Landesleistungszentrum für Segeln befindet sich in Tutzing.

Der älteste Seglerverein unseres Gebietes ist der heutige *Bayerische Yacht-Club.* Zunächst schlossen sich die Segler dem 1880 gegründeten Münchner Ruder-Club in Starnberg an und unternahmen 1884 und 1885 die ersten gemeinsamen Picknickfahrten zur Roseninsel. 1888 lösten sie sich von den Ruderern und gründeten den Seglerverein Würmsee. Das Münchner Hofmarschallamt stellte dem Verein das verschilfte Ufergelände links vom Ausfluß der Würm für einen Hafenbau zur Verfügung. Erstes Bootshaus war der Schuppen, in dem Lorenz Westenrieder gut hundert Jahre zuvor noch die Reste des alten Prunkschiffes Buzentaur gesehen hatte. Ab 1909 nannte sich der Verein Bayerischer Yacht-Club. Von 1911 bis 1918 führte er das Prädikat Königlich Bayerischer Yacht-Club. Die Gründungen zahlreicher Ruder- und Segel-Clubs an unseren Seen schlossen sich in den folgenden Jahrzehnten an, in neuester Zeit auch Schulen für Wasserski und Windsurfing.

Der Deutsche Alpenverein ist im Landkreis mit drei leistungsstarken Sektionen vertreten. Die Sektion Starnberg besteht seit 1902 und hat über 1000 Mitglieder. Ihre Hütte liegt am Hörndle bei Bad Kohlgrub. Außerdem betreut sie seit 1967 das Hohenzollernhaus der Sektion Berlin bei Pfunds im Ötztal und verhandelt gegenwärtig über die endgültige Übernahme.

Die Sektion Tutzing wurde 1903 gegründet. Seit 1908 ist die Tutzinger Hütte an der Benediktenwand in ihrer Hand. Von dort reicht ihr Arbeitsgebiet bis Kochel, zum Zwiesel und zur Jachenau. Für ihre fast 1500 Mitglieder hat sie Außenstellen in Feldafing, Seeshaupt, Penzberg, Kochel und Benediktbeuern eingerichtet. Außerdem gehört zu ihr noch eine auswärtige Gruppe, die über die gesamte Bundesrepublik bis nach Übersee reicht.
Die jüngste Sektion, »Vierseenland«, 1957 in Oberalting-Seefeld gegründet, hatte zu Beginn des Jahres 1977 genau 499 Mitglieder. Im Hornbachtal bei Reutte hat sie seit 1959 ihre Hütte. Charakteristisch für die drei Sektionen ist ihre intensive Jugendarbeit, die in Gruppen von zehn bis 14 und von 14 bis 18 Jahre aufgeteilt ist, darüber dann die sportlich besonders aktiven Gruppen zwischen 18 und 25 Jahren, anschließend die »Senioren«. Führungstouren im Sommer wie im Winter und die Aufgaben, die der Alpenverein seit seinem Bestehen übernommen hat, etwa die Instandhaltung der Routen, sind selbstverständlich.

Farchach

Unering

Die Kirchen

ST. JOSEPH IN STARNBERG

Die beiden ältesten Kirchen Starnbergs sind längst verschwunden. Eine kleine St.-Georg-Filialkirche, die am Almeida-Berg stand, wurde 1804 nach der Säkularisation versteigert und 1827 abgerissen. Die frühere St.-Benediktus-Pfarrkirche, 1226 erstmals erwähnt, stand beim alten Friedhof an der Possenhofener Straße und wurde schon 1748 von Johann Michael Fischer für baufällig erklärt. Im Klostergang von Schäftlarn hängt noch ein Abbild von ihr. In der Nähe ihres ehemaligen Standorts erhebt sich heute die wuchtige neue Pfarrkirche St. Maria, die von 1932 bis 1933 nach den Plänen des Augsburger Architekten Michael Kurz erbaut wurde.

Das Wahrzeichen der Stadt ist heute der anmutige Rokoko-Bau der St.-Joseph-Kirche auf dem schmalen Südplateau des Burgbergs. Bei Nacht angestrahlt, überragt sie zusammen mit dem Schloß das Stadtbild und die Landschaft im Norden des Sees.

Von 1764 bis 1766 hat man sie an der Stelle des niedergelegten kurfürstlichen Sommerhauses erbaut, als Ersatz für die nicht mehr zu rettende Benediktskirche. Maximilian III. gab den Grund und die Steine. Baumeister war der Münchner Hofmaurermeister Leonhard Matthäus Gießl, manchmal Gößl genannt, dem auch die Pfarrkirche von Inning zugeschrieben wird. Die Pläne mußte er mehrfach ändern. Der Kostenvoranschlag wurde fast um das Dreifache überschritten. 1766 nahm der damalige Starnberger Pfarrherr, J. A. Bschaidn, die Benediktion vor. St. Joseph, anstelle von St. Benedikt, wurde Kirchenpatron, weil er 1763 zum Schutzpatron Bayerns erhoben worden war.

Gießl hatte als Mitarbeiter den Stukkateur Franz Xaver Feichtmayr, der auch in Inning mitwirkte. Der Hochaltar und wahrscheinlich auch die Kanzel sind Werke Ignaz Günthers. Die Fresken stammen von dem Münchner Hofmaler Christian Wink. In der heutigen Krankenhauskapelle in Berg hat er ebenfalls die Fresken geschaffen. Die Schnitzarbeiten an der Kanzel, an der Empore und an den Altären sowie das Chor- und Kirchengestühl stammen von dem Uttinger Kistler Bartholomäus Zwink. Das Zusammenwirken dieser Künstler hat St. Joseph zu einem der schönsten Beispiele des Rokoko im bayerischen Oberland gemacht.

Der Hochaltar Günthers ist ein Meisterstück. Der pyramidale Aufbau mit der Heiligen Familie und dem Strahlenkranz als Hintergrund hat schon fast klassizistische Formenklarheit. Die Polierweißfassung der Figuren — links der heilige Nepomuk, rechts der heilige Franz Xaver — erhöhen den Adel der Gestaltung. Die Kanzel wird von einem Adler, dem Symbol des Evangelisten Johannes, gekrönt. Die Symbole der drei übrigen Evangelisten — der Stier für Lukas, der Löwe für Markus und der Engel für Matthäus — sind schwungvoll unten am Korb angebracht.

Die Kreuzigungsgruppe am Chorbogen gegenüber der Kanzel mit der Mater dolorosa ist ein Werk der Günther-Schule. Das Epitaph der Maria Lung aus dem Jahre 1617 — sie kniet vor dem Gekreuzigten — an der Nordwand des Schiffs wurde aus der alten Benediktus-Kirche übertragen. Der Taufsteindeckel ist eine zierliche Rocaille-Arbeit, eine Nachahmung von Muschelwerk, wie es das Rokoko liebte, aus dem Jahr 1770. Links vom Eingang eine überzeugend empfundene Pieta. Die beiden Seitenaltäre wurden in der Mitte des 19. Jahrhunderts beigefügt und haben nicht die gleiche Qualität: rechts in Öl das Bild des heiligen Sebastian von Eduard Schwoisser, links der heilige Petrus von Wilhelm Hausschild. Die Kirche wurde 1854 restauriert.

Winks Fresken, 1766 datiert, sind das erste große Werk des damals 28jährigen. An der Chordecke bitten Maria und Joseph bei der Heiligen Dreifaltigkeit um Segen für die Kirche. Rechts knien die Kurfürstin Maria Anna und der kurfürstliche Pfleger Franz Weigl, der sich nachdrücklich für den Kirchenbau eingesetzt hat. Links knien der Pfarrer Bschaidn und der Pfleger Pentenrieder, dazu Fischer, Bauern und Arme. Das anschließende Fresko des Schiffs verherrlicht St. Joseph als Nährvater. Jesus und Maria leben in seiner Werkstatt. Das dritte Deckenfresko im Westjoch des Schiffs schildert Maria, wie sie, vom Heiligen Geist überschattet, Joseph erblickt. Sie ist von Glorie umgeben, während Joseph als Mann des realen Lebens von den Zeichen der menschlichen Berufe begleitet wird, vom Spaten bis zur Krone. In den Medaillons der Zwickel sind symbolisch die Tugenden dargestellt, die ihn ausgezeichnet haben, etwa die Waage als Zeichen der Gerechtigkeit, die Lilie als das der Reinheit.

Der Stuck ist sparsamer geworden. Die Eleganz, die den Zwiebelturm auszeichnet, und die nur noch verhalten bewegte Innenausstattung sind der Ausdruck eines qualitätsvollen Spätstils.

Fast alle Kirchen mit wertvoller Ausstattung sind heute verschlossen. Wer sie besichtigen will, muß sich an den Mesner oder an den zuständigen Pfarrer wenden.

AUFKIRCHEN UND DAS OSTUFER DES STARNBERGER SEES

So wie St. Joseph in Starnberg das Westufer des Sees überragt, so beherrscht die Pfarr- und Wallfahrtskirche Mariä Himmelfahrt in Aufkirchen oberhalb von Berg das Ostufer. 1500 geweiht, gilt sie als einer der einheitlichsten spätgotischen Bauten in der Umgebung von München. 1626 hat man sie nach einem Brand erneuert. Das Datum steht am südöstlichen Fenster im Altarraum. Der Turm wurde mehrfach vom Blitz getroffen und mußte restauriert werden, zuletzt 1795/96. Instandsetzungen und Erneuerungen im Innern fanden 1721, 1799, 1888 und 1890 statt. Die letzte Wiederherstellung führte der Pfarrer Monsignore Alfons Wimmer 1961 und 1962 durch. Schlechtes späteres Beiwerk wurde beseitigt.

Die Umgestaltung im 17. Jahrhundert nahm keine grundlegenden Veränderungen vor. Die Halbdienste — Wandvorlagen für die Gurten und Rippen des Gewölbes — erhielten lediglich ionische Kapitelle; die Rippen wurden mit Herzlaub, Rosetten und Engeln stukkiert. Ihre zarten Tönungen von 1626 wurden 1962 wiederhergestellt. Die neugotischen Altäre von 1888 hat man herausgenommen. Den Altarraum beherrscht heute ein überlebensgroßes Kruzifix aus dem 18. Jahrhundert. Das spätgotische Gnadenbild, um 1500, wurde an den südlichen Chorbogen gerückt. Von dort überschaut die kräftige, bäuerliche Madonna den Kirchenraum. Ein schönes schmiedeeisernes Gitter schließt das Schiff im Westen ab. Die barocken Apostelfiguren aus dem Jahr 1626 wurden restauriert. Bürger aus der Gemeinde übernahmen die Patenschaft für je eine Figur. Einige alte Votivkerzen stehen in der Nische links vom Altar. Ein Teil der alten, volkskundlich wichtigen Votivbilder wurde gerettet und hängt jetzt im Westjoch. Der barocke Kreuzweg, den man im 19. Jahrhundert entfernt hatte, ist zurückgekehrt.

Nach den neuesten Forschungen von Michael G. Grünwald stammen die lebensgroßen Holzfiguren des Salvator mundi und der Gottesmutter von dem in Weilheim geborenen Bildhauer Christoph Angermair (nach 1580 bis 1633), der vor allem als Elfenbeinschnitzer am Münchner Hof einen bedeutenden Ruf genoß. Seine Urheberschaft der 12 Apostel ist nicht gesichert. Da sie 1626 sehr rasch entstanden sind, ist kaum anzunehmen, daß sie ein einziger Meister geschaffen hat. Die Souveränität in der Gestaltung des Paulus und Thaddäus weisen jedoch auf Angermair hin. Die übrigen Apostelfiguren könnten seiner Werkstatt oder Weilheimer Meistern zugeschrieben werden. Alle diese Figuren stehen im Langhaus.

Die beiden Glasgemälde im Langhaus, deren Jahreszahlen 1626 wohl falsch restauriert wurden, fielen dem Zweiten Weltkrieg zum Opfer. Die knienden Figuren darauf stellten zwei bayerische Herzöge dar. Die Unterschriften lauteten: »Von Gottes genaden Sigmund Pfalzgrave Bey Rhein Hertzog in Obern und Nidern Bayrn 1409« und »Von Gottes genaden Christoph Pfalzgrave Bey Rhein Hertzog im Obern und Nidern Bayrn 1474«. Herzog Sigmund, der Erbauer des Schlosses Blutenburg, der Kunst und den Frauen ergeben, dankte zugunsten seines Bruders Albrecht IV. nach siebenjähriger Regierung 1467 ab und starb 1501. Herzog Christoph, wegen seiner kräftigen Hiebe im ritterlichen Kampf der Starke genannt, beendete sein abenteuerliches Leben 1493 während einer Pilgerfahrt zum Heiligen Land auf der Insel Rhodos. Herzog Albrecht IV. gehörte sicher mit zu den Stiftern des Aufkirchner Gotteshauses.

Die Maria-Trost-Kapelle an der Vorhalle wurde 1706 ausgebaut. Das Altarbild mit Maria und der heiligen Monika hat der Starnberger Meister Ignaz Bidermann (Biedermann) 1730 gemalt. In ihrer jetzigen Form ist die Aufkirchner Pfarrkirche ein Musterbeispiel für eine stilgerechte Wiederherstellung. Restaurator war der Münchner Otto Wimmer in Verbindung mit dem Landesamt für Denkmalpflege.

Die Johannes dem Täufer geweihte Kirche von *Berg* mit ihrer halbrunden Apsis geht noch auf die Romanik zurück. Im Hochaltar steht der geschnitzte Täufer mit dem Lamm. Links die heilige Monika und rechts die heilige Magdalena stammen wohl aus dem 17. Jahrhundert. Am Triumphbogen stehen sich St. Augustinus und die Gottesmutter gegenüber. Ein großer Kruzifixus beherrscht das Schiff, darunter die schmerzhafte Gottesmutter. Der Kreuzweg besteht aus alten Stichen, von denen zwei gestohlen und dann ersetzt wurden. Bemerkenswert sind zwei alte Prozessionsstangen mit kleinen Engelfiguren.

Das wertvollste Kunstwerk in Berg ist der Marientod vom Anfang des 16. Jahrhunderts an der rechten Schiffwand, ein eindrucksvolles Holzrelief. Rechts außen kniet die betende Maria, gestützt von Johannes. Von den neun weiteren Apostelfiguren könnte die letzte am linken Bildrand – sie betet ebenfalls kniend – auch eine Frau sein. Aus der reduzierten Apostelzahl schloß man, die Darstellung habe rechts eine Fortsetzung gehabt, die später abgeschnitten worden sei. Karl Graf v. Rambaldi, einst Besitzer des Schlosses Allmannshausen und Verfasser der Geschichte der Pfarrei Aufkirchen (1900), fand eine andere Erklärung. Demnach waren die Apostel beim Tod Mariens in alle Welt zerstreut. Paulus wurde nicht gerufen, weil er keine unmittelbaren Beziehungen zur Heiligen Familie hatte. Thomas kam nach einer uralten Legende zu spät. Der Künstler, so meint Rambaldi, habe diese Vorstellungen in seinem Werk wiedergegeben. Otto Wimmer hat an dem Hochrelief, das stark übermalt war, im Zuge seiner Gesamtrestaurierung der Kirche 1975 die alte Fassung wiederhergestellt.

Allmannshausen besitzt eine reizvolle Valentinskirche, einst ein vielbesuchtes Wallfahrtsziel, zu dem vor allem die Flößer aus Wolfratshausen am Valentinstag pilgerten. Der alte Ortsname »Alahmuntinga« und seine Kirche wurden nach Rambaldi 804 unter dem Bischof Otto von Freising erwähnt, ebenso der Name des damaligen Priesters »Erchancheri«. Hier liegt wohl ein Irrtum vor. Nach der Oberaltinger Chronik des Pfarrers Matthias Graf (1902) handelt es sich bei »Alahmuntinga« um Oberalting am Pilsensee.

Die heutige Kirche wurde 1651 neu gebaut, zum mindesten erweitert. Im Hochaltar (um 1700) steht rechts der Hauptpatron St. Valentin mit Bischofsstab und Buch, links die Nebenpatronin St. Ottilie mit Kreuzesstab und Buch, auf dem zwei Augen liegen. Beide werden links von St. Petrus und rechts von St. Paulus umrahmt, auch sie sind spätgotisch. Die schwarze Mutter Gottes, die wohl erst später in die Kirche kam, und Christus mit der Dornenkrone am Chorbogen, die Pieta im Schiff, die Heiligenstatue, womöglich ein St. Nepomuk, sowie die Kanzel sind um 1700 entstanden. Der kleine Bischof an der Empore ist naive alte Bauernkunst. Der Kreuzweg wurde — wie die gesamte Kirche — 1975/76 restauriert. Der geometrische Stuck mit den kräftigen Akanthusrosetten in den von Perlstab und Herzlaub umrahmten Feldern wirkt noch frühbarock. An der Außenseite der Tür zur Vorhalle sprechen auf einem kleinen Tafelbild die beiden Kirchenpatrone den armen Seelen Trost zu. Darunter sind Gebetskugeln angebracht.

Besonders schön sind die Votivbilder, das älteste aus dem Jahre 1652 mit Inschrift. Nach den damaligen Berichten wurde eine kleine Waise, die nicht gehen konnte, von mitleidigen Menschen nach Allmannshausen gebracht. Dort kroch das Mädchen unter inbrünstigem Abbeten dreier Rosenkränze um den Altar und rief dabei »den barmherzigen Gott sowol die seeligste Muetter Gottes Maria und die daselbst ruhenden heilige« an. Hierauf wurde es »gleich stehend und gehend« und konnte fortan täglich Hausarbeiten verrichten.

Das Baujahr der Martinskirche in *Farchach*, die 1973/74 ebenfalls restauriert wurde, ist unbekannt. Rambaldi stellte 1900 an der kleineren Glocke die Jahreszahl 1781 fest. Geweiht wurde das Gotteshaus 1719 vom Freisinger Bischof. Den Hochaltar (um 1700) beherrschen zwei spätgotische Holzfiguren, links St. Nikolaus mit Bischofsstab und den drei Kugeln (nach Rambaldi Brote), rechts St. Martin mit Bischofsstab und Buch, neben sich die Gans. Weitere spätgotische Figuren im Chor sind links Johannes und rechts Paulus, beide mit Schwert. An den Seitenaltären heben sich links ein Kruzifixus, rechts ein Vesperbild von einem bemalten Hintergrund ab. Beide Altäre sind um 1750 entstanden. Im Schiff trifft man nochmals auf eine Martinsfigur. Originell sind die auf dem Buch in seiner Hand abgedrückten Gänsefüßchen. Mit ihrer Hilfe war die Identifizierung des Heiligen möglich. Bedeutend sind auch die lebensgroßen Holzfiguren von St. Katharina und St. Barbara im Schiff. Grünwald hat 1975 festgestellt, daß sie von Christoph Angermair stammen (1626) und früher zur Ausstattung der Aufkirchner Wallfahrtskirche gehörten: majestätische Gestalten mit Märtyrerkronen, Katharina mit Rad, Palmzweig und Schwert, Barbara mit Kelch, Hostie und ebenfalls mit dem Palmzweig. Am Triumphbogen hängt eine großartige Madonna im Rosenkranz aus dem 17. Jahrhundert, Maria trägt das Zepter, das Christuskind die Weltkugel.

An der linken Wand des Langhauses hängen zwei originelle Bilder aus dem Leben von St. Nikolaus aus dem 15. Jahrhundert. Ein »Sebastian Ligsalz« aus der Familie der Berger Hofmarksbesitzer rettete sie 1582 aus der Münchner Nikolauskirche, die vor dem Abbruch stand, und übergab sie der Farchacher Kirche. Das erste Bild zeigt den Heiligen unmittelbar nach der Geburt. Nach der Legende stand er beim ersten Bad sofort auf. Die Wöchnerin liegt noch im Bett, und die drei helfenden Frauen schauen verwundert auf den ungewöhnlichen Neugeborenen. Auf dem zweiten Bild liegt der Heilige inmitten seiner frommen Mitbrüder auf dem Totenbett. Rechts an der Chorwand hängt eine lokalgeschichtlich interessante Gedächtnistafel aus dem Jahre 1584. Vor einem Schloß — wahrscheinlich ist es das längst verschwundene von Farchach – werden in einer Inschrift die fünf Brüder einer Familie Adler festgehalten. Alle sind sie Geistliche geworden. Liebenswürdig in dieser Kirche sind auch die kleinen Apostelbilder in Seidenstickereirahmen und die Hinterglasbilder in der Sakristei.

Ein sehr bedeutendes bayerisches Kunstwerk ist durch die jüngste Gebietsreform dem Landkreis Starnberg zugefallen: die Stefanskirche in *Mörlbach*. Sie enthält einen Schnitzaltar, der nach den Forschungen von Jürgen Rohmeder (1971) dem Meister des Hochaltares von Rabenden (bei Trostberg) zugeschrieben wird. Man kennt nicht seinen Namen, auch nicht den Sitz seiner Werkstatt. Man weiß nur, daß er kurz nach 1500 zwischen dem Chiemsee und dem Starnberger See die führende Kraft der Schnitzkunst war, der Vollender der letzten Spätgotik im oberbayerischen Raum. Der Altar von Rabenden wird um 1510 datiert, der von Mörlbach zwischen 1515 und 1520.

In dem äußerst zierlichen Gesprenge des Mörlbacher Hochaltares ist der zarte Kruzifixus die dominierende Figur. Wenn die beiden Flügel darunter aufgeschlagen sind, erscheinen im Mittelschrein St. Stephanus mit Palmzweig und Steinen (der Palmzweig das Signum der Märtyrer), rechts von ihm Jakobus d. Ä. mit Pilgerstab und -muschel, links St. Sebastian mit Palmzweig, die Schulter von Pfeilen durchbohrt. Die beiden geöffneten Flügel zeigen in vier Relieffeldern – jeweils in Dreiergruppen – die 12 Apostel, links oben vom Beschauer Johannes mit Kelch, Andreas und Petrus mit Schlüssel, im unteren Feld den belehrenden Philippus, Thomas und Jakobus d. J.; rechts im oberen Feld Jakobus d. Ä., Thaddäus und Simon, im unteren Paulus mit Buch und Schwert, Matthäus und Bartholomäus. Im Gegensatz zu den kräftigen Gestalten in Rabenden sind die Mörlbacher Skulpturen schlanker, aristokratischer. Gebettet sind sie in ein kostbares, feingliedriges Rankenwerk. Die Mitte der Predella nimmt eine gemalte spätgotische Pieta ein, dazu links vom Beschauer die Beweinung, rechts die Auferstehung Christi. Bei geschlossenem Schrein werden vier spätgotische Gemälde sichtbar, links oben vom Beschauer Christus am Ölberg, darunter die Dornenkrönung, rechts die Geißelung, darunter die Kreuztragung. An den Außenfeldern des geschlossenen Altares erscheinen links die schmerzhafte Maria und rechts Johannes. Auf dem Gemälde an der Rückseite des Altares tragen Engel das Schweißtuch der Veronika.

Der Chor enthält noch zwei Holzstatuen, rechts St. Leonhard mit der Kette, links St. Nikolaus von Tolentino mit dem Kreuz, das von einer Lilie umschlungen wird. Der Name des Stifters, Joseph Rieger, und die Jahreszahlen 1772 und 1778, sind festgehalten. Nikolaus von Tolentino erinnert an die Augustinereremitage, die von 1686 bis 1803 im nahen Aufkirchen bestand und Mörlbach geistlich betreute. Rechts im Langhaus ist ein geschnitztes Vesperbild angebracht, das wiederum dem Rabendener Meister zugeschrieben wird und das aller Wahrscheinlichkeit nach für die Predella bestimmt war anstelle der heutigen Malerei. Darüber steht ein Christus an der Martersäule. Im gesamten Kirchenraum sind alte Fresken aufgedeckt worden, im Chor rechts St. Sebastian, darunter der Ölberg, links die Steinigung des Stephanus und Maria im Mittelpunkt zweier Pilgerzüge. Die Fresken im Schiff sind sehr schlecht erhalten. Neben einigen Farbflecken ist nur noch ein Engelskopf zu erkennen.

Am südöstlichen Chorfenster sind Glasmalereien angebracht, St. Stephanus mit dem Schmerzensmann und St. Andreas, darunter der Stiftername: »Caspar vom Tor zu Eirspurg 1510« (Eurasburg), darüber das Thorerwappen. Die Thorer waren in diesem Gebiet reich begütert. Ob sie auch den Altar gestiftet haben, ist ungewiß. Zu erwähnen sind noch das spätgotische, mit Flachornamenten gezierte Chorgestühl und ein ornamental bemaltes Meßpult aus dem Jahre 1591. Restauriert wurde Mörlbach in Zusammenarbeit mit dem Landesamt für Denkmalpflege 1954/55.

Die kleine Peterskirche in *Haarkirchen* erhielt ihre jetzige Form im 18. Jahrhundert. Aber sie hat eine Vorläuferin gehabt, die im zehnten Jahrhundert von den Ungarn zerstört wurde. Die Ausstattung läßt darauf schließen, daß sie schon zur Zeit der Gotik bestand. Ein unterirdischer Gang, von dem noch Reste gefunden wurden, verband sie mit einem längst verschwundenen Schloß. Der Meister des Rabendener Altares ist auch hier vertreten. Seine beiden Statuen der Apostelfürsten Petrus und Paulus umrahmen den Hochaltar. Wie alle bedeutenden Figuren des Meisters sind sie aus einem Block geschnitzt. Nur der Schlüssel Petri und das Schwert Pauli sind Beifügungen des 18. Jahrhunderts. Der Altar endet oben in einer bezaubernd geschnitzten Marienkrönung. Hauptbild ist die imponierende Darstellung von Christi Geburt, die »Haarkirchener Weihnacht«. Kleine Glasgemälde, die die Heiligen und die Leiden Christi darstellen, sind in die Fenster eingelassen. Die etwa 55 Zentimeter hohen Apostelfiguren auf Konsolen rundum an den Wänden sind Werke des späten 15. Jahrhunderts. Den guten Kreuzweg hat der Freisinger Kunstmaler Seibold nach dem spätbarocken Meister »Jannaeiuszick« (Januarius Zick, 1730–1797) gefertigt. Die letzte Innenrestaurierung wurde 1946 durchgeführt.

Die frühere Schloßkapelle von *Kempfenhausen* gehört heute zum Krankenhauskomplex der Stadt München. Der Münchner Maler Gabriel Mäleskircher hatte hier 1487 seinen Wohnsitz. Unter den Freiherrn von Barth entstand später das Schloß, das heute – vielfach verändert – als Ärztehaus dient. Der Baldachin über dem Hochaltar der Kapelle aus dem 18. Jahrhundert ruht auf reichverzierten Säulen. Das oben angebrachte Wappen erinnert an den Schloßbesitzer von 1774, Johann Baptist von Pirchinger, und an seine Stiefmutter. Pirchinger gab der Kapelle die bezaubernde Rokokoausstattung. Die zierlichen Statuetten von St. Joachim und St. Joseph flankieren den Hochaltar. Das Rahmenwerk des Altares zeigt äußerste Verfeinerung. Im Zentrum des Altares steht wiederum ein Schnitzwerk des Rabendener Meisters, eine Anna selbdritt, der die Kirche geweiht ist. Seltsam streng nimmt sie sich in dieser beschwingten Pracht aus. Um den Ernst der Gruppe aufzulockern, hat man der jungen Maria im Rokoko Blumen ins Haar beigegeben.

Ein Farbwunder des 18. Jahrhunderts sind die Deckenfresken. Am Schiff hat der Maler seinen Namen vermerkt: »Christian Wink, Aulae Boicae pictor inventit et pinxit 1774«. Darüber breitet sich strahlend die Taufe Christi im Jordan aus. Im Fresko des Altarraumes erscheint Gottvater in der Glorie. Vom Fresko über der Orgel schaut ein Mann besorgt in den Kirchenraum. Einige Deuter halten ihn für den Bauherrn der Rokokorenovierung, eben Johann B. von Pirchinger, den kurfürstlichen Feldapotheker und späteren Hofkammerrat aus München.

Die alte Valentinskirche im Ortskern von *Percha* hat mindestens zwei Vorgängerinnen. 785 gingen Ort und Kirche als Stiftung in den Besitz des Klosters Schäftlarn über. Nach der Zerstörung durch die Ungarn im zehnten Jahrhundert – wahrscheinlich war die erste Kirche aus Holz gebaut – begann 1140 der Bau der romanischen Kirche, die 1172 geweiht wurde. 1480 folgte die Gotisierung. Der kunstsinnige Propst Leonhard Schmit von Schäftlarn schenkte der Kirche 1493 das Glasgemälde im Südfenster mit der Anna selbdritt und seinem Abbild und Wappen: ein Hammer und zwei Sterne auf schwarzem Feld.

Nach der Restaurierung von 1948 steht St. Valentin (um 1500) wieder unter dem gotischen Netzgewölbe des Chorraumes im Mittelpunkt des Hochaltares. Die barocke Patrona Bavariae (um 1720) kehrte 1927, nachdem sie 50 Jahre im Selchahof gestanden hatte, in die Kirche zurück. Das überlebensgroße St. Christophorus-Fresko an der rechten Schiffwand wurde bei der letzten Restaurierung freigelegt. Es stammt aus dem 17. Jahrhundert. Ebenso vom Selchahof zurückgekehrt sind St. Achatius

(Renaissance) und St. Margareta (Barock). Ein Ölbild im Langhaus aus dem 16. Jahrhundert stellt die Marter des heiligen Achatius dar. Darüber breiten Engel vor Gottvater auf Goldgrund ein Tuch mit drei Seelen aus. Das gotische Sakramentshäuschen trägt das Wappen der Thorer von Eurasburg.

Das Alter der Ulrichskirche in *Wangen* ist unbekannt. Der jetzige Bau stammt aus dem 18. Jahrhundert. Der Turm wurde 1908 errichtet. Das Hochaltarblatt mit Maria zwischen St. Joachim und St. Anna wurde um 1740 gemalt. Wichtiger sind die beiden Seitenaltäre, die in den ersten Jahrzehnten des 17. Jahrhunderts von einer »Maria Lindauerin, geborene Liengsaltzing«, gestiftet wurden. Am rechten Seitenaltar umrahmen die beiden Holzstatuen von St. Nikolaus mit den drei Kugeln und St. Ottilie mit den zwei Augen auf dem Buch den Augsburger Bischof und Kirchenpatron St. Ulrich. Die Begleitfiguren werden um 1500 datiert, St. Nikolaus 1607. Hier handelt es sich wohl um Übernahmen aus einer früheren Kirche. Die Predella an diesem Altar (um 1500) zeigt als Relief die Grablegung Christi. Der Leichnam des Heilands und die Gestalten des Joseph von Arimathia und Nikodemus, ebenso die weinenden Frauen, Maria und Magdalena, sind mit bäuerlichem Realismus herausgearbeitet. Auch diese Schnitzwerke stammen noch aus der Zeit vor der »Lindauerin«-Stiftung. Sie selber hat sich an der Predella des linken Seitenaltares mit ihrer Familie und einer ausführlichen Widmung 1627 verewigt. Hauptfigur des linken Seitenaltares ist die Gottesmutter, links von ihr St. Georg mit Lanze und Schild, den rechten Fuß auf dem erlegten Drachen (16. Jh.), rechts St. Ulrich (oder St. Benno?) mit Bischofsstab und Fisch auf dem Buch (1607). Das Deckengemälde mit den Sieben Zufluchten wurde bei der Restaurierung von 1890 stark übermalt. Eine reizvolle Barockarbeit sind die Engel auf den beiden Prozessionsstangen.

Neufahrn bei Wangen wird 760 unter den Stiftungsgütern erwähnt, die der Agilolfinger-Herzog Tassilo I. dem von ihm gegründeten Kloster Wessobrunn übergab. Bischof Otto II. von Freising überließ die Martinskirche 1140 dem Kloster Schäftlarn. Im gleichen Jahr wird in Neufahrn ein Edelsitz erwähnt. Bischof Adalbert I. von Freising weihte die Kirche zwischen 1164 und 1170. Da er aber während des Schismas die Weihe im Namen des von den Staufern aufgestellten Gegenpapstes Viktor IV. vornahm, wurde sie für ungültig erklärt und 1206 von Bischof Otto II. von Freising wiederholt. Hierbei wurde ein Neubau genannt. Das Baujahr der jetzigen Kirche ist noch nicht geklärt. Der Gnadenstuhl (Dreifaltigkeitsgruppe), das Holzrelief eines Wolfratshausener Meisters, wird auf 1480 geschätzt. Darüber steht eine Statuette St. Martins. Die Begleitfiguren des Altares sind rechts St. Rochus und links möglicherweise St. Korbinian. Rechts und links im Chor sind die Büsten von St. Norbert und St. Augustinus angebracht.

LEUTSTETTEN, DIE DREI JUNGFRAUN UND FAST VERGESSENE KAPELLEN

Die spätgotische Kirche in Leutstetten, im 17. Jahrhundert verändert, ist dem angelsächsischen Wanderpriester St. Alto geweiht, der sich im 8. Jahrhundert in der Dachauer Gegend als Einsiedler niederließ und nach der Überlieferung das Kloster Altomünster gründete. Den Altarraum bildete das Erdgeschoß des Turmes. Die Decke schmückt ein Kranz von Engelsköpfen aus Stuck. Das Deckenfresko im Schiff ist mit 1789 bezeichnet und stellt die Vision Altos dar. Am Hochaltar, der 1666 neu gestaltet wurde, sind die beiden Figuren

des Kirchenpatrons und der heiligen Elisabeth wesentlich, beide aus dem Jahr 1520.
Der kostbarste Besitz der Kirche ist das Holzrelief des Pfingstwunders, zwischen 1480 und 1490 geschaffen und wahrscheinlich ein Werk Erasmus Grassers, des bedeutendsten Münchner Holzschnitzers der damaligen Zeit. Das Relief, in einem Rahmen des frühen 18. Jahrhunderts, ist der linke Seitenaltar. Die Muttergottes strahlt frauliche Reife aus. Die Ergriffenheit der Apostel entspricht ihrem Alter und Temperament. Johannes fühlt sich zu Füßen Marias geborgen. Petrus breitet im Hintergrund verzückt die Hände aus. Der Meister verzichtet fast ganz auf äußere Symbole. Die Gewalt der Stunde spiegelt sich allein im Ausdruck der Gesichter.
In einer Nische an der Südwand finden wir die »Drei Gekrönten Jungfraun« aus dem Jahr 1643: St. Ainpet (Ainbeth), Gberpet (auch Gwerbeth oder Worbeth) und Firpet (auch Fürbeth oder Vilbeth). Der kleine Flügelaltar stand wahrscheinlich in einer Kapelle am Südausgang von Leutstetten. Dort heißt der Flurname noch »Zum Einbettl«. Die 1605 errichtete Holzkapelle zu Ehren der Drei Jungfraun wurde 1720 durch eine steinerne ersetzt und wohl 1803 gesperrt. Der Flügelaltar kam in die St.-Alto-Kirche.
Man brachte die Drei Jungfraun mit dem heidnischen Kult der Drei Nornen in Beziehung. Neuere Forscher betrachten diese Verknüpfung jedoch mit Skepsis. Ein St.-Ainbeth-Kult ist seit der zweiten Hälfte des 12. Jahrhunderts in Straßburg nachgewiesen. Die beiden andern Jungfraun wurden später in Angleichung an ältere christliche Frauendreiheiten beigegeben. Die älteste bayerische Kultstätte der Drei Jungfraun befand sich am Ausgang des 15. Jahrhunderts in Schlehdorf am Kochelsee. Auch in Essenbach bei Odelzhausen und in Humbach bei Dietramszell wurden sie verehrt. Unfruchtbare Frauen erbaten ihre Hilfe. In Leutstetten ist eine nennenswerte Wallfahrt jedoch nicht belegt.
St. Gberpet trägt ein Buch, St. Ainpet und St. Firpet haben Pfeile in den Händen. Auf den Altarflügeln werden sie links oben wahrscheinlich vom heiligen Koloman begleitet. Darunter befindet sich St. Wolfgang. Rechts erscheinen die Heiligen Nikolaus und Leonhard. Die »Drei Jungfraun« sind übrigens auch in einem beachtenswerten Fresko am Streicherhof in Hanfeld abgebildet.
Die kleine Kapelle von *Petersbrunn* an der Straße von Mühltal nach Starnberg ist am Verfallen. Ein Kerolt, Bruder des Klosterstifters von Benediktbeuern, Kyselini, soll 750 dort erstmals eine Kapelle erbaut haben. Herzog Wilhelm IV. errichtete 1510 an der gleichen Stelle eine neue Kapelle für seine Badbesucher, St. Peter geweiht. Petersbrunn war ja bis zum 19. Jahrhundert Heilbad.
Auch die kleine Peterskirche bei Gut *Rieden* oberhalb des linken Würmufers macht einen restaurierungsbedürftigen Eindruck. Ihre Anfänge reichen bis in die spätgotische Zeit zurück. Im 17. und 18. Jahrhundert wurde sie verändert. Der Hochaltar (1669) ist das Werk des Wolfratshausener Malers und Bildhauers Georg Wunderl. Der Seitenaltar gehört der gleichen Zeit an. Die Kirche besitzt eine Mutter Gottes im Rosenkranz. Die neue Holzdecke stiftete Prinz Rasso von Bayern. Fast alle diese Ausstattungsstücke sind gegenwärtig herausgenommen. Eine Renovierung soll durchgeführt werden. In der Mitte erhebt sich die Tumba der Prinzessin Mathilde von Sachsen-Coburg-Gotha. Sie wurde als Dichterin bekannt und starb am 6. August 1906, eine Tochter König Ludwigs III. von Bayern.
Mitten im Königswieser Forst, wenige Kilometer nördlich, liegt eine kleine *Ulrichskirche* als vereinsamte Erinnerung an die frühere Hofmark-Siedlung. Ein Kuppeltürmchen überragt freundlich den Westgiebel. Auch sie ist spätgotischen Ursprungs. Der rechteckige Altarraum hat noch sein Gratgewölbe. Die Wandfresken wurden mehrfach übermalt.

Die Landstettener und ihre Kirche im Deckenfresko

Machtlfing: Hochaltar der unteren Kirche

Perchting: Deckenfresko des »Lechhansl« Johann Baptist Baader aus Lechmühl

Die Bekrönung des Drößlinger Hochaltars: Gottvater im Strahlenkranz

Gauting hat zwei katholische Kirchen. Die untere, nahe der Würm, dem heiligen Benedikt geweiht und Pfarrkirche, wurde 1934/35 an der Stelle der früheren gotischen Kirche unter Beibehaltung des Satteltürms erbaut. Einzelne Stücke der früheren Ausstattung wie die neun Glasfenster wurden übernommen. Die obere Liebfrauenkirche blieb als spätgotischer Bau erhalten und erfuhr im Barock innen eine Umwandlung. 1961 hat man die Fresken, die man überwiegend der Spätgotik zuschreibt, wieder aufgedeckt und restauriert. Als Pfarrdorf wird Gauting erstmals 1150 genannt. Ungewöhnlich ist, daß die Pfarrer von 1580 bis 1904 und auch schon vorher zeitweilig in Buchendorf wohnten.

Die Glasfenster von St. Benedikt sollten 1884 an einen Kunsthändler verkauft werden. Der damalige Pfarrer meinte in seiner Eingabe an das Ordinariat, die angebotenen 12 000 Mark könnten der »pekuniär ohnehin nicht gut situierten Pfarrkirche zustatten kommen«. Die Gemälde seien »zwar ein Schatz für die Kirche, aber sie präsentieren sich in derselben gleichsam so, wie wenn ein Bettelweib einen Diamantring trägt«. Das Ordinariat antwortete, der Verkauf »der längst in der Kunstgeschichte gewürdigten und hochangeschlagenen Glasgemälde« könne »durchaus nicht gestattet werden«. Karl Knappe, der 1934 unter dem Architekten G. Buchner für die Fenster verantwortlich war, fügte sie in den Neubau ein. Je zwei Fensterpaare durchbrechen die Nord- und die Südwand des Kirchenschiffs. Das neunte Glasbild ist in der Taufkapelle.

Die Fenster, die so hoch angebracht sind, daß man sie schwer erkennen kann, stammen alle aus der ersten Hälfte des 16. Jahrhunderts und sind Stiftungen von Familien, die im Würmtal Besitz hatten: der Weiler (Weyler), der Ligsalz (Ligsaltz), der Pütrich (Püttrich, Pittrich) und der Knöll (Knöller). Meist knien die Stifter mit ihren Angehörigen vor den dargestellten Heiligen, und ihre Wappen sind mit angebracht. Drei der Glasmalereien werden dem Münchner Meister Jakob Kistenfeger zugeschrieben, der 1515 die Fenster in der Münchner Frauenkirche geschaffen hat.

Der Zyklus beginnt an der Südwand des Schiffes, vom Altar ausgehend, mit dem heiligen Leonhard, davor ein Weiler mit drei rotgekleideten Kindern. Es folgt die heilige Dorothea mit der Stifterunterschrift »Dorothea Schluderin«. Ein Knabe trägt das Pütrich-Wappen. Das erste Fensterpaar ist um 1500 entstanden. Das zweite, zwischen 1510 und 1520 datiert, zeigt links den auferstandenen Christus in matteren Farben, wieder mit Stifter und drei Söhnen. Das rote Wappen der Ligsalz mit dem schwarzen Pfeil auf weißem Grund als Querband ist links unten eingefügt. Das rechte Bild gehört dem Kirchenpatron St. Benedikt. Eine Frau mit vier Töchtern kniet vor ihm. Der Wappenschild der Knöll wird von einem springenden Geißbock überragt.

Auf dem ersten Glasbild an der Nordwand, wieder vom Altar ausgehend, sitzt eine Figur mit rotem Gewand im Damensitz auf einem Tier, das aus den Symbolen der Evangelisten zusammengesetzt ist: Löwe, Stier, Adlerflügel und Engelskopf. Sie trägt eine weiße Fahne mit rotem Kreuz. Um ihren Körper läuft ein Spruchband: »Vere filius dei erat iste.« Sie stellt die Kirche dar. Das Bild gehört der Mitte des 16. Jahrhunderts an. Das anschließende Fenster bringt den Evangelisten Johannes mit dem Meßkelch. Auch vor ihm kniet ein Stifter mit einem Angehörigen. Wieder ist das Ligsalz-Wappen abgebildet. Datiert ist das Bild um 1520. Das letzte Bildpaar beginnt mit einer Mariendarstellung. »Sabina Partin sein Hausfrau« steht darunter. Das Wappen der Barth ist abgebildet. Dann folgt eine Kreuzigung vor einer Landschaft mit See, Schiffen und Häusern. Unter einem Rosenstock ist der Name »Caspar Weyler« zu entziffern. Das Bildpaar ist mit 1551 datiert. Die zusammengesetzten Glasfensterfragmente in der Taufkapelle stammen aus dem frühen 16. Jahrhundert.

Die Liebfrauenkirche, einst Wallfahrtsstätte

und 1465 erbaut, hat im Altarraum ein spätgotisches Rippengewölbe. Im Hochaltar steht eine Madonna aus dem Ende des 15. Jahrhunderts. Die großen Seitenfiguren, links Dominikus und Klara, rechts Joseph und Antonius, sind nach Dehio neu. Der rechte Seitenaltar mit der Büste des Judas Thaddäus stammt von Johann Baptist Straub. Der linke Seitenaltar, der heiligen Anna geweiht, fiel 1740 einem Brand zum Opfer. Der heutige stammt aus der Schule Straubs. Vom Triumphbogen hängt eine Muttergottes im Rosenkranz herab. Sie gehört der zweiten Hälfte des 17. Jahrhunderts an.

Im Umgang hinter dem Hochaltar wurden einige bedeutende Epitaphien aus Rotmarmor eingemauert. Hans Wöchner Dichtl v. Dutzing zu Fußberg, am 10. November 1590 gestorben, ist als lebensgroße Gestalt mit bebartetem Kopf, Halskrause und Panzer dargestellt, zu seinen Füßen ein Pudel. Es folgt die Grabplatte seiner Frau »Margarethe Dichtlin«, geborene vom Stein, am 11. August 1589 gestorben. Auch Ludwig Dichtl von Dutzing, 1607 gestorben, ist lebensgroß mit Panzer und Schwert dargestellt.

Die Kirche hat mehrfach schwere Schäden erlitten. 1632 wurde sie von den Schweden zerstört und dann wieder aufgebaut. 1944 haben ihr Bomben stark zugesetzt. Bei den Restaurierungsarbeiten von 1961 stieß man auf alte Fresken. Sie wurden unter Leitung des Pfarrers Josef Winklmeier von dem Maler Sebastian Hausinger freigelegt. Die Jahreszahl des gotischen Umbaus — 1489 oder 1469 — wurde annähernd festgestellt, auch der Name des Baumeisters: Maier. Einige Fresken gehen auf die Gotik zurück, andere auf die Renaissance, etliche wohl auch auf das Barock. Thema ist die Verherrlichung Mariens. Die Chorwände und -decken sind ein einziges zusammenhängendes Bild geworden, beginnend mit dem jubelnden »Ave Maria« der Engel. Gottvater mit der Weltkugel erscheint. Die Andechser Drei-Hostien-Monstranz taucht auf. Die Apostel beherrschen die rechte Chorhälfte. Im Schiff wurde ein riesiger Christophorus freigelegt.

Die alte Vituskirche von *Stockdorf* wurde schon 1560 »baulich nicht für gut befunden«. 1315 wurde sie als Tochterkirche von Gauting erstmals erwähnt. 1857 hat man sie abgerissen und an ihrer Stelle ein neues Gotteshaus errichtet. Heute ist es Kriegergedächtnisstätte. Der Pöckinger Maler Karl Manninger hat 1968 das Fresko an der Chorrückwand im Innern — Christus und ein Engel — geschaffen. Aus der alten ehemaligen Pfarrkirche hat man nur den »Sautoni« übernommen, eine Antoniusstatue mit Schwein und Glocke. Sie stellt Antonius den Einsiedler dar, der um 251 in Ägypten geboren wurde und mit 105 Jahren starb. Er ist der Patron der Haustiere, besonders der Schweine und damit auch der Schweinehirten, Metzger und Bürstenmacher. An verschiedenen Orten fand ihm zu Ehren alljährlich das »Sautonifest« statt.

1422, während der Erbauseinandersetzungen der Wittelsbacher Herzöge, brannte St. Michael in *Buchendorf* ab. Zwischen 1428 und 1471 hat man die Kirche wiederaufgebaut. Im Mittelpunkt des Altars steht der heilige Michael mit Waage, aus der Schule von Ignaz Günther, 1750 geschnitzt. Im Chorbogen hängt eine barocke Madonna im Rosenkranz. Die kleine gefaßte Marmorfigur der heiligen Anna selbdritt unter der Kanzel stammt aus dem 16. Jahrhundert. Die übrige Ausstattung kommt überwiegend aus dem 17. und 18. Jahrhundert.

Buchendorfs Schatz sind die Fresken, die Pfarrer Josef Winklmeier 1962 entdeckte und die dann freigelegt wurden. Laut Chronik ließ 1595 Kasper Sedlmair von Gauting die Kirche ausmalen. Der Künstler ist unbekannt. Abendmahl, Fußwaschung, Geißelung Christi, eine Schutzmantelmadonna, ein ritterlicher heiliger Georg, der zu Pferd den Drachen tötet, sind einige der Themen. Die Seitenwände der Fensternischen im Altarraum zeigen die vier großen Kirchenlehrer. Links hinter dem Altar ist ein »Persönliches Gericht« dargestellt: Ein Mensch liegt vor Gottvater. Der Erzengel Michael als Geleitbote der Seele, Christus und Maria stehen dabei. Die Darstellungen sind unmittelbarer und naiver als in Gauting.

KRAILLING MIT MARIA EICH, PENTENRIED UND FRONLOH

Das alte Margarethenkirchlein mit seinem Zwiebelturm ist das Wahrzeichen *Kraillings* geblieben. Die Apsis ist gotisch; das Langhaus wurde 1580 angebaut; der Turm erhielt im 18. Jahrhundert eine neue Gestalt. Der reichgegliederte Barockaltar enthält eine spätgotische Madonna. Links steht die Patronin St. Margaretha im leuchtenden Barock. Eine spätgotische Madonna von fast französischer Anmut ruht auf einem Postament an der Südwand des Schiffes. Beim Margarethenfest wird sie in der Prozession mitgeführt. Die spätbarocke Ausstattung gibt der Kirche den lieblichen Charakter.

Maria Eich gehört schon zur Gemeinde Planegg und damit zum Landkreis München, stößt aber an die Gemeindeflur von Krailling und wird dort als ein Stück Heimat empfunden. Die alte Kapelle wurde von den Augustinern, die hier in einem kleinen Kloster wohnen und die Wallfahrt in einer neuen, größeren Kirche betreuen, in ihrem Rokokocharakter bewahrt. Johann Baptist Straub hat den Hochaltar um 1746 als Umrahmung des schlichten Gnadenbilds, eine Marienkrönung, abgeliefert. Das Bild ist reich mit Votivgaben behängt. Ein Strahlenkranz bildet den Hintergrund. Hinter dem Altar steht der noch wurzelnde Eichenstamm, an dem 1710 oder 1712 das Gnadenbild angebracht wurde. Das Ölbild am Altar der linken Seitenkapelle schildert eine Predigt des heiligen Winthir, der im 8. Jahrhundert die Neuhausener (heute Stadtteil von München) das Christentum gelehrt hat. A. Zächenberger, der Maler, hat die Stadt München als Hintergrund festgehalten, wie sie 1781 aussah. Das Altarbild der rechten Seitenkapelle zeigt die Armen Seelen. Rechts im Hauptschiff hängt die »Heilige Kümmernis« aus dem 18. Jahrhundert. Sie hat dem armen Geiger, der in Bedrängnis war, einen goldenen Schuh zugeworfen. Votivbilder, das früheste von 1809, hängen an den Wänden. Die älteren sind bei der Säkularisation verlorengegangen. An der südlichen Kirchenmauer außen, der Stelle des früheren Freialtars, ist ein Kreuz mit der Schmerzensmutter aus dem 18. Jahrhundert angebracht.

Pentenried — ursprünglich Benediktenried —, wenige Kilometer südwestlich gelegen, gehört zur Gemeinde Krailling. Hier wurde 1958, als die Siedlung sich ausbreitete, eine Benediktuskirche gebaut. Pfarrlich untersteht sie Gauting. Das Altarbild mit Christi Himmelfahrt ist mit 1490 datiert. Der barocke heilige Benedikt, links, wurde von der Gautinger Pfarrkirche übernommen. Die Kreuzigungsgruppe, rechts, soll aus dem Jahr 1480 stammen. Der spätbarocke Kreuzweg wurde von der Josephs-Kirche in Starnberg übernommen.

Den Weiler *Fronloh* an der alten Römerstraße von Gauting nach Argelsried verstifteten noch die Andechser Grafen an das Kloster Benediktbeuern. Die Mönche schufen durch Rodung die Voraussetzung für eine Besiedlung. 1225 werden hier erstmals sechs Höfe bezeugt. Die heutige kleine Nikolauskirche mit ihrer einfachen Barockausstattung stammt in ihrer jetzigen Gestalt aus dem 18. Jahrhundert. Die Glocke wurde laut Inschrift 1710 gegossen.

PÖCKING UND FELDAFING

An der Hauptstraße von *Pöcking* liegt, durch Friedhof und Gartenanlagen mit der 1960 erbauten neuen Pfarrkirche verbunden, die alte St. Ulrichs-Kirche. Wahrscheinlich stand an ihrer Stelle schon im 11. Jahrhundert ein Sakralbau. Die heutige Form auf alten Grundmauern erhielt sie zwischen 1683 und 1702 unter dem tüchtigen Pfarrer Urbanus Schmid.

Spätere Renovierungen im 19. Jahrhundert haben ihrer Innenausstattung geschadet. Geblieben sind die geometrischen Stukkaturen mit Blattornamenten, Rosetten und Engelsköpfen. Die Kirche ist gegenwärtig in einem sehr schlechten baulichen Zustand und soll restauriert werden. Bei unserem letzten Besuch vor einigen Jahren standen zwei bärtige Heilige über den seitlichen Durchgängen zum Chorumgang, links St. Ulrich, der Bischof von Augsburg, und rechts Papst Urban, beide aus dem 17. Jahrhundert. Das bedeutendste Epitaph aus Rotmarmor an der Südwand des Schiffes ist das des »Hans Conrad Herwart von Hohenburg zu Possenhofen und Pöcking«, 1606, und das seiner Frau Katharina, geborene Holzapfelin. Gegenüber an der Nordwand hing ein Kruzifix mit der Schmerzhaften Muttergottes aus dem Barock.

Die alte Kirche von *Feldafing*, ursprünglich St. Michael zugeeignet und dann den Apostelfürsten Petrus und Paulus, steht unterhalb der 1965 eingeweihten neuen Pfarrkirche an der Hauptstraße durch den alten Ortsteil. Im frühen Mittelalter hatten die Feldafinger ihre Pfarrkirche auf der Roseninsel. Am 6. Februar 1401 weihte der Bischof von Augsburg die Pfarrkirche im Ortsinnern ein, am 3. August 1408 den Chorbau. Aber schon 200 Jahre vorher soll hier ein Gotteshaus – neben dem auf der Roseninsel – bestanden haben. Im Dreißigjährigen Krieg legten die Schweden die Kirche in Schutt und Asche. Nach der Wiederaufrichtung wurde sie am Ende des 18. Jahrhunderts von einem Brand erneut vernichtet. Der Wiederaufbau endete zunächst 1833 mit der Neuerrichtung des Turms. Die Spitze erhielt er erst 1890. 1873 hat man die Sakristei vergrößert, 1898 das Schiff nach Westen verlängert.

Eines der Glasgemälde hat Kaiser Franz Josef zum Gedächtnis an seine Frau, die in Genf ermordete Kaiserin Elisabeth, gestiftet. Die übrigen Glasgemälde sind Geschenke wohlhabender Bürger aus der gleichen Zeit. Grabmäler erinnern an das alte Geschlecht der Weiler (Weyler), das hier Besitz hatte. Die Orgel hat man 1966 nach gründlicher Überholung und Erweiterung in die neue Pfarrkirche Zum Heiligen Kreuz übertragen. Den Kampf während der letzten Jahre gegen den Abbruch der alten Kirche haben die Feldafinger Bürger gewonnen. Gegenwärtig wird sie als denkmalwürdig restauriert.

Der *Kalvarienberg* von Feldafing überragt den Ort im Westen. Die Stationen mit der Kreuzigungsgruppe als Höhepunkt sind am Ende des 19. Jahrhunderts nach den Visionen der Anna Katharina Emmerich – 1774 bis 1824 –, die der Dichter Clemens Brentano aufgezeichnet hat, gestaltet worden. Der Dekan Dr. Eduard Maria Clos, der 33 Jahre lang Pfarrer in Feldafing war und 1893 starb, hat 27 Jahre lang, unterstützt von Feldafinger Bürgern und vermögenden Sommergästen, an der Verwirklichung dieses seines Lieblingsplanes gearbeitet. Alle Berichte über Golgatha – sie deckten sich mit den Visionen der Emmerich – hat er studiert, um eine möglichst naturgetreue Darstellung zu erreichen. Die 14 Stationen wurden in Erz gegossen, die Christusplastik am Gipfel in Zinn. Die Stämme für die Kreuze der Schächer wurden nach der Natur modelliert. Christi Kreuz bekam, alten Berichten und den Visionen folgend, die Ypsilon-Form. Das Haupt des Heilands wurde nach zwei alten Bildern in Rom, die sein Gesicht auf dem Schweißtuch der Veronika zeigten, nachgebildet. Das Gelände, zum Teil ein ehemaliger Steinbruch, wurde dem des alten Jerusalem angeglichen und entsprechend aufgeschüttet. Am 28. August 1891 war die Einweihung. 1962 wurde der Kreuzweg restauriert. Nach fünfzigjähriger Pause fand am 16. September 1962, am Fest der Kreuzerhöhung, erstmals wieder eine Wallfahrt statt. – In Possenhofen hat sich die Stadt München beim Ausbau des »Paradieses« des dortigen Kalvarienberges angenommen. Auch hier ist die Einbindung in die Landschaft reizvoll.

TUTZING UND SEINE KIRCHEN

Die alte Kirche St. Peter und St. Paul am Thomaplatz in *Tutzing* wurde auf den Fundamenten eines gotischen Baus 1738/39 errichtet. Bei Renovierungen im 19. Jahrhundert ging fast die gesamte ursprüngliche Inneneinrichtung verloren. 1893 brach man den Turm wegen Baufälligkeit ab und richtete ihn 1901 nach dem alten Riß wieder auf. In den folgenden Jahren war die Kirche mehrfach vom Abbruch bedroht. 1953 wurde sie restauriert. Der überlebensgroße Christophorus von Carl Gries an der Außenwand des Turms stammt aus dem gleichen Jahr.

Die heutige Inneneinrichtung ist dem Sammlereifer des katholischen Pfarrers Karl Katzenschwanz und seiner Gemeinde zu verdanken. Die Barockplastik »Maria vom Siege« am Hochaltar — Maria soll 1572 in der Schlacht von Lepanto den Christen zum Sieg über die Türken verholfen haben — stand früher im Tutzinger Schloß. Sie wurde gegen eine gestiftete alte Plastik des Gekreuzigten eingetauscht. Die barocken Statuen von St. Peter und St. Paul, die den Hauptaltar flankieren, stammen aus einer Kapelle zu Ebbs am Wilden Kaiser, wahrscheinlich von Christian Lengauer geschaffen. Die spätgotischen Figuren des heiligen Sebastian im Chor und der heiligen Barbara auf dem linken Seitenaltar kamen aus der Holzmühle von Magnetsried nach Tutzing. Der barocke Evangelist Johannes an der südlichen Seitenwand ist eine private Stiftung. Nur der barocke heilige Stephanus auf dem rechten Seitenaltar und das große Kreuz mit der Schmerzhaften Muttergottes im Schiff gehörten schon zur früheren Kirchenausstattung. In die Innenwände wurden die Grabplatten früherer Tutzinger Schloßherren, der Dichtl, Götzengrien und Vieregg, eingelassen. Auf der Empore steht die alte, wiederhergestellte Orgel von Oberzeismering. Das Deckenbild, das den reichen Fischfang schildert, und den Kreuzweg hat Carl Gries gemalt.

Die neubarocke katholische Pfarrkirche St. Joseph im oberen Ortsteil wurde 1928/29 nach den Plänen des Münchner Architekten Josef Steidle erbaut. Ihre fünf Stahlglocken wiegen 258 Zentner. Die Christkönigsglocke allein hat 131 Zentner. Das Hochaltarbild ließ der damalige Schloßherr Marczell von Nemes nach der »Anbetung der Heiligen Drei Könige« von Tiepolo (Münchner Pinakothek) kopieren. Er schenkte es der Gemeinde. Links und rechts vom Hochaltar stehen die beiden barocken Apostelfürsten aus der Kirche von Großhartpenning. Auf dem Tisch des »Bruder-Konrad-Altars« steht eine Tragmadonna aus der alten Kirche am See. Sie wird bei der Fronleichnamsprozession mitgeführt.

In der Kapelle des Tutzinger Schlosses — heute Evangelische Akademie — ist der eichene Gekreuzigte zu finden, der gegen die »Maria vom Siege« eingetauscht wurde. Er stammt aus einer abgerissenen Kapelle bei Garatshausen und wird zwischen 1520 und 1530 datiert.

Auch die kleine Kapelle von *Unterzeismering* wurde wiederhergestellt. Auf dem Altartisch steht eine reich gefaßte kleine Krönung Mariens aus dem 16. Jahrhundert. Das Deckenbild — Jesus, der gute Hirte, über dem Kirchlein, dem See und dem pilgernden Volk — hat ebenfalls Carl Gries nach dem Zweiten Weltkrieg gemalt.

In der Schloßkapelle von *Garatshausen*, zwischen Kreisaltersheim und Schloß, steht ein Rokokoaltärchen. — In *Monatshausen*, etwa zwei Kilometer westlich von Tutzing, findet man neben einem stattlichen Bauernhof auf der Wiese eine bäuerlich barocke kleine Martinskirche mit Zwiebeltürmchen. Die Tür zur Sakristei und die Emporenwand wurden bei der Restaurierung nach dem letzten Krieg farbenfroh mit Blumen bemalt. Carl Gries hat hier das Deckenfresko mit St. Martin erneuert und vier Randfelder mit den Jahreszeiten beigefügt. Links am Chorbogen hängt ein barokker Christus; darunter steht die Schmerzhafte Gottesmutter. Außerdem trifft man dort eine in Samt gekleidete Madonna mit vergoldeter Krone an. In ihrer feingliedrigen Hand hält sie ein Taschentuch aus zartem Stoff.

Über das Alter der Margarethenkirche in *Diemendorf* an der Straße von Tutzing nach Weilheim fanden wir keine Unterlagen. Um 1700 wurde das Gotteshaus erneuert und 1965 restauriert. Das Deckenfresko, eine Verherrlichung der Patronin, ist mit P. Wanner signiert. Die Predella am linken Seitenaltar zeigt eine naiv und reizvoll gemalte Anna selbdritt, umrahmt von Heiligen.
St. Nikolaus in *Oberzeismering* westlich von Tutzing ist die liebenswürdigste Kirche in diesem Gebiet. Der mittelalterliche, heute verputzte Tuffsteinbau wurde mehrfach verändert. 1723 kam der Chor hinzu, 1773 die Sakristei. 1957/58 wurde die Kirche grundlegend restauriert. Was an Unechtem hinzugekommen war, wurde entfernt. Die ursprüngliche Ausstattung hat man neu gefaßt und übersichtlich geordnet. Den schwerfälligen Hochaltar von 1802 hat man bis auf die Mensa herausgenommen und durch einen barocken Aufsatz mit Säulenarchitektur ergänzt. Er kommt von Baldham-Dorf der Pfarrgemeinde Vaterstetten. Die Figuren aus der Gotik und dem späteren 16. Jahrhundert kommen wieder zur Wirkung: St. Florian (um 1500), das Kruzifix gegenüber der Kanzel, St. Ulrich und St. Katharina links und rechts vom Hauptaltar, die schwer mit Stoff bekleidete Madonna am linken Seitenaltar und die Schmerzhafte Maria aus dem 18. Jahrhundert. Die Wangen der Kirchenbänke aus dem späten Barock sind reich geschnitzt. Putten an den Seitenaltären weisen auf die Zeichen der Erlösung.
An der Nordwand des Schiffes hängt die barocke Plastik der »Heiligen Kümmernis«. Die Legende erzählt: Als christliches Mädchen sollte sie einen heidnischen Prinzen heiraten. Sie weigerte sich und wurde von ihrem Vater eingekerkert. In der Gefangenschaft bat sie den Heiland, er solle ihr ein bärtiges Gesicht geben, damit ihr Bräutigam abgestoßen werde. So geschah es. Der wütende Vater ließ sie daraufhin ans Kreuz nageln. Sie wird immer als bärtiges Mädchen am Kreuz dargestellt. Ihre Geschichte ist in der Kirche aufgezeichnet.

TRAUBING, WIELING, ASCHERING, LANDSTETTEN UND MACHTLFING

Am 29. August 1963 legten die Handwerker und Maler, die an der Restaurierung der *Traubinger Pfarrkirche* Mariä Geburt mitgearbeitet hatten, ihr Werkzeug aus der Hand. Der spätbarocke Reiz — vorletzter Umbau 1759 — war wiederhergestellt. Die Kirche ist weiträumig. Die Heiligen Anna und Joachim stehen der spätgotischen Muttergottes am Hauptaltar zur Seite. Der heilige Nepomuk am linken Seitenaltar stammt wahrscheinlich von Franz Xaver Schmädl. In der Kuppel des Altarraumes hat man über den Rundbogenfenstern die Fresken wiederhergestellt. Das Deckenbild im Schiff kam im 19. Jahrhundert hinzu. Die Wendeltreppe, über die Kaiserin Elisabeth als junges Mädchen unzählige Male im früheren Hotel Strauch in Feldafing (heute Hotel »Kaiserin Elisabeth«) gelaufen ist, führt jetzt aus der Sakristei zu der reich geschmückten Rokokokanzel. Die Blumenranken und Engel an der Doppelempore, die Kreuzwegstationen und die stilgerecht gefaßten Beichtstühle stammen aus dem 18. Jahrhundert. Die Vignetten an der Flachtonne des Schiffs, 1916 entdeckt, wurden 1963 mitrestauriert: die Arche Noah, der Elfenbeinerne Turm, der Sitz der Weisheit, der Morgenstern, das Goldene Haus und das Gefäß der Andacht. Das Kruzifix aus dem Jahr 1443 hing von 1688 bis 1817 in der »Heilig-Kreuz-Kapelle« am »Gasteig«, fünf Minuten von Traubing entfernt. Das Kruzifix aus der abgerissenen Kapelle ist heute Missionskreuz der Pfarrkirche.
Im Weiler *Wieling*, nahe der Olympiastraße zwischen Traubing und Pöcking, steht eine kleine Barockkapelle. — In der Sebastians-

kirche von *Aschering*, die schon 1470 bestanden, aber ihren entscheidenden Umbau in der zweiten Hälfte des 18. Jahrhunderts erlebt hat, sind die Deckenfresken von Johann Baptist Baader aus Lechmühlen naiv empfundene Zeugnisse des ländlichen Spätbarock: Pestkranke brechen zusammen und Wallfahrer beten. Das Fresko übt eine starke Wirkung aus. Das kleine Kreuz mit dem schmerzgekrümmten Heiland und der verzweifelt aufschauenden Maria ist wahrscheinlich spätgotisch.

In *Landstetten*, dem Weiler zwischen Perchting und Erling, wird das Deckenfresko von dem Münchner Maler Josef M. Ott — er taucht auch in Grünsink auf — durch die Stifterfiguren am unteren Rand originell: Links knien die Männer in der Tracht des 18. Jahrhunderts, rechts die Frauen mit breitrandigen Hüten; dazwischen steht die kleine Jakobskirche. Darüber wird St. Jakobus von Wolken und Engeln zur trostreichen Dreifaltigkeit emporgetragen. Der Rokokoaltar mit den gedrehten Säulen ist 18., die bäuerlich schlichten Heiligen — St. Georg und St. Florian — stammen aus dem 17. Jahrhundert. Das Vesperbild an der Nordwand ist mit 1660 datiert. Erbaut wurde die Kirche 1678.

In *Machtlfing* ist die untere kleine Marienkirche an der alten Hauptstraße wegen ihrer Einheitlichkeit bemerkenswert. Der kräftige barocke Hochaltar umgibt die gotische Madonna vom Ende des 15. Jahrhunderts. Der heilige Silvester am linken Seitenaltar ist um 1530 datiert. Die gedrehten Säulen am Hauptaltar sind reich mit Traubengewinden geschmückt. Er endet oben in einer malerischen barocken Marienkrönung. St. Petrus und St. Paulus, 16. Jahrhundert, flankieren ihn mit Renaissance-Gemessenheit. Die Beweinung Christi an der Seitenwand ist wieder spätgotisch. Dafür ist die vom Triumphbogen herabhängende Madonna im Rosenkranz, 1688 gestiftet, ein barockes Prachtwerk. Volkskundlich wichtig ist das Votivbild an der Seitenwand von 1800 mit einer Darstellung des Stefaniritts um die Stefanskapelle außerhalb des Orts. Die Machtlfinger Marienkirche wurde 1959 gut restauriert. Die obere Kirche, St. Johannes dem Täufer geweiht, ist ein neuromanischer Bau des 19. Jahrhunderts.

SÖCKING, HANFELD, MAMHOFEN, HADORF, PERCHTING UND MAISING

St. Stephanus, die alte *Söckinger* Kirche, taucht erstmals 1554 in den Urkunden auf, ist aber noch ein spätgotischer Bau. In der bayerischen Landkarte von Philipp Apian (1556 bis 1562) wird »Secking« als Kirchdorf festgehalten. Ferner ist bekannt, daß der Münchner Maler Sigmundt Hebenstreit 1593 die Altarbilder und Statuen, von denen nichts mehr erhalten ist, restauriert hat. Die heutigen Holzaltäre und Altarblätter sind Arbeiten des 19. Jahrhunderts. Die Halbfigur Gottvaters mit der Weltkugel in der Nische über dem Hochaltar stammt jedoch aus dem 17. Jahrhundert, ebenso in wesentlichen Teilen die Kanzel. Ihr gegenüber der lebensgroße Kruzifixus ist ein Jahrhundert jünger. Aus der gleichen Zeit stammen die auf Leinwand gemalten Kreuzwegstationen im Schiff und im Chor.

Interessant ist die auf Holz gemalte Kreuztragung an der Westempore, wahrscheinlich nach einem Stich von Martin Schongauer. Darauf werden die Namen der 16 Stifterinnen genannt, aber nur noch vier sind zu entziffern. Die schwer erkennbare Jahreszahl heißt wohl 1573. Die Tafel ist ein Geschenk der Familie von Lenbach, die sich in Söcking ein Haus von Gabriel von Seidel bauen ließ. Der »Söckinger Engel«, eine Holzplastik aus der Zeit um 1700, wurde im 19. Jahrhundert von einem Privatmann gekauft und 1958 bei der Errichtung der Pfarrei Söcking zurückgegeben. Die Deckenfresken entstanden im 18. Jahrhundert, im Chor das Martyrium des Kirchenpatrons, im Schiff die Aufrichtung des Kreuzes. Besonders schön sind die Wangen der Kirchenbänke aus dem 17. Jahrhundert. Gegenwärtig ist eine Arbeitsgruppe am Werk, die Kirche, in der seit 1958 die evangelischen Gottesdienste abgehalten werden, vor dem drohenden Verfall zu bewahren. Staat, katholische und evangelische Kirchenverwaltung, Kommune und private Initiative arbeiten dabei Hand in Hand.

Die neue katholische St. Ulrichs-Kirche wurde nach der Erhebung Söckings zur Pfarrei 1958 eingeweiht. Auf dem bewaldeten Hügel hinter ihr, dem Kahlenberg, steht das Mausoleum des Prinzen Carl von Bayern. Der Prinz, ein Bruder Ludwigs I., 1795 geboren, war in den Feldzügen von 1813 bis 1815 Generalmajor, wurde 1841 nach dem Tod von Karl Philipp Fürst Wrede bayerischer Feldmarschall und führte 1866 die bayerischen Truppen gegen die Preußen. Nach dem unglücklichen Ausgang des Mainfeldzugs nahm er seinen Abschied. Seine Liaison mit Sophie Petin, der Tochter eines kurpfälzischen Hauptmanns, legalisierte er 1834, nachdem sie zur Freifrau von Bayerstorff erhoben worden war. Das Paar hat nie in Starnberg gewohnt, aber der Baronin gefiel der Kahlenberg so gut, daß sie den Wunsch äußerte, dort begraben zu werden. Nach ihrem Tod, 1838, ließ Prinz Carl das Mausoleum errichten. 1840 wurden die sterblichen Reste seiner Frau dorthin überführt. Auch seine zweite Frau, Henriette Schöller, später Baronin von Franckenburg, ließ er im Mausoleum beisetzen. Nach seinem Tod am 16. August 1875 wurde sein Leichnam ebenfalls nach Söcking überführt. Seine jüngste Tochter Sophie (1827 bis 1912) heiratete den Kaiserlich Brasilianischen Granden Paolo Martins d'Almeida und erbte die Starnberger Besitzungen. 1906 ließ sie für sich und ihre Nachkommen wenige Schritte unterhalb des Mausoleums eine Familiengruft errichten. Die Grafen von Almeida sind heute noch in Starnberg ansässig.

Wappen von Söcking

Der Satteltum der Michaelskirche in *Hanfeld* hat romanisches Mauerwerk, das des Kirchenschiffs gotische Elemente. Die wertvollsten Stücke der Inneneinrichtung wurden 1963 gestohlen: eine alte Madonna, ein heiliger Joseph, ein Kruzifix und vier Kerzenleuchter. Den Joseph fand man in einem verlassenen Auto schwer beschädigt wieder. Die Madonna wurde bei Pasing aus der Würm gefischt und war nicht mehr zu retten. Bei der Restaurierung der Kirche von 1965 bis 1967 erhielt der Bildhauer Heinrich Lenz den Auftrag, für den Hochaltar St. Michael und für die Seitenaltäre links eine Madonna und rechts den heiligen Joseph mit Hirtenstab zu schaffen.

In dem ehemaligen Weiler *Mamhofen*, von dem, in Wald eingebettet, nur noch ein Hof mit Nebengebäuden übriggeblieben ist, steht eine kleine Jakobskirche aus dem 18. Jahrhundert. Drei Altäre, um 1800 entstanden, ein barocker Christus, Putten aus dem 18. Jahrhundert und reizvolle barocke Prozessionsstangen wurden nach mehreren Einbrüchen herausgenommen. Gegenwärtig wird die Kirche restauriert. Ihre Lage in einer Waldlichtung ist reizvoll.

Die Johanneskirche in *Hadorf* wird schon im 11. Jahrhundert als Taufkirche erwähnt. Auch bei ihr ließ sich das Alter des heutigen Baus nicht genau feststellen. Auf jeden Fall wurde sie barockisiert. Die Restaurierung in den siebziger Jahren des 19. Jahrhunderts hatte ihr sämtliche alten Ausstattungsstücke genommen. Ein Teil kam nach Perchting; der Tabernakel steht im Starnberger Heimatmuseum. Von 1961 bis 1964 wurde die Kirche nochmals

Mesmerwallfahrt in Andechs

Margarethenkirchlein in Krailling

Eingang zum Seefelder Schloß

Votivbild aus Traubing

restauriert. Durch die Vermittlung der Andechser Benediktiner erhielt sie einen kleinen Barockaltar mit Säulchen von den Barmherzigen Brüdern in München. Das Deckenfresko, das die Enthauptung Johannes des Täufers schildert, wurde erneuert.

Die Kirche Mariä Heimsuchung von *Perchting* brannte 1764 und 1768. Den ersten Wiederaufbau nach 1764 übernahm der Münchner Baumeister Leonhard Matthäus Gießl, der um die gleiche Zeit St. Joseph in Starnberg und dann die Inninger Johanneskirche errichtet hat. Nach dem zweiten Brand beauftragten die Perchtinger den ebenfalls aus München kommenden Baumeister Balthasar Trischberger. Das Kloster Polling und die Grafen zu Toerring sowie die umliegenden Orte halfen der Gemeinde mit Geld und Sachwerten. Die Wappen des Klosters und der Toerrings sind im Chorbogen festgehalten. Den Reiz der Kirche hat man bei der Restaurierung von 1863 weitgehend zerstört. Die Wiederherstellung von 1960 hat die Schäden wieder beseitigt. Die vor 100 Jahren eingebaute düstere Empore verschwand, die dicke Übermalung des Stucks, der Thassilo Zöpf zugeschrieben wird, wurde dem Spätbarock entsprechend aufgehellt.

Die Deckenfresken stammen von Johann Baptist Baader aus Lechmühlen und sind mit 1774 bezeichnet. Im Chor ist Mariä Heimsuchung dargestellt, ihr Besuch bei der Base Elisabeth mit dem »Magnificat«. Die Decke im Hauptschiff gehört dem heiligen Sebastian, seinem Kampf gegen das Heidentum und seinem Martyrium. Der Hochaltar steht unter dem Einfluß von Franz Xaver Schmädl; die beiden Apostelfiguren an den Flanken werden ihm unmittelbar zugeschrieben. Das Altarblatt am linken Seitenaltar schildert eine Krankenheilung nach der Anrufung des heiligen Sebastian, das rechte das Martyrium der heiligen Katharina, gemalt von dem Starnberger Andreas Schnabel. Die figürliche Ausgestaltung der Seitenaltäre, etwa links oben die Statue des heiligen Antonius mit dem Christuskind, war Philipp Rämpl, einem Schüler Straubs, übertragen worden. Von ihm stammt auch das Vortragskreuz. Ähnlich wie die Marienkirche in Traubing wirkt die von Perchting durch die Einheitlichkeit ihrer spätbarocken Ausstattung und ihre helle, der Entstehungszeit wieder angepaßte Tönung. Die Kirche besitzt einen Kreuzweg in Hinterglasmalerei.

Der Bartholomäuskirche in *Maising,* die im Dreißigjährigen Krieg niederbrannte und anschließend wieder aufgerichtet wurde, hat man bei der Renovierung nach dem Zweiten Weltkrieg den größten Teil der alten, meist barokken Ausstattung genommen, um mehr Platz zu schaffen. Neue Altäre wurden eingebaut. Maisinger Familien nahmen etliche der alten Figuren in Verwahrung. Eine Madonna wanderte für einen geringen Kaufpreis ins Starnberger Heimatmuseum. Später besann man sich wieder der früheren Ausstattung und brachte einen Teil der Plastiken in die Kirche zurück, darunter die ausgezeichnet gefaßte Petrus-Statue aus dem 16. Jahrhundert an der linken Chorwand.

OBERALTING, SEEFELD, DRÖSSLING, UNERING, MEILING

»Alahmuntinga« hieß *Oberalting* bei seiner ersten urkundlichen Erwähnung im 9. Jahrhundert; 810 ist hier ein Priester Erhanheri bezeugt. Zuerst stand eine hölzerne Kirche, die 1287 abbrannte. An ihre Stelle trat ein Steinbau. Der Unterbau des Turms und das Presbyterium der heutigen Kirche, St. Peter und St. Paul geweiht, sind kurz vor 1500 entstanden. Um 1630 erfolgte ein Umbau, der das Tonnengewölbe des Schiffes schuf. In dieser Zeit hat man wohl auch den Turm vollendet. Der Hochaltar gehört zum Frühbarock. Das

Altarblatt, die Schlüsselübergabe an den Apostel Petrus, hat 1664 der Nürnberger Joachim von Sandrart gemalt. Zur Seite stehen auf älteren Postamenten der heilige Joachim und die heilige Anna. Der linke Seitenaltar birgt eine Schwarze Muttergottes, der rechte die heilige Katharina. Beide Bildwerke stammen aus dem 18. Jahrhundert. Besonders dekorativ ist die Kanzel, 1736 von der Gräfin Adelhaid zu Toerring gestiftet, einer geborenen Markgräfin von Canossa. Die Kanzel ist geschmückt mit den Brustbildern Jesu und der beiden Apostel Petrus und Paulus, mit Engelsköpfen, Symbolen der göttlichen Tugenden und dem Canossa-Wappen. Hervorragend sind die Grabplatten unter der Orgelempore aus der Gotik bis zum späten Barock. Der frühbarocke Gekreuzigte gegenüber der Kanzel drückt Schmerz und gleichzeitig Trost aus.

Die Restaurierung, 1965 abgeschlossen, hat gute Arbeit geleistet. Der häßliche »Küchenboden« machte matten, einfachen Fliesen Platz. Der Boden des Altarraums wurde wieder gesenkt. An der rückwärtigen Empore und an den alten Kirchenbänken hat man das Naturholz freigelegt. Die Seitenemporen am Chor wurden fortgenommen. Die alten Fassungen der Plastiken wurden wiederhergestellt.

Die Johannes dem Täufer geweihte Schloßkapelle von *Seefeld,* vom zweiten Innenhof über eine Treppe zu erreichen, liegt im ersten Stock der alten Burg und wurde Weihnachten 1370 geweiht. Sie ist Privatbesitz. Anton Joseph Graf zu Toerring ließ der Kapelle 1774 die heutige Rokokoausstattung geben. Thassilo Zöpf umkleidete das Spitzgewölbe mit Stuck. Das Deckenfresko von Josef M. Ott aus München erzählt die Taufe Christi im Jordan. Die Kapelle ist Johannes dem Täufer geweiht. Der Tabernakel am Hochaltar ist mit »J. S.« bezeichnet und eine Münchner Goldschmiedearbeit, 1727 aufgestellt. Die kleinen, satt glühenden Glasfenster an der Südwand, 1623 und 1628 geschaffen, erinnern an den Freiherrn Ferdinand zu Toerring und seine Frau Renate, geborene »Gräffin zu Schwarzenberg«. (Die Toerrings erhielten den Grafentitel 1630.) Von der Empore hängt die Standarte »des Graf. Toerring Jettenbachischen Curass. Regiments« herab, 1736 vom »Obrist-Leutenant Clemens Graf zu Toerring der Himmels Khönigin Maria aufgeopfert«.

Bei der letzten Restaurierung der Kirche Mariä Himmelfahrt in *Drößling* ab 1966 ist man auf gotische Grundmauern gestoßen. Der Münchner Stadtbaumeister Martin Gunetzrhainer, aus der Miesbacher Gegend stammend, Vater der berühmten Baumeister Johann Baptist und Ignaz Gunetzrhainer, hat das baufällige Gotteshaus 1687 abgerissen und ein Jahr später neu erstellt. Die jetzige Wiederherstellung hat der Kirche den ursprünglichen Charakter zurückgegeben. Die Madonna von 1470, eine kräftige bäuerliche Frau, steht wieder in der Mitte des Hochaltars. 1860 hatte man sie durch eine Madonna von Karl Zumbusch ersetzt und in einen Abstellraum verbannt. Auf die Bitten einer Bäuerin hin erlaubte man ihr die Rückkehr in die Kirche, aber zuerst noch nicht zum Hochaltar. An den erhaltenen gotischen Chormauern wurden 1968 Fresken aus drei Stilperioden entdeckt, darunter an der linken Chorwand eine spätgotische Marienkrönung. Engel im Strahlenkranz um Gottvater am Hochaltar stammen von Lorenz Luidl. An der unteren Westempore stehen in kleinen Nischen Christus und die zwölf Apostel, von dem Weilheimer Heinrich Hagen geschnitzt. Die Stuckierung stammt von Michael Natter aus Dießen.

»Was für eine Freud und Vergnügen ich an dem Gotteshaus hab, kann ich kaum sagen«, schrieb 1732 der Pfarrer von Oberalting, Johann Faber, als seine Filialkirche in *Unering* fertiggestellt war. 1730 hatte er die Erlaubnis erhalten, die alte, baufällig gewordene Kirche abzureißen. Unermüdlich hatte er beim bayerischen Kurfürsten, dem Grafen zu Toerring und weiteren Gönnern Geld und Materialien zum Neubau gesammelt. Als Baumeister verpflichtete er Johann Michael Fischer. Johann Baptist Zimmermann arbeitete die Fassungen zu den drei Altären aus. Johann Georg Greiff schuf die prächtige Reiterfigur St. Martins — ihm ist die Kirche geweiht — mit dem Bettler

für den Hauptaltar, ebenso die heilige Anna selbdritt am linken und den heiligen Johann von Nepomuk am rechten Seitenaltar. Fast täglich war Faber mit seinem Freund Johann Sigmund Sprunner nach Unering gewandert, um den Bau zu überwachen. Nach den Vornamen der fünf Hauptbeteiligten nennt man das Gotteshaus auch die »Fünf-Hansen-Kirche«. Nimmt man dazu noch den Schöpfer der Deckenfresken, Johann Georg Sang, so kommt man auf eine »Sechs-Hansen-Kirche«.
Jedes Stück im Innern stammt aus der Erbauungszeit. Die Restaurierung von 1963/64 hat dem kleinen Zentralbau wieder zu seiner Anmut verholfen. Die teilweise zugemauerten Baßgeigenfenster erhielten ihre ursprüngliche Form. Die plumpe Empore einer späteren Zeit wurde durch eine leichtere, schwebende ersetzt. Nur der Spitzturm von 1830, 1901 erneuert, konnte nicht beseitigt werden. Er durchbricht Fischers Konzeption. — Die fachlich hervorragenden Wiederherstellungen der Kirchen von Unering, Oberalting und Drößling sind dem Eglinger Restaurator Norbert Fischer zu verdanken und ihrem Pfarrer Hans Waller.
In *Meiling,* einst Sitz eines Ministerialengeschlechtes der Andechser Grafen, steht eine Margarethenkirche, deren gotische Rippen bei der Barockisierung abgeschlagen wurden. Die Restaurierung 1971/72 durch Norbert Fischer ist besonders gut gelungen. Im Chor wurde der vorgefundene gotische Ockerton ergänzt und mit dem des einfachen Stuckes im Schiff in Einklang gebracht. Dem Einbau der Orgel im 19. Jahrhundert waren vier der 12 Apostelgemälde und der Heiland an der Empore zum Opfer gefallen. Die Bilder der acht restlichen Apostel wurden unter drei Farbschichten wiederentdeckt und -hergestellt. Der neunte Apostel wurde zufällig im Ort aufgefunden und an der Seitenwand angebracht. Die Margarethenstatue beherrscht den Hauptaltar. Dort ergänzte Fischer die gedrehten Flankensäulen nach dem Muster der kleinen Tabernakelsäulen und gab ihnen die goldenen Verzierungen zurück. Ebenso holte er die prächtige Marmorierung des Altares wieder hervor. Die Apostelleuchter ließ er nach alten Vorbildern kopieren und vergoldete sie entsprechend. Die Kanzel, ein hervorragendes Werk der Luidl-Schule, wurde in den originalen Barockstil zurückversetzt. Zwei liebenswerte Engel tragen den Schalldeckel. Fünf schwungvoll bewegte Putten und der Gloria-Engel krönen ihn. Von den vier Evangelisten und dem Christus am Kanzelkorb wurde der Johannes vor einigen Jahren gestohlen. Über dem Sakristeieingang steht eine reizvolle Statuette des Drachentöters St. Georg. Rechts an der Choröffnung steht ein Vortragskreuz, das einen Kreuz- und Grablegungschristus trägt. Nach der Kreuzverehrung am Karfreitag wurde der Korpus abgenommen. Bewegliche Schultergelenke ermöglichten das Herabklappen der Arme und so die Grablegung Christi.

WESSLING MIT GRÜNSINK, OBERPFAFFENHOFEN, HOCHSTADT, OBERBRUNN MIT HAUSEN UND UNTERBRUNN

Weßling hat drei Kirchen. Am Südausgang steht Mariä Himmelfahrt mit gotischem Mauerwerk und Satteldach. 1773 wurde ein größeres Schiff angebaut. Bei der Änderung der Innenausstattung um 1860 hat man die Stuckmarmoraltäre und die Stuckkanzel, wertvolle Rokokoarbeiten, entfernt und durch neuromanische Schreinerarbeiten ersetzt. Die beiden Glocken, die man 1897 vom Turm nahm, trugen die Jahreszahlen 1492 und 1499. Was in der Kirche an wertvollen Ausstattungsstücken noch vorhanden war, wurde 1939 in die neue Christkönig-Pfarrkirche übergeführt.
Das Charakteristikum der neuen Pfarrkirche,

1939 erbaut, ist ihr ungewöhnlich großer Zwiebelturm mit der eingebauten Uhr. Ein überlebensgroßer Christus aus dem 16. Jahrhundert hängt im Innern; außerdem steht dort ein St. Georg aus dem 17. Jahrhundert. Die heilige Anna selbdritt auf dem rechten Seitenaltar stammt aus dem Beginn des 16. Jahrhunderts, die gotische Madonna auf dem linken vom Ende des 15. Jahrhunderts.

Einen Kilometer hinter Weßling an der Straße nach Etterschlag liegt in einer von Wäldern umgebenen grünen Mulde die Wallfahrtskirche von *Grünsink*, deren Restaurierung zur 200. Jubiläumsfeier im Juli 1962 unter Leitung des Konservators Toni Roth beendet wurde. In dem niederen Altarraum steht vor einem Stuckvorhang, den man 1962 über und über mit Blumen bemalt hat, umgeben von Putten, das ursprüngliche Gnadenbild, die Kopie einer Madonna von Lukas Cranach d. Ä. Das Original hängt in der alten Innsbrucker Pfarrkirche. Die Deckenfresken im Chor und im Mittelschiff hat 1764 H. (Johann) Kirzinger gemalt, eine zusammenhängende Marienanbetung. Leuchtend ist die Himmelfahrt Mariens an der Decke des Vorschiffs von dem Münchner Josef M. Ott aus dem Jahr 1776. Den dikken Verputz späterer Restaurierungen hat man 1962 entfernt und die alte helle Tönung nach den vorgefundenen Farbresten erneuert. An den beiden Türen und den Kirchenbänken wurde der dicke Farbanstrich abgelaugt. An der Emporenfront hängt ein barocker, auf Blech gemalter Kreuzweg. Ebenso hat man das barocke Gitterwerk, das das Vorschiff vom Hauptschiff trennt, gereinigt und die Ornamente durch Vergoldung der Spitzen klarer hervorgehoben. Mit besonderer Sorgfalt wurden auch die Votivbilder, deren ältestes vom 3. Mai 1744 stammt, als am heutigen Platz nur eine winzige Kapelle stand, restauriert. Leider wurden die schönsten Bilder inzwischen gestohlen. Die kleine Orgel aus dem Jahr 1782 steht unter Denkmalschutz. Der alte Zwiebelturm wurde 1875 beschädigt und durch einen Spitzturm ersetzt. Nach einer weiteren Beschädigung 1893 hat man ihm 1913 die Zwiebelform zurückgegeben.

Die alte St. Georgs-Kirche von *Oberpfaffenhofen* liegt gedrungen mitten im Ort. 1455 wurde sie geweiht. Gotisch sind noch der Satteltgurm und der Altarraum. Hier hat man allerdings später die Rippen des Netzgewölbes abgeschlagen. An der Südwand des Schiffes wurde bei der Restaurierung von 1948 ein Freskenfeld mit vier Heiligen freigelegt, rechts St. Andreas. Schätzungsweise stammen sie aus dem 16. Jahrhundert. Weitere Bemalungen konnten nicht entdeckt werden. Die im Dehio angeführten spätgotischen Reliefs der vier Kirchenväter wurden vom Pfarrherrn sichergestellt. Seit 1934 hat Oberpfaffenhofen eine neue katholische Pfarrkirche.

Die kleine Dorfkirche von *Hochstadt* steht auf romanischen Grundmauern. Ihr Patron ist St. Jacobus. Der Wolfratshausener Bildhauer Anton Krimmer und sein Nachbar, der Maler Wolfgang Heigl, waren hier 1698 bei der Barockisierung tätig. Es ist möglich, daß Wolfgang Heigl mit dem bekannten Wolfratshausener Michael Heigl identisch ist. 1750 erwarben die Hochstadter von den Drößlingern den kleinen barocken Hochaltar.

Die Kirche St. Peter und St. Paul in *Oberbrunn* ist zwischen 1170 und 1190 nachweisbar. Damals waren die Andechser Grafen Obereigner und schenkten sie dem Kloster Dießen. Um die Wende des 15. zum 16. Jahrhundert bestand sie als spätgotischer Bau. Der Münchner Maurermeister Franz Anton Kirchgrabner erweiterte sie 1778. Nur der Turm und die Südmauer gehören noch einer früheren Zeit an. Die Ausstattung samt Orgel stammt aus dem 19. Jahrhundert. Die Glocken hat der Münchner Meister Bartholomä Wengle gegossen, die größere 1631, die kleinere 1632.

Die Martinskirche in *Hausen* wird um 1400 erwähnt. 1815 brannte sie ab. Der Wiederaufbau erfolgte 1822. Die neuromanische Innenausstattung ist — ähnlich wie in Oberbrunn — ein Werk des 19. Jahrhunderts.

Unterbrunn fiel nach dem Ende der Andechser Grafen 1248 an das Kloster Dießen. Die Pfarrkirche St. Laurentius war bis zur letzten Jahrhundertwende Mariä Geburt geweiht, erhielt aber dann mit Rücksicht auf die heimische

Laurentiusbruderschaft den heutigen Namen. Die Grundmauern im Mittelteil sind romanisch. Der ungewöhnlich große gotische Chor wurde zwischen 1480 und 1500 errichtet, der frühbarocke Hochaltar zwischen 1625 und 1630. Den Stuck im Chor hat der Wessobrunner Johann Baptist Heringer angebracht, den im Schiff mit Gitter- und Bandlwerk der Wolfratshausener Thomas Merck. 1684 und 1863 wurde die Kirche verlängert. Die Figuren von St. Maria, St. Ursula und St. Barbara werden zwischen 1480 und 1490 datiert. Das Relief am Seitenaltar mit den Frauen, die Pilatus um den Leichnam Christi bitten, stammt aus dem Kreis um Erasmus Grasser in München. St. Nepomuk und St. Franz Xaver sind Arbeiten des Bildhauers Joseph Rainer aus Wolfratshausen (1731). Das Kirchengestühl wird um 1750 datiert. Die erstaunlich große Orgel besorgte 1913 ein musikalischer Pfarrherr. Nur der Spieltisch steht auf der Empore. Das Orgelwerk ist in einer »Tonhalle« auf dem Dachboden untergebracht. Das sehr bewegte Deckenfresko im Chor schildert den Kurfürsten Max Emanuel, wie er im Schlachtgewühl unter dem Schutz der Gottesmutter die Türken besiegt. Gemalt hat es Martin Heigl 1758. – Am Rand von Unterbrunn steht eine Kapelle, die ebenfalls St. Laurentius geweiht ist und in der Mitte des 15. Jahrhunderts entstand. Eine Inschrift im Innern aus dem Jahre 1484 bezeugt, daß sie Ziel einer alten Bauernwallfahrt war. 1682 erhielt sie eine Neuausstattung. Die alten Fresken sind zerstört. Zehn der Votivbilder vom 18. bis gegen Ende des 19. Jahrhunderts wurden gestohlen. Drei hat man wiedergefunden.

GILCHING, ST. GILGEN, ARGELSRIED UND GEISENBRUNN

Gilching war sehr wahrscheinlich 750 Hauptkirchenort der Diözese Freising. Chor und Turm der alten St.-Vitus-Kirche wurden am Beginn des 16. Jahrhunderts neu erbaut. Das romanische Langhaus, das damals bestehen blieb, wurde im Dreißigjährigen Krieg schwer beschädigt und zwischen 1654 und 1680 mehrmals erneuert und erweitert. Aber erst 1709 wurden diese Arbeiten grundlegend abgeschlossen. Den letzten Umbau erfuhr die Kirche 1836/38. Ein Bombenangriff von 1944, der dem nahen Dornier-Flugplatz galt, setzte ihr erheblich zu. Nach dem Ende des letzten Krieges wurde sie restauriert. Das gotische Netzgewölbe im Chor zeigt wieder seine alte Struktur und die gotischen Malereien mit stilisierten Blumen und Blättern. Grabsteine von 1400, 1442 und 1518 wurden restauriert. Die sitzende Madonna am Altar des linken Seitenschiffes ist um 1600 entstanden.

Am Eingang zur Sakristei hängt eine sehr alte Kirchenglocke, wahrscheinlich die drittälteste Deutschlands. Ein Priester Arnoldus, der 1176 urkundlich als Pfarrherr von »Giltihingen« genannt wird, ist auf ihr in einer Inschrift festgehalten. Die 18 Millimeter hohen romanischen Majuskeln (Großbuchstaben) an der Innenwand der Glocke stimmen zeitlich mit der Urkunde überein. Sie wurden in den Mantel der Form eingraviert und erscheinen an der Glocke zum Teil in Spiegelschrift. Die unterste Zeile nennt die Namen der vier Evangelisten. In der mittleren Zeile steht: »Arnoldus sacerdos de Giltikin«, darüber: »me fundi fecit« (Arnoldus Priester von Gilching ließ mich gießen). In den Jahren vor 1740 war die »Arnoldusglocke« lange verschwunden. Nach der Legende wurde sie damals unter der Erde in der Umgebung wiedergefunden und nun erneut im Turm aufgehängt. 1913 zersprang sie während der Fronleichnamsprozession beim Läuten in drei Stücke. 1918 wurde sie wieder zusammengesetzt. 1944 ließ sie der damalige Pfarrer Hoch zwei Wochen vor

dem Luftangriff, der die Kirche in Brand setzte, abnehmen. Hierdurch wurde sie gerettet.
Südlich von Gilching liegt der kleine Weiler *St. Gilgen.* Inmitten der wenigen Bauernhöfe steht die kleine Ägidiuskirche, die von 1969 bis 1975 unter Leitung des Gilchinger Architekten Johann Demmler, unter aktiver Mitwirkung des damaligen Pfarrherrn Anton Hangl und unter opferwilliger Teilnahme der Bevölkerung grundlegend restauriert wurde. Der einheitliche, wohlgeformte Bau soll um 1738 entstanden sein. Der schöne Hauptaltar wird auf 1650 geschätzt. Als Tafelbild besitzt er eine Krönung Mariens. Links steht der heilige Markus, rechts die heilige Katharina, beide aus der Entstehungszeit der Kirche. Der Altar wird oben vom Abt Ägidius mit der Hirschkuh abgeschlossen. Von ihr wurde der Heilige entdeckt, als er sich, um der Abtswahl zu entgehen, als Einsiedler im Wald versteckt hatte. Noch einmal trifft man ihn auf dem Altarblatt des linken Seitenaltares. Die Statue der sinnenden Madonna mit dem segnenden Jesuskind steht jetzt an der Südwand. Die vom Triumphbogen herabhängende Rosenkranz-Madonna (1723) und der Gekreuzigte (16. Jh.), darunter die Schmerzhafte Gottesmutter, gehören mit zu dem innigen Zusammenspiel barocker Frömmigkeit in den vielen kleinen Kirchen unseres Gebiets.
In *Argelsried* erinnert nur noch eine Reliefplatte nahe der Hauptstraße nach Starnberg daran, daß hier 1738/40 eine Nikolauskirche errichtet wurde. 1931 wurde sie abgerissen. Unweit von ihr wurde von 1930 bis 1932 eine neue Nikolauskirche gebaut.
1856 faßten die damals elf *Geisenbrunner Bauernfamilien* laut »Circularienbuch«, das in der Gemeinde Argelsried aufbewahrt wird, den Beschluß, das kleine Gotteshaus zu errichten, damit sie ihre Gebete nicht »auf dem Felde umhergehend bei offenem Himmel abschicken« müßten. Sie erhielten die Erlaubnis, und ein Münchner Baumeister errichtete ihnen die Kirche Mariä Heimsuchung.

INNING, BUCH MIT SCHLAGENHOFEN, STEINEBACH UND WALCHSTADT-ETTERSCHLAG

Der ungewöhnlich hohe Turm mit Doppelzwiebel und Laterne gleicht die niedrige Lage der *Inninger Pfarrkirche,* Johannes dem Täufer geweiht, im Zentrum der Gemeinde aus. Von vielen Seiten ist er Wegweiser, lange bevor man die ersten Häuser des Ortes sieht. Zweimal brannte die alte Kirche ab, einmal 1632 im Schwedenkrieg und dann 1704 während des Spanischen Erbfolgekriegs. Den Anstoß zum jetzigen Bau, 1765 bis 1767, gab der Pfarrer Johann Maximilian Freiherr de Baar. Er ließ die Pläne anfertigen und vermachte der Gemeinde einen Tag vor seinem Tod 6000 Gulden. Sein Nachfolger zeigte die gleiche Energie, die Gemeinde leistete Spanndienste und steuerte Materialien bei. Als die Kirche stand, blieben noch sechs Gulden übrig.
Als Baumeister wurde Leonhard Matthäus Gießl berufen, der um diese Zeit gerade an St. Joseph in Starnberg arbeitete. Er schuf einen Zentralbau mit abgeschrägten Wänden zum Altarraum hin, dessen spätgotische Reste er einbezog. Auch der Unterbau des Turms hat noch mittelalterliches Mauerwerk. Kräftige Wandpfeiler und Pilasterpaare gliedern den Bau. Die Altäre sind alle um 1760 datiert. Die Putten sind Wessobrunner Schule und wurden bei der Restaurierung nach dem letzten Weltkrieg ergänzt. Engel tragen den Schalldeckel der barocken Kanzel. Am Korb sind die vier Kirchenväter angebracht. Den zarten Stuck in Altrosa, Hellgrau und Gold hat Thassilo Zöpf geschaffen. Zwei reichgeschnitzte Holzsäulen aus dem Jahr 1767 stützen den

unteren Teil der Doppelempore im Westteil.

Die Deckenfresken hat, wie in St. Joseph, Christian Wink mit dem gebändigten Schwung des späten Barock gemalt: im Chor die Taufe Christi im Jordan, im Schiff predigt der Täufer. Auch einige der Kreuzwegstationen soll Wink gemalt haben. Auf einer Prozessionsstange thront die Heilige Familie. Ein kostbarer geschnitzter Schrank aus der zweiten Hälfte des 18. Jahrhunderts steht in der Sakristei.

Südlich von Inning bauten sich die Bürger der kleinen Gemeinde *Buch* 1742 auf eigene Kosten eine Kapelle zu Ehren Mariä Himmelfahrt. In dem kleinen Dorf *Schlagenhofen* — es gehörte zu Buch —, am Westufer des Wörthsees, stieß man bei der Renovierung von St. Michael, die sich von 1959 bis 1967 erstreckte, auf die Spuren einer frühmittelalterlichen Kapelle. Seine heutige Form erhielt das Kirchlein kurz nach dem Dreißigjährigen Krieg. In der Mitte des Altares steht der heilige Michael, unter ihm der besiegte Teufel. Zur Seite stehen Papst Silvester und Bischof Ulrich.

Die St. Martins-Kirche in *Steinebach* wurde um 1735 umgestaltet. Interessant ist sie wegen ihrer Fresken. Sie wurden bei späteren Restaurierungen übermalt, unmittelbar nach dem Zweiten Weltkrieg jedoch freigelegt. Damit wurde eine der vollkommensten Wandbemalungen im Landkreis gerettet: die Marienverehrung, umgeben von musizierenden Engeln, an der Chordecke (1730); das Leben und die Taten St. Martins im Schiff und am Chorbogen, dem Stil nach früher entstanden. Die Hilfe des Heiligen wird in großzügig einbezogenen Spruchbändern beschworen. Das Ölbild am Hochaltar zeigt seinen Aufstieg zum Himmel. Seine Insignien, die Gans und die Mitra, werden von Engeln emporgetragen. Links unten ist als kleine Vignette seine Begegnung mit dem Bettler dargestellt. Auch dieses Bild ist gute Barockmalerei. Am linken Seitenaltar steht eine gotische Madonna, nach Dehio um 1400 geschaffen. An der gleichen Wand unter der Empore ist ein barocker St. Andreas mit ausdrucksvollem Kopf Mittelpunkt der Gefallenenehrung. Die heilige Elisabeth mit Rosenkorb am rechten Seitenaltar strahlt barocke Hoheit aus. Wesentlich sind auch die Bemalungen an den Predellen der beiden Seitenaltäre, vor allem links das Martyrium des heiligen Laurentius. Eine bauliche Sanierung ist vorgesehen.

Die kleine Martinskirche mit der Zwiebel als Dachreiter in *Walchstadt* bestand schon im 15. Jahrhundert und wurde im 17. Jahrhundert barockisiert. Nach gründlicher Sanierung des Mauerwerkes hat sie Norbert Fischer 1971 auch im Innern wiederhergestellt, wobei die Figuren ihre alte farbige Fassung zurückerhielten. Das Landesamt für Denkmalpflege verweist den reitenden, bäuerlichen St. Martin am Hauptaltar in das spätere 17. Jahrhundert. Die anmutige Madonna mit St. Peter und St. Paul als Begleitfiguren ist etwa hundert Jahre jünger und wahrscheinlich das Werk einer Münchner Schnitzschule. Das Schiff besitzt eine eindrucksvolle Kreuzigungsgruppe. Der Kreuzweg wurde in einem komplizierten Konservierungsverfahren gerettet, ebenso die gemalte Abendmahlsszene an der Emporenbrüstung. Das Deckenfresko, die Himmelfahrt des Kirchenpatrons, war schon kurz nach dem Ersten Weltkrieg nicht mehr zu retten. Der Maler Anton Marxmüller schuf deshalb ein neues Fresko mit dem gleichen Thema. Die Restaurierung von 1971 ließ es unangetastet. Auch St. Martin in Walchstadt hat den intimen Reiz einer kleinen ländlichen Dorfkirche.

In *Etterschlag* steht eine kleine Nikolauskirche, deren Turm 1968 vor dem Verfall bewahrt wurde. Den Hochaltar umrahmen oben zwei barocke Engel. Der Ort ist uralt. Im 8. Jahrhundert hieß er Ettinsloh, der Wald des Etto. 1758 wurde die einfache Landkirche erneuert. 1964 erhielten die Orte Walchstadt-Etterschlag und Steinebach eine neue Kirche »Zum heiligen Abendmahl«, nachdem man sie zu einer katholischen Pfarrgemeinde zusammengefaßt hatte.

HERRSCHING, BREITBRUNN, HECHENDORF, WIDDERSBERG, FRIEDING UND ERLING

St. Martin mit dem Zwiebelturm, bei Nacht mild angestrahlt, bewacht von seinem Hügel aus das alte *Herrsching*. Daß die Kirche auf den Grundmauern eines römischen Wachtturms stehen soll, wird von den Historikern ins Reich der Sage verwiesen. Bei den Renovierungsarbeiten von 1964 ist man auf Gräber aus der Zeit der bajuwarischen Landnahme gestoßen. Nach dem Kirchenhistoriker P. Romuald Bauerreiß OSB ist es möglich, daß St. Martin 776, als Herrsching von Isanhart aus dem Geschlecht der Huosi an das Kloster Schlehdorf verstiftet wurde, schon bestand, und zwar als Eigenkirche des ersten Siedlers, Horskeo. 1065 wird die Kirche, nun im Besitz des Klosters Benediktbeuern, erstmals erwähnt. Sicher wurde sie mehrfach umgebaut. Eine heute noch vorhandene Turmglocke trägt die Jahreszahl 1483. Die letzte Barockisierung fand im späten 18. Jahrhundert statt. Da die Westfassade 1963 in Gefahr geriet, abzurutschen, hat man sie neu aufgerichtet und den Hang mit einer Stützmauer versehen. Hierbei wurde, zusammen mit der gründlichen Restaurierung von 1964, auch der alte Friedhof rund um die Kirche umgestaltet.

Am Hauptaltar steht der barocke St. Martin (um 1650), flankiert von St. Joachim und der Mutter Anna. Die schönste Plastik der Kirche ist die Pietà am linken Seitenaltar (um 1600). In die Chorrundung wurden Postamente für die 12 Apostelstatuetten eingelassen. Zwei der Plastiken gingen verloren. Wo heute der rechte Seitenaltar mit St. Sebastian steht, war früher die Grabgruft des Ortsadels, der Hundtberger. Um 1830 wurde sie ausgeplündert. Die Grabplatte, die »Hundtberger-Tafel«, war einst in den Boden eingelassen. Dann kam sie an die Außenwand der Kirche. Heute steht sie aufgerichtet im Innern.

St. Nikolaus, die untere Kirche, geht möglicherweise auf das Jahr 1065 zurück. Erstmals erbaut wurde sie wohl vom Kloster Wessobrunn. Eine päpstliche Bulle schrieb sie 1216 dem Kloster Dießen zu. 1408 löste Schweiker von Gundolfing, der von den Herren von Stein die Herrschaft Seefeld geerbt hatte, den »Kirchenzehent« der oberen und unteren Kirche Herrschings von den Klöstern Benediktbeuern und Dießen ab und stiftete ihn der Pfarrkirche von Oberalting. Damit unterstand Herrsching über 500 Jahre seelsorgerisch St. Peter und St. Paul in Oberalting. Als St. Nikolaus 1803 abgerissen werden sollte, wehrten sich die Einheimischen dagegen mit Erfolg. Nachdem Herrsching 1922 zur selbständigen Pfarrei erhoben worden war, baute man 1927 St. Nikolaus zur Pfarrkirche aus. In ihrem Innern hängt ein Bild des Barockmalers Jacopo Amigoni, das 1934 im alten Pfarrhaus entdeckt wurde, eine Anbetung der Heiligen Drei Könige.

Die Schloßkapelle von *Mühlfeld* am Südausgang Herrschings hat am Ende des 16. Jahrhunderts der damalige Besitzer, Johann Wolfgang Freymann, ausgebaut. Unter den späteren Besitzern, den Andechser Benediktinern, wurde sie 1626 restauriert und ein Jahr später der Heiligen Dreifaltigkeit geweiht. Seit 1803 ist sie mit dem Schloß in Privatbesitz. Ihre barocke Ausstattung — der Altar ist frühbarock — hat die Säkularisation überlebt.

Die Schloßkapelle von *Rezensried* am Nordausgang Herrschings wurde 1572 von dem Fürstenfelder Zisterzienserabt Treutwein St. Michael geweiht. Aus dem Besitz der Wittelsbacher kam das Schloß im 17. Jahrhundert ganz in die Hand der Zisterzienser und geriet 1803 ebenfalls in Privatbesitz. In der Kapelle sind noch Glasgemälde aus dem 16. und 17. Jahrhundert erhalten: fromme Darstellungen mit den Wappen einiger Äbte und weiterer geistlicher und weltlicher Herren.

In *Breitbrunn* überragt die alte, Johannes dem Täufer geweihte Kirche den Ort. Urkunden aus den Jahren 1266 und 1268 nennen das Dießener Chorherrnstift als Eigentümer. Zur Zeit der Spätgotik wurde St. Johannes er-

Der Hochaltar der Stefanskirche in Mörlbach

Der Bismarckturm bei Allmannshausen

Kurfürst Max Emanuel in der Türkenschlacht: Deckenfresko in Unterbrunn

Die Kanzel von Oberalting

Moderner Hochaltar in Söcking

Breitbrunn
Rohrfederzeichnung von Hans Pretsch

weitert. Bei der Barockisierung im 18. Jahrhundert hat man den Eingang an die Westseite verlegt und die Rippen und Schlußsteine im Chor abgeschlagen. 1960 fand eine Restaurierung statt. Der Vorbau des Westportals mit dem dornengekrönten Christus aus dem Barock ist heute Kriegergedächtnisstätte. Der Hochaltar aus dem 18. Jahrhundert und die Seitenaltäre (um 1700) haben ihre alten Fassungen wiederbekommen. Im Mittelpunkt des Hauptaltares steht der Kirchenheilige, rechts vielleicht ein St. Wendelin, links St. Elisabeth, die Mutter des Täufers. St. Nikolaus im Chor ist eine gotische Statue (15. Jh.). Die beiden Seitenaltäre kamen 1762 von Entraching nach Breitbrunn und wurden von einem ortsansässigen Schreiner hergerichtet. Die Figuren stammen zum Teil aus der Werkstatt des Landsberger Bildhauers Lorenz Luidl. St. Stephanus am linken Seitenaltar wurde 1855 gefertigt. Die Hauptfigur am rechten Seitenaltar dagegen stammt aus der Zeit der Spätgotik, eine stehende Gottesmutter. St. Ulrich im Schiff ist ein Werk des 17. Jahrhunderts, der blutüberströmte Gekreuzigte gehört zum beginnenden 18. Jahrhundert. Bei der Restaurierung solcher alten Holzplastiken können spätere dicke Übermalungen mitunter auch ein Glück sein, weil sie das vom Holzwurm angenagte Material zusammenhalten. So konnte der Restaurator Fischer die Figur innen mit Polyester füllen, damit festigen und die alte Fassung freilegen. Die Apostelgemälde in den Feldern der Emporenbrüstung (um 1776) wurden 1960 freigelegt und ebenfalls restauriert.

Hechendorf-Güntering wird um 1150 im Traditionskodex des Klosters Dießen erwähnt. Wahrscheinlich wurde die Pfarrkirche St. Michael um diese Zeit erbaut. Ihre gotischen Grundmauern reichen tief unter das Niveau der Straße, an der sie, von einer Stützmauer abgedeckt, steht. Das Kirchenschiff wurde später angebaut, wahrscheinlich in der ersten Hälfte des 18. Jahrhunderts. Auch hier fand eine Restaurierung statt. Der Tabernakel ist

Wappen von Hechendorf

eine barock nachempfundene Arbeit des verstorbenen Münchner Bildhauers Karl Roth, St. Michael eine Kopie aus der Perlacher Kirche. Die Heiligen Ulrich, Johann von Nepomuk, Katharina und Barbara stammen aus dem Barock.

Die *Widdersberger St. Michaels-Kirche* mit dem römischen Relief an der Außenwand wurde 1460 Filialkirche von Andechs. Am Anfang des 16. Jahrhunderts begann Abt Johann II. von Andechs einen Neubau, der aber erst 1592 mit dem Turm beendet wurde. Der Hochaltar aus der zweiten Hälfte des 18. Jahrhunderts zeigt St. Michael mit Schwert und Waage. Die beiden Seitenaltäre wurden bei der Restaurierung von 1964 bis 1966 abgetragen, um mehr Platz für die Kirchenbänke zu erhalten. Die Wangen der Bänke sind kunstvoll geschwungen und geschnitzt, auch sie eine spätbarocke Arbeit. An der Chorwand wurden die vier barocken Holzplastiken der Kirchenlehrer aufgestellt. Flankiert wird der Altar von der heiligen Elisabeth, um 1520, und von Johannes dem Täufer, auch aus dem 16. Jahrhundert. Die barocke Figur einer Altöttinger Madonna vom früheren Seitenaltar steht jetzt auf einem Podest am Triumphbogen. Ihr gegenüber steht eine neue Pieta, eine Stiftung von Anton Cappius. Die alte Pieta fand ihren Platz unter dem Kruzifixus. Die Deckenfresken, die den Sieg Michaels darstellen, hat Joseph M. Ott Mitte des 18. Jahrhunderts gemalt. Zarter Wessobrunner Stuck grenzt sie ab.

Die Pankratiuskirche von *Frieding* war zur Grafenzeit Burgkapelle der Ministerialen von Frieding. Von den Andechser Benediktinern wurde sie umgebaut und 1494 geweiht. Der Hochaltar kam 1803 von der Weilheimer Franziskanerkirche nach Frieding. Im gleichen Jahr folgten St. Benedikt und St. Scholastika von Andechs. Die wesentliche Erweiterung mit gleichzeitiger Restaurierung erfolgte 1975 unter Norbert Fischer. Die untere Empore verschwand, die obere wurde gesenkt und mit dem nördlichen Anbau harmonisch verbunden, nachdem man das Mauerwerk saniert hatte. Außerdem schob man den Westgiebel um zwei Meter vor und verlegte den Eingang an der Südwand. Daneben entstand eine neue Sakristei.

Durch Herausnahme der beiden Seitenaltäre erhielt man genügend Raum für den Altar versus populum, für den Ambo und den Kredenztisch aus Naturstein, der sich harmonisch in die Kirche einfügt. Das frühere Hochaltarblatt, eine Pankratius-Darstellung, hat man durch ein wertvolleres Pieta-Gemälde, das zuletzt hinter dem Altar gestanden hatte, ersetzt. Für das entfernte Pankratius-Bild stiftete Anton Cappius die Statue des jugendlichen Heiligen im Schiff. St. Benedikt und St. Scholastika säumen in erneuerter Fassung den Hochaltar. Die gefaßten Holzplastiken von Maria und Joseph stehen an den Pfeilern zum Anbau, St. Joachim und die Mutter Anna an der linken Chorwand.

Die drehbaren kleinen Türchen rechts und links vom Tabernakel sind originell. Hier können wechselnd die Bilder des Altarsakramentes, der Armen Seelen sowie Reliquien in alten Stickereifassungen sichtbar gemacht werden, ähnlich wie bei den drehbaren Kulissen im römischen Theater. Die reizvolle Rokokokanzel mit den Engelsköpfen hat Fischer von der Nord- an die Südwand versetzt. Das Kreuzigungsfresko, das früher im Giebel des alten Einganges zu sehen war, wurde abgenommen und wird an die nördliche Innenwand des Anbaues übertragen. Die Stuckdekoration, die die Decke in einzelne Felder gliedert, wurde erhalten und neu gefaßt. Der Gottesacker rund um die Kirche wurde beträchtlich erweitert, wobei man die neue Einfriedung der wuchtigen alten Mauer angepaßt hat.

Die *Erlinger St. Vitus-Kirche* hat sich bei der Renovierung von 1966 stark verändert. Das gesamte im 19. Jahrhundert hinzugekommene Nazarenerwerk, das die alten Stücke verdrängt hatte, wurde entfernt. Der barocke Hochaltar des Pollinger Schreiners Johann Zimmermann und des Weilheimer Bildhauers Franz Xaver Schmädl war damals an die Pähler Pfarrkirche abgegeben worden, St. Wendelin und St. Leonhard waren in den Andechser Klostergarten gewandert. Den Schreineraltar von 1861 hat man 1966 wieder herausgenommen und an seine Stelle eine einfache Mensa gesetzt. Hinter ihr hängt ein barocker Gekreuzigter aus dem Andechser Kloster. Rechts von ihm steht die heilige Creszentia, die Pflegemutter von St. Vitus, und links der heilige Modestus, die beiden einzigen Figuren, die von der alten Ausstattung übriggeblieben sind. Auf der Suche nach dem früheren Inventar hat man auch einen heiligen Vitus (um 1500) gefunden und im hinteren Schiff aufgestellt. Im 19. Jahrhundert hatte man leider versucht, seine schmerzverzerrten Züge mit dem Schnitzmesser zu mildern, und viel damit verdorben. Dekkengemälde und Kreuzweg wurden 1966 neu geschaffen.

DER SCHATZ VON ANDECHS

Die Andechser Klosterkirche in ihrer heutigen Form ist das Werk des Abtes Bernhard Schütz, der 1746 gewählt wurde und 1759 starb, und des greisen Johann Baptist Zimmermann, der bei dem glorreichen Abschluß der Innenrestaurierung — 1755 zur 300-Jahr-Feier des Klosters — 75 Jahre alt war. Die beteiligten Baumeister, Lorenz Säpel (Sappel) aus München und der Landsberger Jesuitenbruder Ignatius Merani, griffen die Mauern der gotischen Kirche aus dem 15. Jahrhundert kaum an. Nur die beiden vorderen Chorpfeiler entfernten sie, um dem dreischiffigen Raum die Wirkung eines Zentralbaus zu geben. Abt Bernhard war der intensiv mitgestaltende Bauherr, Johann Baptist Zimmermann vollbrachte in Andechs wohl seine reifste Leistung. Hier trifft Heinrich Wölfflins Wort über das Wesen der Barockarchitektur zu: »Die Wand vibriert, der Raum zuckt in allen Winkeln, die Form atmet.«

Zimmermann, von seinem Sohn Franz, von Johann Georg Übelher (Uebelherr) und Josef Marian unterstützt, schuf die einheitliche Stuckverkleidung, die mit ihrem Formenreichtum und ihren zarten Tönungen die Rippen des gotischen Baus überspielt. Mit seinen Dekkenfresken hat er einen unendlichen farbigen Himmel geöffnet. Im Chor beten die Heiligen, vornehmlich aus dem Geschlecht der Andechser Grafen, die Heiligen Drei Hostien des Andechser Reliquienschatzes an. Im Mittelschiff folgt die Himmelfahrt Christi, die ja in Andechs der Höhepunkt der Wallfahrten ist. Daran schließt sich der Teich Bethsaida als Sinnbild für die in Andechs sprudelnden Gnadenquellen. Über der Mitte der Orgelempore das Konzert der jubelnden Engelchöre.

Die Fresken über dem rechten Seitenschiff beginnen im Osten mit dem Sieg des seligen Grafen Rasso über die Hunnen. Es folgt die Erscheinung des heiligen Michael auf dem Monte Gargano in Süditalien; die Benediktiner in Bayern verehren ihn als ihren Patron. Über der Orgelempore im Westen des rechten Seitenschiffes singt David vor den unvernünftigen Kreaturen das Lob Gottes.

Über dem linken Seitenschiff beginnt das Fresko im Osten mit dem heiligen Benedikt, der seine fleischlichen Versuchungen tötet, indem er sich in Dornen stürzt. Dann überreicht Maria dem Johannes einen Gürtel, wieder eine Anspielung auf eine Andechser Reliquie. Über der Orgelempore im Westen des linken Seitenschiffes singt die heilige Cäcilia das Lob Gottes. Damit werden die drei Freskenfelder über der Westempore zu einer musikalischen Verherrlichung des Himmels zusammengefaßt. Zwei Ölbilder von Zimmermann an den Seitenwänden schildern die Klostergründung. Rechts bestätigt Papst Nikolaus V. 1454 die Stiftung; links wird sie von Herzog Albrecht III. 1455 vollzogen.

An der Brüstung der Empore wird in 26 Bildern die Geschichte der Andechser Heiltümer erzählt, etwa die Abenteuer der Reliquien nach der Zerstörung der Burg, die Wiederentdeckung eines Teiles 1388 durch Hilfe einer Maus oder die Überführung des Schatzes nach München und seine Rückkehr. Den unteren Hochaltar um das spätgotische Gnadenbild der Gottesmutter hat Zimmermann entworfen. Den kupfervergoldeten Strahlenkranz hat der Münchner Goldschmied Johann Michael Roth geschaffen, und zwar nach Modellen von Johann Baptist Straub. Auch die Seitenfiguren, rechts die heilige Elisabeth und links der heilige Nikolaus, sind von Straub. Im oberen Hochaltar steht unter einem Baldachin die Maria Immaculata von Johann Degler aus Weilheim, 1608/09. Franz Xaver Schmädl schuf die mit großer Geste in den Kirchenraum hineinragenden Seitenfiguren der Ostempore, links den heiligen Johann Nepomuk, rechts den heiligen Florian.

Der erste linke Seitenaltar, vom Chor aus gerechnet, trägt als Bild den sterbenden Benedikt, der rechte den seligen Rasso. Beide Altarblätter hat Andreas Wolff aus München in warmen Farben gemalt. Die Figuren, welche die beiden Altäre umgeben, sind die »Vier Kapläne der Seligsten Jungfrau«: am linken der heilige Ildefonso und der heilige Anselm, am rechten der heilige Bernhard und der heilige Hermann Contractus, alle Werke von Straub. Die Altarblätter der beiden anderen Seitenaltäre stellen dar: links Johannes den Täufer und rechts ein Jüngstes Gericht mit St. Michael, darüber im Medaillon ein Schutzengel. Elias Greither d. J. aus Weilheim hat sie in strengerer Manier gemalt. In der Mitte zwischen den vier Seitenaltären deutet ein Kreuz im Fußboden den Eingang zur Gruft an, in der Herzog Albrecht III. und weitere Wittelsbacher begraben liegen. Der Eingang ist zugemauert. Früher hatte Herzog Albrecht in der Mitte der Kirche ein Hochgrab. Es wurde beim Kirchenbrand von 1669 von den stürzenden Mauern zerstört.

Die Sebastianskapelle links vom Chor ist eine Stiftung der Toerrings aus dem 15. Jahrhundert. Der heilige Eustachius auf dem Altarbild trägt die Züge des Grafen Anton Joseph, der über 300 Jahre später die Rokoko-Ausstattung gestiftet hat. Daran schließt sich, nach dem Treppenaufgang zur Heiligenkapelle und zur Empore, die Schmerzhafte Kapelle mit einer geschnitzten Pieta.

Unter der Orgelempore befindet sich das Wachsgewölbe mit 234 Votivkerzen vom Ende des 16. Jahrhunderts bis zur Gegenwart. Ein Teil der vielen gestifteten Votivbilder hängt an der Wand unter der Orgelempore. In der Josefskapelle rechts vom Chor – der 1967 verstorbene Abt Dr. Hugo Lang lag hier begraben – sieht man ein Votivbild, das wahrscheinlich Kurfürst Ferdinand Maria im 17. Jahrhundert gestiftet hat. Herzog Ernst und sein Sohn Albrecht III. vereinen sich darauf mit Ferdinand Maria, Andechser Grafen und Heiligen zur Anbetung der Drei Hostien.

Die Heiligenkapelle an der Nordwand der Empore (außerhalb des Kirchenraumes) erinnert noch an die gotischen Reste. Hier sind die kostbaren Reliquien des Klosters aufbewahrt, die gotische Monstranz mit den »Heiligen Drei Hostien«, das frühromanische »Siegeskreuz Karls des Großen«, der »Gürtel Mariens«, der gefaßte »Dornenzweig Christi« und das »Brustkreuz der heiligen Elisabeth«. An der Wand hängt das »Brautkleid Elisabeths« aus sarazenischem Damast. An der Südseite der Empore hat man die ehemalige »Vöhlin-Kapelle« aus der Renaissance in eine

moderne Hedwigskapelle für die schlesischen Wallfahrer umgewandelt. Vom oberen Chor führt die reichstuckierte und mit goldumrandeten Spiegeln verzierte Prälatenkapelle zum Kloster weiter.
Das Kloster ist in seinen wesentlichen Bauteilen nach dem Brand vom 3. Mai 1669 entstanden. Die Bibliothek hat Johann Baptist Zimmermann stuckiert. Der zarte Stuck im Refektorium stammt aus dem Jahr 1730. Das »Fürstenzimmer« mit seinen gemalten Allegorien menschlicher Tugenden und dem getönten Wessobrunner Stuck wurde nach dem Zweiten Weltkrieg restauriert.
Laufend finden weitere Wiederherstellungen statt. Alte Reliquiare, bisher kaum beachtet, werden hervorgeholt. Der Schatz von Andechs scheint unerschöpflich. Beträchtliche Mittel werden für die Erhaltung der Bauten und Heiltümer aufgewandt. Das Kloster will nicht in erster Linie ein Ausflugsort mit Bräustübl — es will ein geistiges Zentrum sein.

NEUERE KIRCHEN

Neben den historischen Gotteshäusern entstand in jüngerer Zeit eine Reihe katholischer und evangelischer Kirchen. Nach dem Zweiten Weltkrieg kamen in oft sehr moderner Konzeption Pfarrzentren hinzu, wie etwa in Aufkirchen und Herrsching, sowie Pfarrsäle, Jugendräume, Kindergärten und Bibliotheken. Durch die Bevölkerungsbewegung der letzten Jahrzehnte erhöhte sich der Anteil der Protestanten erheblich, er liegt heute ungefähr bei 25 Prozent.
Der erste offizielle evangelische Gottesdienst des 19. Jahrhunderts im Landkreis fand am 18. März 1850 auf Schloß Eltzholz in Berg mit 20 Teilnehmern statt. Erst neun Jahre später, am 31. Oktober 1859, feierten die Starnberger Protestanten ihren ersten Gottesdienst in einem Raum des alten Schlosses. Weihnachten 1910 begannen die Protestanten in Herrsching mit ihren kirchlichen Feiern in einem Gastzimmer des früheren Hotels Seespitz. Die Gautinger Protestanten kamen 1918 in der Schule zu Gottesdiensten zusammen.
Die erste evangelische Kirche des Landkreises wurde 1875 in Starnberg errichtet und 1892 durch einen Neubau ersetzt. Starnberg wurde dann 1910 die erste evangelische Pfarrgemeinde, der im Verlauf der folgenden Jahrzehnte weitere Pfarrgemeinden folgten. 1928 baute der anerkannte Münchner Architekt Professor Dr. Theodor Fischer die evangelische Kirche in Gauting, die damals als geglückte Synthese antiker und moderner Baugesinnung galt. Die Fresken schuf der expressionistische Maler Max Unold. Ein Jahr später folgte die evangelische Christuskirche in Tutzing. Weitere evangelische Kirchenbauten entstanden nach dem Zweiten Weltkrieg.
Die gleiche Entwicklung zeigte sich im katholischen Bereich. Hier entstand als erster Kirchenbau nach dem Zweiten Weltkrieg 1949/50 in Höhenrain die Herz-Jesu-Kirche nach den Plänen des Architekten Hans Jakob Lill. Dank großer Spendenfreudigkeit erhielt sie 1974 eine neue, leistungsfähige Orgel aus der Werkstatt von Günter Ismayr, Bernried. Neue katholische Pfarreien entstanden, so in Söcking und Wörthsee. Je zwei evangelische und katholische Kirchen, die nach 1945 errichtet wurden, greifen wir als charakteristisch heraus.
Eine dem Klassizismus angenäherte Lösung fand der Herrschinger Architekt Roderich Fick in der dortigen evangelischen Erlöserkirche. Fick starb vor der Vollendung des Baus. Seine Frau Catharina Fick-Büscher, die seine Schülerin gewesen war, führte den Bau 1956 zu Ende, ebenso später auch das Gemeindehaus und den durch einen Mauerbogen mit der Kirche verbundenen Campanile. Der Komplex unter

den hohen Bäumen am Kienbach bildet eine geschlossene Einheit und wurde stilvoll in die Landschaft gefügt. Das Basilika-Rechteck früherer Kirchen wurde bewahrt, aber verkürzt. Dadurch rücken Priester und Gläubige enger zusammen. Eine handwerklich äußerst gediegene Ausstattung unterstreicht die klare äußere Form. Fick holte sich aus München den Bildhauer Bernhard Bleeker, einen der besten Vertreter einer konservativen Richtung, die sich der Gegenwart öffnet. Taufstein, Altartisch und Kanzel wurden auf die einfachsten Formen zurückgeführt.

Der Münchner Architekt Georg Werner griff mit der katholischen Söckinger St. Ulrichs-Kirche um einige Jahrhunderte weiter in die Tradition zurück, aber in moderner Abwandlung. Die Kirche hat die Langform der romanischen Basilika mit einem Ost- und einem Westchor. Die verschiedenen Bauelemente — Naturstein, Beton, Ziegel, Stahlträger und hölzerne Dachsparren, teils verputzt, teils nicht verputzt — wurden virtuos zusammengeführt. Den Westchor schließt eine große, fein ziselierte Rose ab. Nord- und Südwand werden von einem Fensterband mit farbigem Glasmosaik in Betonsteinfassungen unterbrochen. Im Chor steht ein mächtiger Altarstein, zwölfeinhalb Meter hoch und sechs Meter breit, aus Tuffstein. Der Münchner Bildhauer Georg Brenninger hat darauf eine Textstelle aus dem Johannesevangelium gemeißelt, mitunter von kleinen bildlichen Darstellungen unterbrochen. Der Altartisch ist ein einziger großer Marmorblock. Der Westchor mit der Orgel ist nur wenig erhöht. Charakteristisch ist der anstehende Turm mit seiner ungewöhnlich spitz zulaufenden Bedachung. Die Kirche wurde 1958 eingeweiht.

Bei der Gilchinger evangelischen Johanneskirche, die der Münchner Architekt Franz Adolf Gürtner 1962 vollendete, stand die in den letzten Jahren vielfach vertretene Idee vom »Zelt Gottes« Pate. Die Gläubigen sollen zur Bereitschaft ermahnt werden, ihren Wohnsitz jederzeit abzubrechen und Christus zu folgen. Beim Eintreten wird der Blick emporgerissen zum Raum über dem Altar. Hier läuft die Holzdecke zum Kulminationspunkt spitz zusammen. Die hohen Chorfenster betonen die aufstrebenden Linien. Die Bänke stehen schräg und begegnen sich in einem weiten Winkel in der Mittelachse. Die Kirche ist nicht sehr groß. Trotzdem entsteht ein Eindruck der Weite und Offenheit.

Die Kirche »Zum heiligen Abendmahl« in Wörthsee, 1964 von dem Münchner Architekten Siegfried Östreicher erbaut, wirkt von der Etterschlager Straße aus wie eine Burg. Geht man aber an ihr entlang, so öffnet sich der Bau mit seiner rückwärtigen Glasfront, die von zwei schweren Bronzetüren unterbrochen wird, weit. Der gepflasterte äußere Platz erhält von den beiden vorgreifenden Seitenpfeilern Geschlossenheit. Im Innern ist der Bau ohne Ablenkung auf das weite Rund des Altarraums ausgerichtet. Keine Schranke trennt ihn von den Gläubigen. Die Reihe kleiner Fenster an der Chorwand ist aus undurchsichtigem Glas. Um das Kirchenrund — die Westfront ausgenommen — läuft unter dem Dachansatz ein Lichtband. Die Wände des breit ausladenden Zentralbaus sind aus verschlämmten Ziegeln, die tragenden Pfeiler aus Sichtbeton. Die Querachse setzt sich nach rechts zu der Sakramentskapelle mit dem Sakramentshäuschen aus Muschelkalk fort.

Das Vortragskreuz aus Bronze am Altar verzichtet auf jede körperliche Darstellung. Eingelassene Edelsteine deuten die Stellen an, wo Christi Gliedmaßen angenagelt waren. Abstraktion führt zur Konzentration auf den gemeinsamen Gottesdienst von Priester und Volk. Die Kirche wurde für die neue Liturgie »versus populum« erbaut. Auffällig ist der niedere Glockenstuhl des spitz emporragenden, beistehenden Turms.

Auch das jüngste katholische Gotteshaus im Landkreis, die Kirche »Zum Heiligen Geist« in Breitbrunn (1971), ist ein Zentralbau mit hohem Zeltdach. Der Weilheimer Architekt Dipl.-Ing. Theo Wieland berücksichtigte bei der Planung die Vorstellung, daß der sakrale Raum auch als Pfarrheim genutzt werden sollte, so daß auf den Bau eines Pfarrsaales verzichtet werden konnte.

Die Wirtschaft

DER VERKEHR

Der Perchtinger Pfarrer von 1789 war ein konservativer Herr. Auf die »Fragen über die Verbesserung des Bauernstands«, die der fortschrittliche Graf Anton zu Toerring auf Seefeld rundgehen ließ, antwortete er: »Durch das Salzfuhrwerch kann dem hiesigen Bauernstand nie kein wesentlicher Nutzen zugehen, weil dadurch Schaff und Gschier (= Gesamtausdruck für landwirtschaftliches Gerät) samt den Pferden abgeschleppt und der so nöthige Dung verführt wird. Die Leute selbst werden dabei gewöhnlich träg und liederlich und treiben den Feldbau nur noch lässig und nur noch durch die dritte Hand.« Als Beweis könne er etliche Dorfschaften anführen, »wo noch vor wenigen Jahren der Feldbau blühte; nun man aber seit Errichtung der Landstraße auf das Salzfuhrwerch sich verlegt hat, der Feldbau sichtbar in Abgang gekommen ist«. Vor allem die Oberpfaffenhofener erregten den Ärger des Seelenhirten.
Die schwerbeladenen Salzwagen ächzten seit Jahrhunderten durch unser Gebiet. Hauptlieferant für Süddeutschland war Reichenhall. Bis 1160 gingen die Transporte, wenn sie nicht weiter nördlich über Oberföhring geführt wurden, über die Isarbrücke bei Schäftlarn und über die alte Römerstraße durch den Forstenrieder Park und Gauting nach Argelsried in Richtung Augsburg. Als Heinrich der Löwe 1158 die Oberföhringer Brücke zerstört hatte, rollten die Fuhrwerke über die neugebaute Brücke in München nach Planegg und Argelsried und von dort über Etterschlag und Inning nach Landsberg.
Inning war ein wichtiger Umschlagplatz. Dort steht noch neben der Kirche der ehemalige Salzstadel. 1840 wurde er das letzte Mal als Faktorei erwähnt. In dem Haus, das mehrfach umgebaut wurde, soll schon Kaiser Heinrich II.

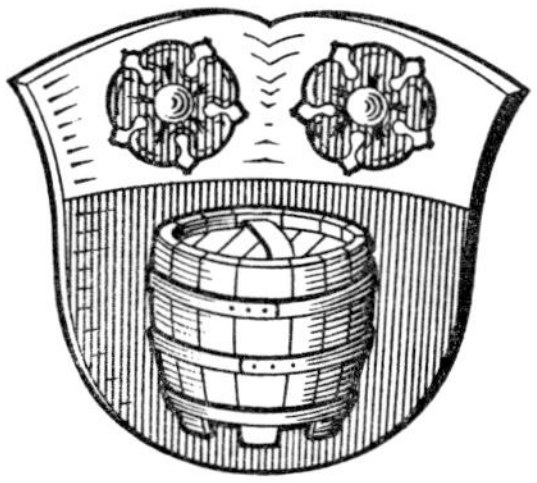

Wappen von Inning

auf seinem Römerzug am 15. November 1021 übernachtet haben. Die Außenfresken zeigen seine marschierenden Heerscharen, angeblich 60 000 Mann. Im Ort heißt das Gebäude »Kaiserhaus«.
Zwei Straßen führten im 18. Jahrhundert von München aus durch das heutige Landkreisgebiet nach Weilheim: die »Obere Straße« über Sendling, Forstenried und Wangen nach Starnberg, von dort weiter über Pöcking, Traubing und Monatshausen nach Wilzhofen; die »Untere Straße« über Neuried, Gauting, Hadorf, Perchting, Erling, Fischen, Pähl und Wielenbach. Nach einem Bericht von 1735 waren beide in einem sehr schlechten Zustand. Die

Fuhrleute benutzten lieber die »Obere Straße«, weil sie »nit allein um zwey Stunden näher war«, sondern ihnen »wegen der Einkehrung und Wirtshäuser viel gelegener und bequemer« erschien, obwohl die »Untere Straße« für besser galt und größere Lasten erlaubte. Dann aber wurde die »Obere Straße« hergestellt; sie entwickelte sich zur »Commerzstraße«. Die wichtigste Handelsverbindung aber blieb nach wie vor die alte Salzstraße von Gauting über Argelsried nach Inning.

Der Postwagenverkehr, der bis 1808 Privileg der Fürsten von Thurn und Taxis war, kam erst spät im Fünfseenland zum Zug. Wer von München aus nach Weilheim oder weiter nach Süden reisen wollte, mußte noch im 18. Jahrhundert den Umweg über Augsburg machen oder wie Goethe die Postroute über Wolfratshausen, Kochel und Walchensee nach Mittenwald benutzen. Von 1760 bis 1762 fuhren direkte Wagen von München nach Landsberg. Dann wurde diese Route wegen Mangel an Fahrgästen eingestellt. Erst 1804 nahm die Post die Strecke wieder auf.

Nach privaten Aufzeichnungen bestand im heutigen Gasthof »Zur Post« in Pöcking um 1748 eine Pferdewechselstation. 1766 und 1767 bewarb sich der Pöckinger Tafernwirt um die Posthalterei. Seine beiden Gesuche wurden zwar abgewiesen, aber man duldete stillschweigend, daß er das Postwappen an seinem Gasthof anbrachte, den Titel Posthalter führte und daß sein Postillion das Posthorn blies. In den folgenden Jahren schlief die Pöckinger Posthalterei wieder ein. 1801 jedoch wurde der Pöckinger Wirt Anton Dachsberger als Posthalter vereidigt. Schon ein Jahr später verkaufte er die Posthalterei, kurz darauf starb sein Nachfolger. Dessen Witwe konnte den Betrieb samt Wirtschaft nicht halten und gab das Patent zurück. Daraufhin entschloß sich der Poststallmeister Weiß vom Oberpostamt in München auf Drängen des Hofes, die Posthalterei nach Starnberg zu verlegen. Am 26. April 1803 erhielt Johann Franz Glaß, Sohn eines Münchner Metzgers und Wirt von Grüneck, sein Patent als Starnberger Posthalter. Am 10. Oktober 1807 wurde die Posthalterei in eine Postexpedition umgewandelt.

Zu dem viersitzigen Eilwagen, der ab 1828 einmal wöchentlich von Augsburg über Weilheim und Mittenwald nach Innsbruck fuhr, wurde von München aus eine Anschlußverbindung über Starnberg eingerichtet. Ein Jahr später folgte einmal wöchentlich die direkte Verbindung von München über Starnberg nach Innsbruck. Ab 1838 fuhr der Wagen viermal in der Woche, ab 1841 täglich. Um dem wachsenden Verkehr gerecht zu werden, bat 1840 der Starnberger Posthalter Andreas Pellet um einen Vorschuß zum Ankauf von 27 Pferden. Mit dem Bau der Eisenbahn, 1854 bis Starnberg und 1866 bis Weilheim, hörte der Postwagenbetrieb für den großen Durchgangsverkehr auf.

Zur Erschließung des Hinterlands wurden in der zweiten Hälfte des 19. Jahrhunderts weitere Postwagenlinien eröffnet. 1862 lief ein Wagen von Starnberg über Perchting, Erling und Vorderfischen nach Dießen. 1875 beschränkte man die Verbindung auf die Linie Starnberg–Erling. Schließlich löste man sie durch die Linie Erling–Traubing–Feldafing ab. 1875 wurde eine »Karriolpost« (leichter Botenwagen) von Starnberg nach Wolfratshausen eingerichtet. Unter Wolfgang Leibold, der 1877 den »Unteren Wirt« in Gauting gekauft hatte, entstand auch in Gauting eine Posthalterei. Der frühere Poststall in Seefeld für die Omnibus- und Paketwagen-Verbindung Gauting–Weßling–Seefeld–Herrsching kam nach Gauting. Aus dem »Unteren Wirt« wurde das Gasthaus »Zur Post«. 1889 folgte die Posthalterei Herrsching für die Linie Starnberg–Perchting–Drößling–Seefeld–Herrsching. Bei Bedarf fuhr von Herrsching außerdem ein Postwagen über Pähl nach Wilzhofen und über Inning nach Greifenberg. Gleichzeitig entstand in Herrsching eine Postexpedition. Viel früher, 1862, war schon die Erlinger Posthalterei mit Expedition für das umliegende Gebiet eingerichtet worden. 1903, nachdem die Eisenbahnlinie Pasing–Herrsching fertiggestellt war, verließ die letzte Postkutsche Herrsching. Einige Pferdeomnibusse, etwa die Verbindung

Schloß Mühlfeld bei Herrsching

Oberpfaffenhofen

Gemeinde Wörthsee: Kirche zum Heiligen Abendmahl

Starnberg: Seepromenade mit Fischer-Bootshütten

Gauting: Bahnhofstraße mit Frauenkirche und Rathaus

Schloß Feldafing in dem von Visconti für seinen Ludwig-Film restaurierten Zustand

Das »Paradies« bei Possenhofen

von Erling nach Feldafing, hielten sich noch bis zur Einführung der Postautos.

Der Bau der Eisenbahn von München nach Starnberg geht auf die Initiative eines Privatmannes zurück. Baurat Ulrich Himbsel, 1787 in der Oberpfalz geboren, 1860 gestorben und in München begraben, Besitzer eines Landhauses mit Ökonomiegebäude in Leoni — Wilhelm von Kaulbach hat sein Haus mit Fresken ausgemalt —, richtete zusammen mit einem Bankier von Mayer am 15. Dezember 1837 ein Gesuch an König Ludwig I., worin er »um die Konzession und das Vorrecht einer Eisen- oder Holzbahn und der Dampfschiffahrt auf dem Würmsee zur Verbindung der Hauptstadt München mit dem Bayerischen Oberland« bat. Der König stellte den Antragstellern frei, ihren »wenig Nutzen versprechenden Plan zu verfolgen und anderweitig darauf bezügliche Anträge zu stellen«. Ein weiteres Gesuch von Himbsel und von Mayer dagegen wurde 1845 abgelehnt. Die örtlichen Dienststellen, auch das Landgericht Wolfratshausen, versprachen sich keinen Vorteil. Im Werdenfelser Land dagegen — die Bahn sollte später bis zur österreichischen Grenze fortgeführt werden — war man von dem Projekt begeistert. Dort hoffte man, »daß Österreich, wenn nicht strategische Gründe im Wege stehen, die Eisenbahn bis Mailand fortsetzen würde«. Man drang darauf, mit dem Bau in Ehrwald zu beginnen; denn die Strecke vom Würmsee nach München bliebe »bei der vergnügungs- und lebenssüchtigen Welt Münchens ganz sicherlich nicht unvollendet«. Wogegen der Münchner Magistrat protestierte: Auf keinen Fall könne der Bau an einem anderen Ort als München angefangen werden.

Am 7. August 1849 erteilte König Max II. die Genehmigung »zur Bildung einer A. G. für den Zweck des Baues und Betriebes einer Eisenbahn von München nach Starnberg«. Der Start für Himbsel und von Mayer war frei. Der nachträgliche Einspruch der Münchner Lohnkutscher wurde nicht mehr berücksichtigt. Am 24. November 1854 lief der erste Zug in Starnberg ein. Der Platz für den Bahnhof hatte unter der Bevölkerung heftige Diskussionen ausgelöst. Ursprünglich sollte der Ort westlich in einer großen Schleife über Rieden und Söcking umfahren werden, um die Trennung der Starnberger vom See durch die Eisenbahntrasse zu vermeiden. Aber die Lokalpatrioten, die den Bahnhof im Herzen ihrer Gemeinde sehen wollten, siegten. Das erste Stationsgebäude war der heutige Gasthof in der Au. 1866 wurde die Strecke bis Tutzing fortgeführt. Sie gabelte sich dort nach Penzberg und Weilheim. 1879 war die Eisenbahn bis Murnau ausgebaut, 1889 bis Garmisch und 1912 bis Innsbruck.

Der Ammersee wurde zunächst am Westufer erschlossen. Die Eröffnung der Bahnlinie Mering—Dießen—Weilheim fand am 24. Dezember 1898 statt. Damit war der Anschluß an die 1840 ebenfalls von Himbsel gebaute Bahn München—Augsburg geschaffen, deren Materialreste beim Streckenbau München—Starnberg verwandt worden waren. Ab 1880, nach der Fertigstellung der Eisenbahnlinie München—Fürstenfeldbruck—Grafrath 1878, hatte außerdem die Möglichkeit bestanden, den Ammersee von Grafrath bis Stegen mit dem Amperschiff zu erreichen. 1903 folgte die Verbindung von Pasing nach Herrsching. Ein Reporter des Starnberger »Land- und Seeboten« hatte sich am 15. Februar als »blinder Passagier«, kurz vor der feierlichen Eröffnung, am Pasinger Bahnhof in einen Arbeiter- und Materialzug eingeschlichen. Er berichtete: »Sechs Uhr morgens. Da ein Pfiff, ein langsames Anziehen der Maschine, und die erste Fahrt auf der romantischen Herrschinger Bahn kann beginnen.« Bei Weßling geriet er in Begeisterung: »Badewasser muß eine Zukunft haben. Weßling hat Talent zu einem Miniatur-Ostende.« Und dann: »Fürwahr, ein schönes Stück Land haben wir in einer Stunde durchfahren. Mit Recht wird gesagt, die neue Bahn Pasing—Herrsching erschließt eines der schönsten Länderstücke unseres lieben Bayernlandes, und es ist vorauszusehen, daß diese Bahn dem Fiskus unbedingten Gewinn als Ausflüglerbahn bringen wird. Der Meinung des Herrn Eisenbahnministers wegen geringer Rentabilität der neuen Trasse können wir nicht ganz beipflichten, zumal die beschriebene Bahn für Holzlieferungen etc. eine kleine Rente aufzuweisen vermag.«

Herrsching hatte gesiegt. Ursprünglich hatte nämlich der Plan bestanden, die Bahn von Weßling über Inning nach Stegen zu führen. Dem eigens gegründeten Herrschinger Eisenbahnkomitee mit Bürgermeister Benedikt Rehm, dem Grafen Hans Veit zu Toerring und dem Kunstmaler Ludwig Scheuermann war es jedoch gelungen, das Ministerium umzustimmen. Dem dann auftauchenden Plan, die Trasse von Steinebach über Seefeld nach Herrsching zu leiten, hatte der Graf zu Toerring, der eine beträchtliche Summe für den Bahnbau gestiftet hatte, widersprochen. So wurde Hechendorf Bahnstation, und das Ostufer des Pilsensees blieb schienenfrei.

Die regelmäßige Schiffahrt auf dem Starnberger See ist gleichfalls dem Baurat Himbsel zu verdanken. Ludwig I. sah zunächst erhebliche Gefahren für die Fische. Gutachten vom Rhein und von den Schweizer Seen lauteten jedoch positiv: Die Fische würden sich »in Bälde an die neue Erscheinung gewöhnen«. Inzwischen hatte Himbsel einen Konkurrenten bekommen. Der Münchner Kupferschmied Joseph Seitz richtete gleichfalls an den König »ein Gesuch um Genehmigung der versuchsweisen Erbauung und Betriebnahme eines eisernen Dampfschiffes mit rotierenden Maschinen«, Länge 42 Schuh, Breite sechs Schuh. Die Regierung, die schon der Dampfschiffahrt auf dem Chiemsee zugestimmt hatte, bat das Starnberger Landgericht um eine Stellungnahme. Die Antwort fiel positiv aus. Das Landgericht sprach von der »unsäglich wohlthätigen Wirkung dieser, in hiesiger Gegend unbekannten Schiffahrt auf die Bewohner Starnbergs, auf die kommerziellen Verhältnisse der ganzen Gegend und selbst der Stadt München«, gab aber auch zu bedenken: »Seine Majestät der König werden nicht nur zu befürchten haben, daß der Fischfang wenigstens anfänglich sehr karge Beute liefert, sondern Allerhöchst Ihre Sorgfalt den Fischern widmen, die gleichfalls an ihrer Nahrung in doppelter Hinsicht, nämlich als Fischer und als Fuhrmänner, Abbruch leiden werden.« Ludwig Rank aus Ammerland hat die Geschichte der Starnberger Schiffahrt ergötzlich im »Zwiebelfisch« (1951) erzählt.

Das Rektorat der »Polytechnischen Schule« in München äußerte sich skeptisch über die Fähigkeiten des Kupferschmieds Seitz. Darauf tat er sich mit dem im Schiffbau erfahreneren Mechaniker Karl Sockl zusammen und erhielt am 10. Februar 1844 die Genehmigung für seine »versuchsweise Einrichtung«. Daran war die Bedingung geknüpft, daß »am oberen und unteren Seegestade Signale aufzustellen sind, um dem Steuermann die Linie zu bezeichnen, auf welcher das Dampfschiff den See durchschneiden kann und innerhalb welcher Linie zur Verhütung von Unfällen zu derselben Zeit kein Fischer fahren und kein Fischer fischen darf«.

Seitz war nicht in der Lage, brauchbare Konstruktionszeichnungen beizubringen. Deshalb teilte ihm das Handelsministerium am 14. Februar 1849 mit, daß die Bewilligung »als erloschen zu betrachten sei«.

Nun waren Himbsel und der Bankier von Mayer wieder am Zug. Sie erhielten die Genehmigung. Die Anregung des Landgerichts Weilheim, zur Erweiterung der Schiffahrt einen Kanal von Seeshaupt bis zum Gebirge zu bauen, wurde nicht berücksichtigt. Am 11. Mai 1851 fand die Jungfernfahrt des Raddampfers »Maximilian« auf dem Starnberger See statt, unter Führung Himbsels als Kapitän und Reeder.

Der Kessel wurde zunächst mit Holz geheizt. Die Fahrt in der Anfangszeit war langsam und beschaulich. Ein junger Schreiner, der sonntags mit seinen Freunden gern einen Dampferausflug nach Seeshaupt unternahm, erzählte, es sei nicht schlimm gewesen, wenn sie die Abfahrt in Seeshaupt versäumt hätten. In Ambach hätten sie das Schiff zu Fuß noch leicht erreicht. »Wir sind auf einem Dampfschiff in die Alpen gefahren«, berichtet der Sachse Hermann Wagner in dem gleichen Buch, in dem er seine Eisenbahnfahrt nach Starnberg 1865 geschildert hat, »es hieß ›Maximilian‹, hatte drei Masten und einen schwarzen Schorn-

stein«. Vorne hätten drei Kanonen gestanden, zwei große und eine kleine. »Am Hinterteil wehte eine blau-weiße Fahne.«
Die »Maximilian« durchkreuzte bis 1884 den Starnberger See und tat dann noch einige Jahre Dienst bei der Ammersee-Amper-Schifffahrt. 1857 folgte als zweites Schiff die »Tristan«, auf dem Ludwig II. seine Privatfahrten unternahm. Auch sie kam 1886 auf den Ammersee, wurde zum Amperschiff degradiert und endete im Zweiten Weltkrieg als Arbeitskahn. Weitere Raddampfer folgten, darunter 1872 die »Ludwig«, 1878 die »Bavaria«, künstlerisch von Lorenz Gedon ausgestattet. Sie tat bis 1919 Dienst. Die Heckfigur, ein bayerischer Löwe, schmückt heute die Starnberger Seeanlage am Südende.
Schon 1853 wurde die Dampfschiffahrtsgesellschaft von der Starnberger Eisenbahngesellschaft getrennt. Die Schiffahrtsgesellschaft ging später von Himbsel an die Familie Thomas (Paulaner-Thomasbräu) über und wurde 1915 vom Staat übernommen. Die Revolutionäre von 1919 tauften die Schiffe republikanisch um. Aus der »Ludwig« wurde die »Tutzing«, aus der »Luitpold« die »München«, aus der »Wittelsbach« die »Starnberg«. Als erstes Motorschiff lief 1926 die »Leoni« vom Stapel. Als weiteres Schiff mit Dieselmotor folgte 1948 die »Bayern«. Das größte Motorschiff, auch mit Dieselmotorantrieb — Fassungskraft 1200 Personen —, kreuzt seit 1955 über den See: die »Seeshaupt«.
Für die Schiffahrt auf dem Ammersee ergriffen zwölf Dießener Bürger, die man »die zwölf Apostel« nannte, die Initiative. In Heilbronn kauften sie einen Flußdampfer und ließen ihn, weil es ja noch keine Eisenbahn am Ammerseeufer gab, nach Wilzhofen schicken. Von dort transportierten sie ihn auf der Landstraße nach Dießen. Am Faschingsdienstag 1877 war der Stapellauf. Der »Omnibus« — so nannte man das Boot — war zwölf Meter (nach einer anderen Version 19 Meter) lang und zwei Meter breit und zeigte beträchtliche Mängel. Der Kessel war zu klein, worauf ihn ein Dießener Schlossermeister vergrößerte. Für die Seefahrt war das Schiff zu schmal. Deshalb befestigte ein Zimmermeister zwei Boote als Seitenausleger an seinem Rumpf. Die erste Probefahrt auf dem Ammersee dauerte drei Tage. Am ersten erreichte man Utting, am zweiten Stegen und am dritten kehrten die mutigen Seefahrer nach Dießen zurück. Sie trauten dem »Omnibus« auch weiterhin nicht. Selbst auf der Amper, zwischen Stegen und Grafrath, bewährte er sich nicht. Trotzdem wurde eine Dampfschiffahrts-Aktiengesellschaft für den Ammersee gegründet.
Ein Münchner Professor von der Industrieschule riet den Dießenern, sich wegen eines seetüchtigeren Dampfschiffs bei einer Züricher Werft umzuschauen. Daraufhin kam 1878 die »Marie« zum Ammersee. Es wurde sogar ein Fahrplan aufgestellt: Dreimal täglich durchkreuzte das Schiff den See, seit 1880 unter Berücksichtigung der Anschlußschiffahrt über die Amper von Stegen nach Grafrath und der dortigen Zugverbindungen von und nach München. Der Fahrplan konnte jedoch nicht eingehalten werden, weil die Landungsstege bei niedrigem Wasserstand für die »Marie« nicht zu erreichen waren. Unglücklicherweise fiel auch noch 1880 ein Münchner Tierarzt vom Landungssteg Fischen ins Wasser und ertrank. Ein jahrelanger Schadenersatz-Prozeß war die Folge. Auf der Amper lief der Schiffsverkehr seit dem 15. Mai 1880 besser.
1881 übernahm der Reichsrat von Maffei die Führung der Gesellschaft. Er übertrug die Betriebsleitung dem achtzigjährigen Ingenieur Schwarz, Besitzer des Hotels Sulz bei Peißenberg. Dieser Mann war ein sehr vitaler alter Herr. Er ließ die Landungsstege ausbauen, so daß sie auch bei niedrigem Wasserstand benutzbar waren. Dabei wurde der alte »Omnibus« als Arbeitsschiff verwandt und von der »Marie« ins Schlepptau genommen.
1885 stand die Gesellschaft vor dem Konkurs. Von Maffei verlangte finanzielle Sicherheiten gegen eventuelle Pfändungen der Schiffe und Geld für Unterwasserbauten zur weiteren Verbesserung der Landemöglichkeiten. Die Generalversammlung am 15. Januar 1885 in der Dießener Klosterbrauerei machte jedoch nicht mehr mit. Darauf wurden die Teilhaber mit

40 bis 45 Mark für die Aktie — Nennwert 250 Mark — abgefunden. Von Maffei war alleiniger Inhaber. Jetzt wurden die Stege endgültig ausgebaut und die Zufahrten gesichert. Die Amper wurde reguliert, und in Stegen entstand ein Kanal, in dem das Amperschiff gefahrlos wenden konnte.

Die »Maximilian«, die 1886 vom Starnberger See nach Stegen transportiert worden war, bewährte sich nach Ansicht der Gesellschaft nicht. Zudem war sie ein »Kohlenfresser«. Deshalb ließ von Maffei 1893 den Salondampfer »Gisela« bauen, der — 1919 in »Augsburg« umgetauft — mit seiner Fassungskraft von 600 Passagieren bis 1963 den Ammersee durchkreuzte und dann verschrottet wurde. Der erste größere Raddampfer, die »Andechs« (400 Personen), lief 1907 in Stegen vom Stapel und liegt heute als Heim des Augsburger Segel-Clubs bei Utting vor Anker. Ihr ein Jahr später erbautes Schwesterschiff »Dießen« machte 1974 als letzter kohlebeheizter Raddampfer Bayerns unter großer nostalgischer Teilnahme seine Abschiedsfahrt auf dem See und wurde auf Dieselmotoren umgestellt. Die alte Maschine erwarb ein junger Herrschinger, Bernd Hiebler, und stellte sie als Erinnerungsstück und Ergänzung seines interessanten Schifffahrtsarchivs in seinem Garten auf. Der erste Schraubendampfer auf dem Ammersee war 1909 die »Schondorf«. 1950 lief die »Utting« (300 Personen) mit ihren Dieselmotoren von Stapel. Die 1955/56 erbaute »Herrsching« ging zunächst ohne Besatzung und Passagiere in einer Sturmnacht im Stegener Hafen wegen eines offenen Ventils unter. Erst nach Beseitigung eines Konstruktionsfehlers konnte sie in Betrieb genommen werden.

Die Schiffahrt auf der Amper wurde während des Zweiten Weltkrieges eingestellt. Das 1932 vom Starnberger See übernommene Motorschiff »Berg«, nun in »Grafrath« umgetauft, erhielt wegen seiner gemächlichen Fahrt durch das Ampermoos vom Volksmund den Namen »Mooskuh«. Auch die Ammersee-Amper-Schiffahrt war 1915 verstaatlicht und der Generaldirektion der Bayerischen Staatseisenbahnen unterstellt worden. Über die Deutsche Reichsbahn und die Bundesbahn gelangte sie 1959 in die Verwaltung der Staatlichen Schlösser, Gärten und Seen.

Auch eine Drahtseilbahn hat es am Ostufer des Starnberger Sees bei Berg gegeben. Sie führte vom Seeufer zum Moränenhügel der Rottmannshöhe, wurde 1896 in Betrieb genommen und von den Münchner Ausflüglern und Sommerfrischlern viel benutzt. 1919 stellte sie ihre Fahrten ein. Der Bismarckturm, 1898/1899 von Professor Theodor Fischer erbaut, überragt ein Stück weiter südlich wuchtig den Höhenzug.

Zwei kleine Flugplätze haben früher einmal im Landkreis bestanden. August Mayer, ein alter Mitarbeiter der Bootswerft Rambeck in Percha, konnte dem Verfasser vor acht Jahren noch erzählen, wie 1914 bei Heimathausen die Doppeldecker starteten und landeten und wie er die Leinwand-Tragflächen geflickt hat. In Herrsching reichte 1934 Bürgermeister Josef Summer auf Betreiben des Generalingenieurs der deutschen Luftwaffe, Erich Scheuermann — er war ein Sohn des Kunstmalers —, ein Gesuch für die Anlage eines Sportflugplatzes ein. Auf dem heutigen Gewerbegelände war der Platz für kurze Zeit in Betrieb. Einziges technisches Hilfsmittel war ein Windsack. Übrigens war Scheuermann schon 1913 auf den »Hannewiesen« oberhalb von Herrsching in einem Doppeldecker mit Motorantrieb gelandet.

DIE BERUFSFISCHER

Die ersten Siedler, die sich an den Ufern der Gewässer niederließen, waren nicht wegen der landschaftlichen Schönheiten gekommen, sondern wegen des Fischreichtums. Ursprünglich war das Fischen frei. Das Recht gehörte der Allgemeinheit, der Allmende. Dann aber setzten sich private Interessenten durch. Klöster und Adelige erhielten bestimmte Gebiete zugesprochen, in denen sie fischen durften. Fischlehen wurden vergeben und weiterverkauft oder -getauscht. Die Landesherren spielten ihre Macht aus. Die alten Vorstellungen von den »Gemeinfischern« mit ihrem Recht am »Gemeinwasser« gingen verloren, zuerst am Starnberger See.

Die Fischer, die sich als eigene Gewerbegruppe herausgebildet hatten, brauchten im späteren Mittelalter — damals zählte man am Starnberger See 60 Fischer — eine landesherrliche Genehmigung und mußten Zins bezahlen. Von den »freien« Fischern waren die »Urbarsfischer« unterschieden, mit ihrem Sitz in Feldafing, Tutzing, Ambach und auf der Roseninsel. Sie waren verpflichtet, die Hofküche ausreichend zu beliefern, und zwar zu einem Höchstpreis, der erheblich unter dem gewöhnlichen Marktpreis lag. Erst wenn der herzogliche Bedarf gedeckt war, durften sie den Rest privat verkaufen. Außerdem mußten sie dem Landesherrn bei seinen Ausflügen an den See und bei Bauten am Ufer Schifferdienste leisten. Später hießen sie »Hoffischer«.

Reibereien waren an der Tagesordnung. An der Würm führten die Fischer Klage über die Müller, die den Fluß für ihre Mahlwerke stauten, so daß die Fische im Trockenen zwischen Röhricht und Stauden zugrunde gingen. Ortsbesichtigungen wurden vom Herzog angeordnet, an denen beide Parteien — Müller und Fischer — anwesend waren. Dabei entdeckte die Kommission, daß — etwa bei Steinkirchen und Stockdorf — Würmwasser zu Weihern abgeleitet war und dort versickerte, während das Flußbett nahezu am Vertrocknen war. Die Eigenmächtigkeiten der Müller, aber auch der Adeligen, die am Unterlauf des Flusses die Wassergräben um ihre Schlösser mit Würmwasser speisten, wurden abgestellt. Aber die Müller erfanden neue Finten. Sie räumten die Rechen im Fluß nicht aus und erhöhten damit ihre Wasserzufuhr. Auch an den Seen gab es Unstimmigkeiten. Einzelne Fischer trieben Raubbau.

Hier griff der Landesherr im Laufe des 15. und 16. Jahrhunderts mit seinen Seeordnungen ein. Sie brachten die ersten Schutzmaßnahmen für die Fische. 1489 wurden die bisherigen Fisch- und Verkaufsordnungen auf dem Würm-, Ammer-, Walchen-, Staffel- und Kochelsee zusammengefaßt. Sie enthielten Bestimmungen über Schonzeiten, über erlaubte und nicht erlaubte Fangarten und über den Verkauf. Die »Fischkäuffel« — so nannte man den Verkauf — durften nur an Land stattfinden. Die Regelung wurde durch die allgemeine Fischordnung für ganz Bayern 1553 und weitere Verordnungen ergänzt.

Der Staat überwachte die Durchführung. Es gab das Amt des Seerichters. 1346, noch ehe das Landgericht Starnberg gebildet wurde, ist er für dort bezeugt. Später wurde sein Amt vom Landgericht mit ausgeübt. Am Ammersee — in Dießen — wird der Seerichter erstmals 1515 erwähnt. Hier blieb er neben dem Landrichter bis 1803 selbständig. Der Seerichter vertrat die Aufsichtsrechte des Landesherrn gegenüber den Fischern.

Die Fischer, vielfach in ihren Rechten bedroht und nie auf Rosen gebettet, bildeten Jahrhunderte hindurch eine Gemeinschaft. »Wir haben weder diesen noch jenen Fisch, den wir so oft gefangen haben, jemals gegessen«, erzählten sie 1783 Lorenz Westenrieder. Am Starnberger See kamen sie alljährlich zusammen, um ihre wirtschaftlichen Sorgen zu besprechen. Sie nannten diese Zusammenkunft »Fischeinung«. Noch heute feiern sie regelmäßig ihren »Fischerjahrtag« an wechselnden Orten. Bis zum 19. Jahrhundert kannten sie keine festen Satzungen, etwa über ihre Berufsausbildung oder die Erziehung der Lehrlinge. Zu einer Zunft schlossen sie sich am Starnberger See nie zusammen. Aber sie hatten ihre »Fischpixn«, eine aus Beiträgen gespeiste Kasse, die Darlehen ermöglichte. Heute bilden sie eine Genossenschaft.

Am Ammersee dagegen gründeten die Fischer 1691 als Antwort auf den Druck des Landesherrn eine Zunft. Kurfürst Max Emanuel brauchte für die Durchführung seiner Großmachtpläne mehr Geld und verlangte von den zinspflichtigen Fischern höhere Abgaben. Gleichzeitig sollten die Rechte des Staates den Fischern gegenüber verstärkt werden. Hiergegen wehrten sich die Fischer. Von München kamen Drohungen. Die Fischer blieben standhaft. Von 200 entschieden sich nur acht für den Kurfürsten. Max Emanuel gab nach und bestätigte in einem »Artikelbrief« die Zunft. Ältere Rechte wurden darin aufgenommen. Die »Fischergemeinde« erhielt die Gesamtberechtigung am »Gemeinwasser«. Die Zunft mit dem Hauptsitz in Dießen verlieh das Meisterrecht.

Neben den Meistern gab es Meistersöhne, Gesellen und Lehrlinge. An der Spitze standen zwei Zunftmeister. Der Fischermeister mußte im Besitz eines eigenen Herdes sein. Die Witwe durfte das Gewerbe nur weiterführen, wenn sie einen andern Meister heiratete oder einen Fischknecht zum Geschäftsführer nahm, eine Vorschrift, die allerdings nicht immer ganz eingehalten wurde. Die Gesellen mußten für die Meisterprüfung ein »Maisterstuckh« leisten, das ihnen von der Zunft auferlegt worden war.

1849 endete das absolute Fischrecht der Zunft am Ammersee. Eigentümer des Sees, auch des Starnberger Sees, wurde der Staat. Die Fischer erhielten Pachtverträge. Sie sind heute auch am Ammersee in einer Fischereigenossenschaft zusammengefaßt. Die Berechtigung der alten Fischermeister und ihrer Familien zum Fang wurde anerkannt. Ihren »Ewigen Jahrtag« halten die Ammerseefischer nach wie vor am 29. Juni, dem Fest von Peter und Paul, in der Dießener Johanneskirche ab, wie sie es in ihrer Zunftordnung von 1691 beschlossen hatten. 1969 übten noch 37 Mitglieder der Fischereigenossenschaft auf dem Starnberger See ihr altes Handwerk aus, auf dem Ammersee 25.

Die Fischer besaßen früher auch das Schiffereirecht. Ihnen stand der Personen- und Warentransport auf den beiden großen Seen zu. Die Penzberger Kohle wurde mit Fuhrwerken nach Seeshaupt geliefert, auf Kähne verladen und nach Starnberg gebracht. Von dort lief der Transport wieder auf der Achse weiter. Auch Getreidetransporte gingen über den Starnberger See. Baumaterialien wurden über den See befördert. Beim Personenverkehr waren die Preise und die Sicherheitsvorkehrungen genau festgelegt.

Drei Jahrtausende lang war der Einbaum das Transportfahrzeug gewesen. Dann kamen die »Plätten« auf, flache Boote mit einem primitiven Rahsegel. Auf dem Starnberger See wurden sie jedoch erst im 19. Jahrhundert von den Fischern benutzt. Die ersten Kielboote mit Segeltakelung brachte der Kurfürstliche Schiffbaumeister Zimmermann Ende des 18. Jahrhunderts auf den Starnberger See. Er hatte James Cook (1728–1779) auf einer Weltumsegelung begleitet.

Der Ammersee war ein Umschlagplatz für Holz. Die Stämme aus den Ammergauer Bergen kamen auf der Ammer an, wurden in Dießen zusammengebunden, nach Stegen geflößt und von dort über die Amper bis zum »Kurfürstlichen Holzgarten« nach Dachau getriftet. Aber auch die Stämme aus den großen Forsten im Hinterland von Dießen nutzten den Wasserweg. Wichtig für den Personenverkehr auf dem Ammersee war das Übersetzen der Andechs-Wallfahrer von Dießen zum Ostufer. Die weiße Säule bei Wartaweil kennzeichnete seit 1629 den Landeplatz. Daneben stand eine Hütte für den Fischer. Der Name »Wartaweil«, heute ein Ortsteil von Herrsching, erinnert an das lange Warten der Wallfahrer, ehe sie wieder nach Dießen zurückkehren konnten.

Beim Beginn der Dampfschiffahrt kam es wegen des Schiffahrtrechts zu Auseinandersetzungen mit den Fischern. Auf dem Ammersee führten sie bis zu Handgreiflichkeiten. Dann aber verzichteten die Fischer freiwillig auf ihre

Rechte an der Schiffahrt. Mit der Verbesserung der Verkehrsverhältnisse erschlossen sich ihnen neue Verdienstmöglichkeiten, etwa der Bootsverleih. Die Seeaufseher aus ihren Reihen, die neben der Überwachung der Vorschriften beim Fang auch beim Privatverkehr auf dem See für Ordnung sorgen können, bewahren noch einen Rest der alten Rechte. Dem öffentlichen Verkehr gegenüber wurden ihre Rechte 1968 weiter beschnitten. »Alle Fahrzeuge mit Ausnahme der ortsgebundenen Fähren und der Kursschiffe«, so schreibt es das »Bayerische Gesetz- und Verordnungblatt« vom 28. Juni 1968 vor, »müssen Fahrzeugen und Netzen der Berufsfischer während des Fanges ausweichen.« Damit erhielt der öffentliche Personenverkehr auf den beiden großen Seen gegenüber den Berufsfischern den Vorrang.

BIER AUS ANDECHS

Die älteste Brauerei im Landkreis Starnberg ist die der Benediktiner auf dem Heiligen Berg. Ihr Ursprung liegt im Dunkel. Bei der Klostergründung 1455 hat sie wahrscheinlich schon bestanden. Denn Herzog Albrecht III. bestätigte den Benediktinern in seiner Stiftungsurkunde das Recht auf eine Taverne, nachdem sein Vater, Herzog Ernst, dem vorangegangenen Weltpriester-Chorherrenstift bereits das Zapfrecht zugestanden hatte.

Abt Maurus Friesenegger erwähnt in seinem Tagebuch aus dem Dreißigjährigen Krieg mehrmals die Klosterbrauerei Andechs. Am 23. Oktober 1632 hätten viele Flüchtlinge aus der Gegend um Landsberg die Ankunft der Schweden angekündigt. »Und wirklich kamen am andern Tag schon einige Reiter und Freybeuter im Kloster an, welche in das Bräuhaus brachen, das Kloster durchsuchten und nach zwei Stunden wohlbezecht weiter den Weg gen Weilheim nahmen.« Am dritten Tag kamen die Schweden zurück, nahmen aus Erling eine Menge Schafe und Schweine mit und zogen damit nach Herrsching, »nachdem sie sich auf dem Heiligen Berg wohlbezecht hatten«. Die Machtlfinger Bauern verbündeten sich mit weiteren Bauern aus der Umgebung und »wollten die berauschten und schlafenden Freybeuter zu Herrsching nächtlicher Weile überfallen, morden und die Beute ihnen abjagen«. Die Herrschinger aber, die von der Beute der Schweden profitierten, schickten die Befreier zurück. Den Trunk beschafften sich die durstigen Soldaten und Herrschinger laufend weiter in Andechts: »Abends kamen öfter mehrere Boten von Herrsching mit schrecklichen Drohungen um Bier nach dem Heiligen Berg für die Schweden, die doch schon voll waren.«

Nach dem verheerenden Brand von 1669 wurden die Wirtschaftsgebäude mit der Bäckerei und Brauerei bevorzugt wiederhergestellt. Nachdem der ebenso gelehrte wie geschäftstüchtige Pater Placidus Scharl 1787 die Hausverwaltung des Klosters übernommen hatte, modernisierte sein Bruder Benno Scharl, ein um das bayerische Brauereiwesen hochverdienter Mann, auch in Andechs das Sudhaus. 1871 wurde die Brauerei auf Dampfbetrieb umgestellt. Unter dem Bräumeister Frater Jakob Neubauer, den Eduard von Grützner in seinem Gemälde »Die Bierprobe« verewigt hat, und seinen Nachfolgern fanden wiederum Umbauten und Erweiterungen statt. Auf die Entwicklung zur jetzigen modernen Brauerei kommen wir an anderer Stelle zurück.

Andechs war auf die Qualität seines Bieres immer stolz. P. Emmeram Heindl OSB, der 1895 sein Buch »Der Heilige Berg Andechs in seiner Geschichte« veröffentlichte, zitiert darin das »nicht angeforderte Zeugnis« des Münchner Professors Dr. Wittstein vom Juli 1875: »Durch Freundeshand erhielt ich vor kurzem mehrere Flaschen echtes Andechser Bier, dessen guter Ruf schon längst zu mir gedrungen war, ohne daß ich bis jetzt Gelegenheit gehabt hätte, es selbst zu kosten, und ich beschloß nun, dasselbe nicht nur physiologisch, sondern auch chemisch zu prüfen. Der physiologische Versuch, an mir und einigen andern Personen angestellt, fiel bestens aus. Das Getränk schmeckt angenehm mild, nicht rauh und übermäßig bitter wie so manche andere auf Haltbarkeit berechneten Sommerbiere und hinterließ bei keinem eine unangenehme Nachwirkung. Die chemische Prüfung stieß auf nichts Fremdartiges oder gar Schädliches, sondern ergab, daß dieses Bier lediglich aus Gerstenmalz und Hopfen kunstgerecht bereitet worden ist.«

Der Versuch, das Bräustüberl 1890 in den Apothekenbau auf den eigentlichen Gipfel des Heiligen Berges zu verlegen, scheiterte. Das Volk wollte das alte, weinumrankte und dämmerige Bräustüberl (heute Grütznerstüberl) nicht missen. Die Änderung wurde noch im gleichen Jahr rückgängig gemacht. Auch daß damals die Klosterbrüder durch eine weltliche Bedienung ersetzt werden sollten, fand keine Gegenliebe. Wie demokratisch es in Andechs immer zuging, zeigt eine Anekdote aus der Zeit des eben erwähnten Bräumeisters Frater Jakob Neubauer: Kam da an einem schönen Feiertag Prinz Ludwig von Bayern, der spätere König Ludwig III., mit seiner Gemahlin Therese unangesagt nach Andechs. Der Himmel war wolkenlos und jeder Stuhl im Bräustüberl und Garten besetzt. Prinz Ludwig ließ Frater Jakob bitten, ihm zu einem Platz zu verhelfen. Der aber, am Banzen in voller Tätigkeit, meinte kurz und bündig: »Die Hoheiten soll'n si halt aufs Gras hihau'n wia di andern a. A Prinz is a nix anders wiera andrer Mensch.«

Der Kulturhistoriker Hermann Uhde-Bernays, der vor dem Ersten Weltkrieg in Herrsching lebte und allwöchentlich durchs Kiental nach Andechs wanderte, lernte das Bräustüberl — zum mindesten an Werktagen — noch als Idyll kennen: »Unsere Freitagsgesellschaft«, erzählt er in seinem Erinnerungsbuch »Im Lichte der Freiheit«, »hielt das Wissen um den Labetrunk sorgsam geheim. Der Lehrer von Herrsching, ein aufrechter, gebildeter Mann, der sich eifrig am Gespräch beteiligte, und der Bezirksarzt von Seefeld, klein, witzig und hochgelehrt, beide in Begleitung ihrer Frauen, haben wohl anfangs unser Eindringen in ihren Kreis nicht eben freundlich betrachtet. Aber bald entwickelte sich an dem Ecktische, an dem wir saßen, eine laute Unterhaltung, die erst mit der Schlußmaß um neun Uhr endete, worauf wir mit unseren Laternen in langem Zuge heimkehrten. Oft kam der Pater Prior zu uns und lächelte nachsichtig, wenn der Doktor allzu weltliche Anekdoten einflocht.«

EINE ALTE BOOTSWERFT

Im Jahre 1883, als die Bootsbauerei Walser in Garatshausen als einzige am Starnberger See nach alter Überlieferung Flachboote hauptsächlich für Fischer anfertigte, kam der junge Schreiner Anton Rambeck, aus Freising gebürtig, nach Starnberg. Auf seiner Wanderschaft hatte er in Hamburg den Bootsbau kennengelernt. An der alten Perchastraße in Starnberg richtete er sich seine Werkstatt ein und baute Kielboote. Der kurfürstliche Schiffbaumeister Zimmermann, der sie hundert Jahre vorher nach englischem Muster auf den See gebracht hatte, war nahezu vergessen.

1886 siedelte Rambeck zum Ufer der Würm über. Damals gab es hier nur eine Sandbank, Wasser und viel Schilf. Eine kleine Ausbuchtung für etwa 20 Jollen-Liegeplätze wurde um das Jahr 1923 am linken Würmufer erbaggert; der spätere Yachthafen und Bootskanal wurde erst 1936 angelegt. Hier begann der regelmäßige Bau von Segelbooten. 1899 erhielt Rambeck seine erste Goldmedaille für den »Flossenkieler«, benannt nach den flossenartigen Ausbuchtungen beiderseits vom Kiel. Das erste Schwertboot Rambecks war der »Flundern-Typ«, breit und übertakelt, wie es damals üblich war. 1903 setzte der Bau der 22-Quadratmeter-Jollen ein, auch klinkergeplankte Rundspantboote, deren Lebensdauer 50 bis 60 Jahre betrug.

Anton Dreher, der Neffe Rambecks, Sproß einer alten Starnberger Bäckerfamilie, übernahm 1912 die Werft als Erbe und gelernter Schiffbauingenieur. Er ging zum Bau der »Nationalen Kreuzer« der 45- und 35-Quadratmeter-Klasse über. Der »Hecht« dieses Typs wurde 1922 »Deutscher Kampfspielsieger« in Berlin. Dann wurden die Eigenkonstruktionen eingeschränkt; die Bootsklassen wurden international genormt. Es kamen die »Drachen«, die »Piraten« und die »Olympiajollen« auf. Acht deutsche Ingenieure hatten die »O-Jollen« für die Olympiade 1936 entworfen. Ernst Bickel vom Münchner Yacht-Club in Starnberg holte sich auf zwei »O-Jollen« der Rambeck-Werft 1938 in Kiel und 1939 in Starnberg die Europameisterschaft. Die eigentlichen Typen der Starnberger Werft aber waren die acht Meter langen R-Yachten, die 22-Quadratmeter-Jollen, die »Nationalen Kreuzer« und etliche Sonderklassen. Über 700 Segelboote hatten bis 1969 die Rambeckwerft verlassen.

Das erste Motorboot, ausgerüstet mit einem Daimler-Motor, ging 1900 an den Grafen von Pocci, ein Nachkomme des berühmten Kasperletheater-Dichters vom Schlößchen Ammerland. Das zweite Motorboot, auch noch geklinkert, bestellte sich der damalige Besitzer der Rosenthal-Villa bei Berg. Das dritte Boot hieß »Waller« und war schon neun Meter lang. 60 Jahre tat es Dienst. Dann wich es höherer Gewalt: es verbrannte. 17 Boote ließ der Münchner Geheimrat Hugo Kustermann, jahrzehntelang Präsident des Bayerischen Yacht-Clubs, bei der Rambeck-Werft bauen, darunter 1910 die »Rakete«, einen großen Schoner mit zwei Masten, im Innern mit Mahagoni vertäfelt und einem eingebauten Klavier ausgestattet. Die Klaviatur war, um Raum zu sparen, um eine Oktave verkürzt. 15 Motorboote lieferte die Werft als Reparation nach dem Ersten Weltkrieg an Jugoslawien. Die Flotte wurde nach Passau verfrachtet und setzte den Weg unter dem Kommando Drehers auf der Donau bis Belgrad fort.

Im Winter 1910/11 begann Dreher mit seiner Serie von Fahrgastschiffen für den Königssee. Das erste hieß »Prinzregent Luitpold«, hatte elektrischen Antrieb und faßte 110 Personen. Das zweite war die »Gemse«. Es wurde als Privatschiff für den Regenten gebaut und hatte — erstmals auf einem Schiff der Königssee-Flotte — zwei Toiletten, eine für den Herrscher und eine für das Gefolge.

Die Fahrgastboote wurden von 1912 bis 1939 mit abgenommenen Kajütaufbauten am Bahnhof Starnberg verladen, mit der Bahn zum Königssee transportiert und dort komplettiert. Die Aussichtsboote mit durchgehendem Aufbau — insgesamt sechs große Boote — wurden erst ab 1955 gebaut und mit Bundesbahn-Tiefladern über die Autobahn und ein Stück österreichisches Gebiet nach Berchtesgaden und weiter zum Königssee verfrachtet.

Der Transport eines gleich großen Fahrgastbootes für die private Schiffahrt auf dem Tegernsee dagegen war 1925 noch recht abenteuerlich. Ein Lehrling fuhr dem mächtigen Pferdegespann mit einer roten Flagge auf dem Fahrrad voraus und warnte so die wenigen Autos auf den Straßen. An ein Ausweichen war nicht zu denken. In Wolfratshausen brachen zwei Räder des Fuhrwerks unter der Last des Schiffes zusammen und wurden über Nacht erneuert. Am Fuß des Tölzer Berges mußten zehn Pferde vorgespannt werden und, angefeuert von den Rufen der Kurgäste, ging es im Galopp hinan. Anton Dreher überwachte den Transport von seinem Elektromobil aus.

Während des letzten Krieges baute die Werft 300 Sturmboote, die nach den Erinnerungen eines langjährigen Mitarbeiters im Frankreichfeldzug zur Überquerung des Rheins eingesetzt wurden. Von 1940 bis 1945 baute

Rambeck für die Kriegsmarine 100 Schleppmotorboote von acht Meter und 15 Boote von 12 Meter Länge, außerdem im letzten Kriegsjahr 70 Sprengboote, die innerhalb von drei Monaten bei einer Arbeitszeit von 72 Wochenstunden geliefert werden mußten. Von den Ende 1944 in Auftrag gegebenen 15 Meter langen Sturmbooten war bei Kriegsende ein Bootskörper fertig, der 1947 an die »Walhalla-Schiffahrt« in Regensburg verkauft wurde.
Daneben liefen Spezialaufträge. Flachboote für den Nymphenburger Kanal und den Kleinhesselloher See in München wurden gebaut. Der Zirkus Krone bestellte innerhalb von drei Tagen drei Spezialfahrzeuge für eine Wasserpantomime. Bei einem Wildwasserfilm mußte ein Rambeck-Boot im Atelier von Gasteig drehbuchgerecht zerschellen. Aufregendstes Filmerlebnis der Werft war der Transport eines in Norwegen nachgebauten Wikingerschiffs — 25 Meter lang, 5,80 Meter breit — von Mannheim zum Walchensee. Dort wurden 1961 »Die Wikinger« gedreht. Bis Mannheim war das Schiff auf dem Rhein gekommen. Dann wurde es in zwei Teile zerlegt, auf dem Land weiterbefördert und am Walchensee wieder zusammengebaut.
1957 starb Anton Dreher. Wieder übernahm ein Neffe die Werft, wiederum ein Schiffbauingenieur und wiederum ein — Anton Dreher.

DIE STARNBERGER HARFEN

Der Harfenbauer *Max Horngacher,* vorm. Werkstatt Obermayer, an der Söckinger Straße in Starnberg übt ein Handwerk aus, das nahezu ausgestorben ist. In der Bundesrepublik gibt es außer ihm nur noch in Wiesbaden einen Harfenbauer, der aber nur wenige Instrumente herstellt. Konkurrenz hat Horngacher noch in den USA, Petersburg und Genua. Er hat den Betrieb von Josef Obermayer übernommen, der 1966 mit 86 Jahren starb. Obermayer war gelernter Schreiner und Feinmechaniker gewesen und über seine Passion am Harfenspiel zum Instrumentenbau gekommen. Als er Mitte der zwanziger Jahre niemanden fand, der ihm seine Harfe reparieren konnte, hatte er sich selber an die Arbeit gemacht. 1938 machte er den Harfenbau in München zu seinem Beruf. Während des letzten Kriegs wurde er nach Kufstein verschlagen, und 1952 kam er nach Starnberg. Schon Obermayer hatte seine Instrumente bis in die Türkei und Amerika geliefert.
Sein Nachfolger Horngacher stammt aus der Kufsteiner Gegend, war Senn gewesen und hatte in der Gastwirtschaft gearbeitet. Mit 24 Jahren sattelte er zur Schreinerei um. 1955 kam er zu Obermayer. Mit sechs Mitarbeitern stellt er heute im Monat eine Harfe her. 2400 Einzelteile benötigt er dazu. Der Rahmen mit Pedalkasten, Säule, Hals und Schallkörper muß einen Saitendruck von 30 Zentnern aushalten. Am Hals ist die Umstimmechanik befestigt. Sieben Pedale mit verdeckter Übertragung erlauben, daß die Saiten je zweimal um einen halben Ton erhöht werden können. Der Harfenist Hochbrucker — oder Hochprugger — aus Donauwörth hat 1720 die Pedale erfunden, und Erard verbesserte sie 100 Jahre später in Paris.
Horngacher liefert seine Instrumente bis Griechenland, Italien, Japan, Spanien und Amerika. Für Wagners »Meistersinger« hat er ein kleineres Instrument gebaut. Mit ihm läßt sich die Komik von Beckmessers Ständchen und das mißlungene Preislied auf der Nürnberger Festwiese besser charakterisieren. Seit 1968 wird es in Bayreuth benutzt, ebenso in Mailand. Einen Vergolder holt sich Horngacher aus München. Und dann kommt noch eine Einspielerin, die das fertige Instrument an mehreren Tagen jeweils etliche Stunden aus-

probiert. Besucher aus aller Welt tauchen bei Horngacher auf. Der spanische Harfenvirtuose Nicanor Zabaleta hat sich nach seinen Spezialwünschen zwei Instrumente bei Horngacher bauen lassen. An der Wand des Büros hängen Bilder mit Widmungen der Harfenenthusiasten, die Instrumente aus Starnberg besitzen.

STRUKTURWANDEL

»Ich glaube jeden von der Beschaffenheit und Magernheit unseres Erdreiches zu überzeugen, wenn ich ihm sage, daß auf unsern Wismaaden acht Männer an einem gantzen Regen-Tage von frühmorgens bis abends kümmerlich ein zweispanniges Fuder Heu abmähen.« So schildert der Pfarrer von Frieding 1790 die Lage seiner Bauern. »Man thut dem bairischen Bauer sehr unrecht, wenn man glaubt, er sey zu träg und zu dumm, seine Vorteile zu benutzen. Ich glaube nicht, daß es ein Land auf Erden gebe, wo der Mann, den das Schicksal zur Hand- und Erd-Arbeit angewiesen, das thue, was unsere Bauern, besonders des spröden Oberlands, thun und thun müssen.«

Der Soziologe Wilhelm Heinrich Riehl, der um 1855 das Gebiet zwischen dem Ammersee und dem Starnberger See durchwanderte, schrieb in seiner »Naturgeschichte des Volkes«: »Dem alten Ackerbau, dem alten Gewerbe muß man hier breiteren Raum gewinnen, das Volk aus seiner eigenen Art heraus zu größerer Rührigkeit wecken, nicht aber eine fremde Cultur ihm unvermittelt aufpfropfen wollen. Hier wäre Gift, was dort — im dichter bevölkerten Norddeutschland — heilende Arznei.« Riehl schließt: »Daß in diesen Gegenden noch sehr viel Platz sey, Platz für eine verdoppelte Volkszahl. Die Wahrnehmung, daß hier die Welt noch nicht ganz vertheilt sey, hat für Jemand, der aus einem übervölkerten Landstrich kommt, etwas Behagliches, Beruhigendes.«

Bis zur Mitte des 19. Jahrhunderts war das Fünfseenland fast reines Bauernland. Dann begann der Umschwung. Immerhin bewirtschafteten noch 1893 die Bauern 60 Prozent der Wirtschaftsfläche im Landkreis. 1955 waren es noch 43 Prozent, 1963 nur noch 38 Prozent. Im ersten Jahrzehnt des 20. Jahrhunderts lebten noch an die 40 Prozent der Bevölkerung von der Land- und Forstwirtschaft, 1963 waren es noch sieben Prozent.

Mit der Eingliederung der Gemeinden Bachhausen und Höhenrain aus dem früheren Landkreis Wolfratshausen — heute sind sie Ortsteile der Gemeinde Berg — ist dem Landkreis Starnberg ein stark landwirtschaftlich geprägtes Gebiet zugewachsen. Die 1969 noch feststellbare Abwanderung aus der Landwirtschaft ist in den Folgejahren zurückgegangen. Der Anteil der in der Landwirtschaft arbeitenden Bevölkerung liegt heute knapp unter sieben Prozent. In vielen Bereichen wurden die Grenzen der Rationalisierung erreicht, da der Kapitaleinsatz für Maschinen und Gebäude so hoch geworden ist. Arbeitskräfte können durch Rationalisierungsmaßnahmen kaum mehr freigesetzt werden.

Von 1893 bis 1955 haben sich die Weideflächen, vor allem im Süden des Landkreises, verdoppelt. Im Norden dagegen, am stärksten in den Altmoränengebieten bei Buchendorf, Hanfeld, Ober- und Unterbrunn überwiegt der Ackerbau, ebenso um Gilching, Oberpfaffenhofen, Hochstadt, Weßling und Frieding. Im Zuge der Spezialisierung nimmt im Norden der Maisanbau laufend zu. Viele Betriebe haben sich auf Schweinemast eingestellt. Das Verhältnis Ackerbau-Grünland beträgt im Norden zwei bis drei zu eins. Im Süden, etwa um Erling und Machtlfing, ist das Verhältnis umgekehrt (1:3). Hier wurden die Milchviehbestände erheblich aufgestockt. In den letzten zehn Jahren entstanden außerdem reine Bullenmastbetriebe. Diese Entwicklung der Landwirtschaft ist noch voll im Fluß. Im übrigen wehren sich die Bauern dagegen, daß vielfach versucht wird, der Landschaft mehr ästhetische als ökonomische Funktion zuzusprechen.

Von den früher 40 Gemeinden des Landkreises, die alle einmal Bauernsiedlungen waren, sind nur noch die Orte auf den Höhen zwischen den beiden größten Seen landwirtschaftlich geprägt, zum Teil auch in den oben genannten Altmoränengebieten. Diese Orte liegen abseits der breiten Siedlungsbänder, die sich längs der Schienenstränge München—Starnberg—Tutzing und München—Herrsching hinziehen.

Was die Einwohnerzahlen betrifft, so stand die heutige Stadt Starnberg 1855 mit 765 an der Spitze, gefolgt von Gilching mit 596, Inning mit 554, Gauting mit 527 und Erling mit 518. Nach dem Stand vom 31. Dezember 1975 ist Gauting mit 15 306 Einwohnern die größte Gemeinde des Landkreises. Die Stadt Starnberg steht mit 9920 Bewohnern an zweiter Stelle. Gilching wuchs auf 9634 Bewohner und Erling-Andechs auf 1276. Zum Vergleich geben wir noch einige weitere Orte mit ihren heutigen Einwohnerzahlen an und setzen die von 1855 in Klammern: Krailling 7331 (300), Tutzing 7232 (494), Herrsching 6229 (357), Berg 6137 (338), Söcking 4364 (127), Pöcking 4127 (335), Feldafing 4094 (369), Wörthsee mit Steinebach-Etterschlag 3033 (470), Inning 2792 (554) und Oberalting-Seefeld 2761 (447). Interessant ist, daß sich das kleine abseits vom Verkehr liegende Drößling, heute ein Ortsteil von Oberalting-Seefeld, von 1855 bis 1969 nur von 109 auf 110 Einwohner vermehrt hat.

Der gesamte Landkreis hatte 1855 nur 11 000 Bewohner. Bis 1900 erhöhte sich die Zahl auf 18 000. Nun wuchs sie sprunghaft, 1939 auf 35 000. Der Flüchtlingsstrom nach dem letzten Weltkrieg ließ sie auf 59 000 anschwellen. Dann trat ein kleiner Rückgang ein, denn etliche der eingewiesenen Vertriebenen mußten oder wollten sich in anderen Gebieten eine neue Existenz aufbauen. Die Entlastung betraf jedoch fast nur die kleineren und abgelegeneren Orte. Die verkehrsgünstiger gelegenen Gemeinden hielten ihren Bevölkerungsstand. 1963 hatte der Landkreis 73 500 Einwohner und am 31. Dezember 1968 waren es 84 234. Heute liegt die Bevölkerungszahl knapp unter 100 000.

Neben der Land- und Forstwirtschaft hatte sich bis 1800 in den Pfarrdörfern ein altes, bodenständiges Handwerk entwickelt. Hauptsitze waren Erling, Starnberg, Inning, Gauting, Oberalting, Herrsching, Gilching, Machtlfing und Frieding. In Oberalting besteht heute noch ein weit über hundert Jahre alter Handwerkerverein, der seine Mitglieder in Notfällen unterstützte. Die Zimmerleute waren am häufigsten vertreten. Dann folgten die Schuhmacher, Weber, Schneider und Hufschmiede. Die Dorfschmiede von Erling aus dem Jahre 1570 wurde 1976 bei der 1200-Jahrfeier der Gemeinde restauriert. Kohlenbrenner gab es ebenfalls in größerer Zahl. An sie erinnert noch der Flurname »Kohlstatt« bei Oberbrunn. Die Mühlen sind fast verschwunden. Die Schmieden stellten sich häufig auf Autoreparatur-Werkstätten um.

1939 übten 13,1 Prozent der Landkreisbevölkerung ihren Beruf außerhalb ihres Wohnsitzes aus, 1950 waren es 23,8 Prozent, 1969 schon 38 Prozent. Am stärksten zog München die Pendler an. 1950 fuhren Zweidrittel der berufstätigen Kreisbevölkerung zur Arbeit in die Landeshauptstadt. Hier ist jedoch eine rückläufige Bewegung eingetreten, schon 1969 auf 35 Prozent. Seitdem ist der Prozentsatz weiter gesunken.

Der Anteil der Pendler ging deshalb zurück, weil im Landkreis selber differenziertere Arbeitsmöglichkeiten geboten wurden. Die Vielseitigkeit der Betriebe, die sich seit dem letzten Weltkrieg bei uns ansiedelten, wuchs. Mit dieser positiven wirtschaftsstrukturellen Entwicklung wurde eine Krisenanfälligkeit weitgehend eingedämmt. Ausgenommen sind selbstverständlich saisonbedingte oder konjunkturelle Einwirkungen und Veränderungen, die nicht auf die Region beschränkt sind.

An der Spitze der Betriebe im Landkreis Starnberg stehen nach der Zahl der Beschäftigten

die Metallverarbeitende und die Elektro-Industrie. An zweiter Stelle folgt die Bauindustrie. Hieran schließt sich die chemische Industrie. An vierter Stelle folgt das Hotel- und Gaststättengewerbe.
Die größten Betriebe im Landkreis Starnberg nach der Zahl der Beschäftigten sind (nach Angaben des Arbeitsamtes oder der Firmen): Dornier-Reparatur-Werft Oberpfaffenhofen (weit über 1000), Webasto-Werk Stockdorf (900), Deutsche Forschungs- und Versuchsanstalt für Luft- und Raumfahrt Oberpfaffenhofen (700) und Boehringer Mannheim, GMBH Biochemica Werk Tutzing (500). Hinter der Standortverwaltung der Bundeswehr in Feldafing (500 Zivilbedienstete) rangieren der apparatebau gauting (340) und die pharmazeutische Fabrik ESPE in Oberalting (etwa 300).
Über 200 Mitarbeiter beschäftigen die Fleischfabrik Houdek in Starnberg, Roth-Elektric Gauting, Quarzkeramik Stockdorf, Heine Optotechnik Herrsching und wörl-alarm — elektronische Alarmanlagen Gauting, ebenso die Kreissparkasse Starnberg in ihren 17 Filialen. Mehr als 100 Mitarbeiter finden in der Kleiderfabrik Kloiber Oberalting-Seefeld, im Verlegerdienst München GMBH & Co. KG in Gilching, Huth-Asbest in Percha, im Chemiewerk Paul Stock Starnberg und in den Andechser Klosterbetrieben Arbeit und Brot.

FREMDENVERKEHR

Der Fremdenverkehr im Landkreis Starnberg hat eine alte Tradition. Der Hofopernsänger Giuseppe Leoni eröffnete schon am Beginn des 19. Jahrhunderts bei Berg eine Pension für seine vielen Künstlerfreunde. Im Hotel »Kaiserin Elisabeth« in Feldafing hat die österreichische Kaiserin, die Gemahlin Franz Josephs I., in der zweiten Hälfte des 19. Jahrhunderts mehr als zwanzig Sommer mit ihrem Gefolge eine Zimmerflucht bewohnt. Entscheidenden Auftrieb erhielt der Fremdenverkehr am Starnberger See 1851 durch die Eröffnung der Dampfschiffahrt und 1854 durch den Bau der Eisenbahnlinie München—Starnberg. Die Erschließung des Ammersees ließ sich Zeit. Hier begann die fahrplanmäßige Dampfschifffahrt erst 1878. Einen sprunghaften Auftrieb erhielt der Fremdenverkehr 1903 durch die Eröffnung der Eisenbahntrasse Pasing—Herrsching. Zur Unterhaltung der Gäste fanden in Starnberg bereits 1890 Promenadenkonzerte und Feuerwerke statt. In Herrsching gab der Lehrer Wilhelm Lehr 1904 den ersten Fremdenprospekt heraus. Sogar eine Gästeliste erschien.
Am 16. Januar 1910 wurde der »Fremdenverkehrsverband Starnberger See« gegründet, Vorläufer der nach dem Zweiten Weltkrieg ins Leben gerufenen »Interessengemeinschaft für Fremdenverkehr Starnberger See e. V.«. Immer spielte die liebliche Landschaft des Fünfseenlandes in der Werbung eine große Rolle. In einem Nachschlagewerk von 1934 wird auf die »Sommerfrische an den bewaldeten Hängen des Starnberger Sees« lobend hingewiesen, ebenso auf den See als einen der schönsten Bayerns. Die Zahl der Urlauber war starken Schwankungen ausgesetzt. Aber der langjährige und verdienstvolle Vorsitzende der »Interessengemeinschaft«, Dr. Hans Leuchtl, stellte fest: »Der Sommer 1964 war die beste Saison seit Ende des Krieges.«
Obwohl der Urlauberreiseverkehr nicht die Lebensgrundlage des Landkreises ist, bleibt er doch ein wichtiger Wirtschaftsfaktor, der noch längst nicht ausgeschöpft ist. Der in Starnberg ansässige »Studienkreis für Tourismus« — er genießt internationale Anerkennung — sagt für die kommenden Jahre im gesamten Bundesgebiet einen Zuwachs an Urlaubsreisen um 25 Prozent voraus. Davon möchte selbstverständlich auch der Landkreis Starnberg profi-

tieren. Dazu gehören Initiativen und Verbesserungen. Fritz David, Fremdenverkehrsreferent des Landkreises und Nachfolger von Dr. Leuchtl in der »Interessengemeinschaft«, meinte dazu 1975: »Freilich, wer sich aus dem großen Kuchen Fremdenverkehr eine anständige Scheibe abschneiden will, muß bereit sein, in den harten Konkurrenzkampf um den Gast mit adäquaten profihaften Mitteln einzusteigen. Mit etwas selbstgestrickter Werbung und Hoffnung auf überkommene Traditionen ist es nicht getan.«

Aus dieser Erkenntnis gelang es 1976 der gemeinsamen Initiative des Landkreises und verschiedener Gemeinden, den »Fremdenverkehrsverband Starnberger Fünfseenland« auf die Beine zu stellen. Ihm gehören bis jetzt neben dem Landkreis und der »Interessengemeinschaft« elf Gemeinden an; Geschäftsführer ist Herbert Pohl. Eine positive Entwicklung zeichnet sich heute ab. Gegenüber dem Vorjahr ist 1976 zwischen Januar und August die Zahl der Gästeankünfte von 79 871 auf 85 712 (7,3 Prozent) gestiegen, die der Übernachtungen von 510 867 auf 541 061 (5,9 Prozent).

Die Nähe Münchens, die zwei Drittel der Gäste als ausschlaggebend für die Wahl des Urlaubsortes in unserem Landkreis angaben, bietet gute Chancen, den Fremdenverkehr auf das ganze Jahr auszudehnen. Größere und komfortable Hotels — sie sind noch nicht ausreichend vorhanden — mit etwa 100 bis 125 Zimmern könnten von der Landeshauptstadt aus durch Gruppen, Tagungen und Geschäftsreisende ausgelastet werden. Sie bedingen keine Beeinträchtigung der kleineren Häuser, die mit ihren niedrigeren Preisen notwendig und existenzfähig bleiben.

Man bemüht sich jetzt, die Angebote zur Urlaubsgestaltung zu verbessern, etwa durch Schlechtwettereinrichtungen. In den letzten Jahren wurden Hallenbäder in Starnberg, Pöcking und Tutzing gebaut. Einige Kindergärten will man auch für den Nachwuchs der Gäste zugänglich machen. Bibliotheken stehen an vielen Orten zur Verfügung. Die Volkshochschulen dehnen ihre Programme auf die Ferienmonate aus. Der 1972 zur Olympiade vom Landkreis geschaffene Kulturring ist Träger der sommerlichen »Andechser Konzerte«. Es gibt einen Wanderführer für den Landkreis, der unsere schöne und abwechslungsreiche Gegend sinnvoll erschließt und das System des rund 250 Kilometer umfassenden, markierten Kreiswanderwegenetzes übersichtlich darstellt. Die Gästezeitung des Fremdenverkehrsverbandes informiert über das vielfältige Angebot an Veranstaltungen und schafft Kontakte. 1977 soll sie vierzehntägig während der Saison erscheinen. Man macht sich Gedanken über die persönliche Betreuung der Urlauber.

Neben diesen Bemühungen, das Fünfseenland als Ferienziel noch attraktiver zu machen, breitet sich der Naherholungsverkehr, bedingt durch die Nähe der Landeshauptstadt, vor allem an den Wochenenden von Jahr zu Jahr stärker aus. Der Anschluß unseres Gebietes an das S-Bahn-Netz 1972 hat ihn wesentlich erleichtert. Obschon dieser Ausflugsverkehr kein entscheidender wirtschaftlicher Faktor für den Fremdenverkehr ist, fühlen sich der Landkreis und die Gemeinden verpflichtet, in Zusammenarbeit mit dem »Verein zur Sicherstellung überörtlicher Erholungsgebiete« die seit Jahren bestehenden Einrichtungen (Freibadestrände) zu erweitern und zu verbessern. Für die Gastronomie allerdings spielen die Ausflügler schon eine Rolle. Auch hier wird eine Erweiterung angestrebt. Zur schönen Landschaft gehört auch ein reichhaltiges Angebot an gutem Essen, von der deftigen Brotzeit bis zu den Verlockungen für Feinschmecker.

Über den eben genannten »Verein zur Sicherstellung überörtlicher Erholungsgebiete in den Landkreisen um München e. V.« haben die Landeshauptstadt, die benachbarten Landkreise und einzelne Mitgliedsgemeinden seit der Gründung 1965/66 Erholungsmöglichkeiten für Hunderttausende geschaffen. Der 1969 verstorbene Starnberger Landrat Dr. Max Irlinger, einer der tatkräftigsten Initiatoren und erster Vorsitzender des Vereins, sagte noch wenige Tage vor seinem Tod: »Das Werk, das wir hier schaffen, wird unsere Zeit überdauern, und noch spätere

Generationen werden uns dankbar sein, wenn sie in einer geordneten und freien Landschaft Ruhe und Erholung finden.« Im ersten Jahrzehnt des Bestehens wurden für die Ausbaumaßnahmen 20 Millionen Mark investiert. Von den durchgeführten oder im Bau befindlichen Erholungsgebieten liegen sechs im Landkreis Starnberg. Fertiggestellt wurde schon von 1952 bis 1955 das »Paradies« bei Possenhofen am Starnberger See, das Eigentum der Stadt München ist. Mit 200 000 qm Liegewiese, drei km Uferlänge und 1900 Parkplätzen ist es bei weitem das größte Erholungsgebiet des Landkreises.

In Kempfenhausen am Starnberger See wurden 65 000 qm Liegewiesen und 1,2 km Strand erschlossen. Die 150 Parkplätze reichen bei weitem nicht aus. Am Pilsensee entstand ein reizvolles Badegelände mit 0,5 km Uferlänge und 8000 qm Liegewiese. Am Wörthsee sind im Erholungsgebiet »Oberndorf« eine Gaststätte und eine Rettungsstation zur Badesaison 1976 fertiggestellt worden. Weitere Einrichtungen für das 75 000 qm große Gelände mit 0,8 km Uferlänge sind im Bau. Im Rieder Wald am Ammersee befindet sich ebenfalls ein größeres Gebiet im Ausbau. Zwei weitere Projekte, »Pilsensee-West« und Wartaweil, sind in der Planung. Alle diese Einrichtungen stehen den Erholungsuchenden zum Nulltarif zur Verfügung.

Der *Münchner Verkehrs- und Tarifverbund* (MVV) fördert diese Erholungsmöglichkeiten im Bereich seiner S-Bahn-Strecken.

Der Start des Verbundsystems am 28. Mai 1972 signalisierte den Aufbruch in ein neues Verkehrszeitalter – auch für den Landkreis Starnberg mit seinen rund 100 000 Bürgern.

Der Landkreis und die Stadt München sind sich näher gekommen. Die Bürger benutzen freizügig die MVV-Verkehrsmittel im Landkreis wie in der Landeshauptstadt mit einem einheitlichen Fahrschein und zum einheitlichen Preis, wo es früher für jedes Verkehrsmittel eigene Tarifregeln gab. Sie finden von Verkehrsmittel zu Verkehrsmittel direkten Anschluß, während sie früher lange Wartezeiten und umständliche Umsteigewege in Kauf nehmen mußten.

Häufigere, sichere und bequeme Fahrmöglichkeiten haben den Landkreisbewohner mobiler gemacht. Der Verbundverkehr hat dem Berufspendler, der einkaufenden Hausfrau, dem Schüler und nicht zuletzt auch dem Erholungsuchenden überzeugende Vorteile gebracht.

Seit dem Start des Verbundverkehrs erschließen zwei S-Bahnlinien (S 5 Herrsching und S 6 Tutzing) mit einer Streckenlänge von 43,8 km den Landkreis. Das entspricht mehr als 10 Prozent der Gesamtstreckenlänge der S-Bahnen im Verbundgebiet. Zum Vergleich: im Landkreis Starnberg leben auf knapp 10 Prozent der Fläche des Verbundgebietes rund 4,5 Prozent der Einwohner des gesamten MVV-Verkehrsraumes.

Die S-Bahn fährt in den Flutstunden des Berufsverkehrs alle 20 Minuten, in der übrigen Zeit alle 40 Minuten. Hinzu kommen Bezirkszüge, die an den wichtigen Bahnhöfen der Tutzinger Strecke halten.

Zu den S-Bahn-ferneren, wichtigen Orten des Landkreises führen drei Omnibuslinien (L 305 Starnberg–Sauerlach, L 351 Starnberg–Herrsching–Inning, L 361 Ambach–Berg–München). Sie stellen die Verbindung zu den S-Bahnhöfen her. Viele noch offene Wünsche im Bereich des Omnibusverkehrs sollen als wichtige Aufgaben in der nächsten Zeit realisiert werden. Eines der dringlichsten Probleme war die Bereitstellung von ausreichendem Parkraum an den S-Bahnhöfen (»Park-and-Ride«). Es wurde vom MVV unmittelbar nach dem Start in Angriff genommen und gelöst. 1972 standen knapp 200 P+R-Plätze zur Verfügung. Im Rahmen des MVV-Sofortprogrammes wurden über 350 neue Plätze geschaffen. Fast ein Viertel aller neuangelegten Plätze entfielen damit auf den Landkreis Starnberg. Heute stehen für die Umsteiger vom Auto zur S-Bahn mehr als 550 Parkplätze an den Bahnhöfen im Landkreis zur Verfügung.

Auch im Nah- und Ausflugsverkehr leistet der MVV einen wesentlichen Beitrag zur Entlastung der Straße. Zusätzliche Züge mit grö-

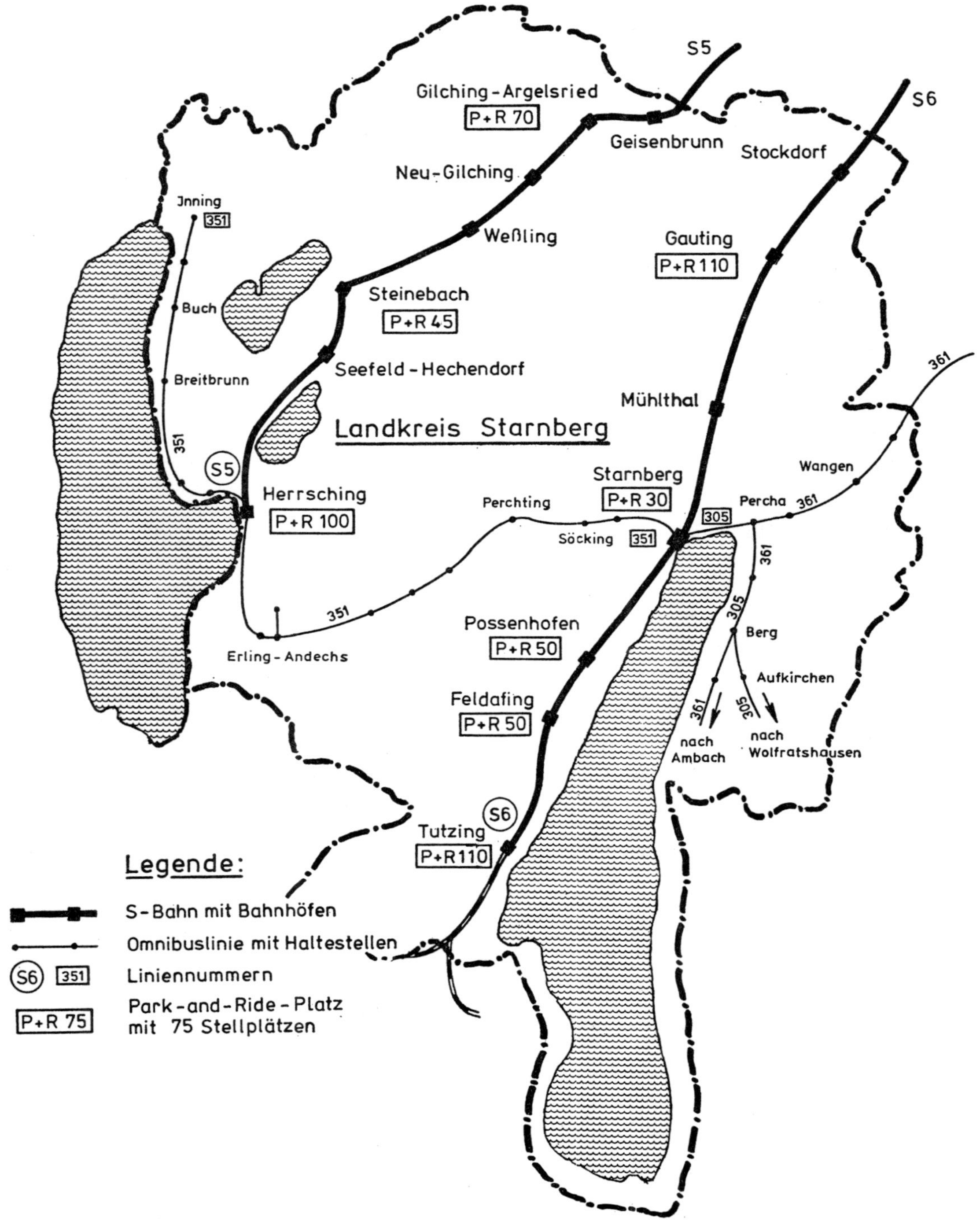

ßerem Platzangebot werden an den Wochenenden eingesetzt.

Mit dem Naherholungsprogramm »Wandern mit dem MVV« wurden neue Ausflugsziele erschlossen und attraktiv gemacht. Rund 20 Prozent der Erstinvestitionen von etwa 350 000 DM in das Programm entfielen auf die Einrichtung von fünf MVV-Wanderbahnhöfen und 20 MVV-Wanderwegen im Landkreis Starnberg. MVV und Landkreis waren Partner bei der Errichtung und Finanzierung des ersten Kreiswanderwegenetzes in der Münchner Region. Damit hat Starnberg neue Wege gewiesen. Die reizvolle Naturlandschaft des Landkreises ist jetzt für den Wanderer so ideal erschlossen, wie er es in seinen Naherholungsgebieten wünscht. Die Zahl der wandernden Naturfreunde hat in den letzten Jahren erheblich zugenommen. Alles in allem: nach fünf MVV-Jahren eine positive Bilanz.

DIE WIRTSCHAFT DES LANDKREISES IN FIRMENPORTRÄTS

Klosterbrauerei Andechs

Die über ein halbes Jahrtausend alte Geschichte der Klosterbrauerei Andechs haben wir erzählt. Nach der letzten Jahrhundertwende erfolgten laufend Modernisierungen. 1906/07 entstand eine neue Mälzerei, 1927 ein neues Sudhaus. 1958 folgte ein Neubau der Flaschenfüllerei, die aber schon 1974 durch eine leistungsfähigere Füllanlage am Fuß des Klosterberges ersetzt werden mußte. Ebenso mußten die Gär- und Lagerkeller ständig vergrößert werden. Die Ölbefeuerung für die gesamte Brauerei kam 1960 zum Abschluß. In Andechs handelt es sich um eine mittelständische Brauerei mit einem jährlichen Ausstoß von 60 000 Hektolitern (1976). Nach dem letzten Krieg wurden eine Obstbrennerei und eine Likörherstellung angegliedert. Auch der »Andechser Obstler«, der »Andechser Bergbitter«, der »Andechser Klostergeist« und der »Andechser Berggeist« haben ihre Liebhaber gefunden.

Wegen des ständig wachsenden Besucherstromes mußte auch das Bräustüberl samt der Sommerterrasse laufend erweitert werden: 1906, 1938, 1960 und 1970. Früher einmal gab es zur Atzung nur Brot, Andechser Klosterkäse und im Sommer Rettiche. Heute erhält man an den vom Bierausschank getrennten Theken mit Eßwaren vielerlei bayerische Schmankerl, alles in Selbstbedienung. Andechs ist eines der beliebtesten Ausflüglerziele im Voralpenland. Jährlich werden 1,2 Millionen Besucher gezählt.

Zudem ist das Kloster ein beachtlicher landwirtschaftlicher Betrieb. Nach der Zerstörung der Stallungen durch den Brand von 1969 wurden neue Ställe für 200 Schweine und 230 Mastbullen errichtet. Die bestehende Metzgerei soll bald durch eine größere ersetzt werden. Ein weiterer neuer Schweinestall mit Futterlager soll folgen. Für die Brauerei ist ein neues Sudhaus geplant. Die Andechser Betriebe beschäftigten 1977 insgesamt 157 Angestellte. Für die politische Gemeinde, die ab 1978 nicht mehr Erling-Andechs heißt, sondern mit den früheren Gemeinden Machtlfing und Frieding unter dem Namen Andechs zusammengefaßt wird, sind die Klosterbetriebe ein sehr bedeutender wirtschaftlicher Faktor.

Apparatebau Gauting

Die Firma apparatebau gauting gmbh ist aus den Askania-Werken GmbH hervorgegangen und stellte bereits 1946 in München regeltechnische Geräte, optische Einrichtungen sowie Kleinkompressoren und hydraulische Stellglieder her.
1955 wurde die ehemalige Tochtergesellschaft durch Verkauf als apparatebau gauting gmbh unbeschränkt selbständig. Dies ermöglichte der Unternehmensleitung, den Ausbau der Firma systematisch durchzuführen. In der Folgezeit wurde die Tätigkeit speziell auf dem Gebiet der Luftfahrtausrüstung durch Abschluß verschiedener Lizenz- und Serviceverträge mit renommierten überseeischen Firmen intensiviert. 1958 wurde die Fertigung optischer Geräte für militärische Kettenfahrzeuge in das Produktionsprogramm aufgenommen.
Ein klarer Beweis für die Spezialisierung und Qualifikation des Unternehmens ist die Fläche der staubfreien Räume, die rund 800 qm beträgt.
Die Firma ist durch das Luftfahrtbundesamt mit Erlaß Nr. II-A 21 als luftfahrttechnischer Betrieb, mit Erlaß Nr. I-C 18 als Herstellungsbetrieb und mit Erlaß Nr. I-EC 14 als Entwicklungsbetrieb nach der Prüfordnung für Luftfahrtgerät anerkannt.
Das Fertigungsprogramm des Unternehmens enthält Produkte aus den Arbeitsgebieten Feinwerktechnik, Elektronik, Optik und Maschinenbau und läßt sich in drei Hauptgruppen unterteilen:
— Produkte der Luftfahrtausrüstung
— Produkte für Industrie und Handwerk
— Sonderausrüstungen.
Zu Beginn des Luftfahrtausrüstungsprogrammes lag der Schwerpunkt auf der Lizenzfertigung. Über Jahre hinweg konnte so eine Erfahrungsbasis geschaffen werden, die sich dann in der Folgezeit beim schrittweisen Übergang zu Eigenentwicklungen als unentbehrlich erwies. Auf Einzelgebieten konnten mit dem angesammelten know-how Vorstöße in technisches Neuland erfolgen, so z. B. mit dem letzten Glied der Einzelentwicklungen, dem VHF-UHF-Sprechfunkpeiler.
Seit 1971 werden die Kompressoren in einem eigenen Werk in Nittenau hergestellt.
Als Firmenzeichen führt das Unternehmen die drei Buchstaben AOA: Avionik — Optik — Apparatebau.

Die Bayerische Vereinsbank

Die Bayerische Vereinsbank, vereinigt mit der Bayerischen Staatsbank (Hauptsitz München), ist im Landkreis Starnberg mit drei Niederlassungen vertreten. Die seit 1963 bestehende Filiale Starnberg mit der harmonisch restaurierten Fassade hat ihre Kunden- und Büroräume in der Hauptstraße. Das rasch zunehmende Kundengeschäft machte 10 Jahre später eine Erweiterung erforderlich. Filialleiter ist Dietmar Köbler.
Schon seit 1955 unterhält die Vereinsbank in Gauting am Bahnhofsplatz eine Zweigstelle, die 1975 durch Umbau erweiterte Kundenräume erhielt. Grundgedanke war hierbei die Trennung des Zahlungsverkehrs von der individuellen Kundenberatung. Die Niederlassung leitet Josef Ambacher. Eine weitere Zweigstelle besteht in Gilching in der Römerstraße unter Leitung von Klaus Dötter. Die Verbindung der Niederlassungen mit dem Rechenzentrum der Bayerischen Vereinsbank in München ermöglicht rasche und zuverlässige Abwicklung aller Kundenauf-

träge. Hinter den drei Niederlassungen im Landkreis Starnberg steht ein Geldinstitut, das Tradition mit moderner Organisation vereinigt.
Die Bayerische Vereinsbank wurde 1869 von Münchner Privatbankiers als Aktienverein gegründet. 1871 nahm die Bank auch das Hypothekenbankgeschäft auf. Von Anfang an erfüllte die Vereinsbank auch überregionale Finanzierungsaufgaben. Nach 1945 förderte sie den Wiederaufbau, die Ansiedlung von neuen Industrieunternehmen und verstärkte den Aufbau des In- und Auslandsgeschäftes. Als Hypothekenbank fördert sie auch den Wohnungsbau und gewährt Kommunaldarlehen zur Finanzierung öffentlicher Gemeinschaftsaufgaben.
Im März 1971 fusionierte die Bayerische Vereinsbank mit der Bayerischen Staatsbank AG, deren Tradition bis ins Jahr 1780 zurückreicht: Zunächst als Hofbank der Fürsten von Ansbach-Bayreuth gegründet, trug sie seit 1806 als Bank des bayerischen Staates und der bayerischen Wirtschaft maßgeblich zur Entwicklung des Landes bei. 1918 erfolgte die Umbenennung in Bayerische Staatsbank mit Hauptsitz (ab 1920) in München.
Die Bayerische Vereinsbank gehört heute zu den großen überregionalen Banken der Bundesrepublik und nimmt den vierten Rang unter den deutschen privaten Banken ein. In 380 Niederlassungen arbeiten über 9200 Mitarbeiter für die Privat- und Geschäftskunden der Bank.
Die für die Bayerische Vereinsbank charakteristische Kombination von Kredit- und Hypothekenbank bietet dem Kunden viele Vorteile als eine echte Universalbank mit vielseitigem Angebot und breiter Kundenstruktur.

Boehringer Mannheim GmbH Biochemica Werk Tutzing

Die Boehringer Mannheim GmbH verlegte 1942/43 unter dem Druck der Kriegsereignisse Teile der pharmazeutischen Fertigung von

Mannheim nach Tutzing. Nach Kriegsende begann die Rückverlegung nach Mannheim. In Tutzing blieben einige Wissenschaftler, die 1946 auf dem Gebiet der Biochemie ihre Tätigkeit begannen. Ihre Arbeit war erfolgreich. Die Biochemie von Boehringer Mannheim entwickelte sich stürmisch aufwärts. Anfang der 70er Jahre stieß man an die Grenzen des in Tutzing verfügbaren Geländes. Dies und die weiteren Wachstumsprognosen der Biochemie machten deshalb 1972 die Errichtung eines Zweigwerkes in Penzberg notwendig, in das seit 1974 die biochemische Produktion schrittweise verlagert wird.
Unzählige Kontakte mit Wissenschaftlern aus aller Welt waren und sind für das Biochemica Werk Tutzing eine lebensnotwendige Basis. Diese Kontakte dokumentieren sich in dem Buch ›Methoden der Enzymatischen Analyse‹ von Prof. Dr. H. U. Bergmeyer, dem Leiter des Biochemica Werkes Tutzing. Unter Mitwirkung von nahezu 250 internationalen Wissenschaftlern erschien 1974 bereits die 3. Auflage dieses großen Laboratoriumsbuches in deutscher und englischer Sprache.
Im Biochemica Werk Tutzing werden im wesentlichen Enzyme und andere Körperbausteine (biochemische Substanzen) sowie Diagnostica und Meßgeräte erforscht, entwickelt und produziert. Die biochemischen Substanzen finden Verwendung einmal als Reagentien in der Forschung an wissenschaftlichen Instituten

in aller Welt und zum anderen als Grundstoffe für die Herstellung vor allem von Diagnostica. Diagnostica sind gebrauchsfertige Reagentien-Zusammenstellungen, mit denen im Laboratorium der Klinik oder des niedergelassenen Arztes Erkrankungen sicher und schnell erkannt werden können, ein heute unentbehrliches Hilfsmittel für die Frühdiagnose und zur Überwachung des Verlaufs der Heilung.
Das Biochemica Werk Tutzing ist ein umweltfreundlicher Betrieb, mit Abwasser-Kontrolle und -Aufbereitung, mit Lärmschutz und gepflegten Außenanlagen. Die Produktionsstätten, die 1978/79 nach Penzberg verlagert werden, sind sauber und haben mit einem herkömmlichen Chemiebetrieb nur wenig Ähnlichkeit. Dies hat seinen Grund in den in Tutzing verarbeiteten Materialien, die pflanzlichen oder tierischen Ursprungs sind (z. B. Leber, Niere, Muskelfleisch, Kartoffeln, Spinat, Weißkohl, Hefe und verschiedene Mikroorganismen).
Über 500 Mitarbeiter zählt heute das Biochemica Werk Tutzing. Es bietet diesen Mitarbeitern zukunftssichere und krisenfeste Arbeitsplätze, weil die Biochemie von Boehringer Mannheim einen internationalen Markt hat und weltweit einen guten Ruf genießt.

Die Dornier-Werke in Oberpfaffenhofen

Mit weit über 1000 Mitarbeitern ist die Firma Dornier GmbH in Oberpfaffenhofen der größte Arbeitgeber des Landkreises mit einem großen Einzugsgebiet. Die Größe des Unternehmens bringt ihr die Verantwortung, die wirtschaftliche Struktur dieser Region mitzutragen. So gestalten sich die Verbindungen auf kommunaler Ebene sehr vielseitig. Regelmäßige Kontakte zu den Bürgermeistern, dem Landratsamt wie auch dem Arbeitsamt sind selbstverständlich und notwendig. Ebenso gehört dazu, daß es der Werkfeuerwehr in vielen Einsätzen gelang, die Freiwilligen Gemeinde-Feuerwehren entscheidend zu unterstützen.

Auf dem werkseigenen Flugplatz befinden sich die Werkshallen für die Endmontage von Flugzeugen und Hubschraubern, die Anlagen für Wartung und Betreuung von militärischen und zivilen Fluggeräten sowie Flugversuch und Einfliegerei. Von hier aus starteten in den letzten Jahren rund 1000 der von Dornier entwickelten Kurzstart-Arbeitsflugzeuge zur Ablieferung an Kunden in alle Welt. Bei Dornier in München wurden die Lizenzprogramme F 104 Starfighter, Bréguet Atlantic, die Beteiligung am Transall-Programm und an der Phantom-Fertigung abgewickelt. Von Oberpfaffenhofen aus starteten die für die Bundeswehr gefertigten 300 Erdkampfflugzeuge Fiat G 91, die 125 Verbindungsflugzeuge Skyservant und die von Dornier als Hauptauftragnehmer gefertigten 350 Hubschrauber Bell UH-1 D.
In Oberpfaffenhofen werden zur Zeit die Tankstrukturen für die zweite Stufe der europäischen Trägerrakete ARIANE gefertigt. Und im Fertigungsbereich München beginnt Dornier zur Zeit mit dem Bau des deutsch-französischen Alpha-Jet, dem Trainings- und Erdkampfflugzeug für den Bedarf der deutschen, französischen und belgischen Luftwaffen; über 400 Bestellungen liegen bereits vor. Schon 1978 werden die ersten in Oberpfaffenhofen endmontierten Alpha-Jet zum Start rollen.
Seit 1914 gibt es Dornier-Flugzeuge. Manche sind weltbekannt geworden, haben Flugzeuggeschichte gemacht. Heute arbeiten rund 7000 Mitarbeiter in der Dornier-Firmengruppe, die

am Bodensee beheimatet und auch seit 40 Jahren im Münchner Westen ansässig ist, auf den Gebieten der Luftfahrt, der Raumfahrt und der sogenannten Neuen Technologien national und international.
Programme mit Zukunft, exportorientierte Produkte, richtungweisende Projekte — dies sind die Grundlagen für kontinuierliche Fortentwicklung, wirtschaftliche Stabilität und gesicherte Arbeitsplätze eines modernen Unternehmens der Luft- und Raumfahrt.

Die Espe-GmbH in Oberalting

Am Griesberg, hoch über Oberalting-Seefeld, dort, wo der Skilift endet, hat die »Espe-GmbH«, Fabrik pharmazeutischer Präparate, ihren Sitz. Früher wurde hier einmal Segelflug betrieben.
In der Firmenbezeichnung »Espe« sind die Anfangsbuchstaben der beiden Gründer zusammengezogen. »Es« ist Dr. Werner Schmitt, »Pe« Dr. Robert Purrmann, Sohn des berühmten Malers. Beide waren Chemiker und Schüler des Münchner Nobelpreisträgers Heinrich Wieland. Beide hatten sich habilitiert. Geheimrat Wieland wollte sie der Münchner Universität erhalten, aber sie entschieden sich für die Industrie und machten die »Espe« zu einem der führenden deutschen Dentalbetriebe. Die Gründung erfolgte 1947. Die Firma bestand aus den beiden Gründern und einer Assistentin. 1948 pachteten die beiden Doktoren das Gelände vom Staat.
Nach 1945 fanden die Kunststoffe auch in der Zahnbehandlung Eingang. Dr. Schmitt und Dr. Purrmann nutzten die vorhandenen Erkenntnisse und entwickelten sie weiter.
Zuerst entstand eine provisorische Verschlußmasse, später Füllungs- und Prothesenmaterialien, und heute umfaßt das Programm in bedeutenden Mengen auch Abdruckmassen und Lokalanästhetika und viele äußerst verfeinerte Spezialitäten. Die Präparate sind in aller Welt bekannt, mehr als die Hälfte der Produktion wird exportiert. Das Laboratorium für Forschung und Entwicklung sowie für Qualitätskontrolle der laufenden Produktion ist mit der Firma gewachsen, und alle Grundmaterialien, die nicht von der internationalen Chemischen Industrie bezogen werden können, können auch in technischem Maßstab in eigenen Anlagen synthetisiert werden. Durch sorgfältige Beachtung aller Vorsichtsmaßnahmen ist es dabei auch möglich, eine Belastung der Umwelt praktisch auszuschließen. Gegenwärtig sind unter den etwa 300 Mitarbeitern, die meist in den umliegenden Orten wohnen, zwei Drittel Frauen. 32 Prozent der Belegschaft stehen im Angestelltenverhältnis.

Heine Optotechnik GmbH & Co KG

Diplomphysiker Helmut Heine, Inhaber der »Heine Optotechnik« in Herrsching, war an der Technischen Hochschule München Assistent am Institut für Radiotechnik und Flugfunkwesen. 1940 kam er an das Flugfunkforschungsinstitut in Oberpfaffenhofen und saß bei Kriegsende als Abteilungsleiter und Flieger-Hauptingenieur mit einem Teil seines Labors im Schlößchen Wartaweil am Ammersee. Die Amerikaner unterbreiteten ihm Angebote, nach Amerika zu kommen. Heine lehnte ab. Statt dessen erwarb er den 1901 erbauten Gasthof am Kienbach, der später als Funker- und Luftschutzschule gedient hatte. Dort richtete er eine Produktionsstätte

für medizinische Instrumente ein. Mitbestimmend war seine alte Liebe zur Medizin.
Heute beschäftigt die Firma, die auch auswärtige Fertigungsstätten und ein Tochterunternehmen besitzt, allein in Herrsching 200 Mitarbeiter. Ihre Erzeugnisse haben internationale Geltung. Etwa 75% der Produktion werden in fast alle Länder der Welt exportiert.
Seit 1946 stellt die Heine Optotechnik Diagnostikinstrumente her, z. B. Otoskope (Ohrenspiegel), Ophthalmoskope (Augenspiegel) und andere ophthalmologische Instrumente, ferner Rektoskope und Proktoskope, wichtig unter anderem für die Früherkennung des Darmkrebses, sowie eine große Anzahl weiterer einschlägiger Instrumente und Apparate.
Ab Mitte der 60er Jahre wurde ein Spezial-Instrumentarium für Augenärzte ausgebaut. Heute hat die Firma auf diesem Spezialgebiet weltweiten Ruf. Das Unternehmen hat von jeher größten Wert auf die technische Weiterentwicklung seiner Produkte gelegt, unter Ausnutzung moderner Technologien wie Glasfaser-Optik oder Elektronik. Die Grundkonzeption der allermeisten Instrumente und Apparate stammt von Helmut Heine persönlich, der sie in enger Zusammenarbeit mit den Ingenieuren und Technikern in seiner umfangreichen Entwicklungs- und Konstruktionsabteilung konzipiert und zur Fertigungsreife gebracht hat. Die Firma besitzt heute 56 deutsche und internationale Patente.
Schon seit Gründung der Firma hat man bei Heine größten Wert auf die Heranbildung des Nachwuchses für die verschiedenen technischen Abteilungen – vor allem Feinmechanik, Feinoptik und Galvanik – gelegt. Die gut ausgestattete und sorgfältig geführte Lehrwerkstatt ist ein wichtiger Bestandteil des Betriebes. Zur mittleren Führungsschicht des Unternehmens gehört eine ganze Anzahl von Mitarbeitern, die im eigenen Hause ausgebildet wurden.
Das alte Gebäude ist inzwischen längst modernisiert und durch eine Reihe modernster Anbauten ergänzt worden. Das Unternehmen wächst ständig weiter. Bei Heine schaut man mit Optimismus in die Zukunft.

Der Josef Keller Verlag

Von den im Landkreis Starnberg ansässigen Verlagen ist der Josef Keller Verlag bemerkenswert vielseitig.
Der Alleininhaber, Josef Keller, gründete das Unternehmen 1948 in Düsseldorf und übersiedelte 1952 nach Starnberg. 1962 wurden in Kempfenhausen die modernen, weitläufigen Verlagsgebäude errichtet.
Bibliophile Werke, Faksimile-Ausgaben, Monographien zur modernen Kunst sowie die

von der »edition keller« herausgegebenen Mappenwerke und Einzelblätter internationaler Künstler in kleinen signierten Auflagen kennzeichnen das persönliche Engagement des Verlegers. Das von ihm herausgegebene Werk »Interaction of Color« wurde u. a. in der Süddeutschen Zeitung als »verlegerische Jahrhundertleistung« gewürdigt.
Der Geschäftsbereich Fachschrifttum umfaßt Buchreihen und sieben Zeitschriften, u. a. für das Post- und Fernmeldewesen, für den Radio-, Fernseh- und Hifi-Markt, den »Musikmarkt«, die führende deutschsprachige Fachzeitschrift für die Schallplattenbranche, sowie ein Magazin für das Ausbildungswesen der Industrie- und Handelskammern.
Im Bereich Fernsprechbuchverlag werden gemeinsam mit der Deutschen Postreklame GmbH die Branchen-Fernsprechbücher GELBE SEITEN zu den amtlichen Fernsprechbüchern Nr. 25 München und Nr. 37 Oberbayern herausgegeben.
30 örtliche Fernsprechbücher dienen den Fernsprechteilnehmern zur Benutzung für den regionalen Bereich; sie sind wegen ihrer Übersicht und Handlichkeit bei den Verbrauchern und Werbungtreibenden sehr beliebt.
Von ständig wachsender Bedeutung ist das verlagseigene Rechenzentrum alphadat. Das umfangreiche Datenmaterial, das der Verlag bei den Fernsprechbüchern zu verarbeiten hat, zwang zur Suche nach neuen Herstellmethoden. Nach genauer Analyse und Untersuchung der zur Verfügung stehenden technischen Mittel entwickelte der Verlag 1967 ein Verfahren zur Herstellung von Fernsprechbüchern mit Hilfe der elektronischen Datenverarbeitung (EDV). Dieses Verfahren bedeutete eine Revolution in der Herstellung von Fernsprechbüchern, Fach- und Adreßbüchern, Touristikführern, Lexika, Katalogen und Nachschlagewerken aller Art.
Die neue Herstellmethode wurde zunächst für die hauseigenen Objekte voll übernommen. Der deutliche Erfolg brachte es mit sich, daß Kollegenverlage an der Entwicklung teilhaben wollten. Hieraus ergab sich eine Zusammenarbeit, die zur Gründung des Rechenzentrums alphadat führte. In Fachkreisen ist alphadat weit über die Grenzen der Bundesrepublik hinaus durch seine Spezialforschung und Arbeit auf dem EDV-Sektor bekannt.
Die einmalig schöne Lage des Verlages in Kempfenhausen am Starnberger See trägt sicher dazu bei, daß unter der Leitung des Alleininhabers und Individualisten Josef Keller so viel kreative Arbeit geleistet wird.

Die Kreissparkasse Starnberg

Die Kreissparkasse Starnberg präsentiert sich heute mit einer Bilanzsumme von rund 400 Millionen DM und 17 Zweigstellen, einschließlich der fahrbaren Zweigstelle, als größtes Geldinstitut des Landkreises. In Bayern nimmt sie unter 132 Sparkassen den 47. Platz ein. Sie hat sich zu einem tragenden Pfeiler der Wirtschaft des Landkreises entwickelt und stellt mit derzeit 200 Arbeitsplätzen einen beachtlichen Wirtschaftsfaktor im hiesigen Raum dar. Zu ihren Aufgaben gehört es, gem. Artikel 2 Sparkassengesetz, der Bevölkerung Gelegenheit zur sicheren und verzinslichen Anlage von Ersparnissen und anderen Geldern zu geben sowie dem örtlichen Kreditbedürfnis, insbesondere der Bevölkerungsschichten, aus denen die Spareinlagen stammen, zu dienen. Die Kreissparkasse Starnberg mit ihren Zweigstellen ist nach Artikel 3 Sparkassengesetz eine rechtsfähige Anstalt des öffentlichen Rechts.

Die Körperschaft, welche die Sparkasse errichtet, in diesem Fall der Landkreis Starnberg, haftet für die Verbindlichkeiten der Sparkasse unbeschränkt. Die Aufsicht über die Sparkasse wird unter Leitung des Staatsministeriums des Innern durch die Regierung von Oberbayern ausgeübt. Zu Beginn des Jubiläumsjahres ihres Gewährsträgers verwaltet die Sparkasse 375 Millionen DM an Ersparnissen und anderen Einlagen. Dies, wie auch ein Kreditvolumen von 230 Millionen DM für die gewerbliche Wirtschaft in Handwerk, Handel, Industrie und Landwirtschaft sowie Arbeitnehmer und Kommunen zeigt, in welchem Umfang die Kreissparkasse ihrem öffentlichen Auftrag gerecht wird. Dabei sieht sie eine besondere Aufgabe in der Finanzierung des sozialen Wohnungsbaus und den kommunalen Infrastrukturinvestitionen. Die Leistungskraft dieses modernen Institutes beruht auf einem breiten Fächer an Dienstleistungen sowie Anlage- und Kreditmöglichkeiten und modernsten technischen Einrichtungen. Das Vertrauen, das die Bürger des Landkreises in ihre Sparkasse setzen, findet sichtbaren Ausdruck im stetig wachsenden Geschäftsvolumen.

Die Kreissparkasse Starnberg hat ihren Ursprung in der kommunalen Eigeninitiative des Wirtschaftsraumes, in dem sie bis heute tätig ist. Ihre eigene Geschichte ist mit der Entstehung eben dieses Wirtschaftsraumes untrennbar verbunden. Im Geiste von Tradition und Fortschritt zum Wohle der Bevölkerung ihres Geschäftsbereiches zu arbeiten, ist diesem 1978 50jährigen Geldinstitut weiterhin oberste Verpflichtung.

Die Raiffeisen-Bank Starnberg

Ende des vergangenen Jahrhunderts gab es in der »Provinz« kaum Banken oder Sparkassen. Das war die Zeit der privaten Geldverleiher, die sich ihre Tätigkeit meist hoch bezahlen ließen und in der so mancher Besitz wegen Kreditnot unter den Hammer kam. So griffen 1895 auch 29 Starnberger Bürger den Gedanken Raiffeisens zur Selbsthilfe auf und

gründeten einen Darlehnskassenverein. Damit war die erste Bank in Starnberg ins Leben gerufen. Diese Initiative trug reiche Frucht. Insbesondere nach dem Zweiten Weltkrieg nahm die damalige Spar- und Darlehnskasse und heutige Raiffeisenbank eine eindrucksvolle Aufwärtsentwicklung. Aus den 29 Gründern wurden inzwischen mehr als 5600 Mitglieder und aus dem Darlehnskassenverein eine der größten Raiffeisenbanken in Bayern. Daneben wird in 6 Lagerhäusern ein breites Warensortiment für Landwirte, Hobbygärtner und Kleinverbraucher angeboten. Die Bank bedient sich einer eigenen elektronischen Datenverarbeitungsanlage und bietet ihren Kunden über eine breitgefächerte Angebotspalette einen umfangreichen Kundenservice. Sie hat sich damit einen angesehenen und festen Platz auch in der hiesigen Wirtschaft gesichert.

Im Laufe des mehr als acht Jahrzehnte währenden Bestehens hat sich die Raiffeisenbank Starnberg nicht nur in ihrem Gründungsgebiet ausgedehnt, sondern ist auch mit benachbarten Raiffeisenkassen zusammengegangen. So zählt sie heute 11 Filialen an den Plätzen in Gauting, Berg, Buchendorf, Feldafing, Herrsching, Perchting, Söcking, Stockdorf, Traubing, Unterbrunn und Wangen. Zur größeren geschäftlichen Wirksamkeit wird im organisatorischen Verbund mit der Raiffeisen-Zentralbank München, der Bausparkasse Schwäbisch Hall, der Münchner Hypothekenbank, der Deutschen Genossenschafts-Hypothekenbank und einer Reihe weiterer Einrichtungen zusammengearbeitet. Auf diese Weise ist es ihr möglich, Bankleistungen wie jedes andere Geldinstitut anzubieten und zu vermitteln. Nur so ist es auch erklärlich, daß Institute dieser Art im harten Wettbewerb der Bankenwirtschaft nicht nur bestehen, sondern ihren Marktanteil sogar noch erweitern können.

Bootswerft Rambeck in Starnberg-Percha

Zwischen dem Nordost-Ufer des Starnberger Sees und der Autobahn München—Starnberg liegen beiderseits der Würm die ausgedehnten Hafenanlagen und Gebäude der im Jahre 1883 vom Bootsbaumeister Anton Rambeck gegründeten Werft. Hier am Ufer der Würm, die damals ein schmaler Fluß im schilfbewachsenen Gelände war, baute er die ersten Segelboote und schon vor 1900 sein erstes Motorboot.

Im Jahre 1912 übernahm sein Neffe Anton Dreher, als Konstrukteur und als Segler weithin bekannt, die Werft und brachte sie in den folgenden Jahrzehnten zu ihrer heutigen Größe und Bedeutung. Seinen ersten großen Erfolg brachte ihm im Jahre 1912 die von ihm erbaute Motoryacht »Püu V«, die als die »schnellste, beste und zuverlässigste Yacht« für die 1130 Seemeilen lange Strecke von Venedig nach Rom den »Großen Preis von Rom« erhielt. Der Preis, ein Nachguß der berühmten »Capitolinischen Wölfin«, steht heute im Garten des Hauses Dreher in Starnberg. Im gleichen Jahr 1912 wurde das erste 110-Personen-Elektro-Fahrgastboot für den Königssee geliefert, dem bis zum Jahre 1971 noch 14 Fahrgastboote der gleichen Größe folgten. Der größte sportliche Erfolg neben vielen anderen war die von Ernst Bickel in den Jahren 1938 und 1939 ersegelte Europameisterschaft in der Olympiajolle »Bicki«. Im Laufe von acht Jahrzehnten verließen einige tausend Segelyachten und Motorboote die Werft, deren erstklassige Bauausführung wiederholt mit Goldmedaillen anerkannt wurde. Der Kunststoff-Bootsbau hat den Neubau von Booten aus Holz weitgehend verdrängt, dafür aber neue Aufgaben gebracht.

Schiffbau-Ingenieur Anton Dreher jun. hat im Jahre 1967 die Werft in der dritten Generation übernommen, um sie im Geiste seiner Vorgänger und der Tradition der Werft folgend den heutigen Anforderungen des Wassersportes entsprechend weiterzuführen. In jüngerer Zeit hat die Werft deshalb ihre Hafenanlagen, Lagerhallen und Einrichtungen großzügig erweitert und modernisiert. Die Bootswerft Rambeck ist heute ein weit über die Grenzen unserer Heimat hinaus bekannter Werftbetrieb, dem die Lagerung, Instandhaltung und Betreuung vieler hundert Boote anvertraut ist.

Die Roth-Electric GmbH in Gauting

Die Firma Roth-Electric GmbH wurde im Jahre 1942 durch den Industriellen Heinrich Wilhelm Roth gegründet. Sie befaßt sich mit der Herstellung und dem Vertrieb von Maschinen und Einrichtungen auf dem Gebiet der

Widerstandsschweißtechnik. Anlagen dieser Art werden hauptsächlich in der Autoindustrie – Vielpunktschweißstraßen für die Karosseriefertigung – und in der Bauindustrie – Baustahlmatten und Gitterroste – eingesetzt. Daneben sind die Hausgeräteindustrie und die Zulieferer der Autoindustrie bedeutende Abnehmer.

Die Firma Roth-Electric GmbH ist eine Tochter der Industrie-Werke Karlsruhe Augsburg AG und gehört zur Firmengruppe IWKA-Schweißtechnik.

Derzeit beschäftigt Roth-Electric etwa 200 Mitarbeiter.

RSV-Präzisionsmeßgeräte GmbH in Hechendorf

Die »RSV-Präzisionsmeßgeräte GmbH« in Hechendorf wurde 1951 von Dr. Hermann Ritzl (R), Dr. Richard Seitner (S) und Dr. W. Völk (V) gegründet. 1955 schied Dr. Völk aus, 1970 Dr. Seitner. Die Geräte der Firma dienen der Emissionsspektralanalyse. Die RSV-Spektrometer zerlegen das Licht in einzelne Farben, aus denen man präzis die Materialzusammensetzung ablesen kann. Robert Wilhelm Bunsen und Robert Kirchhoff hatten 1859 die Spektralanalyse entdeckt – eine Tat von großer Tragweite – und die Münchner Professoren Walther Gerlach und Scheibe eine exakte Methode und ein technisch brauchbares Verfahren der analytischen Chemie entwickelt.

Die Industrie bestimmt mit diesen Geräten die Zusammensetzung der Schmelzen im Metallwerk in Minuten. Die Verarbeitungsindustrie benutzt sie zur Eingangskontrolle. Falsche Qualität des Materials kann verheerende Folgen haben. Ein Material für die Autoindustrie etwa, das zu zäh ist, kann die Vollautomation, die auf ein weicheres Material eingestellt ist, empfindlich in Unordnung bringen. Ebenso werden die Geräte bei der Ausgangskontrolle eingesetzt. Sie dienen ferner Boden- und Pflanzenuntersuchungen und in der Kerntechnik zur Feststellung der Uranisotopen-Anteile im Brennstoff. Die Kriminalistik greift auf sie zurück. Bei Autounfällen mit Fahrerflucht zum Beispiel kann die Analyse von Lackresten zur Ermittlung des Täters führen. Leichenteile können nach Gift untersucht werden.

Im einzelnen werden hergestellt: Spektrographen für wissenschaftliche und technische Analysen der verschiedensten Arbeiten, Anregungsgeräte, Gitterspektrographen, direktanzeigende Spektrometer, Auswertungsgeräte, Monochromatoren und Geräte mit Spiegeloptik. Die Stückzahl ist gering, das Einzelgerät sehr teuer.

In der Bundesrepublik steht die RSV mit ihrem Programm einzigartig da. In Japan, Belgien und Großbritannien gibt es noch je eine ähnliche Firma. Hauptkonkurrenten sind drei nordamerikanische Unternehmen. Weltweit existieren etwa acht Produktionsstätten dieser Art, unter denen sich das Hechendorfer Werk behauptet.

Musikantiquariat und Verlag Hans Schneider in Tutzing

Ein 1975 in New York erschienenes Handbuch bezeichnet Hans Schneider als den »virtual king of the musical antiquarians«. Vergriffene Musikliteratur, seltene musikalische Erst- und Frühdrucke, wichtige Musikhandschriften und wertvolle Musikerautographen stellen die am meisten gepflegten Sachgebiete dar.

Seit Gründung seines Unternehmens im Jahre 1949 hat Schneider in mehr als zweihundert Katalogen musikalische Raritäten erster Ordnung angeboten und verkauft. So wurde ein singulärer Bestand an Musikmanuskripten von Robert Schumann (darunter sein berühmtes Klavierquintett op. 44) 1975 an Archive in Bonn und Düsseldorf gegeben. Zahlreiche der schwer lesbaren Briefe Schumanns konnten dank der Erfahrung Hans Schneiders als Handschriftenexperte erstmals vollständig gedruckt erscheinen. Der fast komplette Nachlaß der Eigenschriften von Paganini ging nach Rom, wo nun eine Reihe unpublizierter Kompositionen erstmals ediert wird. Zu den berühmten und durch Schneider erworbenen Bibliotheken gehören die von Friedrich Chrysander, Clemens Krauss, Eduard Erdmann, Max Kalbeck und Elly Ney.

Seine Tätigkeit, auch als Sachverständiger, führte Schneider in 76 verschiedene Länder. Große Bibliotheken, z. B. in Japan, wurden weitgehend allein durch den Tutzinger Musikantiquar aufgebaut.

Sein Hauptaugenmerk gilt den Musikerautographen. Aus den Handschriften von Bach, Beethoven, Brahms, Haydn, Mozart, Schubert und Weber gelang es Schneider nicht selten, unbekannte Quellen für Leben und Werk der Meister zu erschließen.

1959 gliederte Schneider seinem Antiquariat einen musikwissenschaftlichen Verlag an, der heute fast 200 Titel aufweist. Die musikwissenschaftlichen Publikationen der Universitäten München, Mainz, Frankfurt, Würzburg und Wien erscheinen bei Schneider ebenso wie Fachpublikationen der Österreichischen Nationalbibliothek, der Musikakademie Graz und der Richard-Strauss-Gesellschaft. Die Halbjahresschrift »Musik in Bayern« wird durch Schneider betreut.

Zu Schneiders Standardwerken gehören Adlers Handbuch der Musikgeschichte, das führende Buch über die Geigenbauer von Lütgendorff, die umfassende Darstellung der romantischen Oper von S. Goslich, die Kulturgeschichte des Horns von Brüchle/Janetzky und schließlich Mosers Lehrbuch der Musikgeschichte. Mit dem 60 000 Titel nachweisenden Opernlexikon von F. Stieger geht auch das größte Sachbuch dieses Bereiches aus Tutzing in die Welt. Mit Carl Orff befreundet, bringt Schneider die auf acht Bände konzipierte Dokumentation über Leben und Werk des Komponisten heraus.

Hans Schneider hat nach dem Abitur am humanistischen Gymnasium in Eichstätt an der Hochschule für Musik in München und an den Universitäten München, Uppsala und Innsbruck Musikwissenschaft studiert. Die Jahre nach 1945 wohnte er im Hause von Elly Ney und begleitete sie am Klavier als Orchesterersatz. Die Liebe zur Musik ist Schneiders bestimmendes Element geblieben.

Der Verlag R. S. Schulz in Percha

Der Verlag R. S. Schulz wurde im Jahre 1957 von Rolf S. Schulz in München gegründet.

Das Programm des Verlages ist vorwiegend auf die Veröffentlichung von Kommentaren und Textsammlungen sozialrechtlicher Vorschriften abgestellt.

So wurden unter anderem bisher Kommentare und Sammlungen zu folgenden Gebieten publiziert:

Werke: Gesetzliche Rentenversicherung (Rentenreform), gesetzliche Unfallversicherung, Bundesversorgungsrecht, Altershilfe für Landwirte, Kindergeldgesetz, Bundessozialhilfegesetz, Gesetz für Jugendwohlfahrt, Jugendarbeitsschutzgesetz, Mietrecht, Unterhaltsicherungsgesetz, Bundesausbildungsförderungsgesetz, Berufsbildungsgesetz, Deutsches Schulrecht, Deutsches Umweltschutzrecht, Notstandsrecht, Deutsche Seuchengesetze, Tierseuchenrecht, Arzneimittelgesetz, Bundesärzteordnung, Sozialgesetzbuch sowie die Standardsammlung des gesamten Arbeits- und Sozialrechts, »Deutsche Sozialgesetze«.

Es hat sich ergeben, daß die Loseblattausgabe die angemessenste Form ist, da die Gesetzgebung ständig im Fluß ist. Wenn der Verlag sich auch überwiegend der sozialrechtlichen

Publikation widmet, so werden doch auch benachbarte Rechtsgebiete, wie das Recht des öffentlichen Gesundheitsdienstes, berücksichtigt.

Zeitschrift: Zur Abrundung des sozialrechtlichen Programms erscheinen monatlich die Zeitschrift für Sozialhilfe, eine Monatsschrift für Sozialrecht, öffentliche und freie Wohlfahrtspflege, Jugendwohlfahrt und verwandte Gebiete, in welcher namhafte Autoren zu Wort kommen.

Den mit der Anwendung und Durchführung von neu erlassenen Gesetzen befaßten Stellen baldmöglichst nach Verabschiedung von gründlichen Fachkennern verfaßte, wirklich informative und in der Praxis wahrhaft bewährte Kommentare und Textsammlungen an die Hand zu geben, darin sieht der Verlag seine Aufgabe.

Seit 1972 erscheinen auch Werke auf dem Gebiet der Belletristik.

Stanz-Schmidt in Stockdorf

Im Jahre 1974 konnte die Firma Stanz-Schmidt in Stockdorf ihr 50jähriges Jubiläum feiern. Der junge Ingenieur Hanns Willy Schmidt hatte sie im Juni 1924 als »Mechanische Werkstätte« in München-Thalkirchen gegründet. Nach einer Zwischenstation in Gräfelfing erfolgte 1929 die Verlegung nach Stockdorf, Gautinger Straße 121. Neue Maschinen wurden angeschafft, und es zeichnete sich langsam ein deutlicher Aufschwung ab. 1933 aber begannen schwierige Zeiten für das kleine Unternehmen. Nur dem guten Namen des Inhabers sowie dem Vertrauen der Lieferanten in seine Geschäftstüchtigkeit war es zu verdanken, daß die Flaute überwunden werden konnte. Am 5. November 1940 zog der Betrieb in das inzwischen erworbene Werk Stockdorf der ehemaligen Blatt-Metall AG München, Gautinger Straße 2–4, um.

Als Zulieferer der Kfz-Industrie, namhafter Sportartikel-Hersteller sowie anderer metallverarbeitender Branchen genießt Stanz-Schmidt Stockdorf einen guten Ruf – weit über die Grenzen Bayerns hinaus. Seit dem Tod des Gründers im Jahre 1969 führt seine Tochter, Frau Linde Haupt, die Firma mit derzeit 70 Beschäftigten in seinem Sinne fort.

Verla-Pharm in Tutzing

Die Firma Verla-Pharm – 1974 bereits 25 Jahre in Tutzing ansässig – führt eine mehr als 180jährige Apothekertradition fort.

Apotheker H. J. v. Ehrlich hat mit der Firmengründung 1949 in der 5. Generation nach der Vertreibung aus der heimatlichen Löwenapotheke in Reichenberg einen neuen Anfang gesetzt. Der Firmenname erinnert an die einst überregional bekannte Apotheke, die der Ur-Urgroßvater Apotheker Josef Ehrlich Ende des 18. Jahrhunderts begründete und die mit ihren

30 Mitarbeitern vor allen Dingen auch durch die Herstellung eigener Spezialitäten bekannt war.

Von *E*hrlich's *R*eichenberger *L*öwen-*A*potheke — Verla — ist deshalb Name und nationales wie internationales Warenzeichen der Firma.

Die Verla-Pharm ist ein moderner Pharmabetrieb, der sich neben der Erzeugung seiner Arzneimittelspezialitäten die Synthese verschiedener Grundstoffe und die Herstellung von Mutterkornalkaloiden zur besonderen Aufgabe gemacht hat. Es beginnt bei dem eigenen Mutterkornfeldanbau und verarbeitet die gewonnenen Grundstoffe bis zur Isolierung der Secalealkaloide, die sie für die Arzneimittel verwendet. Einige Patente auf diesem Spezialgebiet sind in ihrem Besitz. Neue Ideen und daraus entwickelte Kenntnisse in der Magnesiumtherapie haben gleichfalls durch Patente Anerkennung gefunden. Damit erbringt sie den Beweis, daß auch die Mittelindustrie Forschung betreiben kann.

Die Verla-Pharm stellt dem internationalen Standard entsprechende hochwertige Arzneispezialitäten her. Der langen Apothekertradition verbunden, fühlt sie sich zu besonderer Sorgfalt verpflichtet. Sie arbeitet in modernen, klimatisierten Räumen, die alle hygienischen Anforderungen erfüllen, unter ständiger Kontrolle ihrer Betriebslaboratorien.

In enger Zusammenarbeit mit Kliniken, Krankenhäusern und Ärzten findet sie sowohl eine Bestätigung ihrer Arbeit wie auch immer wieder neue Impulse, die sie bestärkt, nicht bei dem Erreichten stehen zu bleiben.

Ihr Erfolg, auf den sie stolz sein darf, liegt sicher auch darin mitbegründet, daß über die Hälfte der Mitarbeiter seit mehr als 10 Jahren bzw. seit der Gründung treu zum Hause steht.

Verlegerdienst München GmbH & Co KG in Gilching

Am Westrand der Gemeinde Gilching im Industriegelände ist der Verlegerdienst München etabliert.

Er ist eine Auslieferungsgemeinschaft von Verlagen, die 1969 gegründet wurde.

Den vier Gründungsgesellschaftern, Gräfe und Unzer Verlag, München, Carl Hanser Verlag, München, R. Oldenbourg Verlag, München, Urban & Schwarzenberg Verlag, München, haben sich inzwischen drei weitere Verlage, Keysersche Verlagsbuchhandlung, München, Residenz Verlag, Salzburg, und Schirmer/Mosel Verlagsgesellschaft, München, als Kunden angeschlossen.

Hier haben in einem modernen Gebäude mit Büros und Großraum-Palettenlager 115 Mitarbeiter einen Arbeitsplatz.

Unter Einsatz der modernsten Einrichtungen wie einer IBM 370/125 mit Bildschirmeingabe, Gabelstapler, Laufbänder usw. werden hier jährlich ca. 3,7 Millionen Bücher versandt.

Der Arbeitsbereich umfaßt den Bestelleingang über Rechnungsschreibung, Buchhaltung bis zur Übergabe von jährlich ca. 250 000 Sendungen an die Beförderer wie Post, Speditionen, Büchersammeldienste usw.

Eingelagert sind 2500 Paletten, die etwa 3,7 Millionen Exemplare mit einem Gewicht von ca. 1500 Tonnen enthalten.

Jährlich werden etwa 4000 Paletten mit ca. 4,1 Millionen Büchern abgeliefert. In einem Handlager sind 4350 lfdm Regal belegt.

Durch Konzentration wurde erreicht, daß außer Büchern aus dem Bereich der Technik, der Zahnmedizin, der Belletristik, der Human-Medizin und Naturwissenschaft, der Schulbücher, Buchreihen, Kunst- und Kochbücher

auch noch 37 Fachzeitschriften betreut und versandt werden, die im Laufe eines Jahres eine Million Exemplare erreichen.
Der Verlegerdienst München ist in wenigen Jahren gewachsen und hat sich im Bereich der Verlagsauslieferungen Rang und Namen erworben.
Die Entwicklung ist noch nicht abgeschlossen. Es werden neue Techniken erprobt und neue Service-Leistungen erwogen. Neue Kunden fragen an, nur sind die Räumlichkeiten schon zu eng geworden, und es wird eine Erweiterung geplant.

Volksbank Herrsching-Landsberg-Starnberg eG

Die Volksbank Herrsching-Landsberg-Starnberg eG wurde im Jahre 1924 von 23 Herrschinger Bürgern gegründet. In den 52 Jahren ihres Bestehens ist sie jedoch weit über ihren Gründungsort hinausgewachsen. Der Hauptsitz und die zentrale Geschäftsstelle der Bank liegt weiterhin in Herrsching, wo am Bahnhofplatz im Jahre 1963 ein funktioneller, allen Ansprüchen an einen modernen Bankbetrieb genügender Neubau errichtet wurde. Ab dem Jahre 1965 begann die Volksbank ihre Aktivitäten auf den gesamten Landkreis Starnberg auszudehnen und errichtete in den Folgejahren Niederlassungen in Angerweide, Gauting, Gilching, Krailling, Pöcking, Starnberg, Tutzing und Weßling. 1969 kam im Wege der Fusion die Volksbank Landsberg zur Volksbank Herrsching, und es entstand die heutige Volksbank Herrsching-Landsberg-Starnberg eG. Im Landkreis Landsberg unterhält die vereinigte Bank drei Bankstellen, und zwar im Zentrum von Landsberg, Landsberg-West und in Kaufering, womit sie in den beiden Landkreisen Starnberg und Landsberg nunmehr mit 14 Bankstellen vertreten ist.
Im Jubiläumsjahr des Landkreises Starnberg 1977 erreicht die Volksbank ein Geschäftsvolumen von 150 Mio. DM und verwaltet über 28 000 Kundenkonten. Ihre solide Eigenkapitalausstattung schafft eine gesunde Grundlage für die zukünftigen Aufgaben, die es in dem Geschäftsbereich Starnberg-Landsberg in den kommenden Jahren zu erfüllen gilt.
Integriert in den Verbund aller Volksbanken und Genossenschaftsbanken in der Bundesrepublik, arbeitet die Volksbank nach den Prinzipien der Selbsthilfe, der Selbstverwaltung und der Selbstverantwortung. Dieser genossenschaftliche Verbund, der heute ein Finanzvolumen von 240 Milliarden DM repräsentiert und mit fast 20 000 Bankstellen das dichteste Bankennetz einer Gruppe in der Bundesrepublik unterhält, gewährt auch für die Volksbank Herrsching-Landsberg-Starnberg eG ein umfassendes Angebot an bankwirtschaftlichen Leistungen und einen starken, finanzkräftigen Rückhalt. Er gib letztlich allen

Volksbanken die Möglichkeit, mehr zu bieten als Geld und Zinsen.

Webasto in Stockdorf

In Stockdorf, zwischen München und Starnberg, hat inmitten des anmutigen Würmtales einer der führenden Zulieferbetriebe der Kraftfahrzeugindustrie seinen Sitz: die Webasto-Werk W. Baier GmbH & Co.

In nunmehr 76jähriger erfolgreicher Arbeit hat sich das Unternehmen mit seinen 900 Beschäftigten neben den Dornier-Werken zum größten Industriebetrieb des Landkreises Starnberg entwickelt. Webasto ist führender Hersteller von Autoschiebedächern und beliefert damit Audi, BMW, Daimler-Benz, Ford und den amerikanischen Markt. Als gewichtigster Produzent von motorunabhängigen Heizgeräten für Straßen-, Wasser- und Schienenfahrzeuge wird fast die gesamte Nutzfahrzeugindustrie beliefert. Seit einigen Jahren schon rundet Webasto sein Produktionsprogramm mit Klimaanlagen für den Nutzfahrzeugsektor ab.

In eigenen Konstruktions- und Versuchsabteilungen sorgen rund 70 qualifizierte Mitarbeiter durch Grundlagenforschung und die Anwendung moderner Techniken für Neuentwicklungen und für die kontinuierliche Verbesserung der Produkte. Rationelle Fertigungsmethoden — die Steuerung und Verwaltung des breiten Produktionsprogrammes erfolgt durch die elektronische Datenverarbeitung — und eine umfangreiche Qualitätskontrolle sichern eine gleichmäßige, hochwertige Güte der Erzeugnisse. Ein weltweiter Vertrieb wird durch leistungsfähige Vertretungen im In- und Ausland, ein engmaschiges Kundendienstnetz und eine Tochtergesellschaft in den USA erzielt. Wo es notwendig ist, werden Webasto-Produkte auch in Lizenz gefertigt.

Das im Jahre 1901 gegründete Unternehmen befindet sich unverändert in Familienbesitz. Geschäftsführer und Gesellschafter sind Ingenieur Walter Baier und sein Neffe, Diplom-Ingenieur Werner Baier, mit dessen Eintritt in die Firmenleitung die Familie Baier bereits in der vierten Generation für den weltweiten Erfolg des Webasto-Werkes garantiert.

25 Jahre wörl-alarm
Elektronische Alarmanlagen

Es war im Jahre 1952, als der Ingenieur August Wörl vor den Toren Münchens seine erste Alarmanlage baute und patentieren ließ. Damit stieß er nach dem Kriege in ein riesiges Vakuum des deutschen Marktes. Mit Improvisationskunst, Einfallsreichtum und unbändigem Fleiß schuf er sich mit wenigen Mitarbeitern einen Namen auf dem relativ jungen Gebiet der Alarmtechnik und baute seine Position Jahr für Jahr erfolgreich aus. Von der ersten noch mit Röhren bestückten Radar-Alarmanlage spannt sich ein weiter Bogen bis zu den vielfältigen Konstruktionen modernster Bauart des heutigen wörl-Fertigungsprogramms. Erst mit Hilfe der Transistortechnik wurde es möglich, funktionssichere Radar-Alarmanlagen zu vertretbaren Preisen rationell zu fertigen. Mit dem Know-how aus der praktischen Erfahrung von zweieinhalb Jahrzehnten hat wörl-alarm heute seinen festen Platz in der Branche und zählt als Spezialhersteller zu den führenden Betrieben Europas. Der Stamm qualifizierter Mitarbeiter ist inzwischen auf 220 angewachsen. Immer neue Geräte wurden den speziellen Anforderungen der Praxis entsprechend entwickelt. Die Zahl dieser Geräte zur Sicherung von Innenräumen, Außenhaut von Gebäuden und Freigelände beläuft sich auf weit über hundert. Die Bewältigung des in der Branche wohl umfangreichsten Fertigungsprogramms ist freilich nicht unproblematisch. Dafür ist wörl-alarm jedoch in der Lage »maßgeschneiderte«, technisch optimale und zugleich wirtschaftliche Lösungen anzubieten. Für die Montage von wörl-Alarmanlagen und den vorbildlichen Service besteht ein enges Kundendienstnetz aus eigenen Tochtergesellschaften, Geschäftsstellen und Werksvertretungen, das sich über das gesamte Bundesgebiet und das europäische Ausland erstreckt.

NACHWORT

Die Darstellung des Landkreises Starnberg in dem Buch »Fünfseenland« ist mehr als eine Dokumentation. Der Leser findet über die Materialsammlung hinaus eine Fülle von Anregungen, die ihn zu weiterem Nachdenken veranlassen. Ich fand mich bei der Lektüre der einzelnen Kapitel etwa über die Natur, die Geschichte, die Menschen oder die Kultur dieses Landes in meiner bereits vor Jahren geäußerten Meinung bestätigt, wir müßten uns auch mit einer Art kulturellen Umweltschutzes vertraut machen. Der Gang durch das Fünfseenland, zu dem Rolf Wünnenberg einlädt, bestärkt mich in dieser Überlegung.

Zu Recht beschäftigen wir uns in zunehmendem Maße mit dem äußeren Umweltschutz, mit Verkehrslärm und Benzingestank, mit Smog und Zerstörung, mit Müllbergen und giftigen Abwässern. Wir beklagen das Schwinden des klaren Wassers, der reinen Luft und des guten Bodens, und wir ergreifen Maßnahmen. Es ist die Frage des Überlebens des Menschen in seiner natürlichen Umwelt, denn durch die Ausbeutung der Natur sind Leben und Gesundheit der Menschen nicht nur in Großstädten und Ballungsräumen, sondern auch auf dem Lande bereits in akuter Gefahr.

Zeitgemäßer Umweltschutz ist auch Naturschutz und Landschaftspflege, ist Sorge für Freizeit und Erholung. Er berührt sich hier mit dem kulturellen Umweltschutz, mit den kulturellen Werten, die unsere Landschaft erst so recht zur Kulturlandschaft machen. Noch fehlt es an adäquaten Schockwirkungen für die Erkenntnis der diesen heimatlichen Kulturwerten drohenden zerstörerischen Gefahren. Sollen wir deshalb noch länger warten?

Wir haben bereits die Chance, mit dem technischen, wirtschaftlichen und sozialen Fortschritt die Zukunft zu sichern und von außen her das Leben humaner zu gestalten. Dies gelingt aber nicht ohne Erhaltung der kulturellen Werte unserer Heimat, wie sie jedes Volk schützt und pflegt. Gerade die Beschützer der Heimat sind aufgerufen, mit Nachdruck immer wieder zu fordern, neben der Sicherung der äußeren Lebensumstände unserer Umwelt auch dem kulturellen und geistigen Umweltschutz den ihm gebührenden Stellenwert einzuräumen. Beide Schutzbereiche sind eng miteinander verbunden, sie ergänzen und decken sich zum Teil, sie bedingen sich gegenseitig.

Der Freistaat Bayern, der Bayerische Landtag und die Staatsregierung haben bisher erhebliche Leistungen zur Erhaltung, Sicherung und zum Fortbestand unserer kulturellen Werte aufgebracht. Es bleibt noch viel zu tun.

Der Blick in die Zukunft und das Bewußtsein um die Kräfte der Zerstörung verlangen, daß wir uns des Dauerauftrags an Staat und Gesellschaft stets gegenwärtig sind, unsere kulturelle Substanz zu sichern. Dabei handelt es sich um Werte in großer Zahl und mannigfacher Art, um Werte in Wort und Ton, in Schrift und Bild, in Tracht und Brauch, in Holz, Stein und Erz, um Werte in der ganzen Weite unserer Kulturlandschaft.

Die kulturelle Heimatpflege, auch das geht aus dem Buch »Fünfseenland« hervor, steht zwischen Tradition und Fortschritt. Es gilt, das Bewährte zu bewahren und neue Wege zu suchen. Kultureller Umweltschutz ist ein Programm, das Bestehendes zu erhalten und neue Werte zu schaffen sucht.

Rudolf Hanauer
Präsident des Bayerischen Landtags
Vorsitzender des Bayerischen Landesvereins für Heimatpflege

ZUM ABSCHLUSS EIN DANK

Dieses Buch wollte das Bild des Landkreises Starnberg in seiner Gesamtheit erfassen. Landschaft, Geschichte, Kultur — die Kunstdenkmäler eingeschlossen — und Wirtschaft sollten gleichwertig nebeneinander lebendig werden. Besonderheiten wurden herausgegriffen. Einzeldarstellungen galten als Beispiele. Ein Katalog war nicht beabsichtigt.

Uniformität erfaßt heute Materielles wie Geistiges. Trotzdem bleiben von Landstrich zu Landstrich Unterschiede. Diese Unterschiede erschienen uns als das Wesentliche. Unser Fünfseenland hat Profil. Das Unverwechselbare dieses Landkreises herauszustellen, es Einheimischen und Gästen sichtbar zu machen, empfanden wir als unsere Aufgabe. Wir leben hier in einem schönen Land: reich an Geschichte, gewichtig an Kunst, liebenswürdig und bedeutend durch seine Menschen und weitgreifend in seinen wirtschaftlichen Leistungen.

Viele Freunde des Landkreises haben uns Auskunft gegeben, schwer zugängliche Literatur zur Verfügung gestellt, Wege gezeigt und Türen aufgeschlossen. Bedeutende Unternehmen haben diese Neuausgabe von »Fünfseenland« — in Text und Bild wesentlich erweitert und aktualisiert — großzügig unterstützt:

Klosterbrauerei Andechs — apparatebau gauting — Bayerische Vereinsbank — Boehringer-Biochemica Tutzing — Dornier-Werke Oberpfaffenhofen — ESPE Oberalting — i-team München — Keller-Verlag Kempfenhausen — Optotechnik Heine Herrsching — Raiffeisenbank — Bootswerft Rambeck Starnberg-Percha — Verlag R. S. Schulz Percha-Kempfenhausen — Musikantiquariat-Verlag Hans Schneider Tutzing — Verlegerdienst München Gilching — Verla-Pharm Tutzing — Volksbank Herrsching—Starnberg—Landsberg — Webasto Stockdorf — wörlalarm Stockdorf.

Allen Helfern gilt unser herzlichster Dank.

Herrsching und Gauting, im Mai 1977

Rolf und Senta Wünnenberg
Verfasser

Peter Kirchheim
Verleger

Anhang

LITERATURNACHWEIS

Amereller, Almut: Votivbilder, dargestellt am Beispiel der Votiv-Bilder des Klosters Andechs, München 1965

Arnold, Hugo: Der Ammersee und seine Umgebung, Landsberg 1878

Bauerreiß, P. Romuald OSB: Pie Jesu. Das Schmerzensmann-Bild und sein Einfluß auf die mittelalterliche Frömmigkeit, München 1931

–: Sepulcrum Domini. Studien zur Entstehung der christlichen Wallfahrt auf deutschem Boden, München 1936

Blendinger, Dr. H.: Das Ammerseegebiet, München 1926, 2. Aufl.

Bolongaro-Crevenna, Alfred-Hubertus: Münchner Charakterköpfe der Gotik, München 1938

Borcherdt, Christoph: Der Landkreis Starnberg, Kallmünz 1955

–: Probleme der altbayerischen Kulturlandschaft, dargestellt am Beispiel des Landkreises Starnberg, Diss. München 1950

Bouterwek, Rainer J.: So fängt man am Starnberger See, Hamburg–Berlin 1966

Bremer, Friedrich: Handlexikon der Musik, Leipzig 1882 (Reclam)

Dehio, Georg: Handbuch der Deutschen Kunstdenkmäler, Oberbayern, neu bearbeitet von Ernst Gall, München–Berlin 1964

Eberl, Barthel: Die Eiszeitfolge im nördlichen Alpenvorland, Augsburg 1930

Ebers, Edith: Die Eiszeit im Landschaftsbild des bayerischen Alpenvorlands, München 1934

Edelmann, August: Die Oberbayerischen Seen, München 1906

Empfenzeder, Gustl: Herrsching und das Vierseenland, Herrsching

–: Herrschinger Hefte, 25 Folgen, Herrsching ab 1972

Friesenegger, Abt Maurus OSB: Tagebuch aus dem 30-jährigen Krieg, neu herausgegeben von P. Willibald Mathäser, München 1974

Feuchtmayr, Inge: Das Prinz-Carl-Palais in München, München 1966

Fischer, P. Dr. Pius OSB: Links und rechts der Olympiastraße, München (Herold Kultur-Reiseführer)

Flaig, Walther: Das Gletscherbuch, Leipzig 1938

Gantner, Benno sen.: Entstehungs- und Heimatgeschichte des Ortes Percha, Percha 1971

Gottschalk, Joseph: St. Hedwig, Herzogin von Schlesien, Köln–Graz 1964

Graf, Matthias: Geschichte der Pfarrei Oberalting, München 1902

Graf, Oskar Maria: Das Leben meiner Mutter, 1940

Grünwald, Michael D.: Christoph Angermair, München 1975

Hausner, Hermann M.: Ludwig II. von Bayern, Berichte der letzten Augenzeugen, München 1961

St. Hedwig, Herkunft, Leben und Werk: Katalog des Andechser Hedwigsmuseums, 1967

Heimatbuch Stadt- und Landkreis Landsberg a. Lech, Landsberg 1966

Heimatbuch der Stadt Starnberg, Starnberg 1972

Heimatatlas, Deutscher, Blatt I: Starnberger See – Ammersee

Heimeran-Verlag: Starnberger-See-Stammbuch, München 1950

Heindl, P. Emmeram OSB: Der Heilige Berg Andechs, München 1895

–: Das Pfarrdorf Erling bei Andechs, München 1899

Hennig, Edwin: Geologie Großdeutschlands, Stuttgart 1942

Herders Kleines Lexikon der Heiligen, Freiburg 1968

Hogl, Kurt: Andechs, Bayerns heiliger Berg, Augsburg 1969

Hornung, Norbert: Die Roseninsel, München 1975

Hubensteiner, Benno: Bayerische Geschichte, München 1955, 3. Aufl.

Huber, Johann Baptist: Kurze Chronik von Krailling, München 1951

Iohn, Peter: kiltoahing + arnisesriet, Landschafts- und Dorfgeschichte der Gemeinde Gilching und Umgebung, Gilching 1975
Kapp, Julius: Richard Wagner, Berlin 1910, 16.–19. Aufl.
–: Franz Liszt, Berlin 1911
Karlinger, Hans: Bayerische Kunstgeschichte, Altbayern und Bayerisch-Schwaben, München 1961
Katzenschwanz, Karl: Tutzing am Starnberger See, Tutzing 1960
Kellner, Hans-Jörg: Die Römer in Bayern, München 1972
Knetsch, Georg: Geologie von Deutschland, Stuttgart 1963
Kohler, Leonhard: Chronik der Gemeinde Etterschlag, München 1967
Kraft, Benedikt: Andechser Studien, München 1937
Krämer, Wolfgang: Geschichte der Gemeinde Gauting, Gauting 1949
–: Neue Beiträge zur Vor- und Frühgeschichte von Gauting, Gauting 1967
Kriss, Rudolf: Die Volkskunde der altbayerischen Gnadenstätten, Band 1, München 1953
Unser Landkreis: Starnberg, Landeszentrale für Heimatdienst, München
Langheinrich, Franz: Im Herzen des Würmtals, Gauting 1930
Leoprechting, Karl Freiherr von: Stammbuch von Possenhofen, der Insel Wörth und Garatshausen, München 1854
Lorenz, Konrad: Er redete mit dem Vieh, den Vögeln und den Fischen, 1967, 10. Aufl.
Mann, Viktor: Wir waren fünf, Konstanz 1964
Martersteig, Max: Das Deutsche Theater im 19. Jahrhundert, Leipzig 1924
Mathäser, P. Willibald OSB: 1200 Jahre Erling-Andechs, Erling 1976
Münster, Hans A.: Führer durch das Starnberger und Ammersee-Gebiet, München 1951
Paulus, Richard: Starnberger See und Würmtal, München 1926
Puntsch, Eberhard: Witze – Fabeln – Anekdoten, Handbuch, München 1968
Queri, Georg: Weltliche Gesänge des Egidius Pflanzelter, München 1968
Rall, Hans / Petzet, Michael: König Ludwig II., München 1968
Rambaldi, Karl Graf von: Geschichte der Gemeinde Aufkirchen am Würmsee, Starnberg 1900
Reclams Kunstführer: Baudenkmäler, Band 1, Bayern, Stuttgart 1961
Rohmeder, Jürgen: Der Meister des Hochaltars in Rabenden, München 1971
Rückert, Rainer: Der Schatz vom Heiligen Berg Andechs, Katalog zur Ausstellung im Bayerischen Nationalmuseum, München 1967
Sattler, P. Magnus OSB: Chronik von Andechs, Donauwörth 1877
Schindler, Herbert: Große Bayerische Kunstgeschichte, München 1966
Schmid-Noerr, Friedrich-Alfred: Frau Perchtas Auszug, Berlin 1928
Schnell, Hugo Karl Maria: Der bayerische Barock, München 1936
Schnell-Steiner: Wallfahrtskirche Andechs, München–Zürich 1960, 5. Aufl.
–: Kath. Kirchen Starnberg am See, München–Zürich 1954, 2. Aufl.
–: Maria Eich, München–Zürich 1962, 6. Aufl.
Schober, Gerhard: Geschichte der Gemeinde Unterbrunn, Unterbrunn 1971
Schreiber, M.: Beiträge zur Musikpflege im Kloster Andechs vor 1803, München 1932
Schweizer, Bruno: Volkssagen aus dem Ammersee-Gebiet, Dießen 1950
Seelos, G.: Die Fischereirechtsverhältnisse auf dem Ammersee, Diss., München 1930
Spindler, Max: Bayerischer Geschichtsatlas, Schulbuchverlag, 1969
–: Handbuch der bayerischen Geschichte, Band 1 und 2, München 1971
Steub, Ludwig: Sommer in Oberbayern, München 1960
Taube, Otto von: Begegnungen und Bilder, Hamburg 1967
Trautmann, Karl: Kulturbilder aus Alt-München, 2. Reihe, München 1915
Uhde-Bernays, Hermann: Im Lichte der Freiheit, Erinnerungen, München 1963, 2. Aufl.
–: Münchener Landschafter, München 1921
Volkshochschule Gilching-Argelsried: Kleine Chronik von Gilching-Argelsried, Gilching 1967
Wagner, Friedrich: Die Römer in Bayern, München 1924
Wagner, Georg: Einführung in die Erd- und Landschaftsgeschichte, Öhringen 1960
Wagner, Hermann: Entdeckungsreisen in der Heimat, Band I, Eine Alpenreise, Leipzig 1865
Wagner, Richard: Briefwechsel mit König Ludwig II., vier Bände, München 1937
Westenrieder, Lorenz: Der Würm- oder Starnberger See, München 1811, 2. Aufl.
Wilm, H.: Schloß Tutzing am Starnberger See, 1930
Wimmer, Otto: Die Attribute der Heiligen, Innsbruck 1964
Wittmann, L.: Geschichte der Orte Drößling, Meiling, Delling, München 1902
Wünnenberg, Rolf: Andechser Votivkerzen, Augsburg 1966
Wünnenberg, Rolf und *Senta:* Starnberger See, München 1972
–: Ammersee, München 1973
Wünnenberg, Rolf: 1200 Jahre Herrsching am Ammersee, Herrsching 1976
Zauner, Franz Paul: Münchens Umgebung in Kunst und Geschichte, München 1912

Sonderdrucke

Bauer, Anton: Zur Verehrung der hl. drei Jungfrauen Ainbeth, Gwerbeth und Fürbeth, 1969

Breitbrunn am Ammersee, Gemeindezentrum zum Heiligen Geist, Breitbrunn 1971

Drummer, Josefranz: Fischerfamilien am Würmsee, Erlangen 1942 (Schriften des bayerischen Landesvereins für Familienkunde)

Haushofer, Heinz: Die Seefeldische Feldbausozietät, Zeitschrift für bayerische Landesgeschichte, Band 31/3

Paulus, Herbert: Zur Datierung der Pfalz, genannt Karlsburg, 1952

–: Die Roseninsel im Starnberger See, 1953 (Deutsches Institut für merowingisch-karolingische Kunstforschung, Erlangen)

Rehbronn, Edmund: Aus den ersten 15 Jahren der Bayer. Landesanstalt für Fischerei Starnberg, Starnberg 1968

Rieber, Rupert: Georg Queri, Bibliographie mit biograph. Einleitung, München 1943 (Privatdruck)

St. Stephan in Söcking von Lorenz Petinger, Söcking 1976

Bericht der Akademie für Politische Bildung in Tutzing, ab 1958, Dießen

Evangelische Akademie Tutzing: Schloß Tutzing und die Evangelische Akademie, Tutzing 1963

–: Hefte für den Freundeskreis, 33/1969

Mitteilungen aus der Max-Planck-Gesellschaft 2/1959: Einweihung des Max-Planck-Instituts für Verhaltensphysiologie

Jahrbuch der Max-Planck-Gesellschaft 1961 / Teil II: Geschichte des Max-Planck-Instituts für Verhaltensphysiologie

Die Max-Planck-Gesellschaft 1968/12: Tätigkeitsbericht 1967, Die Naturwissenschaften

Deutsche Stiftung für Entwicklungsländer: Jahresbericht 1967

Bildungsarbeit im Deutschen Gewerkschaftsbund, 4. Aufl.

Erwachsenenbildung heute und morgen: Festschrift für Karl Witthalm, München 1962

Werkstatt des neuen Menschen: Festschrift anläßlich des 25jährigen Jubiläums der Lehrbaustelle Stockdorf (Schriftenreihe des Bayerischen Bauindustrieverbands, Heft 1, 1962)

Missionsbenediktinerinnen von Tutzing 1885–1960, St. Ottilien 1960

Krankenhaus der Missionsbenediktinerinnen von Tutzing, Tutzing 1968

Beiträge zur Geschichte der Deutschen Versuchsanstalt für Luft- und Raumfahrt e. V., 1912–1962, Bielefeld 1962

Die Flugfunkforschung im Raume München, 1908–1962, herausgegeben vom Flugfunk-Forschungsinstitut Oberpfaffenhofen e. V., Oberpfaffenhofen–München 1963

Jahresbericht 1967 der Deutschen Versuchsanstalt für Luft- und Raumfahrt e. V., Mülheim/Ruhr 1968

50 Jahre Dornier, 1914–1964, Friedrichshafen–München 1964

Zeitschriften

Bayerland: Jahrgänge 1904, 1922, 1926, 1929, 1930, 1935, 1938, 1940, 1968

Lech-Isarland: Jahrgänge 1929, 1930, 1935, 1938, 1965, 1966, 1968 und folgende

Der Zwiebelturm: Jahrgänge 1947, 1951 und 1967 (Sonderheft über Andechs)

Allgemeine Fischereizeitung: Jahrgang 1936 und Jahrgang 1938

Zeitungen

Land- und Seebote, Starnberg: Jubiläumsnummern 1925, 1955, 1962, 1965, 1975

Münchner Merkur, Ausgabe Starnberg: Jubiläumsnummern 1955, 1962, 1965

Münchner Stadtanzeiger – Regionalanzeiger, Landkreis Starnberg

Schiffahrtsarchiv Bernd Hiebler, Herrsching

REGISTER

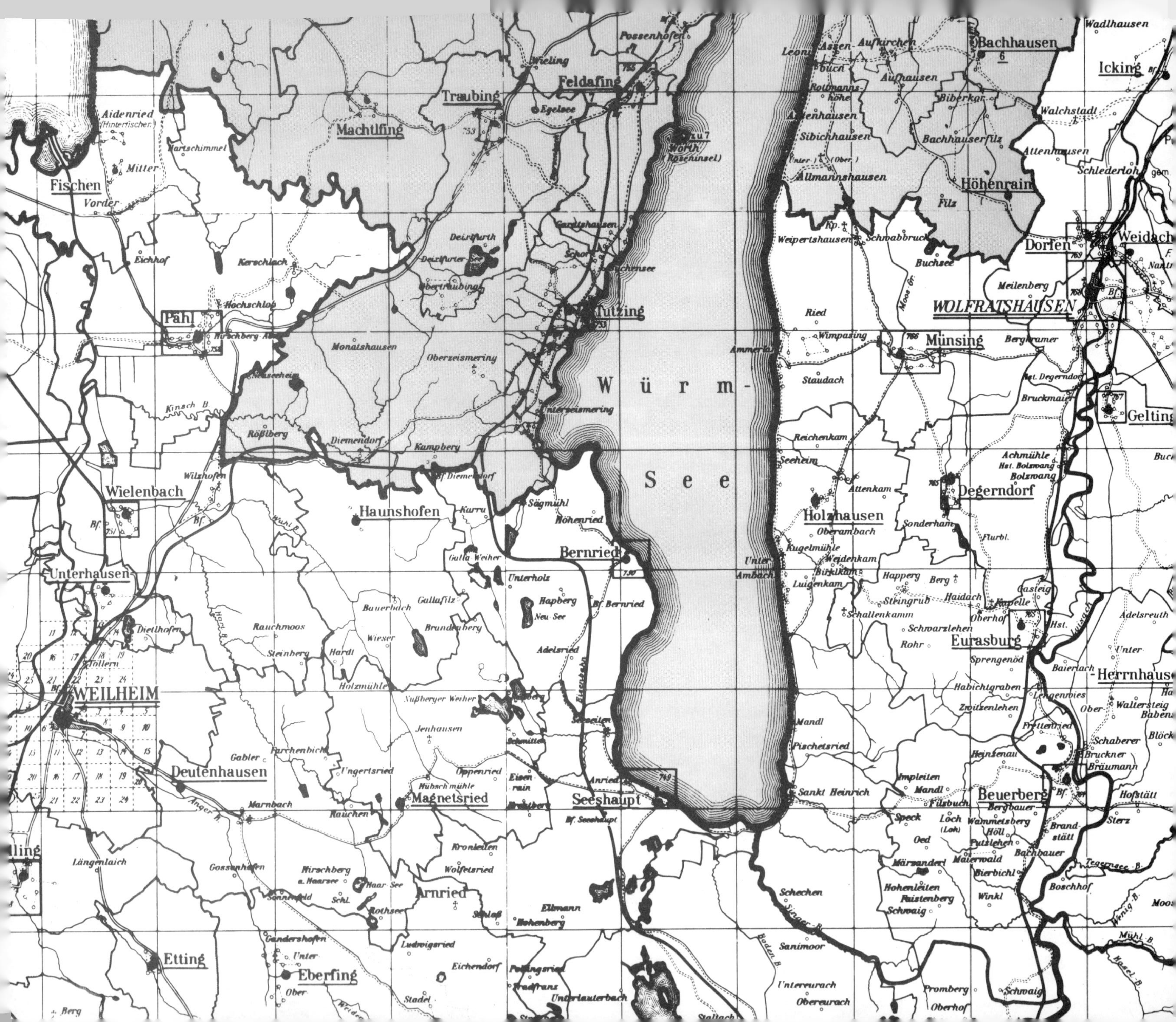

Würm-
See
WEILHEIM
WOLFRATSHAUSEN
Fischen
Vorder
Mitter
Aidenried
(Hintertischen)
Hartschimmel
Machtlfing
Traubing
Feldafing
Wieling
Possenhofen
Egelsee
Pähl
Hochschloß
Kerschlach
Eichhof
Deixlfurth
Deixlfurter See
Obertraubing
Garatshausen
Schorn
Tutzing
Monatshausen
Oberzeismering
Unterzeismering
Rößlberg
Diemendorf
Kampberg
Kinsch B.
Wilzhofen
Wielenbach
Unterhausen
Dietlhofen
Haunshofen
Kurra
Sägmühl
Höhenried
Bernried
Bf. Bernried
Hapberg
Neu See
Unterholz
Galla Weiher
Gallafilz
Bauerbach
Brandenberg
Rauchmoos
Steinberg
Wieser
Hardt
Holzmühle
Nußberger Weiher
Jenhausen
Adelsried
Seeseiten
Schmitten
Eisenrain
Oppenried
Hübschmühle
Magnetsried
Ungertsried
Farchenbichl
Gabler
Deutenhausen
Marnbach
Rauchen
Anger B.
Hart B.
Seeshaupt
Bf. Seeshaupt
Anried
Kronleiten
Wolfetsried
Arnried
Hirschberg a. Haarsee
Haar See
Schl.
Rothsee
Sonnenfeld
Gossenhofen
Längenlaich
Schlaß
Ellmann
Hohenberg
Ludwigsried
Eichendorf
Pollingsried
Fraßfranz
Unterlauterbach
Stadel
Gandershofen
Unter
Eberfing
Ober
Etting
Berg
Wurzb.
Wörth
(Roseninsel)
Leoni
Assenbuch
Aufkirchen
Aufhausen
Rottmannshöhe
Allmannshausen
Sibichhausen
Unter
Ober
Bachhausen
Biberkar
Bachhauserfilz
Höhenrain
Filz
Kp.
Weipertshausen
Schwabbruck
Buchsee
Icking
Walchstadt
Attenhausen
Schlederloh
Dorfen
Weidach
Meilenberg
Ried
Wimpasing
Münsing
Bergkramer
Ammerland
Staudach
Degerndorf
Bruckmaier
Gelting
Reichenkam
Seeheim
Attenkam
Holzhausen
Oberambach
Achmühle
Hst. Bolzwang
Bolzwang
Sonderham
Flurbl.
Kugelmühle
Weidenkam
Unter
Ambach
Birkkam
Luigenkam
Happerg
Berg
Steingrub
Haidach
Casteig
Kapelle
Oberhof
Schallenkamm
Schwarzlehen
Rohr
Eurasburg
Hst.
Loisach
Adelsreuth
Sprengenöd
Baierlach
Unter-
Herrnhausen
Habichtgraben
Lengenwies
Ober
Waltersteig
Zwitzenlehen
Frettenried
Mandl
Pischetsried
Heinzenau
Schaberer
Bruckner
Bräumann
Impleiten
Mandl
Sankt Heinrich
Filzbuch
Beuerberg
Bergbauer
Bf.
Hofstätt
Speck
Loch
(Loh)
Wammetsberg
Höll
Putzlehen
Brandstätt
Oed
Bachbauer
Märzanderl
Maierwald
Bierbichl
Tegernsee B.
Boschhof
Hohenleiten
Faistenberg
Schwaig
Winkl
Schechen
Singer B.
Sanimoor
Boden B.
Untereurach
Obereurach
Promberg
Oberhof
Schwaig
Wenig B.
Mühl B.
Hasel B.
Sterz
Wadlhausen